suhrkamp taschenbuch
wissenschaft 1715

Theodor W. Adorno

Gesammelte Schriften

Herausgegeben von Rolf Tiedemann
unter Mitwirkung von
Gretel Adorno, Susan Buck-Morss
und Klaus Schultz

Band 15

Theodor W. Adorno
und Hanns Eisler
Komposition für
den Film

Theodor W. Adorno
Der getreue Korrepetitor

Suhrkamp

Klimaneutral
Druckprodukt
ClimatePartner.com/14438-2110-1001

4. Auflage 2022

Erste Auflage 2003
suhrkamp taschenbuch wissenschaft 1715

Umschlag nach Entwürfen von
Willy Fleckhaus und Rolf Staudt
Druck und Bindung: C. H. Beck, Nördlingen
Printed in Germany
ISBN 978-3-518-29315-7

www.suhrkamp.de

Inhalt

Theodor W. Adorno und Hanns Eisler

Komposition für den Film

Vorrede

Das Büchlein, in dem die beiden Autoren gemeinsame Erfahrungen und Erwägungen aus dem Bereich der Filmmusik vorlegen, ist durch äußere Umstände angeregt. Als Hanns Eisler die Leitung des von der Rockefeller Foundation finanzierten Film Music Project übernahm, war von vornherein eine Art literarischer Rechenschaft über die wesentlichen Gesichtspunkte und Ergebnisse der Arbeit vorgesehen. T. W. Adorno leitete den musikalischen Teil einer anderen Rockefeller-Untersuchung, des Princeton Radio Research Project (später Office of Radio Research, Columbia University). Die Fragen, mit denen er sich zu beschäftigen hatte, sind gesellschaftlich, musikalisch und selbst technologisch denen des Films aufs engste verwandt. Es lag nahe, daß die Autoren, die mit ihrer praktisch- und theoretisch-musikalischen Arbeit seit vielen Jahren wechselseitig genau vertraut sind, sich verbanden, um einiges zusammen zu formulieren, ohne allen Anspruch auf systematische Vollständigkeit und vollends ohne die Absicht, etwa eine Übersicht über die gegenwärtige Filmmusik und ihre Richtungen zu geben. Mehrere Jahre, die sie gleichzeitig in Hollywood, in unmittelbarem Kontakt mit der Filmproduktion, verbrachten, boten ihnen dazu die willkommene Gelegenheit.

Hanns Eisler hat vorab der New School for Social Research und ihren Leitern, Alvin Johnson und Clara Mayer, zu danken, ohne deren tätige Anteilnahme das Film Music Project nicht zustande gekommen wäre. Weiter ist er einer Reihe von Produzenten, Regisseuren, Schriftstellern und technischen Sachverständigen aus der Filmindustrie verpflichtet, die entweder dem Project Material zur Bearbeitung überließen oder ihren Rat beisteuerten. Von den im Bericht über das Project Erwähnten seien Josef Losey, Joris Ivens und Helen van Dongen nochmals genannt. Überaus wesentlich war der ständige Kontakt mit Clifford Odets und

Harold Clurman. – Hingewiesen sei auf die Affinität vieler Gedanken zu denen des Dichters Bert Brecht. Er hat als erster Thesen über den gestischen Charakter der Musik niedergelegt, die sich – im Theater gewonnen – dem Film gegenüber als höchst fruchtbar herausstellten.

Der Dank T. W. Adornos gilt seinem Freund Max Horkheimer, mit dem er aufs engste zusammenarbeitet. Wer sich über den theoretischen Hintergrund der Untersuchung über Komposition für den Film unterrichten will, sei auf die Abhandlung ›Kulturindustrie‹ aus dem von Horkheimer und Adorno zuerst im Verlag des Institute of Social Research, Columbia University, New York, mimeografiert veröffentlichten Band ›Philosophische Fragmente‹ aufmerksam gemacht[1].

Die Verleger Harcourt, Brace and Co. und Faber and Faber haben liebenswürdigerweise den Abdruck von Zitaten und Notenbeispielen aus den Büchern ›The Film Sense‹ von Sergej Eisenstein und ›Film Music‹ von Kurt London gestattet.

Los Angeles, 1. September 1944

T. W. Adorno
Hanns Eisler

1 Er erschien unter seinem endgültigen Titel ›Dialektik der Aufklärung‹ 1969 erneut im S. Fischer Verlag, Frankfurt.

Einleitung

Der Film kann nicht isoliert, als eine Kunstform eigener Art, sondern muß als das charakteristischste Medium der gegenwärtigen Massenkultur verstanden werden, die sich der Techniken der mechanischen Reproduktion bedient. Massenkultur ist dabei nicht als eine ursprünglich von den Massen aufsteigende Kunst aufzufassen. Eine solche Kunst gibt es nicht mehr und noch nicht. Selbst die Reste von spontaner Volkskunst sind in den industrialisierten Ländern abgestorben: sie hält sich allenfalls in rückständigen Agrargebieten. Im spätindustriellen Zeitalter bleibt den Massen nichts als der Zwang, sich zu zerstreuen und zu erholen, als ein Teil der Notwendigkeit, die Arbeitskraft wiederherzustellen, die sie in dem entfremdeten Arbeitsprozeß verausgabten. Das allein ist die ›Massenbasis‹ der Massenkultur. Auf ihr erhebt sich die mächtige Vergnügungsindustrie, die immer neue Bedürfnisse produziert, befriedigt und reproduziert. Kaum notwendig zu sagen, daß Massenkultur nicht erst ein Produkt des zwanzigsten Jahrhunderts ist. Sie ist lediglich monopolistisch erfaßt und durchorganisiert worden. Dadurch aber gewinnt sie einen ganz neuen Aspekt, den der Unausweichlichkeit. Sie bedeutet weitgehende Standardisierung des Geschmacks und der Rezeptionsfähigkeit. Trotz der quantitativen Vielfalt der Darbietungen ist den Konsumenten in Wahrheit nur scheinbar Freiheit der Auswahl gelassen. Die Produktion ist vorweg in administrative Felder aufgeteilt, und was durch die Maschinerie läuft, trägt ihre Spur, vorverdaut, neutralisiert, nivelliert. Der alte Gegensatz von ernster und leichter Kunst, niederer und hoher, autonomer und Unterhaltung beschreibt nicht mehr das Phänomen. Alle Kunst, als Mittel, Freizeit auszufüllen, wird zur Unterhaltung, während sie zugleich Stoffe und Formen der traditionellen autonomen Kunst als ›Kulturgüter‹ in sich hineinzieht. Gerade durch den Prozeß der Amalgamierung wird die ästhetische Autonomie gebrochen: was der von einem Chor gesungenen und einem Sphärenorchester gespielten Moonlight Sonata widerfährt, widerfährt in Wahrheit allem. Unnachgiebige Kunst aber wird vom Konsum völlig abgesprengt und in Isolierung getrieben. Alles andere wird demontiert, seines Sinnes entäußert, und wieder zusammengesetzt. Der einzige Maßstab der Prozedur ist die Forderung, die Konsumenten möglichst wirksam zu erreichen. Manipulierte Kunst ist Konsumentenkunst.

Von allen massenkulturellen Medien zeigt der Film, als das umfassendste, die Amalgamierungstendenz am deutlichsten. Die Entwicklung seiner technischen Elemente als solcher, Bild, Wort und Ton, Manuskript, schauspielerische Darstellung und Fotografie, ist gleichsinnig verlaufen mit der Entwicklung gewisser gesellschaftlicher Tendenzen zur Amalgamierung der zu Waren gewordenen traditionellen Kulturgüter; wie sie sich etwa schon im Wagnerschen Gesamtkunstwerk, im Reinhardtschen neuromantischen Ausstellungstheater, in Lisztschen und Straussschen symphonischen Dichtungen aufzeigen ließe und sich dann im Film als der Addition von Drama, psychologischem Roman, Kolportage, Operette, Symphoniekonzert, Revue vollendet.

Die kritische Einsicht in den Charakter der Kulturindustrie bedeutet keine romantische Glorifizierung der Vergangenheit. Nicht umsonst lebt die Massenkultur gerade vom Ausverkauf der individualistischen. Ihr ist nicht die alte individualistische Produktionsweise entgegenzustellen, und es ist nicht die Technik als solche für die Barbarei der Kulturindustrie verantwortlich zu machen. Aber die technischen Fortschritte, in denen die Kulturindustrie triumphiert, dürfen auch nicht abstrakt verherrlicht werden. Über den Gebrauch der Technik in der Kunst sollte ihr eigener Sinn entscheiden, das Maß an gesellschaftlicher Wahrheit, das sie ausdrückt. Die Möglichkeiten, welche die technische Apparatur für Kunst in der Zukunft bietet, sind unabsehbar, und noch im verkommensten Film sind Augenblicke, wo diese Möglichkeiten sichtbar aufblitzen. Aber das gleiche Prinzip, das diese Möglichkeiten entfesselt hat, fesselt sie zugleich an den Betrieb des big business. Die Auseinandersetzung mit Massenkultur muß es sich zur Aufgabe setzen, die Verschränkung beider Elemente, der ästhetischen Potentialitäten der Massenkunst in einer freien Ge-

sellschaft und ihres ideologischen Charakters in der gegenwärtigen, sichtbar zu machen.
Die folgenden Darlegungen wollen einen partiellen Beitrag nach dieser Richtung leisten, indem sie einen besonderen und genau begrenzten Komplex der Kulturindustrie, nämlich das Verhältnis von Film und Musik, konkret, nach seinen technischen und gesellschaftlichen Möglichkeiten und Widersprüchen zu behandeln versuchen.

I. Vorurteile und schlechte Gewohnheiten

Die Entwicklung der Filmmusik war abhängig von der kruden täglichen Praxis. Sie hat sich teils nach den unmittelbarsten Bedürfnissen der Filmproduktion gerichtet, teils nach dem, was an Musik und musikalischen Vorstellungen gerade kurrent war. Es haben sich dabei eine Reihe von Erfahrungsregeln niedergeschlagen, die zu ihrer Zeit dem entsprachen, was die Filmleute ihren gesunden Menschenverstand zu nennen pflegten. Unterdessen aber sind diese Regeln durch die technische Entwicklung sowohl des Films wie der außerfilmischen Musik überholt. Trotzdem erhalten sie sich zäh am Leben: als wären sie ererbte Weisheit und nicht schlechte Gewohnheit. Sie stammen aus dem Vorstellungskreis der niedrigen Amüsiermusik, sind aber aus sachlichen und personellen Gründen so eingeschliffen, daß sie mehr als alles andere die eigenständige Entwicklung der Filmmusik zurückgehalten haben. Den Schein des Vernünftigen verdanken sie der Genormtheit der Filme selber, die genormte Musik provozieren. Überdies repräsentieren die Erfahrungsregeln gegenüber dem hochindustriellen Betrieb eine Art von Pseudo-Tradition aus den Tagen von medicine show und Planwagen. Es ist eben die Disproportion zwischen solchen Restbeständen und ›wissenschaftlichen‹ Produktionsmethoden, welche das ganze System charakterisiert. Beide Elemente unterliegen gleichermaßen der Kritik und gehören dem innersten Prinzip nach gerade zusammen. Bei den abgestandenen Erfahrungsregeln sollte es genügen, sie bewußt zu machen, um ihr Diktat zu brechen.

Ohne Anspruch auf Vollständigkeit seien zunächst einige charakteristische Gewohnheiten solcher Art angeführt. Sie geben eine konkrete Vorstellung von der Sphäre, in der das Problem der Filmmusik heute gestellt wird und die man verfehlt, wenn man unmittelbar mit hochgespannten theoretischen Erwägungen an sie herantritt.

Leitmotiv

Immer noch wird die Kinomusik durch Leitmotive zusammengekleistert. Während ihr Erinnerungswert dem Betrachter handfeste Direktiven gibt, machen sie es zugleich dem Komponisten in der Hast der Produktion leichter: er kann zitieren, wo er sonst erfinden müßte. Die Idee des Leitmotivs ist seit Wagner populär[1]. Sein Massenerfolg hat stets mit der Leitmotivtechnik zusammengehangen: seine Leitmotive fungierten schon als eine Art von trademarks, an denen man Figuren, Gefühle und Symbole hat erkennen können. Sie waren immer das gröbste Mittel der Verdeutlichung, der ›rote Faden‹ für musikalisch nicht Vorgebildete. Durch hartnäckige und oft kaum veränderte Wiederholungen wurden sie bei Wagner in ähnlicher Weise eingeprägt wie heutzutage eine song-Melodie durch plugging oder eine Filmschauspielerin durch ihre Stirnlocke. Die Annahme war plausibel, daß diese Technik um ihrer Faßlichkeit willen für den Film, der in allen Stücken auf Faßlichkeit hin angefertigt wird, besonders geeignet sein müsse. Dieser Glaube ist aber illusionär. Die Gründe sind zunächst technischer Art. Der Bausteincharakter des Leitmotivs, seine Prägnanz und Kürze, stand von vornherein in Relation zu der Größe der musikalischen Form der riesigen Musikdramen der Wagnerschen und nach-Wagnerschen Ära. Gerade weil das Leitmotiv für sich musikalisch noch nicht entfaltet ist, verlangt es, um kompositorisch einen Sinn zu geben, der mehr als seine bloße Anzeigefunktion ist, nach breiten musikalischen Flächen. Der Atomisierung des Materials entspricht die Monumentalität des Baus. Dies Verhältnis ist im Film gänzlich aufgehoben, denn Filmtechnik ist von Grund auf Montagetechnik. Der Film verlangt notwendig Unterbrechungen eines Materials durch das andere, nicht Kontinuität. Der umschlagende Wechsel der fotografierten Schauplätze zeigt etwas über die Struktur des Films insgesamt an. Auch musikalisch handelt es sich durchweg um kürzere Formen, die Leitmotivtechnik gar

1 Ein prominenter Hollywood-Komponist hat noch jüngst in einem Interview, das durch die Zeitungen ging, erklärt, zwischen seiner Kompositionsweise und der von Wagner sei im Grunde gar kein Unterschied. Auch er arbeite mit dem Leitmotiv.

nicht zulassen, da sie wegen ihrer Kürze in sich selbst ausgebildet werden müssen. Weder bedürfen sie in ihrer leichten Übersehbarkeit der Verkehrslichter des Leitmotivs, noch erlaubt die Kürze dem Leitmotiv, sich angemessen auszubreiten. Dieser technische Sachverhalt ergibt einen ästhetischen. Das Wagnersche Leitmotiv ist unabtrennbar verbunden mit der Vorstellung vom symbolischen Wesen des Musikdramas. Das Leitmotiv soll nicht einfach Personen, Emotionen oder Dinge charakterisieren – obwohl es weithin immer so aufgefaßt worden ist –, sondern es soll im Sinn der eigentlichen Wagnerschen Konzeption die szenischen Vorgänge in die Sphäre des metaphysisch Bedeutenden erheben. Wenn im Ring das Walhallmotiv in den Tuben ertönt, so soll es nicht Wotans residence anmelden, sondern Wagner wollte damit die Sphäre des Erhabenen, des Weltwillens, des Urprinzips ausdrücken. Nur um solcher Symbolik willen ist die Leitmotivtechnik erfunden worden. Im Film, der sich die genaue Abbildung der Wirklichkeit vorsetzt, ist für solche Symbolik kein Raum mehr. Die Leistung des Leitmotivs reduziert sich auf die eines musikalischen Kammerdieners, der seinen Herrn mit bedeutsamer Miene vorstellt, während den Prominenten ohnehin jeder erkennt. Die ehemals wirksame Technik wird zur bloßen Verdopplung, unwirksam und unökonomisch. Zugleich führt die Leitmotivpraxis, wenn sie, wie im Film, nicht zu ihrer musikalischen Konsequenz entfaltet werden kann, zu äußerster Dürftigkeit der eigentlich kompositorischen Gestaltung.

Melodie und Wohllaut

Die Forderung nach Melodie und Wohllaut beruft sich, außer auf ihre vorgebliche Selbstverständlichkeit, auf den Geschmack des Volkes, als des Inbegriffs der Konsumenten. Es braucht gar nicht bestritten zu werden, daß in dieser Forderung Produzenten und Konsumenten sich verstehen. Aber die Begriffe des Melodischen und des Wohllautenden sind keineswegs so selbstverständlich, wie sie vorausgesetzt werden. Beide sind in weitem Maß konventionalisierte, historische Kategorien. Theoretisch setzt der Begriff der Melodie erst im neunzehnten Jahrhundert sich durch, und zwar im Zusammenhang mit dem aufkommenden Kunstlied, insbesondere Schuberts. Er steht im Gegensatz zu dem des ›Themas‹ etwa der Wiener Klassik, Haydns, Mozarts und Beethovens: er bezeichnet der Tendenz nach eine Tonfolge, die nicht sowohl das Ausgangsmaterial einer Komposition abgibt, als daß sie, wohlgereimt, singbar und ausdrucksvoll für sich selber steht. Es ist daraus jene musikalische Kategorie entstanden, für die im Deutschen der spezifische Ausdruck fehlt, die aber im Englischen durch ›tune‹, als Spezialfall von Melodie, recht genau getroffen wird. Diese bezieht sich vor allem auf den undurchbrochenen Verlauf der Melodie in der Oberstimme in einer Weise, die die melodische Fortsetzung als ›natürlich‹ erscheinen läßt, weil sie es möglich macht, die melodischen Fortsetzungen auf Grund einer Reihe bestimmter Anzeichen vorwegzunehmen, gleichsam zu erraten. Die Hörer bestehen auf dem Recht solcher Antezipation mit wütendem Eifer und verfolgen alles, was nicht nach deren Regel verfährt. Der Melodiefetischismus, der zumal während der späteren Romantik alle anderen Elemente der Musik überwucherte, hat immer zugleich den Begriff der Melodie selber verengt. Heute bezieht sich der konventionelle Begriff von Melodie auf Kriterien der gröbsten Art. Faßlichkeit wird garantiert durch harmonische und rhythmische Symmetrie und durch Umschreibung der jeweiligen harmonischen Vorgänge; Sangbarkeit durch das Überwiegen kleiner diatonischer Intervalle. Beide Postulate setzen also nicht bloß ein sehr bestimmtes historisches Material, die Tonalität der romantischen Periode, voraus, sondern sind überdies durch eine Reihe eingeschliffener technischer Verfahrungsweisen definiert, die keineswegs von selbst aus der musikalischen Logik sich ergeben, sondern die den Anschein des Logischen erst durch die starre Vergegenständlichung der vorherrschenden Praxis gewonnen haben, in der es ›von selbst‹ nach jenen Regeln zugeht. Noch zu Mozarts und Beethovens Zeit, unter dem Stilideal der durchbrochenen Arbeit, wäre das Postulat der Alleinherrschaft der vorausbestimmbaren Oberstimmen-Melodie kaum auch nur verständlich gewesen. Der ›natürliche‹ Begriff des Melodischen ist ein Schein, ein absolut gesetztes Phänomen höchst bedingter Art, keine verbindliche Norm, keine Urgegebenheit des Materials, sondern eine zur Ausschließlichkeit erhobene Verfahrungsweise unter anderen.

Die konventionelle Forderung nach Melodie und Wohllautendem gerät aber ständig in Konflikt mit den sachlichen Anforderungen des Films. Die Voraussetzung der Liedmelodie ist die Selbständigkeit des Komponisten in dem Sinne, daß seine Auswahl und sein ›Einfall‹ anknüpfen an Situationen, die ihn spezifisch lyrisch-poetisch inspirieren. Davon kann im Film keine Rede mehr sein. Alle Musik im Film steht im Zeichen des Gebrauchs, nicht in dem der sich aussingenden ›Seele‹. Wie vom Filmkomponisten die lyrisch-poetische Inspiration nicht erwartet werden kann, so würde eine solche Inspiration zugleich der schmückenden, dienenden Funktion widersprechen, die die Praxis der Industrie vom Komponisten immer noch verlangt. Das Problem der Melodie als des ›Poetischen‹ wird aber unlösbar gerade durch den konventionellen Charakter, den der populäre Melodiebegriff angenommen hat. Die optische Filmhandlung hat allemal den Charakter von Prosa, von Unregelmäßigkeit und Asymmetrie. Sie gibt sich als fotografiertes Leben: darin fingiert noch jeder Spielfilm den documentaire. Infolgedessen besteht aber ein Bruch zwischen dem Bildvorgang und einer symmetrisch gegliederten konventionellen Melodie. Keine achttaktige Periode ist wahrhaft synchron mit dem fotografierten Kuß. Besonders kraß wird das Mißverhältnis von Symmetrie und Asymmetrie bei Begleitmusiken zu Naturvorgängen, wandernden Wolken, Sonnenaufgängen, Wind und Regen. Denn während diese Naturvorgänge im neunzehnten Jahrhundert Lyrik zu inspirieren vermochten, sind sie selber als fotografierte doch so unregelmäßig und dokumentarisch, daß ihre leibhaftige Gegenwart eben jenes poetisch-regelmäßige Element geradezu ausschließt, mit dem die Filmindustrie sie assoziiert. Verlaine konnte ein Gedicht über den Regen in der Stadt machen, aber der im Film abgebildete Regen läßt sich nicht mitpfeifen. Die Forderung des Melodiösen um jeden Preis und bei jedem Anlaß hat mehr als alles andere die Entwicklung der Filmmusik gefesselt. Die Gegenforderung wäre gewiß nicht das Unmelodische, sondern gerade die Befreiung der Melodie von den konventionellen Fesseln.

Filmmusik soll man nicht hören

Es ist eines der verbreitetsten Vorurteile innerhalb der Filmindustrie, daß man die Musik nicht hören soll. Die Ideologie dieses Vorurteils ist die einigermaßen vage Vorstellung, daß der Film als eine organisierte Einheit der Musik eine veränderte Funktion, nämlich einzig die dienende, zuweise. Im allgemeinen ist der Film eine Sprechhandlung, das materielle und das davon abgeleitete technische Interesse ist auf den Schauspieler konzentriert, und alles, was ihn in den Schatten stellen könnte, wird für störend gehalten. Es finden sich denn auch in den Drehbüchern nur ganz sporadische und vage Hinweise auf Musik. Sie ist lediglich auf Grund der Entwicklung der technischen Medien des Tonfilms in die kinematografischen Aufnahmeverfahren eingedrungen. Ihrem eigenen Inhalt nach ist sie gar nicht wirklich verarbeitet worden. Sie wird wie ein Außenseiter geduldet, auf den man irgendwie nicht verzichten kann. Teils spielt ein wirkliches Bedürfnis herein, teils handelt es sich um den fetischistischen Glauben, daß gegebene technische Kapazitäten ausgenutzt werden müssen[2]. Trotz der vielberufenen Erfahrung des Mannes vom Bau, der auch manche Komponisten zustimmen, ist die These, Musik dürfe nicht gehört werden, anzufechten. Es kann kein Zweifel daran bestehen, daß es im Film Situationen gibt, insbesondere solche, in denen das Medium des Wortes im Vordergrund steht, in denen ausgeführte musikalische Vordergrundsgestalten stören würden. Es ist weiter zuzugeben, daß solche

2 Der Begriff der Technik im Bereich des Films hat einen Doppelsinn, der sehr leicht zu sachlichen Verwirrungen führt. Auf der einen Seite bedeutet Technik im Film soviel wie industrielle technische Verfahren zur Herstellung von Waren. Die Erfindung etwa, daß man Bild und Klang auf denselben Streifen aufnehmen kann, gehört prinzipiell auf die gleiche Ebene wie die Erfindung der pneumatischen Bremse. Der andere Begriff der Technik ist aus dem ästhetischen Bereich übernommen. Er bezeichnet die Verfahrungsweisen, durch die eine künstlerische Intention adäquat dargestellt wird. Während der technische Einsatz der Musik im Tonfilm im wesentlichen von dem ersten, ›industriellen‹ Begriff der Technik bestimmt wird, ist gleichzeitig das Bedürfnis nach Musik im Film aus der Vorgeschichte der Filmform selber und aus gewissen ästhetischen Anforderungen zu verstehen, ohne daß es bislang gelungen wäre, zwischen diesen Momenten eine eindeutige Relation herzustellen (s. Text S. 64 ff.).

Situationen gelegentlich dennoch einer akustischen Ergänzung bedürfen, dessen, was man in der Technik des Sendespiels Hörkulisse nennt. Gerade wenn man diese Forderung aber ernst nimmt, ist es besonders problematisch, angeblich unauffällige Musikstücke, die man nicht hören soll, an solchen Stellen einzusetzen. Dem Sinn nach müßten solche Hörkulissen der Sphäre des Geräusches näherstehen als der artikulierten Musik, und wenn sie in einen musikalischen Zusammenhang einbezogen werden sollten, so müßte es sich um etwas wie auskomponierte Geräusche handeln. Ein solcher Geräuschcharakter der Musik würde auch jenem ›Realismus‹ des Films eher entsprechen. Bringt man aber an einer solchen Stelle Musik, die zwar Musik ist, aber nicht bemerkt werden soll, so verfährt man dabei nach dem Kinderreim:

> Ich weiß ein schönes Spiel,
> Ich mal mir einen Bart
> Und halt mir einen Fächer vor,
> Daß niemand ihn gewahrt.

Die Forderung nach der Unauffälligkeit von Musik bedeutet in der Praxis im allgemeinen nicht eine solche Annäherung ans Geräusch, sondern Banalität schlechtweg. Musik soll danach in demselben Sinn unauffällig sein, wie das Bohèmepotpourri im Caféhaus.

Abgesehen davon aber ist der von der Produktion als typisch vorausgesetzte Fall, Musik dürfe nicht gehört werden, nur eine, und zwar die subalternste, unter sehr vielen Möglichkeiten. Der planmäßige Einsatz der Musik müßte beim Drehbuch beginnen, und die Frage, ob Musik ins Bewußtseinsfeld zu treten habe oder nicht, müßte nach den konkreten dramaturgischen Erfordernissen des Drehbuchs jeweils entschieden werden. Die Handlung zu unterbrechen und ein Musikstück sich ausbreiten zu lassen, kann zum wichtigsten Kunstmittel werden. Beispiel: in einem Antinazi-Film, dessen Handlung sich in private psychologische Einzelzüge auflöst, wird die Handlung durch Musik von besonderem Ernst unterbrochen. Ihr Gestus hilft dem Zuhörer, sich auf das Wesentliche des Vorgangs, den allgemeinen Zustand zu besinnen. Freilich wäre dann Musik das gerade Gegenteil von dem, was die Konvention annimmt, sie wäre nämlich nicht privater Gefühlsausdruck, sondern sie würde gegen das Private Distanz setzen. In den als niedrigere Form der Unterhaltung betrachteten Musicals und Revuefilmen, wo dramatische Psychologie fast ausgeschaltet ist, finden sich am ehesten Ansätze zu einer solchen Unterbrechungstechnik durch Musik und zu ihrem sinngemäßen selbständigen Gebrauch in Song, Tanz und Finale.

Der Gebrauch von Musik muss optisch gerechtfertigt werden

Es handelt sich dabei weniger um eine Regel als um eine Tendenz, die während der letzten Jahre sich abgeschwächt hat, aber immer noch zu konstatieren ist. Die Angst, durch Hereinnahme eines nicht in der Realität möglichen Phänomens naiv oder kindisch zu erscheinen oder dem Zuhörer Phantasieleistungen zuzumuten, die ihn von der Hauptsache abziehen könnten, führt dazu, daß häufig das Eintreten von Musik mehr oder minder rationalistisch gestützt wird. Entweder schafft man Situationen, in denen es für die Hauptperson ›natürlich‹ sein soll, sich hinzustellen und zu singen, oder es wird wenigstens Musik in einer Liebesszene damit entschuldigt, daß der Held ein Radio oder ein Grammophon anstellt. Beispiel: er wartet auf seine Geliebte. Es wird nichts gesprochen. Der Regisseur will die Stille ausfüllen. Er kennt die Gefahr des Stehenbleibens, der unausgefüllten Momente, der Spannungslosigkeit. Daher wird Musik verordnet. Zugleich aber lebt der Regisseur so in der Vorstellung des sachlichen und psychologischen Motivationszusammenhangs, daß ihm das unmotivierte Hereinbrechen von Musik bedenklich dünkt. So greift er denn oft zu den naivsten Tricks, um die Naivetät zu vermeiden und läßt den Helden mit einem Radioapparat spielen. Wie dünn der Trick ist, zeigen jene Filmstellen, wo der Held seinen Schlager ›naturalistisch‹ acht Takte lang auf dem Klavier begleitet, worauf ihm sofort großes Orchester und Chor die Mühe abnehmen, ohne daß das Interieur sich im mindesten geändert hätte. Es ist selbstverständlich, daß, soweit dieser in den Anfängen des Tonfilms vorherrschende Usus heute noch eine Rolle spielt, er jede wirklich konstruktive kontrastbildende Verwendung der Musik erschwert. Die Musik wird auf die Handlung nivelliert und zu einem Requisit, einer Art akustischem Möbelstück gemacht.

Illustration

Ein beliebtes Hollywood-Spottwort lautet: birdie sings, music sings. Die Musik muß den optischen Vorgängen folgen, sie illustrieren, sei es, daß sie unmittelbar nachahmt, sei es, daß sie Clichés bemüht, die man mit dem Stimmungs- und Vorstellungsgehalt der erscheinenden Bilder assoziiert. Bevorzugt ist dabei die Natur. Natur ist im Sinne der trivialsten Denkgewohnheiten zu verstehen, als Gegensatz zur Stadt, als das Reich, wo die Menschen angeblich aufatmen können, angeeifert vom Leben und Treiben der Pflanzen und Tiere. Es ist der heruntergekommene und selber längst standardisierte Naturbegriff aus der Lyrik des neunzehnten Jahrhunderts, und zur ausverkauften Lyrik werden die entsprechenden Klänge hinzugeschmiert. Sobald Natur als solche handlungslos präsentiert wird, bietet sie eine besonders günstige Gelegenheit, Musik loszulassen, und diese gebärdet sich dann nach dem abgewirtschafteten Schema der Programmusik. Hochgebirge: Streichertremolo mit signalähnlichem Hornmotiv. Die Ranch, auf die der he-man das sophisticated girl entführt hat: Waldweben mit Flötenmelodie. Boot auf einem von Weiden überhängten Fluß im Mondschein: English Waltz.

Die Frage der musikalischen Illustration steht hier nicht prinzipiell zur Debatte. Sicherlich ist Illustration nur eine unter andern dramaturgischen Möglichkeiten und eine so übermäßig beanspruchte, daß ihr eine Schonzeit gebührt oder zumindest die größte Aufmerksamkeit und Sorgfalt. An dieser gerade läßt es der herrschende Usus fehlen. Indem Musik aufs Stichwort Natur einschnappt, wird sie auf die billigste Stimmungsmache reduziert, und die Assoziationsschemata sind so allbekannt, daß längst nicht mehr wirklich etwas ›illustriert‹, sondern nur der Gedanke ›aha Natur‹ automatisch ausgelöst wird. Es ergibt sich bei dem illustrativen Einsatz der Musik heute schädliche Verdopplung. Sie ist unökonomisch, außer wo es sich um ganz spezifische Wirkungen, gleichsam um die Interpretation des Bildvorgangs im kleinsten handelt. Die alte Oper ließ in ihren szenischen Vorgängen stets einen gewissen Spielraum des Vagen und Undeutlichen, der von Tonmalerei ausgefüllt werden konnte: die Musik gerade der Wagnerschen Ära leistete neben anderem auch Verdeutlichung. Bild und Dialog im Film aber sind überdeutlich, konventionelle Musik kann der Deutlichkeit nichts hinzufügen, sondern ihr nur etwas nehmen, indem jene Standardeffekte allemal hinter der bestimmten Ausprägung der szenischen Situation, noch im schlechtesten Film zurückbleiben. Wird aber einmal die Funktion der Verdeutlichung als überflüssig aufgegeben, so dürfte die Musik sich überhaupt nicht darauf einlassen, die präzisen Vorgänge unpräzis mitzumachen, sondern müßte ihre Aufgabe – und wäre es selbst eine so fragwürdige wie ›Stimmung‹ – unter Verzicht auf die Reduplikation alles ohnehin Sichtbaren leisten. Einstweilen mag als Forderung gelten: musikalische Illustrationen sollten entweder überdeutlich, gleichsam überbelichtet und damit interpretierend sein oder fortfallen. Für Flötenmelodien, die den Ruf eines Vogels ins Schemabereich runder Nonenakkorde zwingen, ist unter keinen Umständen Raum.

Geographie und Geschichte

Zeigt eine Szene eine holländische Stadt mit Grachten, Windmühlen und Holzschuhen, so wird der Komponist dazu angehalten, sich von der Studiobibliothek ein holländisches Volksliedchen besorgen zu lassen, um es als musikalisches Thema zu verarbeiten. Da es nicht leicht ist, ein holländisches Volkslied als solches zu erkennen, insbesondere, wenn es den Prozeduren der Arrangeure einmal unterworfen worden ist, so läßt sich der Vorteil einer solchen Übung nicht ohne weiteres einsehen. Musik wird dabei so verwandt wie Kostüm oder set, ohne daß sie aber so schlagend charakteristisch wäre wie jene. Ein Komponist, der sich auf Grund des Dorftanzes der kleinen Holländermädchen seine holländische Volksmelodie selbst komponiert, kann etwas Plastischeres zuwege bringen, als wenn er sich an das Original hält. Ohnehin tendiert die kurrente Volksmusik aller Länder –

abgesehen von jenen volksmusikalischen Typen, die prinzipiell jenseits des okzidentalen Musikraums liegen – zu einer gewissen Ähnlichkeit, die im nivellierenden Gegensatz zur differenzierten Kunstsprache, in der Beschränktheit elementarer rhythmischer Formeln, dem Assoziationsfeld von Festlichkeit und Gemeinschaftstänzen und ähnlichem begründet liegt. Das ›Temperament‹ polnischer und spanischer Tänze, zumal in der konventionalisierten Form, die es im neunzehnten Jahrhundert angenommen hat, ist so schwer zu unterscheiden wie die Hillbilly songs von den oberbayerischen Schnaderhüpferln. Die übliche Kinomusik ist immerzu auf dem Sprung, nach dem Schema ›Volksmusik überhaupt‹ zu verfahren. Spezifische nationale Charaktere könnten musikalisch erst getroffen werden, wenn von der Verpflichtung zur nationalen musikalischen Beflaggung im Ausstellungsstil dispensiert würde. Verwandt ist die historisierende Praxis, daß man Kostümfilme mit Musiken aus derselben Zeit zu versetzen habe. Es ist das die Sphäre, in der Konzerte alter Musik in Barockschlössern bei Kerzenlicht auf dem Cembalo stattfinden, wobei ältere Pianistinnen im brokatenen Dirndlkostüm langweilige vor-Bachische Piècen vortragen. Durch den Widerspruch zur notwendig modernen Filmtechnik wird die Absurdität solcher kunstgewerblicher Veranstaltungen eklatant. Wenn durchaus Kostümfilme sein müssen, könnte ihnen wohl durch den rücksichtslosen Gebrauch avanciertester musikalischer Mittel aufgeholfen werden.

Stock music

Zu den übelsten Angewohnheiten rechnet die unermüdliche Anwendung einer kleinen Anzahl abgestempelter Musikstücke, die durch ihre wirklichen oder traditionellen Titel mit den Situationen zusammengebracht werden, die sie im Film begleiten. Also: Mondscheinnacht – der erste Satz der Mondscheinsonate, ganz sinnwidrig instrumentiert, indem die bei Beethoven im Klavier nur eben angedeutete Melodie von den Streichern aufdringlich und fett unterstrichen wird. Bei Gewitter – die Tellouvertüre, bei Hochzeiten – der Brautmarsch aus Lohengrin oder der Hochzeitsmarsch von Mendelssohn. Diese Praxis, die übrigens abnimmt und nur noch in den billigen Filmen vorwaltet, hat ihre Entsprechung in der Beliebtheit von trade-mark-Stücken in der Kunstmusik, etwa des Beethovenschen Es-Dur Konzerts, das unter dem apokryphen Namen ›The Emperor‹ zu fataler Popularität gelangte, oder der Unvollendeten von Schubert, deren gegenwärtiger Erfolg mit der Assoziation zusammenhängt, daß der Komponist über der Ausführung gestorben sei, während er das Stück schon Jahre vor seinem Tod beiseite gelegt hat. Die Verwendung von Titelwarenzeichen ist ein barbarischer Unfug, wenn auch zugegeben werden muß, daß das Vertrauen auf die ewige Bildkraft von Brautchor und Trauermarsch gegenüber den ad hoc angefertigten Originalpartituren manchmal etwas Versöhnliches hat.

Verwendung musikalischer Clichés

Die Erörterung alles dessen führt auf einen allgemeinen Sachverhalt. Die Massenproduktion des Films hat zur Herausbildung von typischen Situationen, immer wiederkehrenden emotionalen Momenten, standardisierten Spannungsreizen geführt. Dem entsprechen Clichéwirkungen in der Musik. Die Musik tritt aber häufig gerade dort in Aktion, wo im Namen von ›Stimmung‹ oder Spannung besonders charakteristische Wirkungen angestrebt werden. Die beabsichtigte starke Wirkung wird dadurch vereitelt, daß der Reizeffekt von unzähligen analogen Stellen her vertraut ist. Das Phänomen ist psychologisch doppelsinnig: zeigt das Bild ein friedliches Landhaus, während die Musik wohlvertraut-sinistre Klänge produziert, so weiß der Zuschauer sofort, daß jetzt etwas Schreckliches geschehen muß, und die musikalische Vorankündigung verstärkt die Spannung und nimmt sie zugleich durchs sichere Bewußtsein des Kommenden zurück. Der Einwand geht wie in vielen Fragen des gegenwärtigen Films nicht gegen die Standardisierung als solche: sind doch gerade die Filme, in denen die patterns sich selber einbekennen, wie Gangster-Filme, Western-Filme und Horror-Filme, den prätentiösen erstklassigen Produktionen häufig an Unterhaltungswert über-

legen. Schlecht ist nur die Standardisierung dessen, was mit dem Anspruch auftritt, ein Individuelles zu sein, oder umgekehrt die individuelle Verkleidung des Schemas. Genau das aber geschieht in der Musik. Was einmal in der Leitfadenliteratur zu Wagner ›erregtes Motiv‹ hieß, die dumpf zuckende und rauschende Streicherfigur, wird beliebig und bedenkenlos eingesetzt, und das Wiedererkennen der Wirkung macht sie zum Kinderspott. Die Fragwürdigkeit solcher musikalischen Konvention wird dadurch gesteigert, daß ihr Material im allgemeinen aus der jüngst-vergangenen Phase der autonomen Musik übernommen ist, die vom Standpunkt des Films aus immer noch für ›modern‹ gilt. Vor vierzig Jahren, zur Blütezeit des musikalischen Impressionismus und Exotismus, galt die Ganztonskala als ein besonders erregendes, fremdartiges musikalisches Material, als ›Farbe‹. Heute, wo die Ganztonskala in der Einleitung jedes beliebigen hit songs verwurstet wird, wird sie trotzdem im Film immer noch so gebraucht, als wäre sie frisch wie am ersten Tag. Dadurch entwickelt sich völlige Disproportion zwischen Mittel und Wirkung. Eine solche Disproportion kann zum Reiz werden, wenn sie, wie in gewissen cartoon-Filmen, spielzeughaft die Absurdität eines naturalistisch unmöglichen Vorgangs hervorheben soll: Pluto galoppiert mit dem Walkürenritt übers Eis. Gruseln aber kann die im Amüsierbetrieb verbrauchte Ganztonskala keinen mehr lehren.
Die Clichés betreffen auch die Instrumentation. Der Tremolo-Stegeffekt, der noch vor dreißig Jahren in der Kunstmusik unheimliche Spannung, zumal die Sphäre des Unwirklichen ausdrücken sollte, ist heute kleine Münze geworden. Insgesamt haben gerade Kunstmittel, die schon zu ihrer Blütezeit eher als Reizeffekte geplant waren, als daß sie aus der Konstruktion hervorgingen, auch innerhalb der autonomen Musik sich außerordentlich rasch abgeschliffen und verbraucht. Hier wie in vielen Stücken erweist die Filmindustrie sich als Vollstreckungsinstanz eines in der Kunstmusik längst gefällten Urteils, und es muß sogar von einer progressiven Funktion die Rede sein, insofern als der Tonfilm jene Sphäre des Effektvollen, die dem Ohr des Künstlers längst als kitschig unerträglich geworden ist, auch in den Ohren des Publikums so kompromittiert, daß über kurz oder

lang keiner mehr jene Clichés goutieren kann. Dann wird Bedürfnis und Raum für andere musikalische Elemente sein. Die Entwicklung der avancierten Musik während der letzten dreißig Jahre hat ein unerschöpfliches und noch nicht einmal angebrochenes Reservoir von neuen Materialmöglichkeiten entwickelt. Kein sachlicher Grund besteht, sie nicht in der Filmmusik zu verwenden.

Standardisierung der musikalischen Interpretation

Die Standardisierung der Filmmusik macht sich besonders geltend in der Praxis des Aufführungsstils. An erster Stelle ist die Dynamik zu nennen. Sie war bedingt durch die Unvollkommenheit der Tonaufnahme- und Wiedergabeapparatur. Heute, wo die Apparaturen weit differenzierter sind und nach den Extremen hin sowohl wie in den Übergängen unvergleichlich viel größere dynamische Möglichkeiten bieten, gibt es trotzdem immer noch dynamische Standardisierung. Die Stärkegrade werden nivelliert und in einem allgemeinen Mezzoforte verwischt, ganz analog übrigens der Praxis des Tonmixers im Radio. Der leitende Gesichtspunkt ist die Herstellung eines bequemen, lackierten Wohlklangs, der weder durch Stärke (fortissimo) schockieren, noch durch Schwäche (pianissimo) angestrengteres Hören verlangen soll. Durch diese Nivellierung geht Dynamik als Mittel zur Verdeutlichung musikalischer Zusammenhänge verloren: das Fehlen des dreifachen Fortissimo und Pianissimo beschränkt das Crescendo und Decrescendo auf eine zu schmale Skala.

Auch in der musikalischen Aufführungspraxis im Film entspricht der Standardisierung Pseudo-Individualisierung. Während alles mehr oder minder dem mezzoforte-Ideal sich anpaßt, soll gleichzeitig jeder musikalische Augenblick durch übertriebenen Vortrag das äußerste an Ausdruck, Emotion, seelischer Spannung hergeben. Die Geigen müssen schluchzen oder brillieren, das Blech muß frech oder bombastisch schmettern, kein mittlerer Ausdruck wird geduldet, die ganze Vortragspraxis ist durch Übertreibung, Sucht nach Extremen charakterisiert, wie sie zur Zeit des stummen Films dem Salonorchester und dem Musizieren der Stehgeiger vorbehalten war, die mittlerweile zu Direktoren der Musikdepartments in den Studios aufgerückt sind. Das immerwährende Espressivo stumpft vollkommen ab. Selbst gute dramatische Momente werden durch übersüße Begleitung oder dramatische Überexposition zu Kitsch. Ein ›mittlerer‹ sachlich-musikalischer Vortragsstil, der das Espressivo dort einsetzt, wo es wirklich berechtigt ist, könnte durch Ökonomie die Wirksamkeit der Filmmusik bedeutend steigern.

II. Funktion und Dramaturgie

Allgemeines

Um von der Funktion der Musik im Film Rechenschaft zu geben, muß man auf die gegenwärtige Funktion von Musik überhaupt eingehen. Das Verhältnis der Musik zum Film ist nur der ausgeprägte Fall dessen, was ihr in der hochindustriellen Kultur zugemutet wird. Sie soll nichts anderes als dazu beitragen, den Zustand der Hörer und virtuell alle Beziehungen zwischen den Menschen als spontan, improvisatorisch, unmittelbar menschlich erscheinen zu lassen. Dazu ist Musik prädestiniert als die ungegenständliche Kunst par excellence, am fernsten der praktischen Welt. Die Anpassung an die bürgerlich rationale und schließlich hochindustrielle Ordnung, wie sie vom Auge geleistet wurde, indem es die Realität vorweg als eine von Dingen, im Grunde als eine von Waren aufzufassen sich gewöhnte, ist vom Ohr nicht ebenso geleistet worden. Hören ist, verglichen mit dem Sehen, ›archaisch‹, mit der Technik nicht mitgekommen. Man könnte sagen, daß wesentlich mit dem selbstvergessenen Ohr, anstatt mit den flinken, abschätzenden Augen zu reagieren, in gewisser Weise dem spätindustriellen Zeitalter und seiner Anthropologie widerspricht[1].

1 Eine Bemerkung bei Goethe bestätigt das: »Zeichnen müsse jedermann lernen, behauptete mein Vater, und verehrte deshalb besonders Kaiser Maximilian, welcher dieses ausdrücklich solle befohlen haben. Auch hielt er mich ernstlicher dazu an als zur Musik, welche er dagegen meiner Schwester vorzüglich empfahl, ja dieselbe außer ihren Lehrstunden eine ziemliche Zeit des Tages am Klaviere festhielt.« (Goethe, Sämtliche Werke, Jubiläums-Ausgabe, Stuttgart o. J., Bd. 22, S. 136 f. [»Dichtung und Wahrheit«, 1. Teil, 4. Buch].) Der Knabe, der als Träger von Fortschritt und Aufklärung vorgestellt wird, soll das Auge schulen, das Mädchen, das dem gegenüber den historisch zurückgebliebeneren Stand der Häuslichkeit repräsentiert und an der Aktivität keinen vollen Teil hat, ist, wie durchwegs die höheren Töchter im neunzehnten Jahrhundert, auf Musik verwiesen.

Darum wohnt der akustischen Wahrnehmung als solcher unvergleichlich mehr als der optischen ein Moment von altertümlicher Kollektivität inne. Zumindest zwei der wichtigsten Elemente der abendländischen Musik, die harmonisch-kontrapunktische Mehrstimmigkeit und ihre rhythmische Artikulation, verweisen unmittelbar auf eine Vielheit nach dem Modell der einstigen kirchlichen Gemeinde als auf ihr allein mögliches Subjekt. Dies unmittelbare, am Phänomen haftende Verhältnis zum Kollektiv hängt wahrscheinlich mit der Raumtiefe zusammen, dem Gefühl des Umfassenden, den Einzelnen Einbeziehenden, das von aller Musik ausgeht[2]. Eben dies Element der Kollektivität aber leiht sich, als undefiniertes, auch dem Mißbrauch in der Klassengesellschaft. Indem Musik in Gegensatz zur dinglichen Bestimmtheit tritt, steht sie auch in Gegensatz zur Eindeutigkeit, zum Begriff. So taugt sie zur Vernebelung, denn trotz ihrer Begriffslosigkeit ist Musik doch selber rationalisiert, weitgehend technisiert, so up-to-date wie archaisch. Dabei ist nicht nur an die heutigen mechanischen Verbreitungsmethoden zu denken, sondern an die Entwicklung der gesamten neuzeitlichen Musik. Max Weber hat den Prozeß der Rationalisierung geradezu als das historische Gesetz angesprochen, nach dem die Musik sich entfaltet hat. Alle bürgerliche Musik hat Doppelcharakter[3]. Ist sie auf der einen Seite in gewisser Weise vorkapitalistisch, ›unmittelbar‹, ahnungsvolles Bild von Verbundenheit, so hat sie andererseits zugleich am zivilisatorischen Fortschritt teilgenommen, sie hat sich verdinglicht, ist mittelbar, beherrschbar, schließlich manipulierbar geworden. Dieser Doppelcharakter bestimmt ihre Funktion unterm

2 Vgl. Ernst Kurth, Musikpsychologie, Berlin 1931, S. 116 ff., etwa: »Es gibt ... nicht nur jenen anschaulichen Raum, der von außen ins musikalische Vorstellungsleben hereingezogen wird; es existiert auch ein Raum der inneren Gehörswelt als selbständiges musikpsychologisches Phänomen« (134), oder: es »beanspruchen auch die Raumeindrücke der Musik ihre Selbständigkeit; es ist bei ihnen ... wesentlich, daß sie nicht auf dem Umwege über irgendeine anschauliche Vorstellung entstehen. Sie sind den energetischen Vorgängen zugehörig und autogen« (135).

3 Das trägt vielleicht bei zur Erklärung, warum die Rezeption moderner Musik auf so viel größeren Widerstand stößt als die moderner Malerei. Das Ohr klammert sich an das archaische Wesen der Musik, während diese selber in den Prozeß der Rationalisierung verflochten ist.

Spätkapitalismus. Sie empfiehlt sich als das Medium schlechterdings, in dem man Irrationales rational betreiben kann.
Es ist immer davon die Rede, daß Musik Emotionen freisetze oder befriedige. Stets aber fällt es schwer, diese Emotionen genauer zu bestimmen. Ihr eigentlicher Inhalt scheint nichts anderes zu sein als der abstrakte Gegensatz zum versteinerten Alltag. Je härter der Stein, desto süßer die Melodie. Das Bedürfnis, das dem zugrunde liegt, entspringt in den Versagungen, welche die Profitwirtschaft den Massen auferlegt. Aber es wird selber für Profitzwecke ausgebeutet. Gerade die Rationalität und technische Beherrschbarkeit der Musik erlaubt es, sie ›psychotechnisch‹ in den Dienst eben der Regression zu stellen, die um so lieber gesehen wird, je gründlicher sie über den realen Alltag betrügt.
Während alle Kultur von solchen Tendenzen betroffen ist, treten sie an der Musik besonders drastisch hervor. Das Auge ist immer ein Organ von Anstrengung, Arbeit, Konzentration, es faßt ein Bestimmtes eindeutig auf. Demgegenüber ist das Ohr eher dekonzentriert, passiv. Man muß es nicht wie die Augen erst aufsperren. Mit ihnen verglichen hat es etwas Dösendes, Dumpfes. Auf diesem Dösen aber liegt das Tabu, das die Gesellschaft über Faulheit überhaupt verhängt hat. Musik ist immer schon ein Versuch gewesen, dies Tabu zu überlisten. Sie hat Dösen, Träumen, Dumpfsein selber zu einer Sache von Kunst, Anstrengung, von ernster Arbeit gemacht. Heute wird das Dösen wissenschaftlich verwaltet. Jene rational eingesetzte Irrationalität ist das Schema der Vergnügungsindustrie.
Die Technifizierung der Musik jedoch stellt zugleich die Möglichkeit bei, aus jenem Bann auszubrechen, den sie selber verbreitet. Anstatt, wie es heute die Übung ist, einen harmonistisch-ungeschiedenen Zustand vorzutäuschen, vermöchte sie den Widerspruch auszudrücken, der im Begriff technischer Musik selber liegt, und über den gegenwärtigen Zustand kraft dieses Widerspruchs etwas auszumachen.

Modelle

Die Beispiele, die im folgenden erörtert werden, sind der Praxis entnommen. Sie sollen zeigen, welche Überlegungen etwa neuartigen Lösungsversuchen von Fragen der musikalischen Dramaturgie im Film zugrunde liegen. Um die ›kritischen‹ Ideen, durch welche die Stagnation im Verhältnis von Musik und Film heute überwunden werden kann, drastisch hervortreten zu lassen, wurden exzentrische Beispiele gewählt, extreme Fälle, die nicht die Möglichkeit einer weniger zugespitzten Beziehung von Film und Musik ausschließen sollen. Die musikalischen Lösungen werden hier lediglich unter dem dramaturgischen Aspekt betrachtet, nicht dem material-kompositorischen. Jede dieser musikdramaturgischen Ideen läßt eine Vielfalt rein musikalischer Gestaltungen zu.

Das falsche Kollektiv

Szene aus einem pazifistischen Film von 1930 ›Niemandsland‹ von Victor Trivas. Ein deutscher Tischler folgt dem Einrükkungsbefehl 1914. Er schließt seinen Schrank, ergreift sein Soldatenköfferchen und geht, von seiner Frau und seinen Kindern begleitet, über die Straße zur Kaserne. Es werden viele ähnliche einzelne Gruppen gezeigt. Der Ausdruck ist deprimiert, das Gehen schlapp, unrhythmisch. Ganz leise setzt Musik ein, Andeutung eines Militärmarschs. Je lauter die Musik wird, desto frischer, rhythmischer, kollektiv einheitlicher werden die Schritte der Männer. Auch die Frauen und Kinder nehmen eine kriegerische Haltung an. Selbst die Schnurrbärte der Soldaten werden aufgezwirbelt. Triumphierendes Crescendo. Betrunken gemacht von der Musik, marschieren die Einrückenden, zu einer Bande von Schlächtern vereint, in die Kaserne. Abblendung.
Die dramaturgische Interpretation der Szene, die Verwandlung anscheinend harmloser Privatpersonen in eine barbarische Horde, kann nur durch den Einsatz der Musik gegeben werden. Die Musik ist nicht Ornament, sondern wesentlich Träger des szenischen Sinnes: das macht ihr dramaturgisches Recht aus. Sie verbreitet nicht einfach einen emotionalen Dunstkreis. Sie verbreitet auch diesen, aber durch das gleichzeitige Filmbild wird er gerade als Dunstkreis offenbar. Das Ineinander von Bild und Musik durchbricht eben den konventionellen Wirkungszusammenhang, in dem beide sonst stehen, indem dieser Wirkungs-

zusammenhang sinnfällig vorgestellt und zum kritischen Bewußtsein erhoben wird. Musik wird als das Rauschmittel präsentiert, das sie in der Realität ist. Ihre berauschende, schlecht irrationale Funktion wird politisch durchsichtig. Komposition und Aufführung der Musik muß zusammen mit dem Bild das Destruktive, Verrohende solcher musikalischen Wirkung dem Publikum vormachen. Sie darf nicht etwa ungebrochen heroisch sein, in einer Weise, die dem naiven Zuschauer es erlaubte, sich selbst wiederum an ihr zu berauschen. Der Heroismus muß vielmehr bereits reflektiert, nach Brechts Ausdruck ›verfremdet‹ erscheinen. Das wurde angestrebt durch übergrelle Instrumentation und eine Harmonisierung, deren Tonalität immerzu umzukippen droht.

Das unsichtbare Volk

Schlußszene des Films ›Hangmen Also Die‹ von Fritz Lang. Gestapochef Daluege liest den offiziellen Bericht über die Erschießung des Mannes, der angeblich Heydrich ermordete. Darin steht, die Gestapo wisse wohl, daß der Betreffende nicht der Mörder gewesen sei, sondern ein tschechischer Vertrauensmann der Gestapo selber, dessen Schuld ein ›frame-up‹ der Untergrundbewegung sei. Daluege unterschreibt den Bericht, nachdem er ihn sorgfältig gelesen hat. Die Episode ist still und sachlich. Musikalisch aber wird sie von einem Chor mit Orchester begleitet, der in bewegtem Tempo, dynamisch von pianissimo zu fortissimo anwachsend ein Marschlied gegen die gleichförmige Szene setzt. Erst am Schluß, gleichsam stellvertretend für den Helden, das Volk, wird nochmals eine Totale der Stadt Prag gezeigt.
Abermals vertritt die Musik das Kollektiv, aber nicht das repressive, an seiner eigenen Macht sich berauschende, sondern das unterdrückte, unsichtbare, das auf dem Bild keinen Raum findet und seine Zuflucht nur noch im Begriff hat, den paradox die Musik durch ihre pathetische Distanz zum Bild repräsentiert. Die dramaturgische Funktion der Musik ist die sinnliche Suggestion eines Unsinnlichen, der Illegalität.

Die sichtbare Solidarität

La Nouvelle Terre 1933, Documentaire-Film von Joris Ivens. Es wird die Ausbaggerung der Zuider See und ihre Verwandlung in fruchtbares Ackerland gezeigt. Der Film führt bis zur Ernteszene auf den neugewonnenen Getreidefeldern. Aber er erschöpft sich nicht im Triumph. Die gleichen Menschen, die eben noch geerntet haben, werfen das Getreide ins Meer zurück. Der Vorgang ist auf die Wirtschaftskrise 1931 bezogen: Nahrungsmittel wurden vernichtet, um den Zusammenbruch des Marktes zu verhindern. Erst durch den Schluß erhält der ›aufbauende‹ Teil des Films sein wahres Gewicht. Die die Zuider See entwässert haben, sind als Klasse identisch mit den Säckeschmeißern. Schließlich erscheinen die gleichen Gesichter in den Hungerdemonstrationen. Die musikdramaturgische Behandlung einiger Episoden sollte schon während der Baggerszenen auf jenen latenten Sinn des ganzen Vorgangs hinweisen. Zwanzig Arbeiter transportieren ein riesiges Stahlrohr langsam an Griffen. Sie schreiten, gebückt vom ungeheuren Gewicht, ihre Bewegungen sind gleichartig, fast identisch. Das Bild von Druck und Dumpfheit, das die Arbeitsbedingungen ausdrückt, wird von der Musik zum Umschlag ins Bild von Solidarität getrieben. Um das zu erreichen, konnte sich die Musik nicht dabei bescheiden, die ›Stimmung‹ der Szene, Schwere und Mühseligkeit der Arbeit wiederzugeben. Sie mußte gerade über diese Stimmung hinausgehen. Sie suchte den Vorgang durch strengen, fast feierlich schreitenden Ton ins Bedeutende zu erheben. Der musikalische Begleitrhythmus war zwar synchron mit dem Arbeitsrhythmus des sichtbaren Vorgangs, das Thema aber, rhythmisch ganz frei und zur Begleitung stark kontrastierend, wies über die Gebundenheit des Bildvorgangs hinaus.

Dramaturgischer Kontrapunkt

Die folgenden Beispiele beziehen sich darauf, wie Musik, anstatt sich in der Konvention der Nachahmung des Bildvorgangs oder seiner Stimmung zu erschöpfen, den Sinn der Szene hervortreten läßt, indem sie sich in Gegensatz zum Oberflächengeschehnis stellt.

Bewegung gegen Ruhe

Aus Kuhle Wampe 1931, von Brecht und Dudow. Traurig verfallene Vorstadthäuser, Slumdistrikt in all seinem Elend und Schmutz. Die ›Stimmung‹ des Bildes ist passiv, deprimierend: sie lädt zum Trübsinn ein. Dagegen ist rasche, scharfe Musik gesetzt, ein polyphones Präludium, Marcato-Charakter. Der Kontrast der Musik – der strengen Form sowohl wie des Tons – zu den bloß montierten Bildern bewirkt eine Art von Schock, der, der Intention nach, mehr Widerstand hervorruft als einfühlende Sentimentalität.

Ruhe gegen Bewegung

Busoni hat in seinem Entwurf einer Neuen Ästhetik der Tonkunst, der viele Motive einer neuen Musikdramaturgie enthält, aufmerksam gemacht auf den Schluß des zweiten Aktes von Hoffmanns Erzählungen im Palast der Courtisane Giulietta, wo ein blutiges Duell und die Flucht der Heldin mit einem buckligen Liebhaber begleitet wird von der ungerührt plätschernden Zärtlichkeit der Barcarole. Die Musik drückt dadurch, daß sie sich nicht an der unmittelbaren Handlung beteiligt, die Kälte der Sterne aus, auf die der sterbende Blick fällt. Sie erstarrt zur Kulisse. Die Möglichkeit solcher Wirkungen ist fast in jedem Film angelegt.

Dans les Rues 1933. Eine blutige organisierte Prügelei zwischen jungen Rowdies in einer Vorfrühlingslandschaft. Die Musik dazu zart, traurig, eher gläsern, Variationenform. Sie zeichnet den Gegensatz von Vorgang und Schauplatz nach, ohne auf die Handlung einzugehen. Die Zartheit der Musik distanziert von der Roheit des Vorgangs: die die Roheit begehen, sind selber Opfer.

Die Ratte

Kurze Szene aus dem Film ›Hangmen Also Die‹. Heydrich nach dem Attentat mit zerschmettertem Rückgrat im Wasserbett, Bluttransfusion. Grausige Krankenhausatmosphäre um den Sterbenden. Die ganze Szene währt nur vierzehn Sekunden. Sichtbar wird nichts als das Tropfen des Blutes. Der Handlungsverlauf wird gleichsam stillgelegt. Darum braucht die Szene Musik. Der nächstliegende Einfall war, vom Tropfen des Bluts auszugehen. Weder konnte es sich darum handeln, die Gefühle des Sterbenden auszudrücken, noch das sichtbare Milieu des Krankenzimmers zu verdoppeln. Heydrich ist der Henker, das macht die Formulierung der Musik zu einem Politikum: ein deutscher Faschist könnte durch traurig heroische Musik den Verbrecher in einen Helden zu verwandeln trachten. Die Aufgabe des Komponisten bestand darin, dem Zuschauer die wahre Perspektive der Szene zu vermitteln. Die Musik muß die Bedeutungsakzente durch Roheit setzen. Die dramaturgische Lösung wird angezeigt durch die Assoziation: Tod einer Ratte. Brillant kreischende Sequenz, fast elegant, sehr hoch gesetzt, eine Auslegung der Redensart: auf dem letzten Loch pfeifend. Die Begleitfigur hält sich synchron an die szenische Ausgangsvorstellung. Pizzicato in den Streichern und eine hohe Klavierfigur markieren das Tropfen des Bluts.

Die hier angestrebte Lösung ist fast behavioristischer Art: die Musik schafft gleichsam experimentelle Bedingungen für adäquate Reaktion und hält falsche Assoziation fern.

Spannung und Unterbrechung

Musik hat Techniken, Spannung zu erzeugen, im wesentlichen seit der Mitte des achtzehnten Jahrhunderts ausgebildet. Die Entwicklung des Orchestercrescendos durch die Mannheimer Schule hat die Möglichkeit dazu erschlossen. Die Wiener Klassik und die Romantik des neunzehnten Jahrhunderts hat bis zu Strauss und Schönberg diese Möglichkeiten bis zum äußersten ausgenutzt. Es sei nur an die Technik des dynamischen Orgelpunkts – die Überleitung vom dritten zum vierten Satz von Beethovens Fünfter Symphonie oder der Anfang des Allegros der dritten Leonorenouvertüre –, an den Trugschluß, an die Dehnung der Kadenz erinnert. Die Verwendung solcher Spannungsmittel im Film liegt auf der Hand. Der Film kommt der spezifisch musikalischen Spannung näher als das Drama, dadurch daß er streifenhaft von Spannung zu Spannung springt. Darum hat die herkömmliche Filmmusik vor allem an die Spannungsdramaturgie sich gehalten und diese durch Stereotypie nahezu ad absurdum geführt.

Musikalisch unverbraucht dagegen ist die Ergänzung und Gegenwirkung zur Spannung, die Unterbrechung. Im Drama spielt sie als Episode oder ›retardierendes Moment‹ eine prinzipielle Rolle. Die Unterbrechungen sind nichts dem Drama Äußerliches, sondern gerade durch die Hineinnahme des scheinbar Zufälligen und mit der Haupthandlung nicht unmittelbar Zusammenhängenden wird der Antagonismus von Wesen und Erscheinung vertieft, in dessen Entfaltung das Drama eigentlich besteht. Beispiel: das wüste Lied des betrunkenen Torwächters am Morgen nach der Mordnacht in Shakespeares Macbeth. Solche Unterbrechungen sind als filmmusikalische Pointen von besonderer Wirksamkeit.

Beispiel aus ›Dans les rues‹: ein Paar wird nach der Liebeserklärung gezeigt. Die Szene muß ausgesponnen werden, um die Echtheit des Gefühls in kleinen Zügen des Verhaltens hervortreten zu lassen. Denn die Helden sind zwei junge Leute, die nach dem Ich-liebe-dich eigentlich nichts mehr zu sagen haben, sondern in ihrer Gegenwart ganz aufgehen. Die gröbste Lösung erschien die zarteste. Die Wirtin des Bistro singt ein Chanson. Der Text hat nichts mit dem Paar zu tun, sondern stellt die Liebesleiden eines Dienstmädchens dar, das die Untergrundbahnstationen von Paris aufzählt, vor denen es vergeblich seinen Liebhaber erwartet hat. Die Unterbrechung gibt zugleich dem verschämten Liebespaar, das nicht recht weiß, was es sagen soll, Gelegenheit zu lächeln. Konventionellerweise wird die Musik zumal in allen revue- und operettenähnlichen Filmen zahllose Male episodär eingesetzt: indem man die Handlung durch Tanz und Lieder unterbricht. Hier aber erfüllt die Unterbrechung eine dramaturgische Funktion: sie hilft gleichsam von der Seite, eine Situation zu meistern, die unmittelbar als Haupthandlung gar nicht zu fassen wäre.

Zur Einsicht in solche Möglichkeiten hilft die Besinnung auf die dramaturgische Form des Films als solche. Der Film ist eine

Mischform von Drama und Roman. Gleich dem Drama stellt er Personen und Vorgänge unmittelbar, leibhaft vor Augen, ohne das Moment des ›Berichts‹ zwischen den Vorgang und den Zuschauer zu schieben. Daher die Forderung nach der ›Intensität‹ des Films, wie sie als Spannung, Emotion, Konflikt sich kundgibt. Auf der andern Seite aber hat der Film prinzipiell selber ein berichtendes Element. Jeder Spielfilm gemahnt an Bildreportage. Der Film gliedert sich nach Kapiteln eher als nach Akten. Er baut sich aus Episoden auf. Daß zu Filmstoffen Romane und Novellen eher sich hergeben als Dramen, ist nicht zufällig, sondern hängt, außer mit geschäftstüchtigen Spekulationen, auch mit der extensiven, epischen Form des Films zusammen. Ein Drama muß, um filmgerecht zu werden, gleichsam erst mit romanhaften Zügen versetzt werden. Zwischen den dramatischen und epischen Momenten aber besteht im Film ein Bruch: der eindimensionale Zeitverlauf des Films, seine epische Kontinuität erschwert die intensive Konzentration, die von der dramatischen Gegenwart der Filmvorgänge gefordert wird. Hier liegt die sachlich gegebene Aufgabe der Musik. Sie muß jene Intensität auch für die ›epischen‹ Momente wenn nicht herstellen, so doch wenigstens ersetzen. Sie ist der Lückenbüßer fürs Drama im Roman. Sie hat ihren dramaturgisch legitimen Ort überall dort, wo die Intensität nachläßt, die Aktion der Form nach in Bericht übergeht, den sie dann erst wieder in unmittelbare Präsenz zurückübersetzt. Einfachstes Beispiel: der Held geht nach einer Auseinandersetzung betrübt über die Straße nach Hause. Musik ist notwendig, um den Vorgang, der sonst ›abfiele‹, zu intensivieren. Am deutlichsten wird diese Funktion der Musik, wo der Film zeitlich wie ein Roman springt. Das ›Ein-Tag-verging‹, das bildlich oft ungeschickt genug durch Montage ausgedrückt wird, bedarf der Musik, um das Nachlassen der Spannung zu paralysieren. Das referierende Moment, das der Film braucht, um die Handlung zu knüpfen, Zeiten und Schauplätze ineinander zu konstruieren oder zu trennen, die schwerfällige Apparatur der Filmexposition und story-Konstruktion wird durch die Musik flüssiger gemacht, erhitzt und zum Ausdruck erhoben.

III. Der Film und das neue musikalische Material

Die Diskrepanz zwischen den gegenwärtigen Filmen und der üblichen Begleitmusik ist schlagend. Diese legt sich wie ein Dunstschleier vor den Film, schwächt die fotografische Schärfe ab und wirkt dem Realismus entgegen, den jeder Film notwendig anstrebt. Sie macht den gefilmten Kuß zum Titelbild eines Magazins, den Schmerzausbruch zum Melodram, Naturstimmung zum Öldruck. Vom heute erreichten Standpunkt der Musik aus aber wäre das nicht mehr notwendig: in der Entwicklung der autonomen Musik der letzten Dezennien haben sich viele Elemente und Techniken ergeben, die der wirklichen Technik des Films entsprechen. Nicht um ihrer ›Zeitgemäßheit‹ willen ist ihre Verwendung zu erörtern. Es handelt sich nicht um das Up-to-date-Sein in abstracto: es wäre zu wenig, von der neuen Musik im Film bloß zu verlangen, daß sie neu sei. Die Notwendigkeit der Verwendung neuer musikalischer Mittel ergibt sich daraus, daß sie ihre Funktion sachgemäßer und besser leisten als das zufällige musikalische Füllsel, mit dem man sich heute bescheidet.

Als Elemente und Techniken der neuen Musik wird verstanden, was in den Werken von Schönberg, Bartók und Strawinsky in den letzten dreißig Jahren ausgebildet worden ist. Entscheidend dabei ist nicht der größere Reichtum an Dissonanzen, sondern die Auflösung der vorgegebenen, konventionellen musikalischen Sprache. Alles ergibt sich unmittelbar aus den konkreten Anforderungen des Gebildes, nicht aus dem Schema. Ein Stück voll von Dissonanzen kann durchaus konventionell in seinem Duktus sein und eines, das verhältnismäßig einfacheres Material verwendet, durchaus avanciert und neu durch den konstruktiven Einsatz der Mittel. Selbst eine Dreiklangsfolge kann fremd klingen, wenn sie aus den gewohnten Assoziationsgeleisen herausgenommen und einzig aus der Stimmigkeit des besonderen Gebildes abgeleitet wird.

Die Zurückführung der Musik auf konstruktive Notwendigkeit, die Tilgung von Cliché und Floskel läßt sich als Sachlichkeit bezeichnen. Sie stimmt überein mit der potentiellen des Films. Der Ausdruck ›sachlich‹ kann falsch und zu eng verstanden werden. Man wird dabei zunächst an den musikalischen Neoklassizismus, das ›neusachliche‹ Stilideal denken, das von Strawinsky und seinen Anhängern entwickelt worden ist. Aber es ist keineswegs gemeint, daß avancierte Filmmusiken notwendig kalt sein müssen. Die dramaturgische Funktion der Begleitmusik kann unter Umständen gerade darin bestehen, die Oberfläche der nüchternen Bildsachlichkeit zu durchbrechen und latente Spannungen freizusetzen. Sachliche Filmmusik komponieren, heißt nicht, um jeden Preis eine distanzierte Haltung einnehmen, sondern bewußt aus der Sache heraus die musikalische Haltung wählen, die notwendig ist, anstatt von musikalischen Clichés oder Affekten sich treiben zu lassen. Das musikalische Material muß für die jeweils gesetzten dramaturgischen Aufgaben exakt beherrschbar werden. Dahin aber geht die Entwicklungstendenz der modernen Musik selber[1]. Sie läßt sich, wie angedeutet, als ein Prozeß von Rationalisierung ansehen in dem Sinn, daß jedes einzelne musikalische Moment in seiner Notwendigkeit aus der Konstruktion des Ganzen abgeleitet wird. Je beherrschbarer aber Musik in sich, durch ihre eigenen Konstruktionsprinzipien wird, um so beherrschbarer wird sie auch für Zwecke der Anwendung auf ein anderes Medium. Es hat sich gezeigt, daß gerade die als anarchisch und chaotisch denunzierte Freisetzung neuer Materialschichten zu weit eingreifenderen und strengeren Konstruktionsprinzipien geführt hat, als die traditionelle Musik sie kannte. Die Prinzipien machen es möglich, stets genau das Mittel zu wählen,

1 Als Beispiel dafür, wie filmähnliche Tendenzen der Sachlichkeit im Sinne rationaler Konstruktion in fortgeschrittener Musik sich geltend machen, sei auf einige Züge bei Alban Berg verwiesen, dessen, spätromantisch-expressionistische Instrumental- und Opernmusik dem Film und dem Stil der ›neuen Sachlichkeit‹ sehr fernsteht. Berg denkt so genau in mathematischen Proportionen, daß die Taktzahl seiner Stücke und damit ihre Zeitdauer vorweg feststeht. Es wird gewissermaßen mit der Stoppuhr komponiert. Bergs Opern, die oft komplexe szenische Situationen durch komplexe musikalische, etwa fugale Formen begleiten, drängen, um faßlich zu werden, nach einer Art Technik der musikalischen Großaufnahme.

das von der besonderen Sache im besonderen Augenblick gefordert wird, anstatt daß man nach formelhaft erstarrten, zur konkreten Funktion untauglichen Mitteln zu greifen hätte. Solche Versachlichung erlaubt es, den unablässig wechselnden Aufgaben und Situationen des Films präzis gerecht zu werden. Es ist leicht einzusehen, daß gerade die traditionellen Mittel, längst in automatisierten Assoziationen festgefahren, das nicht leisten, während freilich selbst sie, vom Niveau der modernen aus erhellt und gebrochen, aufs Neue sinnvoll verwendet werden mögen. Um eine Vorstellung von den festgefahrenen Assoziationen zu geben: ein 4/4-Takt mit Betonung auf den guten Taktteilen hat immer etwas Militärisches oder ›Triumphales‹, die Verbindung der ersten etwa mit der dritten Stufe im ruhigen Tempo, piano, suggeriert durch ihren modalen Charakter etwas Religiöses, der markierte 3/4-Takt den Walzer und eine durch nichts gerechtfertigte Lebensfreude. Solche Assoziationen bewirken in der Filmmusik ein falsches Bewußtsein über die im Film gezeigten Vorgänge. Das neue musikalische Material verwehrt das. Der Hörer wird angeregt, die Szene in sich zu begreifen und sie untraditionell nicht nur zu hören, sondern auch zu sehen. Das, was die neue Musik durch ihre Spezifikation leisten kann, ist freilich nicht die Abbildung begrifflich vermittelter Vorstellungen wie etwa in der Programmusik, die Wasserfälle rauschen und Schafe blöken läßt. Aber sie trifft den Ton einer Szene, die besondere Gefühlslage, den Grad von Ernst oder Unernst, Bedeutung oder Gleichgültigkeit, Echtheit oder Schein – Unterschiede, die im romantischen Requisitenschatz nicht vorgesehen sind. In einem französischen Puppenfilm aus dem Jahr 1933 war die Aufgabe, eine Sitzung von Industriemagnaten als Ensembleszene zu komponieren. Verlangt wurde gutmütiger Spott, die Musik aber wirkte bei aller puppenhaften Dünnheit durch ihr avanciertes musikalisches Material so scharf, daß die Industriellen, die den Film in Auftrag gaben, die Partitur zurückwiesen und eine andere herstellen ließen.

Die ›Unsachlichkeit‹ der epigonalen Musik ist von ihrem scheinbaren Gegensatz, der Clichébildung, gar nicht zu trennen. Nur dadurch, daß bestimmte Konfigurationen, musikalische Gestalten zu Modellen werden, die man stets wieder einsetzt, ist es möglich,

daß diese Gestalten automatisch mit gewissen Ausdrucksgehalten assoziiert werden und schließlich ›ausdrucksvoll‹ an sich scheinen. Die neue Musik vermeidet solche Modelle. Sie bringt nach den besonderen Anforderungen immer neue Konfigurationen. Daher ist jene schlechte Verselbständigung des Ausdrucks gegenüber dem rein musikalischen Geschehnis nicht mehr möglich.
Die Angemessenheit der modernen, befremdenden Mittel ist vom Film selber her einzusehen. Ihm sind seine Ursprünge in der Jahrmarktsbude und im Schauerstück immer noch anzumerken: sein Lebenselement ist die Sensation. Das ist nicht bloß negativ zu verstehen, als Abwesenheit von Geschmack und ästhetischem Maß: nur durch den Schock vermag der Film das empirische Leben, dessen Abbildung er auf Grund seiner technischen Voraussetzungen prätendiert, fremd zu machen und erkennen zu lassen, was an Wesentlichem hinter der abbildrealistischen Oberfläche sich abspielt. Dramatisch vermag reportiertes Leben überhaupt nur durch Sensation zu werden, in der der normale Alltag, von dem ausgegangen wird, gewissermaßen explodiert und gerade im Fall künstlerischer Wahrheit die Spannungen erkennen läßt, die das Bild des ›normalen‹, mittleren Alltags verdeckt. Die Greuel des Sensationskitschs legen etwas vom barbarischen Grund der Kultur frei. Soweit der Film durch Sensation das Erbe der Volkskunst von Schauerballade und Zehnpfennigroman unterhalb des etablierten Standards der bürgerlichen Kunst bleibt, soweit vermag er gerade durch Sensation auch jene Standards zu erschüttern und eine Beziehung zu kollektiven Energien herzustellen, die der gepflegten Literatur und Malerei gleichermaßen unzugänglich ist. Eben diese Funktion ist mit den Mitteln der traditionellen Musik nicht zu erfüllen. Die moderne taugt dazu. Die Angst, die in den Dissonanzen aus Schönbergs radikalster Periode ausgedrückt ist, geht weit hinaus über das Maß an Angst, das dem durchschnittlichen bürgerlichen Individuum jemals erreichbar ist: es ist eine geschichtliche Angst, die der heraufdämmernden Katastrophe der Gesellschaft. Etwas von dieser Angst lebt in der großen Sensation der Filme: wenn in ›San Francisco‹ die Decke des Night Club sich senkt, wenn in ›King Kong‹ der Riesenaffe die New Yorker Hochbahn in die Straßen schleudert. Die traditionelle musikalische Begleitung hat niemals auch nur

entfernt an solche Augenblicke herangereicht. Die Schocks der modernen Musik, die nicht zufällig von ihrer Technifizierung herkamen, aber nach dreißig Jahren noch nicht absorbiert sind, könnten das leisten. Schönbergs Musik zu einem imaginären Film: drohende Gefahr – Angst – Katastrophe hat mit untrüglicher Sicherheit genau diese Einsatzstelle für die Verwendung der neuen musikalischen Mittel bezeichnet. Selbstverständlich bezieht die Erweiterung der Ausdrucksmöglichkeiten sich keineswegs bloß auf das Bereich von Angst und Katastrophe, sondern es lassen gerade auch nach der entgegengesetzten Richtung der äußersten Zartheit, des gebrochenen Schmerzes, des leeren Wartens, auch der ungebändigten Kraft durch die neuen musikalischen Mittel Bereiche sich erschließen, die den traditionellen darum versagt sind, weil diese sich als je schon bekannte darstellen und darum den Ausdruck des Fremden, Unbetretenen vorweg verlieren.

Beispiel: in ›Hangmen Also Die‹ zeigt nach der Titelmusik der Film zuerst ein großes Bild von Hitler in einem Festsaal des Hradschin. Die Musik endet bei dem Hitlerbild mit einem zehnstimmigen Akkord, durchdringend in weiter Lage gesetzt. Es gäbe kaum eine traditionelle Harmonie, die dieselbe Kraft des Ausdrucks hätte wie dieser äußerst avancierte Klang. Auch der zwölfstimmige Akkord beim Tode der Lulu in Bergs Oper steht einer Filmwirkung nahe. Während die Filmtechnik wesentlich auf die Herstellung von Spannungen gerichtet ist, spielt das Spannungsmoment in der traditionellen Musik und ihren tolerierten Dissonanzen nur eine untergeordnete Rolle oder ist so abgebraucht, daß es in Wahrheit gar keine Spannung mehr hergibt. Das Wesen der modernen Harmonik aber ist Spannung: sie kennt keinen Akkord, der nicht in sich eine ›Tendenz‹ trüge, weitertriebe, anstatt wie die meisten herkömmlichen Klänge in sich selber zu ruhen. Dazu kommt, daß selbst die mit spezifisch dramatischen Assoziationen geladenen Klänge der traditionellen Musik längst so domestiziert sind, daß sie hinter der bilderlosen Gewalt der heutigen Wirklichkeit etwa so weit zurückbleiben, wie romantische Strophengedichte aus dem neunzehnten Jahrhundert untauglich dazu sind, eine Vorstellung vom Faschismus zu geben. Man brauchte sich nur einen drastischen Fall zu vergegenwärtigen wie den, daß eine Materialschlacht wie die von Stalingrad mit einer konventionellen, dem Stil Meyerbeers oder Verdis nachgeahmten Kriegsmusik begleitet würde. Das Unmetaphorische, der ästhetischen Stilisierung überhaupt sich Entziehende, auf das der moderne Film in seinen konsequentesten Produkten abzielt, verlangt gerade nach musikalischen Mitteln, die nicht das stilisierte Bild vom Schmerz, sondern vielmehr dessen Klangprotokolle sind. Strawinsky hat schon in einem Werk wie dem Sacre du printemps gerade diese Dimension der neuen musikalischen Mittel erschlossen.

Zusammenfassend sei auf die folgenden spezifisch musikalischen Elemente hingewiesen, die dem Film angemessen sind:

Musikalische Form

Die Praxis des Films kennt vorwiegend kurze musikalische Formen. Länge oder Kürze einer musikalischen Form stehen in bestimmter Relation zum musikalischen Material. Die tonale Musik der letzten 250 Jahre drängt auf längere, entwickelte Formen. Das Bewußtsein eines tonalen Zentrums kann hergestellt werden nur durch Entsprechungen, Entwicklungen, Wiederholungen, die eine gewisse Zeit beanspruchen. Kein tonales Ereignis ist als solches verständlich, sondern wird ›tonal‹ erst durch entfaltete Beziehungen. Diese Tendenz wächst an mit dem Eigengewicht der Modulation: je mehr die Musik vom tonalen Ausgang wegstrebt, um so mehr Zeit braucht sie, um den tonalen Schwerpunkt wiederherzustellen. Alle tonale Musik enthält ein Moment des ›Überflüssigen‹ dadurch, daß jedes Ereignis, um seine Funktion im Bezugssystem zu erfüllen, öfter ausgesprochen werden muß, als es seinem eigenen Sinn nach notwendig wäre. Die kurzen Formen der Romantik (Chopin und Schumann) widersprechen dem nur scheinbar. Die liedähnlichen instrumentalen Kompositionen dieser Meister ziehen ihren Ausdruck aus dem Fragmentarischen, aus einem Abbrechen, ohne daß sie je beanspruchten, in sich selbst zu ruhen und ›geschlossen‹ zu sein. Die Kürze der neuen Musik ist davon prinzipiell verschieden.

In ihr sind die einzelnen musikalischen Ereignisse, die Motivgestalten ohne Rücksicht auf ein vorgeordnetes Bezugssystem konzipiert. Sie sollen nicht ›wiederholbar‹ sein und verlangen auch keine Wiederholung, sondern stehen zunächst für sich selbst. Wenn sie ausgesponnen werden, so geschieht das nicht durch symmetrische Entsprechungen, wie Sequenzen, Reprisen der ersten Periode einer Liedform und ähnliches, sondern durch entwickelndes Variieren der gegebenen Ausgangsmaterialien, ohne daß diese dabei überhaupt sinnfällig wiedererkannt werden müßten. All das bewirkt eine Kondensierung der musikalischen Form, die über das romantische Fragment weit hinausgeht. Es sei an die Schönbergschen Klavierstücke op. 11 und 19 und das Monodram ›Erwartung‹, an Strawinskys Quartettstücke und die japanischen Lieder, und an die Arbeiten von Anton Webern erinnert. Die besondere Qualifikation der neuen Musik zum Aufbau konsistenter, präziser kleiner Formen, in denen nichts Überflüssiges vorkommt, die sofort zur Sache kommen und keiner Verlängerung aus architektonischen Gründen bedürfen, liegt auf der Hand.

Neue Charaktere

Die Emanzipation der einzelnen Motivgestalten von Symmetrie und Wiederholbarkeit erlaubt es, auch den einzelnen musikalischen Gedanken weit eindringlicher und drastischer zu formulieren und die Beziehung zwischen den einzelnen Charakteren von allem floskelhaften Beiwerk zu befreien. In der neuen Musik ist für Füllsel kein Raum.

Es ist diese Fähigkeit zu ungebundener Charakteristik, durch welche die neue Musik dem Prosacharakter des Films entgegenkommt. Zugleich erlaubt diese Schärfung der musikalischen Charakteristik auch eine Schärfe des Ausdrucks, die durch die ›Stilisierung‹ der traditionellen musikalischen Charaktere verwehrt war. Hält die klassische Musik immer ein gewisses Maß im Ausdruck der Trauer, des Schmerzes und der Angst, so tendiert der neue Stil zur Maßlosigkeit. Trauer kann zur grauenvollen Verzweiflung werden, Ruhe zur gläsernen Starrheit, Angst zur Panik. Auf der anderen Seite ist die neue Musik auch fähig, den Ausdruck der Ausdruckslosigkeit, der Ruhe, der Gleichgültigkeit und Apathie in einer Weise zu realisieren, die der traditionellen Musik nicht möglich ist. Impassibilité gibt es in der Musik erst seit Eric Satie, Strawinsky und Hindemith. Diese Erweiterung der Ausdrucksskala bezieht sich nicht nur auf die Ausdruckscharaktere als solche, sondern insbesondere auch auf ihren Wechsel. Die traditionelle Musik, abgesehen von der Überraschungstechnik, wie sie etwa bei Berlioz und Richard Strauss vorwaltet, braucht meist eine gewisse Zeit für den Wechsel von Charakteren. Die Forderung nach einer vermittelten Balance zwischen den Tonarten und den symmetrischen Teilen verwehrt es, die Charaktere rein ihrem eigenen Sinn nach unmittelbar nebeneinander zu stellen. Die neue Musik kennt im allgemeinen solche Rücksicht nicht mehr. Sie kann ihre Formen durch schärfste Kontraste bilden. Dem technischen Prinzip des jähen Bildwechsels, das der Film ausgebildet hat, kommt die neue musikalische Sprache durch ihre eigene Agilität entgegen.

Dissonanz und Polyphonie

Für den Laien ist das auffälligste Merkmal der neuen musikalischen Sprache ihr Reichtum an ›Dissonanzen‹, nämlich die simultane Verwendung von Intervallen wie der kleinen Sekunde und der großen Septime und die Bildung von Zusammenklängen mit sechs und mehr verschiedenen Tönen. Obwohl der Dissonanzreichtum der modernen Musik ein Oberflächenphänomen ist, das an Bedeutung weit hinter den Strukturveränderungen der musikalischen Sprache zurücksteht, involviert der Dissonanzenreichtum ein Element, das für den Film von besonderer Wichtigkeit ist. Der Klang wird seiner Statik beraubt und durch das immer präsente Moment des ›Unaufgelösten‹ dynamisiert. Die neue Sprache ist dramatisch gleichsam, schon ehe es zum Konflikt, zur motivisch-thematischen Auseinandersetzung der Durchführung kommt. Ein verwandter Zug ist dem Film eigentümlich. In ihm ist das Spannungsprinzip, selbst in der schwächsten Produktion, latent so durchaus wirksam, daß noch Vorgänge, denen als solchen gar keine Bedeutung zukommt, wie versprengte Bruchstücke eines Sinnes erscheinen, den das Ganze einlösen soll. Solche Vorgänge treiben weit über sich hinaus. Diesem Element des Films vermag die neue musikalische Sprache besonders treu zu folgen[2].

Die Emanzipation der Harmonie in der neuen Musik bietet zugleich das Korrektiv der in dem Kapitel über Vorurteile besprochenen Forderung: Melodie um jeden Preis. Diese Forderung entbehrt in der traditionellen Musik nicht jeden Sinnes, weil in ihr die andern Elemente, insbesondere die Harmonie in ihrer

2 Das Überwiegen der Dissonanzen in der neuen Musiksprache bedeutet in der Konsequenz die Auflösung der Tonalität: weder die einzelnen harmonischen Ereignisse noch ihr funktioneller Zusammenhang und die harmonische Struktur des Ganzen kann nach dem wie sehr auch erweiterten Schema der traditionellen Tonalität angemessen mehr dargestellt werden. Solche Auflösung der Tonalität wird aber aufs dringendste gefördert durch die harmonisch formale Struktur der Filmmusiken selber. Man könnte mit einiger Übertreibung sagen, daß Filmmusiken darum zur Atonalität gedrängt werden, weil zu wirklich auskomponierter entfalteter Tonalität in ihnen kein Raum ist. Gewiß, die einzelnen harmonischen Ereignisse der üblichen Filmmusik sind fast ausnahmslos strikt tonal, höchstens mit Dissonanzen »gewürzt«. Aber die Tonalität bleibt eine der einzelnen Klänge und ihrer primitivsten Abfolge. Die Notwendigkeit, sich nach »Stichworten«, cues zu richten und harmonische Effekte unbekümmert um das Eigengewicht der harmonischen Entwicklung allein der Leinwand zuliebe zu setzen, erlaubt kaum wirklich balancierte Modulatorik, das überdachte Herstellen großer harmonischer Flächen, kurz wirklich stimmige Tonalität im Sinne der Disposition funktionaler Harmonik über weite Strecken. Und darin, nicht in den Atomen der Dreiklänge und sublimen Akkorde, besteht tonale Organisation. Was von der Leitmotivik gesagt ward, gilt in einem höheren Sinne für das Tonalitätsprinzip selber. Wenn man von rückwärts, also von den Umschlagsstellen und Abweichungen des Komponierten ausginge, so wäre bei äußerster kompositorischer Sorgfalt und Virtuosität etwas wie die Herstellung befriedigender tonaler Verhältnisse vielleicht möglich: in der vorherrschenden Praxis sind zwar die einzelnen akkordischen Ereignisse banal und allvertraut, ihre Relation zu einander aber anarchisch und in den meisten Fällen ganz sinnlos. Die Emanzipation von der Tonalität macht zwar nach strengsten Maßstäben die harmonische Disposition nicht leichter, entbindet aber wenigstens von dem Gedanken an die Wiederherstellung der Grundtonart und das Auswägen der Modulationen, das von den musikfremden Anforderungen des Films kaum je geduldet wird. Dazu haben die Dissonanzen unvergleichlich viel größere Beweglichkeit, dem Einzelmoment sich anzuschmiegen, und verlangen mit weit geringerer Eindeutigkeit bestimmte, unausweichliche Konsequenzen wie die tonalen Akkorde, die aus dem Schema kommen und der Herstellung des Schemas zu ihrer eigenen Erfüllung bedürfen.

Selbständigkeit so beschränkt sind, daß das Schwergewicht notwendig auf die Melodik fällt, die selbst wieder durch die Harmonie gelenkt wird. Gerade deswegen ist aber das melodische Prinzip konventionalisiert und abgebraucht worden, während die emanzipierte Harmonie die übermäßig beanspruchte Melodik entlastet, nämlich Einfall und charakteristische Wendung in der vertikalen, nicht-melodischen Dimension erlaubt[3]. Gegen das Melodisieren hilft sie noch in anderer Weise. Der konventionelle Begriff der Melodie ist gleichbedeutend mit Oberstimmenmelodie. Diese aber, dem Liedstil entlehnt, ist von vornherein darauf angelegt, den Vordergrund der Wahrnehmung einzunehmen. Die Oberstimmenmelodie ist Figur, nicht Hintergrund. Figur im Film aber ist das Bild, und ein Bild permanent mit Oberstimmenmelodik zu begleiten, führt eben darum zu Undeutlichkeiten, Verwischtheit und Verwirrung. Die Freisetzung der harmonischen Dimension ebenso wie die Gewinnung eines echt polyphonen Spielraums, der nicht auf schulmäßig konventionelle Imitationstechniken angewiesen ist, gestattet es der Musik, zum ›Hintergrund‹ in einem besseren Sinn als dem der Geräuschkulisse zu werden und zu der wahrhaften Melodie des Films, nämlich dem Bildvorgang, sinnvolle Belege und wirkliche Gegensätze hinzuzufügen. Gerade diese entscheidenden Möglichkeiten der Filmmusik können nur vom neuen musikalischen Material aus erfüllt werden und sind bis jetzt kaum auch nur ernsthaft gesehen worden.

Gefahren des neuen Stils

Warnung Eislers: Durch das Wegfallen der gewohnten Bezugssysteme der traditionellen Musik ergeben sich eine Reihe von Gefahren. Bedenklich ist zunächst das verantwortungslose Draufloskomponieren mit den neuen Mitteln, Neutönertum im schlechten Sinn. Darunter ist die Anwendung von fortgeschrittenem Material um seiner selbst willen, nicht aus dem Zwang der Sache, zu verstehen. Wenn in der traditionellen musikalischen Sprache ein Stümper etwas komponiert hat, so war das für jeden halb-

3 Die außerordentliche Wirkung von Strawinskys frühen Werken geht zum Teil auf die Lossage vom neuromantischen Melodisieren zurück.

wegs geschulten Musiker und Laien verhältnismäßig leicht festzustellen. Die Konventionsfremdheit der neuen Musik und die Distanz der neuen musikalischen Sprache von der in den Konservatorien erlernten bringt es mit sich, daß die Identifikation von Stumpfsinn und prätentiösem Stümpertum zwar objektiv genauso möglich ist wie früher, aber dem durchschnittlichen Hörer schwerer fällt. Daher mag es vorkommen, daß Neophyten Unfug anstellen und völlig sinnlose Zwölftonkompositionen auf Filme loslassen, die avanciert scheinen, während ihr scheinbarer Radikalismus die Wirkung des Films belastet, ohne ihn sachlich zu fördern. Freilich ist diese Drohung heute weit akuter in der ›autonomen‹ als in der Filmmusik, aber der Ruf nach frischen Kräften könnte leicht zu einer Situation führen, in der die Sache der neuen Musik so schlecht vertreten wird, daß der Kitsch der alten Garde triumphiert.

In der Verfahrungsweise der neuen Musik selbst liegen Gefahren, die auch von dem erfahrenen Komponisten beachtet werden müssen: Überkomplexheit des Details, die Sucht, jedes Moment der musikalischen Begleitung möglichst interessant zu machen, Pedanterie, formalistische Spielereien. Insbesondere ist zu warnen vor einer leichtfertigen Übernahme der Zwölftontechnik, die zur Fleißaufgabe entarten kann, in der das arithmetische ›Stimmen‹ der Reihe das echte Stimmen des musikalischen Zusammenhangs ersetzen soll und in Wahrheit verhindert.

Warnung Adornos: Während die gegenwärtige Organisation der Filmindustrie es unwahrscheinlich macht, daß wilde Experimentatoren auf das kostspielige Medium losgelassen werden, ist eine andere Gefahr weit aktueller. Die Mängel der konventionellen Filmmusik werden, mehr oder minder bewußt, allgemein wahrgenommen. Radikale Neuerungen sind jedoch aus kommerzieller Rücksicht weithin ausgeschlossen. Infolgedessen beginnt sich eine gewisse Neigung zur mittleren Linie geltend zu machen, die ominöse Forderung: modern, aber nicht zu sehr. Gewisse Techniken der modernen Musik wie das Ostinato der Strawinskyschule beginnen sich bereits einzuschleifen, und aus der Absage an die Routine droht eine zweite, kunstgewerbliche, pseudo-moderne Routine zu werden. Diese Tendenz wird von der Filmindustrie in gewissen Grenzen ermutigt, während gerade solche Komponisten, denen es zwar die moderne Technik angetan hat, die es aber mit dem Markt nicht verderben wollen, oder es sich nicht leisten können, zur Industrie tendieren. Der Gedanke, daß auf dem Umweg über gemäßigte Kopien das radikale Original sich durchsetzen könne, ist eine Illusion. Durch solche Vermittlungen wird eher der Sinn der radikalen Sprache aufgelöst als verbreitet.

IV. Soziologische Bemerkungen

Das Material einer Geschichte der Filmmusik ist in dem fleißigen und informierenden Buch ›Film Music‹ von Kurt London[1] zusammengetragen. Es ist überflüssig, die Daten hier nochmals aufzuzählen. Dagegen ist es sinnvoll zu fragen, ob auf einen Komplex wie die Filmmusik der Begriff der Geschichte überhaupt anzuwenden ist, und welche Bedeutung den von London herausgearbeiteten Entwicklungsphasen eigentlich zukommt. Es handelt sich bei der Filmmusik schwerlich um echte Geschichte, selbst nicht in dem ohnehin problematischen Sinn, in dem man sonst von der Geschichte einer Kunstgattung in sich reden kann. Die bisherige Filmmusik hat sich nicht nach eigenen Gesetzen entfaltet. Sie kennt kaum durch die Sache bedingte Problemstellungen und Lösungen. Die Veränderungen, die in ihr sich zugetragen haben, beziehen sich teils auf die Darstellungsverfahren der mechanischen Reproduktion, teils sind es wahllose und rückständige Versuche, einem sei es imaginären, sei es realen Publikumsgeschmack nachzulaufen. Während es sinnvoll ist, von einer qualitativ fortschreitenden Entwicklung etwa von der Apparatur Edisons bis zu der des heutigen Tonfilms zu reden, wäre es naiv, eine einigermaßen ebenbürtige künstlerische Entwicklung von der Kinothek bis zur Tonfilmpartitur zu behaupten.

Die Zufälligkeit in der Entwicklung der Filmmusik ist der von Film und Radio zu vergleichen. Sie ist wesentlich personeller Art. In den jungen Monopolen sind Gründer und Verfügungsgewaltige noch identisch. Das Prinzip des spezialisierten Fachmanns hat sich weder in der Gesamtleitung noch in der der einzelnen Produktionsgruppen der Filmstudios schon so weit durchgesetzt wie in den älteren Industrien. Daher herrscht noch der Pioniergeist der Inkompetenz. Wie Film und Radio künstlerisch ent-

1 Vgl. Kurt London, Film Music. A Summary of the Characteristic features of its History, Aesthetics, Technique; and possible Developments, London 1936.

scheidend von denen bestimmt wurden, die zuerst da waren, zuerst der kommerziellen Seite der neuen Techniken sich zuwandten, so verhält es sich auch mit der Filmmusik. Aber sie galt von Anbeginn als zweitrangiges Hilfsmittel. Sie wurde zunächst denen anvertraut, die sich gerade dazu bereit fanden – oft genug Musikern, die sachlich zu unzulänglich waren, um dort konkurrieren zu können, wo noch festere musikalische Maßstäbe galten. Es ergab sich Affinität zwischen den mindersten Musikanten, Ignoranten und Geschaftlhubern und der Filmmusik. Viele von ihnen haben sich auf Grund ihrer Anciennität an der Spitze der musikalischen Departements verschanzt und üben dort hochtrabend Kontrolle aus.

Der ganze Bereich der Reproduktion von Musik trägt gesellschaftlich das Stigma der ›Dienste‹ für Zahlungsfähige. Musizieren hat allemal etwas von sich – seine Leistung unmittelbar, nicht erst in ihrer zur Ware geronnenen Gestalt – Verkaufen, mit Übergängen zum Lakaien, zum Spaßmacher, zur Prostitution. Obwohl die Ausübung von Musik angestrengteste Arbeit voraussetzt, erweckt die Koinzidenz von Privatperson und Künstler, von Dasein und Leistung den Schein arbeitslosen Einkommens, den emsig jene Nutznießer der akustischen Dienste nähren, die in Wahrheit von der gesellschaftlichen Arbeit anderer existieren. Der verächtliche Blick auf den, der aufspielt, gehört zur Herrschaft: er attestiert ihre eigene, seriöse Notwendigkeit fürs allgemeine Gute. Dieser Blick hat dann den Sozialcharakter der Musiker selbst geformt. Das bürgerliche Zeitalter hat sie aus der Domestikenstube, in der noch Haydn seine Mahlzeiten einnahm, in die freie Konkurrenz des Marktes gerufen. Aber der Schatten des gesellschaftlich Unehrlichen ist ihnen geblieben und drückt auf sie, ähnlich wie der des Hausierers auf den Vertreter und Konfektionär. Noch am Habitus des strengen Kammermusikers haftet etwas von dem des befrackten Oberkellners, vom einschmeichelnden und wiederum aufsässigen Trinkgeldempfänger. Noch schätzt er die Herren und Damen ab; noch empfiehlt er sich durch den süßen Geigenton wie durch die gefällige Manier, und mit hochgeschlagenem Mantelkragen, das Instrument unterm Arm, seiner nachlässig-auffälligen Wirkung bewußt, gleicht er den Kollegen vom Café, deren Reihen er oft genug selber einmal angehörte[2]. Etwas vom Besten der musikalischen Reproduktion, das Spontane, sinnlich Lockende, nicht seßhaft Eingeordnete, sondern schweifend Unmittelbare – kurz, alles am mißbrauchten Begriff des Musikanten, was etwas taugt, hängt mit eben dieser Sphäre, dem Bilde des Musikzigeuners zusammen. Wäre sie ganz getilgt, so wäre es mit der musikalischen Interpretation am Ende, wie denn bei vollkommener technischer Rationalisierung, dem ›Zeichnen‹ anstatt dem Schreiben von Musik, die Funktion des Ausübenden, des Vermittlers, in der des Komponisten, des Produzenten, unterginge.

Aber zugleich hat die Gewohnheit, Dienste zu leisten – im Orchester ist von ›Abenddienst‹ die Rede – verhängnisvolle Züge im Musiker hinterlassen. Dazu gehört die Sucht, unter Selbstpreisgabe zu gefallen, vom allzu smarten Anzug bis zum Einverständnis mit dem, was das Publikum will, dem Konformismus der ausübenden Musiker, von dem die Produktion mehr gefesselt wird als selbst von der Passivität der Hörer. Dazu gehört auch eine sehr besondere, archaische Art von Neid und Bosheit, die Neigung zur Intrige, Erbschaft des ›Unehrlichen‹ in einem nur oberflächlich den Bedingungen der Konkurrenz angepaßten Gewerbe. Es sind gerade diese Züge, die der musikalischen Tendenz der Massenkultur, welche die Konkurrenz abschafft, entgegenkommen, während jene zugleich des zigeunerhaften Wesens als zusätzlicher Attraktion bedarf. Die kokett-unverschämte Servilität schickt sich zum Dienst am Kunden; Intrige und Drang zur blanken Übervorteilung – meist mit verlogener ›Kollegialität‹ gepaart – zur krassen Herrschaft des business: die Musikanten verstehen von sich aus, worauf es der Kulturindustrie ankommt. In der Tat hat das Filmmonopol die vorkapitalistischen Rudimente des Musikertums, den gesellschaftlichen Typus des Stehgeigers, trotz seines scheinbaren Widerspruchs zur industriellen Produktion und der künstlerischen Unzulänglichkeit seiner ungebrochenen Repräsentanten, nicht abgeschafft. Im Gegenteil, sie

2 Um die Mitte des neunzehnten Jahrhunderts bereits hat Flaubert das Phänomen beschrieben. Der Sänger Lagardy, heißt es in der Madame Bovary, »besaß eine schöne Stimme, mehr Temperament als Intelligenz, mehr Pathos als Empfindung. Er war Genie und Scharlatan zugleich, und in seinem Wesen lag ebensoviel von einem Friseur wie von einem Toreador.«

hat ihm selber ein Monopol übertragen. Sie hat ihn, aus der tiefsten Wahlverwandtschaft heraus, angezogen, allen sachlich gerichteten Musikern vorgezogen und ihn zur festen Einrichtung gemacht. Wie allen anderen Schein älterer Spontaneität, hat sie ihn in Regie genommen. Sie beutet den Friseur als Don Juan aus und benutzt den Oberkellner zugleich als Symbol des Minnesangs wie für den Komfort, und um unerwünschte Elemente aus dem Lokal draußen zu halten. Ihr musikalisches Ideal ist der Schmalztopf in der Betonzelle. Da aber in Wahrheit doch bei der Übernahme der Musikanten durch den Konzern alle Momente des wie sehr auch selbst schon verkommenen Spontanen im Musizieren durch die unerbittliche technische und organisatorische Apparatur selbsttätig abgeschnitten werden, so bleibt vom Musikanten sachlich nichts übrig als ein paar Unmanieren der Darstellungsweise, persönlich nichts als die Stirnlocke, der slawische Name, das eitle Schielen auf den Erfolg und die roßtäuscherhafte Berufsethik, die sich mit der der spätindustriellen Rackets mühelos verständigt. Man nimmt daher schon den Mund zu voll, wenn man der apokryphen Gattung der Filmmusik überhaupt Geschichte zumutet. Der Banause, der 1910 als erster auf die Idee verfiel, den Brautmarsch aus Lohengrin als Begleitung zu verwursten, ist dadurch so wenig eine historische Figur geworden wie irgendein anderer Altkleiderhändler. Auch der Prominente von heute, der willig oder unwillig seine Musik, unter dem Titel filmischer Erfordernisse, dem Geschmack des Kleiderhändlers gleichschaltet, verdient keine Nische, sondern Geld. Die historischen Vorgänge, die an der Filmmusik sich wahrnehmen lassen, sind nur Reflexe des Herabsinkens der bürgerlichen Kulturgüter zu Waren für den Vergnügungsmarkt. Allenfalls läßt sich sagen, daß die Musik parasitär am Fortschritt der technischen Medien und am anwachsenden Reichtum der Filmindustrie teilgenommen hat. Daß sie in der Breite der Produktion, sei's als solche, sei's in ihrer Beziehung zu den andern Medien des Films, wirklich sich entwickelt hätte, davon kann gar keine Rede sein.

Das heißt nicht, daß alles beim alten geblieben sei. Im Gegenteil, die ökonomische Macht der Industrie hat einen Betrieb in Gang gesetzt, der schlechterdings dynamisch genannt zu werden verdient. Verbesserungen aller Art, neue Namen, Ideen im Sinne von gadgets, von marktgängigen Tricks, die vom Bisherigen sich so weit unterscheiden, um aufzufallen und doch nicht so weit, um irgendeine Gewohnheit zu beleidigen, all das gibt es immerzu. Nur gilt dafür wie für alle massenkulturellen Fortschritte unterm Monopol: daß der Aufwand, die Weise der Präsentation, die Technik der Übermittlung im weitesten Sinn, von der akustischen Genauigkeit bis zur psychologisch ausgeklügelten Behandlung des Publikums, sich im geraden Verhältnis zum investierten Kapital gesteigert hat, daß aber an der Sache selbst, der Substanz der Musik, ihrem Material, der Qualität der kompositorischen Gestaltung und der Funktion der Musik im ganzen nichts Wesentliches sich änderte. Es ist ein Prozeß des Streamlining der Fassade. Schlagend ist das Mißverhältnis zwischen der weitgehenden Verbesserung der Aufnahmeverfahren und der entweder indifferenten oder stur aus der Requisitenkammer übernommenen Musik, auf die alle Wunder solcher Technik losgelassen werden. Wenn früher der Kinoklavierspieler im Halbdunkel jenen Brautchor aus Lohengrin herunterspielte, so wird heute, nach vollzogener Ausrottung der Klavierspieler, der Brautchor in Neonlicht, in hundert Farben prangend, auf die Leinwand projiziert, aber es ist der alte Brautchor, und alle wissen, daß man, sobald er erklingt, noch das legitime Glück zelebriert. Der Weg vom Kintopp bis zum Filmpalast ist ein Triumphzug, bei dem auf der Stelle getreten wird.

Wenn man von einer historischen Etappe in der Filmmusik reden will, so liegt sie beim Übergang des Films vom mehr oder minder bescheidenen privatkapitalistischen Unternehmen zur hochkonzentrierten und rationalisierten Industrie, ein paar Konzernen, die sich in den Markt teilen, den sie kommandieren, noch wenn sie ängstlich zu gehorchen meinen. Der Übergang erfolgte, ehe der Tonfilm eingeführt wurde. Nach Kurt London fiele er zwischen 1913 und 1928: er dürfte wohl wesentlich den frühen zwanziger Jahren angehören, der Zeit, da die großen Filmtheater aufkamen, da man den Begriff der ›Première‹ planmäßig auf den Film übertrug, ihn angestrengt gesellschaftsfähig machte und den prätentiösen ›Großfilm‹ mit dem ganzen Apparat der nationalen und internationalen Reklame lancierte. Musikalisch entspricht dem die Einführung des symphonischen Kinoorchesters anstelle der unscheinbaren caféhausähnlichen Salonensembles. Die ›auskomponierten‹, quantitativ anspruchsvollen Partituren der letzten stummen Filme waren dem Wesen nach schon wie die Tonfilmpartituren: man hat sie dann nur aufgenommen, und die photographierte Stimme einbezogen. Kurt London deutet jene Etappe an. »Finally, in the last few years of the silent-film period, the big cinema palaces were served by orchestras which, composed as they were of 50 to 100 musicians, put to shame many a medium-sized city orchestra. Parallel with this development a new career for conductors offered itself: they had to lead the cinema orchestra and select the illustrative music. Prominent men often filled these posts with salaries which more often than not exceeded that of an opera conductor.«[3] Prominenz selber ist eine Funktion der Saläre, so wie über den Ruhm heute die publicity Agenturen entscheiden. Es ist die Prominenz von Radio City, vom Pariser Pathétheater, vom Berliner Ufapalast am Zoo; die Sphäre, die Kracauer Angestelltenkultur[4] genannt hat, die des gehobenen Amusements, billig genug für den kleinen Festbesoldeten, vom großen Betrieb Abhängigen, und doch so, daß nichts zu gut und teuer für ihn scheint; ein demokratisierter Luxus, weder luxuriös noch demokratisch, bei dem der, welcher über die teppichbelegte Freitreppe in die Marmorschlösser und Lichtburgen zugelassen wird, doch unablässig um das betrogen ist, was er eigentlich erwartet. Solcher Reichtum, die Opulenz des versenkbaren und angestrahlten Monstre-Orchesters steht am Anfang einer Entwicklung, die dann alle sinnfälligen Naivetäten des alten Rummelplatzes liquidiert hat, aber das Prinzip des Bauernfangs zur Universalität entfaltete.

Solche Entwicklung ist nicht einfach quantitativ zu nehmen. Die groß aufgezogene, bunt und üppig präsentierte Kinomusik ändert ihren gesellschaftlichen Sinn. Ihre aufgeblasene Macht und Größe demonstriert unmittelbar die ökonomische, die dahinter steht. Ihr Farbenreichtum betrügt über die Monotonie der Serienproduktion. Ihr beflissen-positiver Charakter unterstreicht die allgemeine Reklame für die Welt. Sie wird zu einem gleich-

3 London, a. a. O., S. 43.

4 S. Kracauer, Die Angestellten. Aus dem neuesten Deutschland, Frankfurt a. M. 1930.

geschalteten Kulturressort unter anderen. Das administrative Moment war in der Kinomusik von je angelegt. Der Kapellmeister, der die Begleitungspièцen aussuchte, die Kinothek, der Arrangeur, sie alle hatten immer schon traditionelle Musik wie einen Vorrat von Stapelwaren durchmustert und das Passende ausgesucht. Der verfügende Blick auf die heruntergekommenen Kulturgüter, der hier Seemannslos und dort das Schicksalsmotiv der Carmen ergreift und nutzbar macht, war stets schon der des Bürokraten, der schließlich die Kunstwerke um den Sinn bringt und ihre Bruchstücke zu praktikablen Hilfsmitteln der Wirkung herabsetzt. Es ist, als wäre der Rationalisierungsprozeß der Kunst selbst, die bewußte Beherrschung ihrer Mittel, durch ein gesellschaftliches Kraftfeld abgelenkt und von der Sache weg allein noch dem Wirkungszusammenhang zugewandt; der Fortschritt besteht einzig in der Rationalisierung des Publikumseffekts, einem Amalgam aus gehoben enthusiastischem Salongeschwätz und der Gerührtheit von Ladenmädchen. In der älteren Kinomusik aber war der verwaltende Gestus in der Manipulation der Musik gemildert durch Barbarei. Keinerlei Fiktion von Geschmack ließ die Verstümmelung der zitierten Melodien als Sache von ›Niveau‹ erscheinen. Kein hochorganisierter Apparat schob sich zwischen die Musikproduktion und den Verschleiß ans Publikum. Der Pianist, der ›Seemannslos‹ spielte, wenn der stumme Film beim Schiffsuntergang grün oder braun sich färbte, und noch das Salonorchester, das die Lieblingsfrau des Maharadscha mit einem exotischen Potpourri verkuppelte, waren zwar auch schon Angestellte, in deren Bewußtsein künstlerische Bedenken nicht vorkommen konnten, aber sie verstanden sich mit ihren Zuhörern, nicht allzu verschieden von diesen, nicht allzu gebunden an ihre eigenen Oberherren, und trugen etwas von der Drastik und Abenteuerlichkeit des Jahrmarkts mit sich, aus dem das Kino hervorging. Es ist jenes illegitime, irgend noch improvisatorische und anarchische Moment, das der Film als big business aus seiner Musik verjagt hat. Dieser Prozeß ist es, der als Fortschritt verbucht wird, der auch im Sinn des Reichtums der Mittel und ihres kontrollierten Einsatzes Fortschritt ist. Aber er bleibt fragwürdig. Seit der Monopolisierung ist die Filmmusik unrettbar der Kultur verfallen, ohne doch um ein Gran kultivierter zu sein, als sie im Zeitalter ihrer Irrespektabilität war. Ihr Fortschritt ist nichts anderes, als daß man den Kitsch aus seinen Schlupfwinkeln aufscheuchte und als offizielle Institution einsetzte. Er ist damit nicht besser sondern schlechter geworden.

Es ist der Übergang an die Verwaltung, der die Filmmusik stagnieren läßt. Das registrierende einordnende Behandeln aller Musik tendiert von sich aus schon dazu, sich auf den Vorrat des je Vorhandenen zu beschränken, und was etwa Neues hinzukommt, nach den eigenen administrativen Klassifikationen zu modeln. In der Musik so wenig wie in anderen Ressorts der verwalteten Kultur ist für Freiheit und Phantasie des Subjekts Raum und auch wo, mehr oder minder aus Prestigerücksichten, sogenannte schöpferische Kräfte zugezogen werden, sind diese entweder schon so ausgewählt, daß sie nach den Standards verfahren, oder sie werden durch die Überwachung der Geschäftsleute und ihrer Repräsentanten in der Produktion dahin gebracht, daß sie mit mehr oder weniger Widerstand nochmals das hervorbringen, was ohnehin alle tun. Gewiß macht der Unterschied zwischen dem geschulten Fachmusiker und dem alteingesessenen Dilettanten stets noch sich geltend. Aber er wird tendenziell ausgeglichen. Versuche, die bedeutendsten europäischen Komponisten, Schönberg und Strawinsky, mit dem Film zu verbinden, sind gescheitert. Jeder andere Musiker von Qualität, der herein will, um sein Leben zu verdienen, muß Konzessionen machen, die keinerlei Vertrautheit mit den Anforderungen des Betriebs sachlich rechtfertigt. Auf allen lastet der gleiche Druck, der die Harmonie zwischen dem System und seinen Ausführungsorganen herstellt. Es ist fiktiv, ein primäres Interesse am Film bei avantgardistischen Komponisten, die von der technischen Neuheit des Mediums angezogen wären, zu behaupten. Das Baden-Badener Musikfest, wo zum ersten Male Experimente mit Filmmusik unternommen wurden, die den problematischen Begriff der Gebrauchskunst wichtigtuerisch verklärten, ist nicht Hollywood, das über solche Dinge längst ahnungslos und unverschämt ins reine kam. Die Beziehung zwischen beiden Sphären geht kaum weiter, als daß etwa das modernistische Experimentieren mit ›mechanischer Musik‹ einigen Autoren Mut machte, den Sprung auf den neuen Markt zu wagen, indem sie sich die

Anpassung an ihn als fortgeschrittene Leistung technokratischen Bewußtseins zurechtlegen konnten. In Wahrheit geht kein ernsthafter Komponist aus anderen als materiellen Gründen zum Film. Bis heute erfährt er sich dort nicht als Nutznießer utopischer technischer Möglichkeiten, sondern als kontrollierter und leicht kündbarer Angestellter. Da der autonomen Kunst die ökonomische Basis, ja nachgerade selbst der Schlupfwinkel entzogen ist, so wäre es sentimental und kaltherzig zugleich, irgendeinem einen Vorwurf daraus zu machen, daß er bei der Gebrauchsmusik sein Unterkommen sucht. Nur sollte keiner sich und seinen Auftraggebern unter Mißbrauch des angeblichen Geistes der Zeit Ideologien dazu machen. Vielmehr sollte man versuchen, so viel Ungewohntes, der herrschenden Praxis Widersprechendes einzuschmuggeln wie möglich, in der wie immer auch schwachen Hoffnung, es möchte damit eine neue Qualität der Gesamtproduktion sich vorbereiten.

Es wäre oberflächlich, die Mängel der Filmmusik mit der Personenfrage gleichzusetzen. Die Verteilung der musikalischen Machtpositionen im Film ist nur der faßliche Ausdruck einer Gesetzmäßigkeit, der das ganze System untersteht. Wenn die Rationalisierung des Films in der Tat dessen vollkommener Unterordnung unter den Wirkungszusammenhang, den Effekt – nicht nur des Ganzen, sondern noch des versprengtesten Details – aufs Publikum gleichkommt, so ist es eben dies Prinzip, das die Möglichkeit wirklicher historischer Entfaltung abschneidet, selbst in dem ohnehin beschränkten Sinn, in dem eine solche in der bürgerlichen Kunstmusik sich vollziehen konnte. Als Filmmusik zugelassen wird nur, was für wirkungssicher gilt, und zwar, was sich als ganz bestimmte, erprobte Wirkung in ganz bestimmten Situationen eingespielt hat. Da, aus wirklichen oder vorgeschobenen ökonomischen Gründen, nichts riskiert werden darf, so wird Ausschau gehalten nach dem, was sich auf dem Markt bewährte: die Kunstverwaltung des Monopols richtet sich nach dem ästhetischen Verdikt, das die letzte Phase der freien Konkurrenz ausgesprochen hat. Das erklärt die Stagnation. Zu einer Zeit nämlich, da die Filmmusik noch in ihrem rohen Anfangsstadium sich befand, war bereits der Bruch zwischen dem bürgerlichen Publikum und der eigentlichen bürgerlichen Kunstmusik der

Epoche definitiv geworden. Der Bruch hat seine lange Vorgeschichte: er läßt sich bis auf den Tristan zurückdatieren, der wahrscheinlich nie in dem gleichen Umfang und Sinn rezipiert wurde wie Aida, Carmen und selbst die Meistersinger. Die Entfremdung des musikalischen Theaters von seiner Zuhörerschaft ist endgültig geworden zwischen 1900 und 1910, in den beiden exponierten Opern von Richard Strauss, Salome und Elektra. Seine retrospektive, stilisierende Wendung seit 1910, seit dem Rosenkavalier, den man nicht umsonst verfilmt hat, ist der Reflex jener Erfahrung; der erste Versuch, die Entfremdung von Kultur und Publikum zu überbrücken durch Ausverkauf der Kultur. Alle eigentlich moderne Musik nach Strauss ist esoterisch geblieben. Der Geschmack des Publikums in der ganzen Welt, zumal des Opernpublikums, ist stationär geworden und hat nichts der Art nach Neues mehr zugelassen. In Amerika haben die besonderen Bedingungen des hauptstädtischen Repräsentations- und Startheaters und -Konzerts, bei weitgehender Absenz eines traditionalen Musiklebens mit altem Publikum und all der Kanäle musikalischer Bildung, die Europa kannte, die Stagnation womöglich noch verstärkt: der Mangel an Erfahrung des Alten sperrt vollends die Erfahrung des Neuen. Mit diesem Stand der Dinge hatten die Praktiker der Zweckmusik zu rechnen. Sie fanden einen zugleich versteinerten und verrohten, unduldsamen und kritiklosen Geschmack vor. Wenn sie ihrer Maxime, nichts zu geben, als was das Publikum wünscht, treu bleiben wollten, so hatten sie sich danach zu richten. In der Todfeindschaft gegen das Experiment, gegen alles, was des Intellektuellen auch nur von fern verdächtig ist, ja gegen alles, was sich auch nur unterscheidet, hat der Widerspruch zwischen dem bürgerlichen Publikum und seiner Musik sich niedergeschlagen. Die Gebieter des Films machen das längst gesprochene Urteil des Publikums sich zu eigen und überspannen es noch durch die angemaßte und ignorante Autorität ihrer Herrschaftsapparatur. Die Filmmusik ist geschichtslos, weil vorher schon das Publikum in Oper und Konzertsaal einer Geschichte Einhalt geboten hat, die sei es an gefährliche Punkte rührte, sei es auch nur dem Ideal von Entspannung und Amusement in der durchrationalisierten Gesellschaft widersprach. Mit der Filmmusik wird der Zuhörer nochmals um das betrogen, wogegen er ohnehin schon sich sperrt.

Die Filme werden ihren Kunden auf den Leib geschrieben, nach ihren wirklichen oder vermeintlichen Bedürfnissen kalkuliert, und reproduzieren diese Bedürfnisse. Zugleich aber sind die Produkte, die der Verbreitung nach dem Publikum am nächsten sind, durch den Gang der Produktion ebenso wie durch die Interessen, die sie repräsentieren, objektiv dem Publikum am fremdesten. Die Herstellung ist dem lebendigen Kontakt mit den Zuschauern entzogen, den jede Theatervorstellung noch gewährt; nur indirekt, im Kassenausweis, in ganz verdinglichter Gestalt, wird der angebliche Wille des Publikums überhaupt spürbar. Der Widerspruch von universaler Nähe und unüberbrückbarer Ferne bezeichnet die schwache Stelle im Wirkungszusammenhang, dem alles dienen soll, und solche Schwäche zu verdecken, ist eine der Hauptaufgaben der Manipulation, ja eines der wichtigsten Elemente der Wirkung selber. Daher, neben der aufgedunsenen Reklame, alle die Filmmagazine, die Filmkolonnen der Zeitungen, der organisierte Tratsch, der noch die Intimität des Privatlebens zum Anhängsel der Maschinerie macht. In dies Bereich gehört gesellschaftlich die Filmmusik. Nicht bloß ist sie ein Moment der fabrikmäßig hergestellten Irrationalität im allgemeinen, der ›Entspannung‹, die über die Kälte der spätindustriellen Gesellschaft mit spätindustriellen Mitteln hinwegtäuschen will. Sie bringt den Film nahe, wie er sich selber durch Großaufnahmen nahe bringt. Sie sucht eine menschlich vermittelnde Schicht zwischen die ablaufenden Fotografien und die Betrachter zu setzen. Ihre soziale Funktion ist die des Kitts, sie hält zusammen, was sonst beziehungslos sich gegenüberstünde, das mechanische Produkt und die Zuschauer und auch diese untereinander, wie sie abgesperrt sind im Gefängnis ihrer Sessel. Schon das Theater hat ein ähnliches Bedürfnis gekannt, sobald die Zuschauer der Bühne gegenüber sitzen, ohne dort Lebendiges zu gewahren, bei geschlossenem Vorhang oder während der Verwandlungen: die Zwischenaktmusiken. Deren Idee ward von der kurrenten Kinomusik zur Universalität erhoben, auch und gerade wo es etwas zu sehen gibt. Sie ist die planmäßig betriebene Stimmungsmache für die Vorgänge, denen sie selber sich eingliedert. Sie sucht den Bildern nachträglich etwas von dem Leben einzuhauchen, das sie durch Fotografie gerade eingebüßt haben[5]. Nicht umsonst ist sie aus der Orchesterhöhle auf den Streifen gewandert, bruchlos ihm eingegliedert: nun bearbeitet sie den Zuschauer in eins mit dem Bildstreifen. Aus dem verwalteten Trost ist das human interest geworden und schließlich ein weiteres Bestandstück der universalen Reklame, in die der Film selber übergeht.

Heute plaudert das Gebrüll des Löwen von MGM das Geheimnis aller Filmmusik aus: den Triumph darüber, daß der Film, ja, daß sie selber zustande kam. Sie macht gewissermaßen den Zuschauern die Begeisterung vor, in die sie durch den Film geraten sollen. Ihre Grundform ist die Fanfare: das Ritual der Titelbegleitungen bringt das unmißverständlich zum Ausdruck. Aber ihre Gestik ist die der Reklame durchaus: sie weist einverstanden auf alles hin, was auf der Leinwand geschieht, spiegelt die Wirkung, die erst erzielt werden soll, als schon gelungene vor; erläutert wohl auch zuweilen durch ihre unmißverständlich genormten Charaktere den Sinn der Vorgänge für die Dummen, etwa wie heute hygienischen Reklamen fingiert wissenschaftliche, objektive Erläuterungen beigegeben sind. Die gesamte Formensprache der kurrenten Filmmusik geht aus der Reklame hervor: das Motiv ist das Schlagwort, die Instrumentation die standardisierte Buntheit, und die Begleitungen der Trickfilme machen schon Reklamewitze: oft ist es, als ersetzte Musik die Warennamen, die unmittelbar zu bieten der Film einstweilen noch nicht riskiert. Ein Ende ist gar nicht abzusehen. So wäre es ein echter Fortschritt der Filmmusik, eine in Dollars und Cents ausdrück-

5 Noch 1929 konnte über Kinomusik in Neapel geschrieben werden, die Melodien der ausgezehrten Opern, die da dem Film als Begleitung dienten, könnten »nicht dem Zuschauer als Musik erscheinen, sondern bestehen musikalisch nur für den Film: Begleitung ist Musik stets allein ihrer Hauptstimme. Sie kommt zum Film, ihn zu trösten, weil er stumm ist, und schaukelt ihn sacht ins Dunkel der Zuschauer, auch wo sie die Gebärde der Leidenschaft annimmt. Dem Zuschauer gilt sie nicht. Er bemerkt sie erst, wenn der Film ungetröstet fern an ihm vorüberzieht, getrennt durch den Abgrund des bloßen Raumes.« (T. W. Adorno, Motive IV: Musik von außen, in: Anbruch 11 [1929], S. 337 [Heft 9/10]; [jetzt auch: Quasi una fantasia. Musikalische Schriften II, Frankfurt a. M. 1963, S. 33].)

bare Hollywoodidee, jedem Schauspieler sein eigenes Reklameleitmotiv beizugeben, das in all seinen Filmen wiederkehrt, so oft er sich blicken läßt. Die Grundstruktur aller Reklame: die Zweiteilung ins auffallende Bild oder Wort und den unartikulierten Hintergrund, kehrt in der Filmmusik wieder. Sie ist entweder Schlager oder gestaltloser Klang: ›noodles‹ heißen verächtlich im Jargon die melodisch sinnlos ablaufenden Triolensequenzen, die dafür mit Vorliebe verwandt werden. Es gibt nichts außer der mitsingbaren und behaltbaren Melodie, und dem überhaupt nicht auffaßbaren Harmoniegetöne. Die kollektive Funktion der Musik hat sich zum Kundenfang rationalisiert. Aber die Alleinherrschaft der Wirkung als Reklame schlägt um: die Musik wird wirkungslos. Die Filmschlager werden, damit man sie behalten kann, so banal, daß man sie nicht mehr behalten kann – im allgemeinen noch unter dem Niveau von Tin Pan Alley, das nicht ganz so durchrationalisiert ist –, und die allgegenwärtige Reklame, das überzuckerte Gedudel stumpft ab und bewirkt, wenn schon nicht offenen Widerwillen, so doch Gleichgültigkeit. So erweist sich die industrielle Rationalisierung auch musikalisch am Ende doch wieder als das, was sie ökonomisch längst geworden ist, als ihr eigener Feind. Selbst nach den Standards der Industrie müßte die Filmmusik gründlich verändert werden. Aber die Standards der Industrie machen zugleich solche Veränderungen unmöglich.

V. Ideen zur Ästhetik

Es ist so problematisch, eine Ästhetik der Filmmusik aufzustellen wie ihre Geschichte zu schreiben. Alle bisherigen ästhetischen Bemühungen um die beiden wichtigsten Medien der industrialisierten Kultur, Film und Radio, kranken an einem gewissen Formalismus. Die Herrschaft des show business hat jene Autonomie der Gestaltung ausgeschlossen, in der allein die Beziehung zwischen Form und Inhalt fruchtbar sich hätte entfalten können, auf die konkrete Ästhetik notwendig sich bezieht. Die ästhetische Besinnung über den Film war durch die kunstfremde und triviale Stofflichkeit seines Inhalts zur Abstraktheit gezwungen. Sie hat sich vorwiegend mit Bewegungs- und Farbgesetzen, Aufbau, Bildschnitt, ›innerem Rhythmus‹ und ähnlichen, oft recht vagen Kategorien befaßt. Die Kriterien, die aus ihnen abgeleitet werden, umschreiben zwar bis zu einem gewissen Grad den handwerklichen Rahmen für eine jegliche Produktion, die nicht inkompetent erscheinen will, entscheiden aber keineswegs darüber, ob das Produkt als solches in der Tat gut oder schlecht sei. Man kann sich einen Film vorstellen – und das betrifft auch die Musik dazu –, der im Sinn all jener Normen stimmt, ein unendliches Maß an Arbeit, Gewissenhaftigkeit und Materialkenntnis enthält und doch von Grund auf nichts taugt, weil die Konzeption verdorben ist, und ihr Mangel an Wahrheit und Substantialität alle jene Leistungen zu kunstgewerblichen Zutaten degradiert.
Die Bemühung um die Ästhetik des Films wird darum besonders leicht schief, weil das Dasein des Films selber, ganz abgesehen von der Rücksicht auf den Markt, weniger in der künstlerischen Konzeption als im gegebenen Stande der optischen und akustischen Technik gründet. Der Stand jener Technik befindet sich aber zunächst zum möglichen ästhetischen Gehalt in gar keinem oder einem höchst vermittelten, die Einheit der ganzen Epoche betreffenden Verhältnis. Eine Ästhetik der griechischen Tragödie

etwa kann, um zu ihrem Formgesetz zu dringen, von gesellschaftlich-historischen Momenten inhaltlicher Art, wie der symbolischen Kulthandlung, dem Opfer, dem Prozeß, den Ursprungskonflikten der Familie, der Auseinandersetzung mit dem Mythos ausgehen. Etwas Ähnliches wäre dem Film gegenüber kindisch. An der immanenten Entwicklungstendenz von Drama oder Roman hat er wesentlich nur Anteil, indem er jene Formen sich vorgibt und sie ›aufnimmt‹, nämlich mit gewissen Modifikationen abbildet. Weit drastischer hängen seine Möglichkeiten mit Fotografie, Kinematografie, elektrischen Klangverfahren zusammen. Diese Medien aber, ganz außerhalb des ästhetischen Bereichs erwachsen, geben von sich aus nur ganz dünne ästhetische Begriffe her, deren Geltung man nicht einmal zu bestreiten braucht, die aber nicht mehr leisten als die Lehre von den Kontrastfarben für die Malerei oder die von den Obertönen für die Musik.

Insbesondere ist Vorsicht geboten gegenüber pseudoästhetischen Erwägungen im Stil der neuen Sachlichkeit, wie sie unter dem Titel des ›Materialgerechten‹ betrieben werden können. Es hat sich zumal in dem für die Filmmusik wesentlichsten Materialbereich, dem der Mikrofonaufnahme, schon im Radio gezeigt, daß die Forderung nach mikrofongerechtem Komponieren im allgemeinen auf die der Versimpelung herauskommt. Die angebliche Anpassung an die objektiven Materialbedingungen wird zur Einschränkung der Phantasie – meist im Dienst jener ›Leichtverständlichkeit‹, mit der das Geschäft rechnet. Die Forderung des Materialgerechten würde sinnvoll das Material der Musik im eigentlichen Sinn, die Töne und ihre Beziehungen untereinander, betreffen und nicht das diesem Material äußerliche und relativ zufällige Aufnahmeverfahren. Sachlich wäre es, wenn das Mikrofon nach den Anforderungen der Musik sich richtete, nicht umgekehrt. Selbst in der Architektur, deren Materialbegriff doch weit handfester ist als der in sich bereits historische der Musik, ist sachlich ein Bau, der sich nach dem Stein und nach der Idee des Gebildes richtet, nicht aber einer, der von der Beschaffenheit der Lastautos und Krane ausgeht, die das Baumaterial hierhin oder dorthin befördern. Das Mikrofon ist ein Mittel der Kommunikation, keines der Konstruktion. Im übrigen hat der Fortschritt der Aufnahmeverfahren die Erwägungen über ästhetische Grenzen solcher Art mittlerweile überholt.

Bedenklicher noch sind Spekulationen, die aus der abstrakten Beschaffenheit der Medien als solcher, etwa der wahrnehmungspsychologischen Relation optischer und phonetischer Gegebenheiten irgendwelche Gesetze herauszuspinnen suchen. Bestenfalls kommen dabei theoretische Seitenstücke zum abstrakten Film, dessen ornamental-kunstgewerbliches Wesen als umschlagende Konsequenz der Sachlichkeit evident ist, zustande, wahrscheinlicher sektiererische Versuche nach Art der sogenannten Farbtonmusik und ähnlicher Unternehmungen, die fixe Ideen für Avantgardismus halten. Ausgedachte Spielregeln für Kaleidoskope sind keine Kriterien für Kunst. Wird das Kunstschöne aus seinem bloßen Material hergeleitet, so fällt es ins Naturschöne zurück, ohne doch dieses wieder zu erreichen. Der künstlerische Geist, der in seinen Gebilden auf die geometrische Reinheit, Proportionalität und Gesetzlichkeit des Natürlichen ausgeht, trägt damit in die schönen Formen, wenn sie es überhaupt noch sind, eben jenes reflexive Moment hinein, das konsequenterweise das Naturschöne auflöst. Denn dieses, »sowohl in Beziehung auf die abstracte Einheit der Form, als auch in Betreff der Einfachheit und Reinheit des sinnlichen Stoffs«, ist in seiner »Abstraction unlebendig und keine wahrhaft wirkliche Einheit. Denn zu dieser gehört ideelle Subjectivität, welche dem Naturschönen überhaupt der vollständigen Erscheinung nach abgeht.«[1]

Auch Eisenstein, der einzig bedeutende Filmschaffende, der bislang auf ästhetische Erörterungen sich eingelassen hat, und dessen praktische Arbeit ihm in der Tat größere Freiheit der ästhetischen Erfahrung gewährte, als sie in Hollywood oder Denham zu finden war, wendet sich gegen jene Art formaler Spekulationen über das Verhältnis von Musik und Film, zumal von Musik und Farbe: »We concluded that the existence of ›absolute‹ sound-color equivalents – even if found in nature – cannot play a decisive role in creative work, except in an occasional ›supple-

1 Hegel, Werke. Vollständige Ausgabe durch einen Verein von Freunden des Verewigten, Bd. 10: Vorlesungen über die Aesthetik, hrsg. von H. G. Hotho, 2. Aufl., Berlin 1842/43, 1. Theil, S. 180.

mentary‹ way.«[2] Die ›absoluten Äquivalente‹ wären beispielsweise solche zwischen bestimmten Tonarten oder Akkorden und Farben, deren Schimäre seit Berlioz die Theoretiker immer wieder nachjagen und die etwa dazu herhalten sollen, jede Farbnuance eines Films mit einer ›identischen‹ des Klangs zu verkuppeln. Selbst wenn jene Identität bestünde, und sie besteht nicht, und selbst wenn die Methode nicht so atomistisch wäre, daß sie jedem Sinnzusammenhang ins Gesicht schlägt, bliebe immer noch die Frage, wozu sie gut sei – warum ein Medium nochmals das geben soll, was ein anderes gerade jener Auffassung zufolge ebenso gibt und was durch die identische Wiederholung nichts gewinnt, sondern allenfalls verlieren könnte. Eisenstein dehnt seine Ablehnung aus auch auf die Suche nach Äquivalenten für die ›purely representational elements in music‹[3], also auf die Bestrebungen, Einheit von Bild und Musik herzustellen, indem man zu den Ausdrucksassoziationen, sei es einzelner musikalischer Motive, sei es ganzer Stücke, Bildentsprechungen addiert.

Trotzdem sind Eisensteins Einzelbetrachtungen über die Basis des Verhältnisses von Film und Musik dem Bannkreis der von ihm zu Recht bekämpften Denkweise nicht ganz entronnen. Er attackiert etwa die Plattheit von Bildern, die von einer eng vorstellungsmäßigen Auffassung der Musik ausgehen: so wenn die Barcarole aus Hoffmanns Erzählungen den Filmregisseur dazu inspiriert, die Umarmung eines Liebespaars in venetianischer Szenerie vorzuführen. Dem hält er entgegen: »But take from these Venetian ›scenes‹ only the approaching and receding movements of the water combined with the reflected scampering and retreating play of light over the surface of the canals, and you immediately remove yourself, by at least one degree, from the series of ›illustration‹ fragments, and you are closer to finding a response to the sensed inner movement of a barcarolle.«[4] Ein

2 Sergei M. Eisenstein, The Film Sense, New York 1942, S. 157.

3 a. a. O., S. 159.

4 a. a. O., S. 161. – Das Beispiel, das Eisenstein für die visuelle Interpretation der ›inneren Bewegung‹ der Barcarole gibt, ist nicht beweiskräftig. Walt Disney hat in der Silly Symphony ›Birds of a Feather‹ (1931) jenes Stück bezogen auf »a peacock whose tail shimmers ›musically‹, and who looks into the pool to find there the identical contours of its opalescent tail

solches Verfahren wäre nicht die Aufhebung des schlechten Prinzips einer Verknüpfung von Bild und Musik, die sei es durch Pseudo-Identität, sei es durch Assoziation bewirkt wird, sondern nur die Transposition des Prinzips auf eine abstraktere Ebene, auf der seine Grobheit und sein tautologisches Wesen weniger offenbar wird. Die Reduktion des sichtbaren Wellenspiels auf die bloße Bewegung des Wassers und das Spiel des Lichts darauf, die mit dem übrigens recht bescheidenen Wellencharakter der Musik zusammenfallen soll, führt genau in die Richtung jener ›absoluten Äquivalente‹, die Eisenstein zuvor ablehnte. Ihre Absolutheit verdankt sich der Abwesenheit eines jeglichen Bestimmten, das sie einschränken würde.

Das Gesetz, dem Eisenstein nachhängt, lautet: »We must know how to grasp the movement of a given piece of music, locating its path (its line or form) as our foundation for the plastic composition that is to correspond to the music.«[5] Das ist noch formalistisch gedacht: zu eng zugleich und zu weit. Der Grundbegriff der Bewegung selbst ist dabei mehrdeutig. In der Musik ist darunter wesentlich die zugrunde liegende einheitliche Zähl-

feathers, shimmering upside down. All the approachings, recedings, rippels, reflections and opalescence that came to mind as a suitable essence to be drawn from the Venetian scenes have been preserved by Disney in the same relation to the music's movement: the spreading tail and its reflection approach each other and recede according to the nearness of the flourished tail to the pool – the tail feathers are themselves waving and shimmering – and so on.« Die hübsche Idee Disneys ist aber keine unmittelbare Umsetzung des Charakters. Sie ist literarisch vermittelt. Sie lebt von dem allgemein vorausgesetzten ›Wissen‹, daß das populäre Stück mit Wasser und Gondeln zu tun hat, davon, daß es vorweg mit venetianischem Opalisieren zusammengebracht wird. Der Witz besteht darin, daß mit Hilfe des zwischengeschalteten Begriffs demonstriert wird, daß die Farben eines Vogels für die Venedigs einstehen können. Die spielerische Souveränität der Ersetzbarkeit von Elementen der Realität ebenso wie der latente Spott gegen die Lagunenstadt, die bunt wie ein Pfau sein soll – all das ist von der Wirkung gar nicht wegzudenken. Sie ist gewiß legitim, aber mit der Lehre vom inner movement nicht entfernt zu erfassen. Es ist eine ›gebrochene‹ Wirkung. Ihre bloß formale Deutung geht am Wesentlichen vorbei, indem sie mit stur konstruktivem Ernst à la lettre genommen wird. Die Erörterung dieses konkreten, filmmusikalischen Falles mag anzeigen, wie sehr die formal-ästhetische Betrachtung an der Substanz noch des höchststilisierten, ›unrealistischen‹ Films vorbeigeht.

5 a. a. O., S. 168.

zeit zu verstehen, wie sie annäherungsweise das Metronom angibt, obwohl man auch bei der Bewegung von Musik an anderes denken kann, etwa an die kleinsten sich bewegenden Notengruppen (die Sechzehntel eines Stückes vom Bumble Bee-Typ, dessen tragende Zählzeit jedoch Viertel sind), oder die ›Bewegung‹ in einem höheren Sinn, den Großrhythmus, die Proportion der Teile und ihr dynamisches Verhältnis, das Weitergehen oder Stehenbleiben des Ganzen, gewissermaßen das Ein- und Ausatmen der gesamten Form. Es ist selbstverständlich, daß dieser höhere musikalische Bewegungsbegriff sich nicht nur allen Meßmethoden des sound cutting entzieht, sondern nur mit vagster und unverbindlichster Analogie in Bildvorstellungen übersetzt werden kann. Noch vieldeutiger aber ist der Bewegungsbegriff im Film selber. Man kann dabei zunächst an den handfesten, meßbaren Bewegungsrhythmus der Trickfilme oder des Balletts denken. Bild und Musik dazu anzuhalten, im Namen höherer Einheit unablässig diesen Rhythmus simultan vorzuführen, würde nicht nur die möglichen Beziehungen zwischen beiden Medien unerträglich und pedantisch verengen, sondern obendrein auch zu völliger Monotonie führen.

Oder man versteht unter Rhythmus im Film eine höhere Qualität. Sie hat Eisenstein offenbar im Auge; sie wird auch von Kurt London unter dem Namen ›rhythm‹ eingeführt, von dem gesagt wird, er sei »derived from the various elements in its dramatic composition, and on the rhythm again is based the articulation of the style as a whole«[6]. Die Existenz eines solchen ›Großrhythmus‹ des Films ist fraglos, obgleich die Rede davon leicht in dilettantisches Seelentum abgleitet. Der ›Großrhythmus‹ ergibt sich aus der Zusammensetzung und Proportion der Formelemente, nicht ganz unähnlich musikalischen Verhältnissen. Um nur zwei ›höhere‹ Bewegungsprinzipien zu nennen: der Film kennt ›dramatisierende‹ Formen, langausgedehnte, die dramatische Technik benutzende Dialogszenen mit relativ wenig Kameraeinstellungen, und ›epische‹ Formen, die sprunghafte Aneinanderreihung kleiner Szenen, nur durch Inhalt und Bedeutung verbunden, oft in sich stark kontrastierend und ohne Einheit von Raum, Zeit und Haupthandlung. Beispiel der dra-

6 Kurt London, a. a. O., S. 73.

matisierenden Form: ›Little Foxes‹; der epischen: ›Citizen Kane‹. Aber diese großrhythmische Struktur von Filmen ist weder komplementär zur musikalischen noch ihr parallel: sie läßt als solche sich überhaupt nicht in eine musikalische umsetzen. Wenn in der Praxis nach Übereinstimmung zwischen dem ›höheren‹ musikalischen und dem ›höheren‹ filmischen Rhythmus gesucht wird, so kommt in Wahrheit etwas wie Verwandtschaft der ›Stimmungen‹ heraus, also etwas verdächtig Banales, das gerade der Konzeption des Filmgerechten widerspricht, um deretwillen man um jenen ›Rhythmus‹, jene ›innere Bewegung‹ sich bemüht. Man übertreibt kaum mit der Feststellung, daß der Begriff von Stimmung überhaupt dem Film unangemessen sei. Nicht umsonst sehen stimmungsvolle Filmbilder meist wie fotografierte Landschafts- oder Interieurmalerei aus und führen ein Moment des Verlogenen und Abgefeimten mit sich. Andererseits kann man sich auch kaum vorstellen, daß Schönberg oder Strawinsky ›Stimmungsbilder‹ komponieren.

Soviel ist wahr: zwischen Bild und Musik muß eine Beziehung bestehen. Werden Schweigen, tote Momente, Spannungssekunden oder was immer es sei mit einer gleichgültigen oder ungebrochen heterogenen Musik ausgefüllt, so entsteht Unfug. Musik und Bild müssen, sei es noch so vermittelt und antithetisch, einschnappen. Die Grundforderung der musikalischen Konzeption im Film ist, daß die spezifische Beschaffenheit der Sequenz die spezifische Beschaffenheit der Musik – oder im umgekehrten, heute freilich meist hypothetischen Falle, die spezifische Musik das spezifische Bild – bestimme. Das präzise Hinzuerfinden von Musik ist der eigentliche ›Einfall‹ des Filmkomponisten; Beziehungslosigkeit die Kardinalsünde. Selbst wenn, als Grenzfall, die Musik beziehungslos ist, wenn in einer Schauerkomödie ein Mord schnöd-gleichgültig begleitet wird, muß noch die Beziehungslosigkeit als besondere Art der Beziehung aus dem Sinn des Ganzen sich ausweisen. Auch wo Musik kontrastiert, muß formale Einheit gewahrt bleiben: es wird etwa auch bei äußerstem Gegensatz zwischen musikalischen und Bildcharakteren in den meisten Fällen der Gliederung der Sequenz in Abschnitte auch die Gliederung der Musik entsprechen.

Aber die Einheit beider Medien ist eine vermittelte, nicht die unmittelbare Identität irgendwelcher Momente, von der zwischen Ton und Farbe bis zu der der ›Bewegung‹ im Großen. Wenn irgend dem von Eisenstein so emphatisch vertretenen Begriff der Montage sein Recht zukommt, dann in der Beziehung zwischen Bild und Musik. Ihre Einheit ist der ästhetischen Idee nach nicht, oder nur gelegentlich, eine solche der Ähnlichkeit und in der Regel weit mehr eine von Frage und Antwort, von Position und Negation, von Erscheinung und Wesen. Die Divergenz der Medien ebenso wie ihre konkrete Beschaffenheit schreibt diesen Montagecharakter vor. Musik, wie sehr sie auch ihrer eigenen kompositorischen Gestalt nach bestimmt sein mag, ist doch nie bestimmt mit Rücksicht auf einen Gegenstand außerhalb ihrer selbst, auf den sie sich durch Nachahmung oder Ausdruck bezöge. Umgekehrt ist kein Bild, auch keines der abstrakten Malerei, vom Gegenständlichen völlig emanzipiert. Die Tatsache, daß das Auge die dingliche Welt vermittelt, nicht aber das Ohr, hinterläßt ihre Spur auch in der autonomen künstlerischen Gestaltung: noch die bloß geometrischen Figuren der absoluten Malerei erscheinen wie abgesprengte Trümmer der Realität, noch die gröbsten Illustrationen der Programmusik verhalten sich zur Realität höchstens so wie der Traum zum wachen Bewußtsein, und das ›Witzige‹, das alle Programmusik bezeichnet, die nicht naiv ein ihr Versagtes zu leisten sucht, rührt eben daher: es drückt den Widerspruch zwischen der reflektierten Gegenständlichkeit und dem musikalischen Medium aus und macht diesen Widerspruch gerade zu einem Element der Wirkung. Grob gesprochen, gehört alle Musik, auch die ganz ›objektiv‹ gefügte und nicht expressive, ihrer Substanz nach primär in den Innenraum der Subjektivität, während noch die beseelteste Malerei schwer an der Last eines unaufgelöst Objektiven zu tragen hat. Die Filmmusik muß versuchen, dies Verhältnis fruchtbar zu machen, nicht es in trüber Differenzlosigkeit zu verleugnen.

Filmmusik wäre als montierte zugleich der gegenwärtigen Situation angemessen. Zunächst in einem sehr einfachen Sinn: die beiden Medien sind unabhängig voneinander entwickelt worden und werden heute durch eine Technik zusammengebracht, die nicht aus ihrer eigenen Entwicklung hervorging, sondern aus der ihrer Reproduktion. Montage macht aus dem ästhetischen Zufall der Tonfilmform das Beste. Sie setzt die Äußerlichkeit der Relation in Ausdruck um[7]. Die beiden ihrem gesamten geschichtlichen Gehalt nach divergenten Medien unmittelbar miteinander verschmelzen zu wollen, wäre nicht viel sinnvoller als jene Erfindungen von Tonfilmhandlungen, in denen ein Sänger die Stimme verliert und wiederfindet. Man würde sich an die zufällig begrenzte und dem Wesen nach ganz gleichgültige Sphäre halten müssen, in der die beiden Medien einigermaßen sich decken, auf den Bereich der Synästhesie, auf Stimmungszauber, Halbdunkel und Rausch, kurz auf eben solche Ausdrucksgehalte, die, nach dem Aufweis Benjamins in ›Das Kunstwerk im Zeitalter seiner technischen Reproduzierbarkeit‹ mit dem Film prinzipiell unvereinbar sind. Die Wirkungen, in denen Bild und Musik unmittelbar sich vereinen, wären allemal ›auratische‹[8] – in Wahrheit schon Verfallsformen der Aura, in denen der Zauber des Hier und Jetzt technisch manipuliert wird. Nichts wäre verfehlter als eine Filmproduktion, deren ästhetischer Gehalt ihren technischen Voraussetzungen widerspricht und zugleich über diesen Widerspruch hinwegbetrügt. Benjamin formulierte: »Kennzeichnend ist, daß auch heute besonders reaktionäre Autoren die Bedeutung des Films in der gleichen Richtung suchen und wenn nicht geradezu im Sakralen so doch im Übernatürlichen. Anläßlich der Reinhardtschen Verfilmung des Sommernachtstraums stellt Werfel fest, daß es unzweifelhaft die sterile Kopie der Außenwelt mit ihren Straßen, Interieurs, Bahnhöfen, Restaurants, Autos und Strandplätzen sei, die bisher dem Aufschwung

7 »... two film pieces of any kind, placed together, inevitably combine into a new concept, a new quality, arising out of that juxtaposition.« (Eisenstein, a. a. O., S. 4.) Das gilt nicht bloß für den Aufprall heterogener Bildelemente, sondern ebenso für den von Musik und Bild, gerade wenn sie sich nicht zu assimilieren trachten, sondern ihre Differenz festhalten.

8 »Was im Zeitalter der technischen Reproduzierbarkeit des Kunstwerks verkümmert, das ist seine Aura ...« Diese wird definiert »als einmalige Erscheinung einer Ferne, so nah sie sein mag. An einem Sommernachmittag ruhend einem Gebirgszug oder einem Zweig folgen, der seinen Schatten auf den Ruhenden wirft – das heißt die Aura dieser Berge, dieses Zweiges atmen.« Die Aura ist an »Hier und Jetzt gebunden. Es gibt kein Abbild von ihr.« (Walter Benjamin, Das Kunstwerk im Zeitalter seiner technischen Reproduzierbarkeit, Frankfurt a. M. 1963, S. 16, 18 und 29.)

des Films in das Reich der Kunst im Wege gestanden hätten. ›Der Film hat seinen wahren Sinn, seine wirklichen Möglichkeiten noch nicht erfaßt ... sie bestehen in seinem einzigartigen Vermögen, mit natürlichen Mitteln und mit unvergleichlicher Überzeugungskraft das Feenhafte, Wunderbare, Übernatürliche zum Ausdruck zu bringen.‹«[9] Solche magischen Filme würden der Tendenz nach Musik ungebrochen heranziehen: ihr Ehrgeiz wäre die Flucht vor der Montage als Erkenntnis der Realität. Es braucht kaum mehr ausgeführt zu werden, was ein solches Gestaltungsprinzip künstlerisch und gesellschaftlich bedeutete: industriell betriebene Pseudo-Individualisierung[10]. Es fiele zugleich hinter den historischen Standort der gegenwärtigen Musik zurück, die von Musikdrama, Programm und Synästhesie sich losgelöst hat und an der dialektischen Aufgabe, unromantisch zu werden und doch Musik zu bleiben, laboriert. Der nicht montierte Tonfilm wäre kaum etwas Besseres als der Ausverkauf der Idee Richard Wagners, dessen Werk schon im Original zerfällt.

Echte Urbilder der Musik im Film sind die intermittierenden Bühnenmusiken im Drama oder die Einlagen und Gesangsnummern in Lustspielen. Diese haben niemals der positiven Illusion einer Einheit der Medien und damit dem illusionären Charakter des Ganzen gedient, sondern sind entweder gerade als Fremdes stimulierend eingetreten, indem sie den geschlossenen dramatischen Zusammenhang unterbrachen, oder haben diesen selbst der Tendenz nach aus der Sphäre der Unmittelbarkeit in die des Bedeutens versetzt. Aller Einfühlung und Psychologie, aller ästhetischen Nachahmung von Erlebniszusammenhängen sind sie von jeher feind gewesen. Allgemein gilt, daß die monopolistische Kulturindustrie bewußtlos den Urteilsspruch vollstreckt, der in

9 Benjamin, a.a.O., S. 26f.; die angezogene Stelle aus: Franz Werfel, Ein Sommernachtstraum, Ein Film von Shakespeare und Reinhardt, Neues Wiener Journal, zitiert Lu, 15. November 1935.

10 Umgekehrt hat Eisenstein die materialistische Möglichkeit im Gegenprinzip, der Montage, gesehen: die Aneinanderfügung der einander fremden Elemente erhebt sie zum Bewußtsein und übernimmt die Funktion der Theorie. Das wohl ist gemeint mit der Formulierung: »Montage has a realistic significance when the separate pieces produce, in juxtaposition, the generality, the synthesis of one's theme.« (Eisenstein, a. a. O., S. 30.) Richtig montieren heißt interpretieren.

der immanenten Entwicklung der Kunstformen selbst gelegen ist. Auf das Verhältnis von Bild, Wort und Musik im Film angewandt, heißt das soviel wie daß die unaufhebbare Entfremdung der Medien voneinander die Liquidation aller Romantik von außen nochmals befördert. Die Fremdheit der Medien sagt die Wahrheit über eine sich selbst entfremdete Gesellschaft. Darum ist sie der Möglichkeit nach ein legitimes Ausdrucksmittel, nicht eine bedauerliche Unzulänglichkeit, über die man sich schlecht und recht hinweghelfen muß. Das ist vielleicht der Grund, warum so viele leichte, bloß unterhaltende und gegenüber den prätentiösen Standards der Industrie niveaulose Filme soviel stichhaltiger erscheinen als alles, was im Film mit autonomer Kunst liebäugelt. Die Revuefilme sind meist die, welche dem Ideal der Montage am nächsten kommen und in denen darum die Musik am präzisesten ihre Funktion erfüllt. Nur die Standardisierung und kunstgewerbliche Romantisierung dieser Filme und die idiotisch aufgeklatschten Karrieregeschichten verderben ihre Ansätze. An sie dürfte einmal der befreite Tonfilm sich erinnern.

Das Montageprinzip wird aber nicht nur durch das Verhältnis der Medien Bild und Musik, und durch den historischen Standort des mechanisch reproduzierten Kunstwerks suggeriert. Es liegt wahrscheinlich in dem Bedürfnis eingeschlossen, das ursprünglich Musik und Film zusammenbrachte, und das antithetisch war. Seit es Lichtspiel gibt, ist es musikalisch begleitet gewesen. Das reine Lichtspiel muß gespenstisch gewirkt haben ähnlich wie das Schattenspiel – Schatten und Gespenst haben von je zusammengehört. Die ›magische‹ Funktion der Musik, von der schon die Rede war, muß darin bestanden haben, die bösen Geister in der unbewußten Wahrnehmung zu beschwichtigen. Die Musik wurde gleichsam als Gegengift gegen das Bild eingeführt. Da der Film ursprünglich mit Jahrmarkt und Vergnügen als Vorformen des heutigen kalkulierten Wirkungszusammenhangs verbunden war, hat man dem Zuschauer das Unangenehme ersparen wollen, daß die Abbilder lebendiger, agierender und gar redender Menschen vorgeführt werden, die doch zugleich stumm sind. Sie leben und leben zugleich nicht, das ist das Geisterhafte, und Musik will weniger ihr fehlendes Leben surrogieren – dazu gibt sie sich erst bei völlig ideologischer Planung her –, als vielmehr die Angst beschwichtigen, den Schock absorbieren[11]. Kinomusik hat den Gestus des Kindes, das im Dunkeln vor sich hinsingt. Der wahre Grund des Drohenden ist am Ende nicht einmal der, daß Menschen, deren stumme Bilder sich bewegen, wie Gespenster erscheinen. Die Beschriftung hatte schon das ihre getan, ihnen zu Hilfe zu kommen. Aber im Angesicht der gestikulierenden Masken wurden die Menschen sich ihrer als eben solcher Wesen inne, als sich selbst Entfremdete. Sie sind nicht mehr fern vom Verstummen. Unabtrennbar ist der Ursprung der Musik im Film vom Verfall der gesprochenen Sprache, wie Karl Kraus ihn darstellte. Nur so läßt sich verstehen, daß man in den Anfängen des Films nicht auf das scheinbar Nächstliegende verfallen ist, wie im Puppentheater durch verborgene Sprecher Dialoge gleichzeitig mit dem Film ausführen zu lassen, sondern immer nur auf Musik, die doch in den alten Schauerfilmen und Possen kaum in irgendeiner Relation mit der Handlung stand.

An dieser ursprünglichen Funktion der Musik hat sich durch den Sprechfilm weniger geändert, als man denken möchte. *Auch der*

11 Kurt London sagt in einer aufschlußreichen Bemerkung: »It« – die Filmmusik – »began, not as a result of any artistic urge, but from the dire need of something which would drown the noise made by the projector. For in those times there were as yet no sound-absorbent walls between the projection machine and the auditorium. This painful noise disturbed visual enjoyment to no small extent. Instinctively cinema proprietors had recourse to music, and it was the right way, using an agreeable sound to neutralise one less agreeable.« (London, a. a. O., S. 27 f.) Das klingt plausibel genug. Aber die Frage bleibt, warum gerade das Geräusch des Projektors so unangenehm war. Doch wohl kaum wegen seiner Lautheit, sondern weit eher, weil es selber der geisterhaften Sphäre anzugehören schien, wie man es etwa aus der Erinnerung an Laterna Magica-Vorführungen aus der Kindheit rekonstruieren kann. Das scheuernde, surrende Geräusch sollte in der Tat ›neutralisiert‹, beschwichtigt werden, nicht übertäubt. Würde man eine Kinobude nach der Art von 1900 aufstellen und den Projektor im Zuschauerraum arbeiten lassen wie damals, so könnte man mehr über den Ursprung und Sinn der Filmmusik lernen als aus weitschichtigen Untersuchungen. Die in Rede stehende Erfahrung dürfte eher kollektiver als individueller Art sein und der Panik verwandt: das aufblitzende Bewußtsein, als unartikulierte Masse dem Mechanismus gegenüber ohnmächtig ausgeliefert zu sein. Rationalisiert wird diese Regung etwa als Angst vor der Feuersbrunst. Im Grunde ist es die, daß einem etwas passieren kann, auch wenn man ›viele‹ ist. Genau das heißt das Bewußtsein der eigenen Mechanisierung.

Sprechfilm ist stumm. Seine Personen sind nicht redende Menschen sondern redende Bilder, mit allen Kennzeichen des Bildlichen, der fotografischen Zweidimensionalität, der mangelnden Raumtiefe. Die Worte kommen ihnen in einer Weise aus dem körperlosen Munde, die jeden Unbefangenen beunruhigen muß. Zwar sind auch diese Worte, gegenüber den natürlichen, im Klang weitgehend modifiziert, aber doch nicht entfernt im gleichen Maße Bilder von Stimmen wie die Fotografien Bilder von Menschen. Diese technische Disparatheit von Bild und Wort wird durch ein tiefer liegendes Moment verschärft. Alle Rede im Film hat etwas Uneigentliches. Das Urprinzip des Films, seine ›Erfindung‹ ist, Bewegungen zu fotografieren. Dieses Prinzip ist von solcher Eigengewalt, daß alles, was nicht in visuelle Bewegung aufgelöst ist, gegenüber dem immanenten Formgesetz des Films heterogen und starr wirkt: jeder Filmregisseur kennt die Problematik gefilmter Theaterdialoge, und die technische Insuffizienz zumal der psychologischen Filme rührt daher, daß sie von der Vorherrschaft des Dialogs sich nicht freizumachen wagen. Wesentlich gravitiert der Film seinem Material nach zum Ballett und zur Pantomime, und die Rede, die im Prinzip den Menschen als Ich voraussetzt und nicht den Primat des Gestus, bleibt darum allen Filmfiguren ganz lose aufgeklatscht. Die Sprache im Film ist die echte Erbin der Beschriftung, ein in Akustik zurückübersetztes Spruchband, und man hört es ihr an, selbst wo sie nicht papieren formuliert ist. Die fundamentalen Divergenzen von Wort und Bild werden vom Unbewußten des Betrachters registriert und die aufdringliche Einheit des Tonfilms, der sich als lückenlose Verdopplung der ganzen Außenwelt mit all ihren Elementen aufspielt, als erschlichen und brüchig wahrgenommen. Die Sprache ist dem Film ein Lückenbüßer ganz ähnlich wie die falsch eingesetzte, auf unmittelbare Identität mit dem Vorgang angelegte Musik. Ein Sprechfilm ohne Musik ist vom stummen gar nicht so verschieden, ja es ist Grund zur Annahme, daß, je enger Wort und Bild verkoppelt werden, ihr Widerspruch und die Stummheit der anscheinend Redenden nur um so nachdrücklicher gefühlt wird. Das wäre eine mögliche Erklärung – die handfeste durch die Anforderungen des Marktes liegt selbstverständlich näher –, warum überhaupt der Tonfilm, dem doch anscheinend alle Möglichkeiten der Sprechbühne und eine weit größere Mobilität als dieser zu Gebote stehen, nach wie vor der Musik bedarf. Im Licht dieser Überlegung kommt auch Eisensteins Theorie von der ›Bewegung‹ zu Ehren. Das konkrete Einheitsmoment von Musik und Film liegt in der Gestik[12]. Es bezieht sich nicht auf Bewegung oder ›Rhythmus‹ des Films an sich, sondern auf die fotografierten Bewegungen und allenfalls auf deren Reflexion in der Form des Films selber. Es ist aber weit weniger ihr Sinn, diese Bewegung ›auszudrücken‹ – das ist der von Einfühlungslehre und Gesamtkunstwerk inspirierte Irrtum Eisensteins – als die Bewegung auszulösen oder genauer gesprochen, sie zu rechtfertigen. Dem körperlichen Bilde als Phänomen an sich fehlt es an Motivation der Bewegung; nur abgeleitet, vermittelt ist zu verstehen, daß die Bilder sich bewegen, daß der dinghafte Abdruck der Wirklichkeit mit einem Male eben jene Spontaneität zu bewähren scheint, die ihm durch seine Fixierung entzogen ward: daß das als erstarrt Kenntliche gleichsam von sich aus Leben bekundet. An dieser Stelle tritt die Musik ein, die gewissermaßen Schwerkraft, Muskelenergie und Körpergefühl ersetzt. Sie ist also in der ästhetischen Wirkung ein Stimulans der Bewegung, nicht deren Verdopplung, genau so wenig wie gute Ballettmusik, die Strawinskys etwa, die Gefühle der Tanzenden ausdrückt oder mit den Bühnenpersonen in Identität steht, sondern sie zur Bewegung verhält. So ist im tiefsten Moment der Einheit gerade das Verhältnis der Musik zum Bilde antithetisch.

Die Entwicklung der Filmmusik wird davon abhängen, wie weit es ihr gelingt, diese Antithetik fruchtbar zu machen und die Illusion der unvermittelten Einheit abzuschütteln. Die im dramaturgischen Kapitel erörterten Beispiele haben sich alle darauf bezogen. Prinzipiell wäre zu fordern, daß das Verhältnis der beiden Medien zueinander durchweg viel mobiler gestaltet wird als bisher. Das bedeutet auf der einen Seite, daß nicht länger standardisierte und darum wirkungslose Anlässe zur Musik – Hinter-

12 Brecht benutzt Begriffe wie Gestik und Verfremdung, und als Gegensatz Einfühlung, in seinen dramaturgischen Theorien. So verlangt er für sein »episches Theater« ausdrücklich »gestische Musik«. Sie soll eher auf Benehmen und Verhaltensweisen ausgehen als auf Stimmung.

grundswirkungen, Spannungs-, Liebes- und Todesszenen, Triumphe und ähnliches – benutzt werden, daß nicht länger auf ein Stichwort automatisch in gewissen Momenten Musik eintritt. Weniges hat die Funktion der Musik so abgestumpft wie dieser Usus. Auf der anderen Seite müssen für die Relation der beiden Medien ähnliche Techniken gefunden werden wie die Modifikation der Bildaufnahme und Kameraeinstellung. Sie würden es erlauben, die Musik, je nach den Filmbedürfnissen, in verschiedenen Schichten, näher und ferner, als Figur oder Hintergrund, überdeutlich oder ganz vage hervortreten zu lassen und sogar musikalische Komplexe in sich, durch wechselnde ›Beleuchtung‹ ihrer verschiedenen Klangelemente zu zerlegen und zu artikulieren. Weiter muß es möglich sein, an bestimmten Stellen Musik planvoll ganz ohne Bild und Wort zu bringen, und an anderen die Musik nicht schließen oder vorsichtig verdämmern zu lassen, sondern sie, etwa mit einem Wechsel der Szenerie, jäh abzureißen, so daß die Stummheit des redenden Bildes, indem sie als solche hervortritt, selbst zum Ausdruck gezwungen wird. Oder es könnten wirklich bloße Begleitsysteme, also musikalische Figurationen ausdrücklich begleitenden Charakters, dem Bildthema unterlegt werden. Umgekehrt kann Musik selber, als ›übertäubende‹, genau das Gegenteil dessen bewirken, was ihr von der ›lyrischen‹ Konvention zugemutet wird. Diese Möglichkeit wurde schockhaft ausgenützt in der Orchestrionszene des Algierfilms, wo der Lärm des mechanischen Instruments das Schreien der Todesangst übertönt, freilich nicht in konsequenter Montage, sondern unter Festhaltung des Vorurteils der Rechtfertigung der Musik aus dem Zusammenhang der Handlung.

Die wichtigste Konsequenz, die sich aus all dem für die Gestaltung der Musik ergibt, betrifft ihren Stil. Stil ist zunächst der Inbegriff des organischen, ungebrochen einheitlichen Kunstwerks. Da weder der Film ein solches Kunstwerk ist, noch die Musik in eine derartig bruchlose Einheit eingehen kann und soll, so wird die Forderung eines ›Stilideals‹ der Filmmusik sinnlos. Daß das herrschende, romantisierende unangemessen und verlogen ist, bedarf keines weiteren Wortes. Wollte man aber an dessen Stelle, wozu der technische Charakter des Films verführt, radikale Sachlichkeit propagieren, ›mechanische‹ Musik nach Art des

Neoklassizismus, so führe man kaum besser. Der Fehler von Einfühlung und überflüssiger Verdopplung würde dann nur durch den der Beziehungslosigkeit kompensiert. Daß ein Kompromiß, die ›mittlere Linie‹ zwischen beiden Extremen, also etwa ein gleichzeitig expressiver und konstruktiver Stil dem Übel abhelfen soll, ist nicht zu erwarten. Die Häufung antagonistischer Gestaltungsprinzipien in der Musik, die dazu dienen soll, sie nach jeder Richtung sicherzustellen, bewirkt nur das Gegenteil und läuft in der Praxis auf die Herstellung älterer Wirkungen mit neueren Mitteln heraus: eine Gruselmusik zur Mordszene bleibt, was sie ist, auch wenn anstelle der Ganztonskala scharfe Dissonanzen treten. Mit dem ›Stilwillen‹ ist überhaupt nicht weiterzukommen. Statt dessen muß kompositorisches Planen verfolgt werden, das freie und bewußte Verfügen über alle musikalischen Möglichkeiten auf Grund der genauen Erkenntnis der jeweiligen dramaturgischen Funktion der Musik, die in jedem konkreten Fall, der nicht einfach nach der Konvention behandelt wird, anders beschaffen ist. Nur in den seltensten Ausnahmefällen hat man solche Planung zugleich dramaturgisch bewußt und im vollen Besitz der Kompositionstechnik in Angriff genommen. Aber es muß vorweg ausgesprochen werden, daß dem Gelingen solchen Planens, selbst wenn die Schwierigkeiten des Betriebs weggeräumt wären, die größten sachlichen Schwierigkeiten im Wege stehen. Die planende Auswahl unter allen Möglichkeiten anstelle des ›Stils‹ legt die Gefahr des Synkretismus, des eklektischen Heranziehens aller erdenklichen historischen Materialien, Verfahrungsweisen und Formen nah. Ein Liebeslied würde romantisch expressiv gesetzt; eine Musik, die den Bildvorgang im Charakter ›dementiert‹, hart sachlich; eine Szene, in der Musik wilden Ausdruck bringen soll, expressionistisch. Die universale Auswahl schlüge um in Wahllosigkeit. Gerade in der heutigen Praxis macht solche Gefahr sich bemerkbar. Wie ihr – dem Sonderfall der viel allgemeineren des Durchmusterns und Ausverkaufs aller Kulturgüter durch den kalkulatorischen Zug der Kulturindustrie – wirksam zu begegnen sei, ergibt sich bei näherer Betrachtung des Stilbegriffs selber. Wenn vom Stil der Filmmusik im Sinn der üblichen Frage gesprochen wird, welcher ihr zukomme, so wird dabei meist an die bestimmte Beschaffenheit eines historischen Materialstandes gedacht: bei ›Impressionismus‹ an das Vokabular von Ganztonskalen, Nonenakkorden und parallel verschobenen Harmonien, bei ›Romantik‹ an den Formelschatz des Idioms von Komponisten wie Wagner oder Tschaikowsky, bei ›Sachlichkeit‹ an den Vorrat trockengelegter Harmonik, stampfender Bewegungen, vorklassischer Kopfmotive, Terrassenformen und besonderer Vorhaltsbildungen, der etwa bei Strawinsky, zum Teil auch bei Hindemith benützt wird. Diese Idee vom Stil ist mit der Filmmusik inkommensurabel. Filmmusik kann im Prinzip Materialien verschiedener Beschaffenheit heranziehen. Aber der Begriff des Stils, tiefer gefaßt, erschöpft sich nicht im Material. Er ist vielmehr die Weise, in der mit einem Material umgegangen wird. Gewiß sind beide Momente nicht einfach voneinander zu trennen. Die Verfahrungsweise Debussys ist ebensosehr die Konsequenz der objektiven Forderung des Materials, mit dem er operierte, wie dies Material selber durch seine Verfahrungsweise produziert und geformt ward. Trügt jedoch nicht alles, dann hat die Musik heute eine Phase erreicht, in der Material und Verfahrungsweise auseinandertreten, und zwar in dem Sinn, daß das Material gegenüber der Verfahrungsweise relativ gleichgültig wird. Das hängt damit zusammen, daß die Verfahrungsweise selber, das konstruktive Komponieren, so allumfassend geworden ist, daß sie gewissermaßen nichts außerhalb ihrer selbst, nichts was ihr fremd und mit eigenem Anspruch gegenüberstünde, mehr dulden will. Die Kompositionsweise ist so konsequent geworden, daß sie nicht länger mehr die Konsequenz aus ihrem Material sein muß, sondern daß sie gleichsam jedes Material sich unterwerfen kann. Es ist nicht zufällig, daß Schönberg, gerade nachdem ihm in der Durchbildung der Zwölftontechnik die vollkommene und konsistente Beherrschung des Materials nach all seinen Dimensionen zugefallen war, diese Souveränität an einem nur aus Dreiklängen bestehenden Stück wie dem letzten Chor aus op. 35 oder an der Zweiten Kammersymphonie ausprobierte, deren nachkomponiertes Finale alle Konstruktionsprinzipien der Zwölftontechnik auf ein Material anwendet, das etwa dem Stande von vor vierzig Jahren entspricht. Gewiß bezeichnet das bloß eine Tendenz, unabtrennbar von der singulären Meisterschaft Schönbergs, und soll keine Ideologie für Komponisten liefern, die zu der Banalität zurückkehren, die sie im Grunde nie aufhoben, und sich dabei auch noch avanciert vorkommen. Im Prinzip gebührt dem wirklich neuen musikalischen Material der Vorrang, nicht bloß aus den bei dessen Erörterung angeführten Gründen, sondern weil in der heutigen Musikpraxis der Rekurs auf älteres Material meist ein bloßes Zugeständnis an jenen Konformismus der Hörgewohnheit darstellt, gegen den es anzugehen gilt. Immerhin mag soviel gesagt werden, daß der Filmmusik auch andere, unter sich weit voneinander liegende Materialien legitim zu Gebote stehen, wofern sie sich zur fortgeschrittensten Verfahrensweise des zeitgenössischen Komponierens erhoben hat; diese Verfahrungsweise, ein Durchkonstruieren, in dem jedes einzelne Moment durchs Bewußtsein des Ganzen durchsichtig bestimmt ist, kommt in der Tat selber mit dem Postulat universalen Planens der Filmmusik überein. So mag sich aus der Negation des traditionellen, materialgebundenen Stilbegriffs ein neuer und dem Film gemäßer Stil auskristallisieren. Es versteht sich, daß er nicht dann schon erreicht wäre, wenn ein Komponist nur mit zureichender Berechnung an irgendeiner Stelle irgendein gerade ›passendes‹ Material verwendet, sondern einzig, wenn in die Verfügung über dies Material der entwickelteste Stand der gegenwärtigen Kompositionserfahrung eingegangen ist. Dann mag der Filmkomponist auch mit Dreiklängen schalten: sie werden durch ihre Unterwerfung unter das Konstruktionsprinzip allemal schon so fremd gemacht, daß sie mit dem lyrischen Geplätscher der spätromantischen Convenus nichts gemein haben und dem konventionellen Ohr so dissonant klingen wie alle Dissonanzen. Das bedeutet, anders gewandt, daß vergangene und überholte Materialien der Musik, wenn sie vom Film wirklich mobilisiert, nicht ausverkauft werden, durch das Konstruktionsprinzip eine Brechung erfahren, die sich ebensosehr auf ihren Ausdrucksgehalt wie auf ihr rein musikalisches Wesen bezieht; wofern der Plan es nicht vorzieht, gelegentlich die Musik selber zu ›montieren‹, also ganz Stilfremdes unvermittelt einzusetzen und die Distanz zwischen dem Stilfremden und dem Verfahren selber zu einem Moment des Verfahrens zu machen.

Bei alldem freilich ist eines nicht zu überspringen: der Stand der kompositorischen Subjektivität. Man geriete in eitle und unverbindliche Spekulationen, wollte man objektiv bestimmen, was an der Zeit ist, und dabei hinweggehen über die Frage, ob es der Komponist herzugeben vermag, der ja nicht nur als Vollzugsorgan der Erkenntnis und des Materialstandes fungiert, sondern in keiner seiner objektiven Äußerungen über seinen Schatten springen kann. Planen, das davon absähe, ginge in mechanische Vorschriften über. Dabei ist nicht nur daran zu denken, daß viele Komponisten, und keineswegs bloß die schlechten, in ihrem Komponieren hinter dem Bewußtseinsstand der planenden Verfahrungsweise zurückgeblieben sind, ohne daß die Theorie befugt wäre, sie durch Machtspruch für unzuständig zur Filmkomposition zu erklären. Sondern in gewisser Weise ist die Situation des Filmkomponisten in sich widerspruchsvoll. Seine Aufgabe ist es, weit mehr und mit größerer objektiver Härte als in irgendeiner älteren Form des musikalischen Dramas, bestimmte scharf bezeichnete musikalische ›Charaktere‹ zu treffen und auszukomponieren. Am Ende der Ära der Ausdrucksmusik feiert die Forderung der Musica ficta, nämlich ein ihr Gesetztes in welcher Weise auch immer ›vorzustellen‹ anstatt bloß sie selber zu sein, Triumphe: das allein ist schon paradox genug und involviert die größten Schwierigkeiten. Der Komponist soll ein Es, ein Etwas ausdrücken, wäre es auch durch Negation des Ausdrucks, aber nicht ›sich‹. Ob eine von allen traditionellen Ausdrucksschemata emanzipierte Musik dazu in der Tat fähig ist, läßt sich noch nicht absehen. Zudem aber findet der Komponist sich in einer Sisyphussituation. Er soll unter Absehung von seinem je eigenen Ausdrucksbedürfnis der objektiven Forderung des dramaturgisch-musikalischen Plans nachkommen. Er kann das sinnvoll leisten aber nur, soweit seine eigenen subjektiven Möglichkeiten, ja sein eigenes Ausdrucksbedürfnis jene Forderungen in sich aufzunehmen und ihnen von sich aus Genüge zu tun vermag: alles andere wäre Handwerkerei. Die subjektive Voraussetzung seiner Arbeit ist also gerade das, was der objektive Sinn dieser Arbeit ausschließt: er muß gewissermaßen gleichzeitig das Subjekt seiner Musik, und darf es wieder nicht sein. Wohin die Entwicklung dieses Widerspruchs führt, ist nicht vorwegzunehmen in einer Phase, in der er von der Produktion noch gar nicht angepackt worden ist. Indessen läßt sich konstatieren, daß gerade die geschmackvolleren, distanzierten Lösungen, die den romantischen Jargon vermeiden, etwa die der französischen Filmkomponisten aus dem Umkreis der Six, ins unverbindlich Kunstgewerbliche sehr hinüberspielen.

Zur Stilfrage führen nicht nur theoretische Überlegungen, sondern auch technologische Erfahrungen im engeren Sinn. Alle Musik im bisherigen Film zeigt nämlich eine Tendenz zur ›Neutralisierung‹: ihre Wirkung hat durchweg etwas Unauffälliges, Abgeschwächtes, allzu Adaptiertes und Zugehöriges. Häufig genug will sie in der Tat, was das Vorurteil von ihr verlangt: verschwinden, und wird vom Betrachter, der ihr keine besondere Aufmerksamkeit zuwendet, überhaupt nicht bemerkt[13]. Die Ursachen sind komplexer Art. Obenan steht die generelle Neutralisierung aller Phänomene durch den Monopolfilter: Standardisierung und Unterwerfung unter zahllose absichtliche und unabsichtliche Zensurmechanismen führen zu allgemeiner Adaptation, die jedes einzelne Ereignis zum bloßen Exemplar des Systems macht und seine Auffassung als Spezifisches fast ausschließt. Das jedoch bezieht sich ebenso aufs Bild wie auf die Musik und erklärt mehr die generelle Unaufmerksamkeit in der Wahrnehmung von Filmen, das Korrelat der ›Entspannung‹, der sie dienen sollen, als das besondere Verschwinden der Musik. Dafür ist vielmehr verantwortlich, daß das maßgebende Interesse im Wirkungszusammenhang, das stoffliche, von der visuellen Handlung und dem Dialog absorbiert wird, so daß für die nach anderen Dimensionen verlaufende musikalische Apperzeption keine genügende Energie mehr freisteht. Die mit dem Filmsehen notwendig verbundene physiologische Anstrengung spielt dabei eine Hauptrolle. Abgesehen davon aber bewirken die bis heute üblichen musikalischen Aufnahmeverfahren selber Neutralisie-

13 Das Phänomen wäre der empirischen Untersuchung zugänglich. Man müßte an die Besucher eines Films mit durchschnittlicher Musik nach der Vorstellung Fragebogen verteilen, auf denen sie angeben, welche Szenen Musik enthielten und welche nicht, und die Musik in den allgemeinsten Umrissen charakterisieren. Es ist äußerst wahrscheinlich, daß kaum ein Besucher die Fragen einigermaßen richtig beantworten könnte, selbst Musiker nicht, wofern sie ins Kino zur Unterhaltung gehen und nicht mit spezifischem Fachinteresse.

rung. Der ›Störungsspiegel‹ gibt der Musik, ähnlich wie im Radio, etwas Streifenhaftes: sie scheint, wie die Bilder, auf der Leinwand am Zuschauer vorbeigezogen zu werden, ein Bild von Musik eher als Musik selber. Zugleich erfährt sie akustisch weitgehende Veränderungen: Verringerung der dynamischen Skala, Reduktion der Farbintensität, vor allem Verlust der plastischen Raumtiefe. All das konvergiert im Neutralisierungseffekt. Wohnt man der Aufnahme einer avancierten Filmmusik bei, hört unmittelbar danach den Klangstreifen und ist dann etwa bei einer Aufführung des ganzen Films mit der ›gedruckten‹ Musik zugegen, so beobachtet man ebenso viele Stufen der fortschreitenden Neutralisierung. Es ist, als wären der aggressiven Musik die Fangzähne ausgebrochen, und in der endgültigen Aufführung macht es einen unvergleichlich viel geringeren Unterschied, ob das verwandte Musikmaterial modern oder traditionell ist, als man bei bloßer Kenntnis der Partitur, ja selbst beim Anhören einer Grammophonplatte der gleichen Musik vermuten sollte. Sogar konservative Hörer würden im Kino widerspruchslos Musik konsumieren, die im Konzertsaal all ihre feindseligen Affekte in Bewegung setzte. Mit anderen Worten: *durch die Neutralisierung wird der musikalische Stil im üblichen Sinn, das jeweils verwendete Material, weitgehend gleichgültig.* Bei einem echt montierten, antithetischen Einsatz der Musik wird es sich daher nicht darum handeln, möglichst viele dissonierende Klänge und neuartige Farben in die Maschinerie zu werfen, die sie dann verdaut, abstumpft und konventionalisiert wieder von sich gibt, sondern den Mechanismus der Neutralisierung selber zu brechen. Genau das ist die Funktion des planenden Komponierens. Gewiß können sich nach wie vor Situationen ergeben, in denen die Musik unauffällig, bloßer Hintergrund sein soll. Aber es ist ein entscheidender Unterschied, ob diese Situationen selber aus dem Plan hervorgehen, ob das Verschwinden auskomponiert und auskonstruiert ist, oder ob die Transposition der Musik in den akustischen und ästhetischen Hintergrund blinder, automatischer Zwangsläufigkeit unterliegt. Ja, man mag annehmen, daß eine echte Hintergrundswirkung nur im ersten Fall, und nicht durch mechanische Unartikuliertheit und Unplastik zustande kommt. Der Unterschied läßt sich vergleichen dem zwischen Debussy, wenn er das Vage, Verfließende, Undeutliche mit höchster Deutlichkeit objektiviert, und einem Stümper, der undeutlich und vag komponiert und dann die hilflose Unplastik seiner Musik als ästhetisches Prinzip ausgibt. Sachliches Planen, Montieren und Durchbrechen der universalen Neutralisierung sind verschiedene Momente der gleichen Forderung, nämlich der nach Emanzipation der Filmmusik von der Unterdrückung durch den Geschäftsbetrieb. Das gesellschaftliche Desiderat von nicht vorverdauten und zensurierten, sondern ›kritischen‹ Wirkungen trifft sich mit der immanenten Tendenz der technischen Entwicklung, die Neutralisationsfaktoren zu beseitigen. Sachlich geplante, in sich selber wie in der Beziehung zum Bild durchkonstruierte Musik wäre zugleich die, welche die Möglichkeiten der neuen plastischen Aufnahmeverfahren produktiv machte.

Die Einsicht in die Widersprüche, welche die gegenwärtige Beziehung von Film und Musik bestimmt, und mehr noch: die in den Widerspruch von Musik zum Bild, dessen Entfaltung das echte Wesen der Filmmusik ausmacht, involviert, daß es nicht die Aufgabe einer Ästhetik der Filmmusik sein kann, allgemeine, invariante Normen oder Kriterien für diese aufzustellen. Es ist überflüssig und schädlich, »Maßstäbe mitzubringen und unsere Einfälle und Gedanken bei der Untersuchung zu applizieren; dadurch, daß wir diese weglassen, erreichen wir es, die Sache, wie sie an und für sich selbst ist, zu betrachten«[14]. Das überläßt aber die Filmmusik nicht der Willkür, sondern ihr Recht oder Unrecht, Gut oder Schlecht ergibt sich genau aus den in jedem Fall ihr gestellten Problemen. Das Anliegen der ästhetischen Erwägung ist es, die Beschaffenheit dieser Probleme und Forderungen, den Zwang ihrer eigenen Bewegung zum Bewußtsein zu bringen, nicht Rezepte zu liefern. Dazu sollten die durchgeführten Betrachtungen beitragen.

14 Hegel, Phänomenologie des Geistes, ed. Lasson, 2. Auflage, Leipzig 1921, S. 60.

VI. Der Komponist und die Filmaufnahme

Die folgenden Bemerkungen beanspruchen nicht, etwa eine Darstellung der Arbeitsprozesse zu geben, denen das musikalische Element bei der Herstellung eines Films unterliegt, und die vom ursprünglichen Plan über die Komposition zu der Aufnahme, dem Schnitt, dem re-recording und der endgültigen Fixierung des Gesamtfilms führen. Für eine solche Darstellung sind die Autoren nicht kompetent: sie müßten zahlreiche Details, insbesondere der Elektrotechnik, der Spezialverfahren des cutting und eine Reihe von Hilfstechniken berühren, die dem Musiker fremd sind, auch mit den dramaturgischen und ästhetischen Problemen der Filmmusik nur wenig zu tun haben, und die der Künstler im einzelnen so wenig kennen muß, um etwas Sinnvolles zustandezubringen, wie etwa der Autor eines Buches mit den Elementen des Druckverfahrens vertraut sein muß. Auch variieren die in Betracht kommenden Techniken beträchtlich: in den großen, überaus reich ausgestatteten Hollywood-Studios sind sie anders als bei den unabhängigen Produzenten, die mit viel bescheideneren finanziellen und technischen Mitteln haushalten müssen, dafür aber oft gerade der selbständigen kompositorischen Initiative größeren Spielraum lassen, weniger durchs Eigengewicht der Apparatur zur Standardisierung gezwungen sind, und aus solcher altmodischen Ungebundenheit zuweilen selbst in den im engeren Sinn technischen Fragen des Aufnahmeverfahrens Vorteil ziehen.

Indessen geht die Analogie zwischen der Filmaufnahme und dem Druck eines Buches nicht allzu weit. Ein Buch bleibt inhaltlich und literarisch in erheblichem Maße, wenn auch nicht absolut, dasselbe, gleichgültig wie es gedruckt wird. Es gibt aber keinen Film ›an sich‹, unabhängig von den technischen Aufnahme- und Reproduktionsverfahren. Es sei bloß an den Unterschied erinnert zwischen dem Buch-Manuskript – in Wahrheit dem Buch selber – und dem Filmmanuskript, das äußersten Falles die Anweisung darstellt, wie das Gebilde beschaffen sein soll, keinesfalls aber das Gebilde selber. Hier setzt das Interesse der folgenden Betrachtungen ein. Sie gelten Aspekten, die künstlerisch wesentlich sind, oder, bescheidener gesprochen, mit dem endgültigen musikalischen Phänomen im Film in Zusammenhang stehen. Es wird gewissermaßen auf die musikalischen Nervenpunkte der Filmproduktion hingewiesen und das hervorgehoben, was, insbesondere vom Standpunkt des Filmkomponisten aus, zu wissen notwendig ist. Erfahrungen aus der konkreten Arbeit im Film sollen zugänglich gemacht werden, keine Lehre von der musikalischen Technik im Film entwickelt. Daß dabei die im engeren Sinn kompositionstechnischen Probleme im Vordergrund stehen, ergibt sich bei dem für die Gesamtuntersuchung unvermeidlich gewählten Blickpunkt von selbst. Darüber hinaus wird an das erinnert, worauf der Komponist achten muß, wenn er nicht vor den ihm oft undurchsichtigen Notwendigkeiten des Produktionsprozesses eingeschüchtert kapitulieren will, anstatt diesen selber so fruchtbar wie möglich zu machen.

Das Music Department

Der industrielle Charakter der Filmproduktion macht es unmöglich, die organisatorische und die im engeren Sinn technische Seite zu scheiden. Für den Komponisten ist es wichtig, sich über das organisatorische Element von Anbeginn Rechenschaft zu geben. Die Organisation der Musik im Rahmen der gesamten Filmproduktion, in letzter Instanz die strenge und starre Kompetenzverteilung im Großkonzern, in dem alle entscheidenden Positionen längst besetzt und unter Kontrolle sind, hat bekanntlich zur Installierung besonderer Musik-Departments geführt, denen für die künstlerische, die aufnahmetechnische und die kommerzielle Seite aller mit dem Film zusammenhängenden musikalischen Dinge dem Unternehmer gegenüber die alleinige Verantwortung zufällt und die darum dem Komponisten gegenüber mit Autorität auftreten. Nur bei der unabhängigen Produktion ist es anders, und die Arbeit des Komponisten zwar auf beschränktere Hilfsmittel verwiesen, aber ungehemmter. Bei den maßgebenden Firmen jedoch wirkt der Komponist nicht etwa als Gleichberechtigter neben dem Produzenten, dem Manuskriptautor und dem Regisseur mit. Diesen Mächten entspricht vielmehr der Leiter der Departments, der den Komponisten gewissermaßen als Spezialisten zuzieht, sei es, daß das Department dauernd einen oder mehrere Komponisten verpflichtet, sei es, daß Komponisten von außen herangezogen werden. Der Komponist ist also vorweg ein abhängiger, meist dem Unternehmen nur lose verbundener und leicht kündbarer Angestellter. Bei der im soziologischen Kapitel erörterten personellen Zusammensetzung der Departments sind Konflikte fast unvermeidlich. Das Musik-Department wählt im allgemeinen die Komponisten nach seinem Geschmack aus, nach Analogie etwa des ›casting‹ der Schauspieler. Nur in Ausnahmefällen werden Komponisten von anderen Stellen als dem Department designiert und haben dann nicht immer leichten Stand. Innerhalb der Gesamtorganisation ist die Stelle des Komponisten, gleichgültig wie bedeutend er sei, untergeordnet: er muß den Chef des Departments als seinen ›Boß‹ befriedigen. Er wird nur als eine von dessen Hilfskräften betrachtet, ebenso wie der Arrangeur oder der Dirigent, und hat nur für die beschränkte Aufgabe einzustehen, genau definierte Musik, günstigenfalls eine ganze Partitur, abzuliefern. Wieweit es ihm gelingt, auf das musikalische Planen, auf die Aufführung der Musik und gar auf die Aufnahmeverfahren Einfluß zu gewinnen, ist lediglich Sache seiner Autorität, seiner Geschicklichkeit und allenfalls seines Rückhalts bei Instanzen außerhalb des Departments. Er wird gut daran tun, von diesen Verhältnissen vorweg illusionslos Kenntnis zu nehmen und sich seine Probleme so zu stellen, daß er im Rahmen des fixierten ›setup‹ sachlich möglichst viel erreichen kann. Es zu sprengen, den Komponisten gleichsam zum Mitautor des Films zu machen, ist bis heute nicht gelungen. Das Instrument, das ihn dem Department unterwirft, ist eben die Verantwortung von dessen Chef dem Produzenten gegenüber. Übrigens ist das Department auch für die gesamte finanzielle Disposition von allem, was mit Musik im Film zusammenhängt, zuständig, das Engagement von Orchestermitgliedern eingeschlossen. Die Komposition wird automatisch Eigentum der Gesellschaft.

Indessen wäre es töricht, wollte der Komponist das Department blindlings als Feind betrachten und seine Arbeit in der Haltung der Renitenz beginnen. Die Frage der Musik-Departments repräsentiert in kleinem Rahmen einen viel allgemeineren Sachverhalt. Bei aller Unzulänglichkeit nämlich, selbst bei der oft grotesken künstlerischen Inkompetenz der Leiter und bei der fetischistischen Aufgeblähtheit der Departments sind die technisch-ökonomischen Prozesse der Filmproduktion, in die der Komponist hineingerät, so kompliziert, daß es ohne die Organisation und Arbeitsteilung, für welche das Department einsteht, zumindest innerhalb des heutigen Systems der Filmproduktion in der Tat nicht anginge. Der Komponist mag das Department als bürokratisches Hindernis und als Kontrollagentur der Geschäftsleute erfahren, aber ohne das Department wäre er in der Maschinerie völlig verloren. Der Weg von der Filmpartitur zur endgültigen Filmmusik, also was immer künstlerische ›Realisierung‹ heißen kann, ist der über die kunstfremden, den Praktiken des Geschäfts verschworenen Instanzen. Die Departments sind überflüssig und notwendig zugleich. Ihre Überflüssigkeit mißt sich am möglichen Zustand einer freien, vom Profitinteresse emanzipierten künstlerischen Produktion; notwendig sind sie in der gegenwärtigen, weil ohne ihre Ressourcen, ihre Mittlerdienste im Gesamtprozeß, oft auch ihre Erfahrung überhaupt nichts zustande käme. Diesem unausweichlichen Widerspruch sollte das Verhalten des Komponisten Rechnung tragen. So wenig er konformieren soll, so wenig soll er sich wie ein Narr auf eigene Faust benehmen. Beides wäre gleich ohnmächtig.

Allgemeines zum Kompositionsverfahren

Der Film erfordert zunächst von sich aus keine spezifische Kompositionstechnik. Die formale Übereinstimmung von Film und Musik als Zeitkünsten allein gibt kein eigengesetzliches musikalisches Verfahren her. Bis heute ist der Musik aus dem Film, trotz allen Geredes von den besonderen Aufgaben, kein wirklich neuer Impuls zugeflossen. Einstweilen läßt sich nur die Adaptation gewisser Techniken der autonomen Musik feststellen.

Immerhin beginnen manche Erfahrungen sich abzuzeichnen. Auf eine wurde bereits hingewiesen. Es ist die Notwendigkeit kurzer musikalischer Formen, die mit der Kürze der Bildsequenzen zusammenhängt. Eigentlich filmmäßig an kurzen, skizzenhaften, rhapsodischen oder aphoristischen Formen ist Unregelmäßigkeit, Labilität und die Abwesenheit von Reprisen und Binnenwiederholungen. Die traditionelle dreiteilige Liedform a-b-a, mit der Wiederholung des ersten Teils, wäre weniger sinngemäß als ›weiterlaufende‹ Formen, wie etwa Präludien, Inventionen und Toccaten. Die ›Exposition‹, die Aufstellung und Verbindung mehrerer Themen, und deren ›Durchführung‹ scheint dem Film fremder, weil solche eigengewichtigen musikalischen Komplexe zu ihrer Auffassung größere Aufmerksamkeit verlangen, als daß sie sich mit visuellen Vorgängen unmittelbar kombinieren ließen. Doch läßt sich selbst daraus keine Regel machen. Große musikalische Formen, die sich nicht an Bildsequenzen, sondern an Sinnzusammenhänge halten, sind nicht undenkbar. Sie setzten freilich eine andere Technik des Films selber, von Script, Regie und Cutting, voraus, die sich nicht in der Kopie von Theaterdialogen erschöpft.

Die Beschränkung auf kürzere musikalische Formen betrifft deren Elemente. Alles muß für sich selber stehen, oder rasch in sich ausgebildet werden: Filmmusik kann nicht ›warten‹. Noch unter den kurzen Formen gilt es zu differenzieren. So wird eine Sequenz von zwei Minuten eher ein kurzes Motiv ausführen als eine ausgebildete Melodie. Ein Thema von dreißig Sekunden wäre einem solchen Stück disproportional. Keineswegs aber muß in einem Stück von nur dreißig Sekunden das Thema noch kürzer sein. Im Gegenteil. Es kann gerade aus einer langen Melodie bestehen, die die ganze Sequenz deckt.

Auch die eigentlich musikalische Logik, die jene Elemente setzt und verbindet, muß sich an den Bedingungen des Films messen. Der rasche Wechsel von musikalischen Charakteren, plötzliche Übergänge und Rückungen, alles Improvisatorische, Phantasierende sollte vorwalten. Um das zu ermöglichen, ohne den musikalischen Zusammenhang zu opfern, wird sehr entwickelte Variationstechnik notwendig sein. Jede kleine musikalische Form im Film ist gewissermaßen eine ›Variation‹ – auch wenn es vorher kein offenbares Thema gegeben hat. Das Thema ist die dramaturgische Funktion.

Der Filmkomponist kann sich dem ›Planen‹ nicht entziehen; das in der dramaturgischen Rücksicht aufs Ganze und dessen Beziehung zum einzelnen gelegen ist. Während es aber bis heute verwaltungstechnisch-steril wirkte, muß er versuchen, es fruchtbar zu machen. Er muß über Einfach und Kompliziert, Gebunden und Ausbrechend, Unscheinbar und Auffallend, Hitzig und Kalt bewußt gebieten. Aus dieser Anforderung, alles als Möglichkeit zu versammeln und frei zu leisten, was in der Musik blind-historisch entsprang, wird sich die produktive Entfaltung der Filmkomposition ergeben, wenn es zu einer solchen erst kommt. Das Planen muß in neue Spontaneität umschlagen. Einfall und Konzeption erscheinen durch ihre Negation in der Filmmusik auf erweiterter Stufenleiter.

Wenigstens die einfachste Konsequenz aus dieser Forderung fürs kompositorische Verfahren soll angedeutet werden. Es lassen sich grob übertreibend zwei Typen des Komponierens unterscheiden, mit Rücksicht auf die Logik der Sache ebenso wie auf ihre Genesis. Der erste Typus ist der, welcher von der Anschauung des Details, einer Art musikalischen Keimzelle, blind, nur dem Zwang der Triebrichtung jener Details folgend, zum Ganzen gelangt. Schubert, Schumann gehören diesem Typus an; der ursprünglichen Anlage nach auch Schönberg, der einmal sagte, bei der Komposition eines Liedes lasse er sich von den Anfangsworten treiben, ohne sich auch nur über das Gedicht als ganzes Rechenschaft zu geben. Der entgegengesetzte Typus ist der, bei dem der Primat des Ganzen herrscht und alle Details als Funktion des Ganzen konstituiert. Beethoven gehört wohl dem zweiten Typus an. Das Vollbringen eines Komponisten besteht wesentlich in der Tiefe, in der beide Typen in der Logik seines Werkes sich durchdringen: Bach, Mozart, Beethoven, Schönberg sind darin exemplarisch. Bleibt der erste Typus undialektisch bei sich stehen, wie etwa Dvořák, so kommt ein Potpourri von ›Einfällen‹ mit willkürlichen oder schematischen Vermittlungen zustande; umgekehrt ist die Gefahr eines zweiten Typus – Händel wäre ein gutes Beispiel – die leere und unverbindliche Anschauung des Ganzen, bei skizzierten, unausgeführten, oft flachen Details. Es ist die Eigentümlichkeit der Filmkomposition, daß sie den Komponisten extrem in die Lage des zweiten Typus zwingt, wie sie übrigens wahrscheinlich für alle Auftragskompositionen häufig sich ergab. Den Primat in der Filmkomposition behauptet unbedingt die Anschauung der Gesamtform und deren Artikulation, zuweilen in einer Art von ›Leerbewußtsein‹, das Rhythmen, Tonfolgen, Gestalten an dieser und jener Stelle verlangt und beschwört, ohne sie vorweg konkret zu wissen. Dem Filmkomponisten müssen Formen und formale Relationen einfallen, nicht ›Einfälle‹, wenn er nicht beziehungslos nebenher musizieren will. Die damit gesetzten Schwierigkeiten kann er nur meistern, indem er sie sich ganz deutlich macht, in exakte technische Probleme übersetzt, ja den Arbeitsprozeß zerlegt und zur spezifischen Erfindung vorstößt. Er muß gewissermaßen in seiner eigenen Vorstellung als erste Stufe eine Art von Grundriß gegenwärtig haben, muß in dessen Rahmen sich selbst möglichst genau vorschreiben, was er an jeder einzelnen Stelle zu füllen hat, und dann, als zweite Stufe des Kompositionsprozesses, darüber wachen, daß die ›Erfüllungen‹ drastisch und lebendig geraten. Er muß gewissermaßen gerade das in die Hand bekommen, was im traditionellen Komponieren, weithin auch dort schon zu Unrecht, für unwillkürlich und bloße Intuition gilt. Die Erfüllung ist das heikle Moment der Filmkomposition. Als geplanter droht dieser bei jedem Schritt, daß die Erfüllung zum bloßen Füllsel entartet; daß Trockenes, Gemachtes, Mechanisches überall dort sich vordrängt, wo der Komponist der Gewalt des unnachsichtigen, wenn auch von ihm selbst gesetzten Planes nicht die gleiche Gewalt der Spontaneität entgegensetzen kann. Es kommt dann zu jenen absonderlichen Gebilden, die, bei niedrigster Qualität der musikalischen Substanz, doch eine gewisse Wirkung ausüben, die von der gelungenen Anschauung des Ganzen herrührt. Die kurrente Forderung nach der showmanship des Komponisten bezieht sich in Wahrheit auf diese musikalisch-unmusikalische Fähigkeit, das Flair für die Funktion ohne ebenso präzisen Sinn für deren Materialisierung. Hat der Komponist überhaupt einmal das Niveau des planmäßigen Komponierens im Ernst erreicht, so muß er seine ganze Energie wie seine kritische Besinnung auf die ›Erfüllung‹ konzentrieren.

Wenn jedoch der Primat des Ganzen, der Form in einem weitesten Sinn, in der Filmmusik behauptet wird, so ist zugleich daran zu erinnern, daß der von der traditionellen Musik entwickelte und in der akademischen ›Formenlehre‹ niedergelegte Formenschatz für den Film weithin unbrauchbar ist. Viele der traditionellen Formen fallen schlechterdings fort; andere müssen eingreifend umgedacht werden. Den Primat des Ganzen in der Filmmusik realisieren, heißt also nicht – nach Analogie gewisser Tendenzen der zeitgenössischen Oper, bei Berg und bei Hindemith –, Formen der absoluten Musik übernehmen und auf Biegen oder Brechen mit dem Bildstreifen zusammenbringen, sondern gerade umgekehrt, ganze Formstrukturen nach den besonderen Anforderungen der je zugrunde liegenden Sequenz konstruieren und dann ›erfüllen‹. Gute Filmmusik ist prinzipiell antiformalistisch. Von der Unangemessenheit traditioneller Formen und der Möglichkeit, sie durch fortgeschrittenere musikalische Komplexe zu ersetzen, war bereits im Kapitel über das neue musikalische Material die Rede. Es war dort, als auf das wichtigste Moment jener Unangemessenheit, auf den prosa-artigen Charakter des Films und dessen generellen Widerspruch zu Wiederholungen und musikalischen Symmetrieverhältnissen hingewiesen worden. Hier seien, unter dem Gesichtspunkt der Forderungen des Films und unter Absehen vom spezifischen musikalischen Material, eine Reihe weiterer Formprobleme der Filmmusik erörtert, die sich in der bisherigen recht eingeschränkten Erfahrung ergeben haben.

Dem Prosacharakter des Films kann musikalisch nicht dadurch Rechnung getragen werden, daß man mechanisch einfach Reprisen und andere Typen von Wiederholung, wie etwa die des Teils a der dreiteiligen Liedform, wegläßt, sonst aber die Musik ebenso aufbaut, wie es innerhalb der traditionellen Schemata, etwa der Sonatenexposition, des Prototyps aller musikalischen Formbehandlung seit mehr als 150 Jahren, üblich ist. Es gibt in der autonomen Musik eine Anzahl von formalen Elementen, die nur innerhalb ihrer Autonomie einen Sinn haben, als Vorblick und Rückblick auf das rein musikalische Geschehen. Die Reprise der klassischen Sonate, mit ihrer tektonisch berechneten Veränderung des Modulationsplans, die es erlaubt, den Kreis der Formbewegung zu schließen, ist nur der greifbarste Fall dafür.

Solche Elemente finden sich aber bereits in der herkömmlichen ›Exposition‹ selber. Der gesamte klassische Sonatentypus beruht auf der Voraussetzung, daß nicht alle musikalischen Augenblicke an sich genommen gleich relevant, ja daß nicht alle gleich präsent sind, ›da‹ sind, sondern daß die Gegenwart der musikalischen Ereignisse sich steigert – mit dem Eintritt und Wiedereintritt von ›Themen‹ – und in anderen Partien sinnvoll nachläßt. In der verschiedenen Gegenwärtigkeit der musikalischen Ereignisse, also der Differenzierung danach, ob sie es ›selbst‹ sind, nämlich als das Erwartete oder Erinnerte wahrgenommen werden, oder nur auf ein solches Erwartetes oder Erinnertes hin- oder von ihm wegleiten, besteht eigentlich das Leben der traditionellen Sonatenform. Ihre Artikulation ist gleichbedeutend mit der wechselnden Dichte oder Präsenz der musikalischen Ereignisse in wechselnden Augenblicken. Nicht der Symphoniesatz ist vorweg der beste, in dem alles gleich präsent – man könnte technisch-musikalisch dafür ohne weiteres sagen: in dem alles in gleichem Maße Thema ist, sondern der, in dem das Verhältnis gegenwärtiger und nichtgegenwärtiger Momente am tiefsten und umfassendsten gestaltet ist. Erst in der letzten Entwicklungsphase der autonomen Musik, in Werken von Schönberg wie der ›Erwartung‹, ist alle Musik gleich nah zum Mittelpunkt, und seit der Zwölftontechnik scheint selbst Schönberg die Differenzierung nach verschiedenen Graden der Präsenz erneut anzustreben. In der traditionellen Musik gehören zu den Mitteln dieser Differenzierung Überleitungsteile, Spannungsfelder und Auflösungsfelder. Es waren gerade jene Teile der Form, die, als Gegensatz zum ›Einfall‹, den eigentlichen Themen, am ehesten der schlecht schematischen Behandlung verfielen, aber dafür triumphierte in den größten Fällen, wie der Eroica, in ihnen gerade das Prinzip der dynamischen Konstruktion des Ganzen. Diese Elemente, deren Sinn in der Entfaltung eines für sich selber einstehenden musikalischen Zusammenhangs besteht, verweigern sich dem Film. Er verlangt von der Musik, daß sie durchaus und ganz gegenwärtig sei, nicht auf sich selber schaue, auf sich selber reflektiere, in sich Erwartungen nähre; und wo er Überleitungen oder Spannungsfelder braucht, kommen diese aus dem Bildverlauf, nicht aus dem Eigenleben der Komposition. Darum allein schon sind der Übernahme herkömmlicher Schemata sehr enge Grenzen gesetzt.

Statt dessen sieht sich der Komponist Formaufgaben gegenüber, auf die in der traditionellen Musik kaum einer je verfiel. So kann sich in einer Sequenz dramaturgisch die Notwendigkeit ergeben, auf ein Ereignis hin zu ›exponieren‹, aber in einer gedrängten Kürze, die der Sonatenexposition bis zum Zerfall der Tonalität ganz fremd war. Er muß sich also auf die Kunst verstehen, Musik vorbereitenden Charakters zu schreiben, die aber doch zugleich präzis gegenwärtig ist, nicht mit den schalen Mitteln vorbereitender Stimmung, abscheulichen Tremolo-Crescendi und Ähnlichem operiert. Oder er muß fähig sein, Stellen zu komponieren, die ›schließen‹, nämlich eine vorhergehende dramatische Entwicklung von Bild oder Dialog abschließen, ohne daß ihnen eine rein musikalische Entwicklung vorausginge, die abgeschlossen wurde; gewissermaßen eine Stretta ohne vorausgehendes gemäßigteres Zeitmaß. Der ›schließende‹ Charakter muß rein im Gestus der Musik selber, ihrer Formulierung im kleinsten, nicht in ihrer Relation zu vorhergehenden – nichtexistenten – musikalischen Formteilen zu suchen sein. Höhepunkte müssen unter Umständen von der Musik unmittelbar, ohne alles Crescendo, oder nur mit der knappsten Vorbereitung erreicht werden. Die Schwierigkeit ist beträchtlich, denn es besteht für das musikalische Formgefühl der größte Unterschied zwischen einer einfachen Forte- oder Fortissimo-Stelle, und einer solchen, die als ›Höhepunkt‹ wirkt. Während aber früher der Höhepunkt aus dem Gesamtverlauf sich ergab, ist hier der Höhepunktcharakter gewissermaßen in abstracto, ›an sich‹, zu treffen. Wie das zu leisten sei, dafür gibt es keine allgemeine Regel. Wohl aber sind Probleme dieser Art zum Bewußtsein zu erheben. Man wird sagen dürfen, daß die Aufgabe eines solchen ›absoluten‹ Höhepunkts, ohne vorausgehende Steigerung, wesentlich durch die Beschaffenheit und Emphase der musikalischen Gestalt selber, nicht durchs Mittel der rohen Schallkraft zu lösen sei. Jeder Musiker weiß, daß es Themen gibt, die als solche bereits ›Schlußgruppencharakter‹ haben, in einer in Worten nur sehr schwer zu beschreibenden, nur der minutiösen Analyse zugänglichen, aber dennoch äußerst zwingenden Weise, wie sie etwa auch in dem aus der Praxis des Meistergesangs herrührenden Ausdruck Abgesang gemeint ist. Solche Themen sind beispielsweise in Beethoven das Schlußgruppenmodell aus dem ersten Satz der Pastorale, das ganz kurz gefaßte Schlußgruppenmotiv aus dem ersten Satz der Klaviersonate op. 101, oder das Schlußgruppenthema aus dem Larghetto der Zweiten Symphonie (Takt 82 ff.). Ähnlich gibt es ›Haupt‹- und ›Neben‹-Charaktere als solche. Der Filmkomponist muß sich in seinem Material über derartige Qualitäten Rechenschaft ablegen und versuchen, sie unmittelbar, ohne den Umweg von Vorbereitung und Auflösung zu produzieren. Die Wirkungen, um die es sich handelt, muten der Musik nichts ihr Fremdes zu. Sie haben sich unter der Hülle der tradionellen Formsprache weithin auskristallisiert. Aber es kommt darauf an, ihnen eine neue Dignität zu gewinnen, indem man sie als verselbständigtes Resultat jener Formsprache begreift. Es gilt, sie von ihren üblichen und dem Film inadäquaten Formvoraussetzungen zu emanzipieren, sie gleichsam mobil zu machen.

Auch die traditionelle Musik kennt unschematische Formen. Sie gehen unter den Namen Fantasie und Rhapsodie. Während zumal die letzteren, in minderer Ausprägung, dem Potpourri oft bedenklich nahekommen oder – die Brahmsischen op. 79 – verkappte Lied- oder Sonatenformen sind, deren Geist auch Schuberts Wanderphantasie angehört, gibt es doch eine bei aller Freiheit spezifische Fantasieform. Es sei an die berühmte in c-moll und die kleinere in d-moll, beide für Klavier, von Mozart erinnert. Die offizielle Theorie ist solchen Werken ausgewichen und begnügt sich mit der Weisheit, daß eben keine bestimmte Form zugrunde liege. Trotzdem sind jene Stücke Mozarts nicht minder genau organisiert als die sonatenhaften; ja vielleicht, weil sie frei sind vom Zwang jeder heteronomen Ordnung, genauer. Ihr Formprinzip mag das des ›Abschnitts‹ oder der Intonation genannt werden. Sie setzen sich aus einer Anzahl je in sich einheitlicher, relativ geschlossener, meist nur aus einem thematischen Modell gebildeter Teile verschiedenen Tempos und verschiedener Tonart zusammen. Die Kunst besteht weniger in Verarbeitung, Durchführung, einheitlich durchlaufender Totalität, als in der Auswägung der Abschnitte gegeneinander durch Ähnlichkeit und Kontrast, sorgfältige Proportionen[1], abgestimmte Charaktere und eine gewisse Lockerheit der Abschnitte in sich, die oftmals zu plötzlichem Abbrechen neigen. Je weniger sie selber definitiv geprägt erscheinen, um so eher lassen sie sich an anderes anfügen und durch anderes fortsetzen. All das erinnert sehr an die Bedingungen der Filmmusik. Der Filmkomponist wird oft gezwungen sein, in Abschnitten anstatt in Entwicklungen zu denken, und wird durchs Verhältnis der Abschnitte zueinander leisten müssen, was sonst die aus thematischer Durchführung resultierende Form leistet. Das folgt unmittelbar aus der Forderung der ›Präsenz‹ der Filmmusik und bezieht sich auf größere Musikstücke, wie sie einstweilen recht selten vorkommen.

Auch das Verhältnis mehrerer Formen zueinander führt zu Fragen, die mit traditionellen Mitteln allein nicht zu lösen sind. Der Kontrast durchs Tempo genügt nicht. Die Dramaturgie kann es mit sich bringen, daß mehrere Sätze in gleichem Zeitmaß aufeinander folgen müssen, die jedoch – eher wie in der älteren Suite – sich scharf in den Charakteren unterscheiden. So war bei der Neukomposition der Musik zu Ivens' ›Regen‹ langsames Zeitmaß ausgeschlossen: nicht sowohl um das Fallen des Regens zu illustrieren, als weil der Musik die Aufgabe zufiel, den handlungslosen und darum ›statischen‹ Film in gewisser Weise vorwärts zu treiben. Der Komponist wurde dadurch auf subtilere Mittel der Kontrastbildung verwiesen als das der Folge von Allegro und Adagio. Keineswegs also muß die Filmmusik Vergröberung der musikalischen Mittel bewirken; wird sie einmal frei geworden sein, so wird sie im Gegenteil zu neuer Differenzierung drängen.

All das indessen bedarf einer Einschränkung, soll es nicht das Verhältnis zum Film, wie er heute ist, ganz aus dem Auge verlieren. Musikalisches Planen im Film setzt Planen von Film und Musik gleichermaßen und in produktiver Wechselwirkung voraus; es verkümmert vorweg, wenn der Komponist vors fait accompli ausgesuchter Sequenzen gestellt und dazu angehalten

1 Man bemerke die ›schließende‹, fast codahafte Modifikation des einleitenden Adagios der c-moll-Phantasie in deren Reprise. Sie weicht von der ersten Gestalt viel entschiedener ab als je eine Sonatenreprise bei Mozart.

wird, hier dreißig Sekunden und dort zwei Minuten Musik beizusteuern. Damit eben wird sein Planen auf die bürokratisch-administrative Funktion beschränkt, von der es loskommen muß. Es ist ein Planen aus der Blindheit der Kompetenzverteilung, nicht aus der Logik der Sache. In Freiheit planen hieße: Film und Musik gemeinsam planen und oftmals den Film ebenso auf die Musik hin konzipieren, wie es umgekehrt die Regel ist. Das freilich würde echt kollektive Leistung der Filmproduktion voraussetzen. Eisenstein scheint in dieser Richtung zu arbeiten.

Bei verantwortlicher Planung wären in vielen Fällen gut disponierte Geräuschstreifen der Musik vorzuziehen. Das gilt insbesondere für Hintergrundwirkungen (background music) bei gleichzeitigem Dialog. Es widerstreitet dem Wesen artikulierter, ausgeführter und auf entsprechende Wahrnehmung angelegter Musik, als bloße Kulisse zu fungieren. Entweder sie bleibt Musik: dann lenkt sie ab. Oder sie nähert sich selber dem Geräusch an: dann wird der Schein des Musikalischen überflüssig sein. Natürlich ist es oft notwendig, Musik und Geräusch zu mischen, weil das Geräusch allein zu ›stumpf‹ und leer wirken würde. Dann ist es aber notwendig, Musik und Geräusch aufeinander abzustimmen. Von der Musik aus gesehen bedeutet das, daß sie Luft und Raum für das Geräusch bieten soll. Das Geräusch spielt gleichsam eine Doppelrolle: einmal die mehr oder minder naturalistische, dann die eines Moments der Musik selber, am ehesten vergleichbar den Akzenten des Schlagwerks. Daraus ergeben sich zwei Folgerungen: einmal, daß rhythmisch die Geräuscheinsätze in der Musik vorgesehen sind, die ihnen gewissermaßen ihre Stelle reserviert; dann, daß die Farbe der Musik entweder der des Geräusches ähnlich ist, oder planvoll und deutlich zu ihr kontrastiert. Beispiel: ein Mann flieht in einer Stadt durch den Straßenverkehr. Das nächste Bild zeigt seine Rettung: er kommt atemlos an einer Tür an. Das Läuten der Türglocke schließt eilende Streicherfiguren ab, etwa wie ein Kadenzakkord. So kann Musik in Geräusche übergehen, oder Geräusche können, als wären sie Dissonanzen, in Musik sich auflösen.

Gelegentlich lassen sich Geräusche und Musik über größere Flächen gemeinsam planen. Die Kamera zeigt als Totale die Dächer einer Stadt. Alle Glocken der Stadt sollen gleichzeitig zu läuten anfangen, während sich die Kamera immer neuen Dächermassen und Kirchtürmen zukehrt. Eine Großaufnahme: aus einem Kirchturmspielwerk kommt die Figur des Todes heraus und schlägt mit dem Hammer an eine Glocke. Am Schluß der Sequenz, wo der Sarg erscheint, hört man noch den dumpfen Hall einer Sterbeglocke. Das Musikstück selbst, im Charakter monumentaler Kälte, enthielt bereits Glocken als kompositorischen Bestandteil. Das genügte aber nicht, um die aus dramatischen Gründen notwendige Lautdichte des vollen Geläuts vieler Glocken zu realisieren. Bei einer simultanen Aufnahme ließ sich das nicht bewerkstelligen: die rhythmische Unregelmäßigkeit des Klanges, charakteristisch fürs Glockengeläut, ist beim Spielen unter einem Dirigenten nicht zu erzielen. Daher mußte der Klang synthetisch aus verschiedenen Streifen hergestellt werden. Außer dem Musikstreifen wurden noch vier separate Glockenstreifen aufgenommen, dann noch für sich die Sterbeglocke und der Hammerschlag des Todes. Die vier Glockenstreifen waren schon so angelegt, daß sie sich gegenseitig ergänzten. Beim re-recording wurden sämtliche Streifen mit der Musik gemischt, bei wechselndem Hervortreten einzelner Elemente. Wirkungen solcher Art können nicht dem Zufall überlassen bleiben. Nur durch die Herstellung der Geräuschstreifen unter Berücksichtigung der Musik, und durch Vorbereitung des Gesamteffekts kam ein befriedigendes Resultat zustande.

Die Geräuschaufnahme hat die Programmusik aufgehoben. Hinter der akustischen Fotografie des leibhaftigen Sturms bleibt die musikalische Abbildung ohnmächtig zurück. Im Prinzip ist die Tonmalerei so überflüssig geworden, wie sie eigentlich schon immer war. Allenfalls ist sie dort berechtigt, wo sie leistet, was Beethoven in der Pastorale von ihr verlangte, ›Mehr Ausdruck der Empfindung als Malerei‹, oder wo sie Pointen setzt, gleichsam überbelichtet, zum Virtuosenstück tendiert, anstelle planer Naturwirkungen absichtsvoll das Artifizielle setzt. Es kann reizvoll sein, durch einen musikalischen Regen einen wirklichen zu überbieten, gleichsam aus der Intention, besser zu regnen, als die Natur es vermag. Oder man kann zum Schnee den musikalischen Laut hinzuerfinden, den er haben müßte, wenn er Klang hätte: ›so sollte es schneien‹. Bei solchen sehr differenzierten Wirkungen ist selbstverständlich der traditionelle Begriff der Programmusik gesprengt.

Satztechnik und Instrumentation

Was Satztechnik und Instrumentation anlangt – beide sind bei einem guten Komponisten identisch –, so läßt sich vorweg konstatieren, daß die noch vor zwanzig Jahren modische Forderung des ›Mikrofongerechten‹ überholt ist. Die Entwicklung der Fotografie von Musik seit 1932 hat es möglich gemacht, jede Partitur, gleichviel welchen Stils, einigermaßen angemessen wiederzugeben. Das war nicht immer so: Doppel- und Trippelgriffe von Streichern, Instrumente in exponierten Lagen wie Kontrabaß und Piccolo, aber auch Hörner, Flöten und Oboen, ja das ganze traditionelle Streichorchester sprachen damals schwerer an als andere Farben und Kombinationen. Heute ist die Klangapparatur sehr vollkommen. Das bedeutet freilich, daß auch eine schlecht gesetzte, unsicher klingende Musik als solche fotografiert wird.

Grenzen für Satz und damit Instrumentationsweise werden allenfalls durch die ›dramaturgische Funktion‹, nicht mehr durch die Unzulänglichkeit der Klangapparatur diktiert. Sehr komplexe Schreibweise, wie die Schönbergs etwa, ist in der Konzertmusik das Resultat einer eigenständigen, musikalisch-historischen Entwicklung. Im Film wäre sie legitim nur, wo sie aus sehr genauen dramaturgischen Forderungen hervorgeht. Wo Musik, durch die Verteilung der Gewichte im Gesamtfilm, an den Rand des Aufmerksamkeitsfeldes gedrängt ist, sind ihrer Auffaßbarkeit enge Grenzen gesetzt. Es wäre absurd, mehr zu schreiben, als der objektiven Beschaffenheit des Gesamtphänomens nach in jedem Augenblick wirklich apperzipiert werden kann. Noch die subtilsten Fragen der reinmusikalischen Satzweise hängen ab von der Planung des Films als eines Ganzen.

Heute macht musikalisches Planen sich in der mechanischen Trennung von Komposition – ›Satz‹ – und Arrangement – ›Instrumentation‹ – nur verzerrt geltend. Sie ist mehr großindustrielles Gehabe als echte Organisation des Produktionsvorgangs: weder sachlich noch ökonomisch zu rechtfertigen. Es ist eine scheinhafte

Arbeitsteilung, die in personellen Verhältnissen gründet. In Wahrheit müßte jeder qualifizierte Komponist seine Musik instrumental erfinden können, nicht erst ›instrumentieren‹. Es kostet auch keineswegs mehr Zeit, sogleich eine Partitur oder ein Particell herzustellen, als den suspekten Klavierauszug einer noch nicht bestehenden Orchesterfassung. Die Teilung der Ressorts bewirkt zunächst, daß das Komponieren Ignoranten überlassen bleibt – sie werden sogar ermuntert, weil ihre gröbsten Unzulänglichkeiten vom Arrangeur korrigiert werden –, während die Fachleute die vermeintliche Spezialtechnik des Instrumentierens verwalten, ähnlich wie in Tin Pan Alley. Andererseits wird durch die Ausbildung des Typus des Arrangeurs der Orchesterklang selber standardisiert. Die Folge ist lästige Uniformität der Filmpartituren. Selbst der beste Arrangeur wird durch die dauernde Befassung mit armseligem Material steril.

Diese Sterilität ist zum Teil den heute in den Studios üblichen Orchesterbesetzungen zuzuschreiben. Gewiß kann ein guter Komponist in jeder Besetzung größte Mannigfaltigkeit erzielen, selbst bei bescheidensten instrumentalen Mitteln. Aber manche stehenden Restriktionen in der Besetzung haben doch die Tendenz, den Klang zu normen. Das bezieht sich vor allem auf den Pseudoglanz von Titel und Schluß, auf eintönige Homophonie, mit stets verwischten Mittelstimmen, auf die Vorherrschaft des ›schmalzigen‹ Geigentons, die Undifferenziertheit der Holzbläserbehandlung, von denen höchstens das Fagott als Lokalkomiker und die Oboe als Unschuldslamm hervortreten, und die schwerfällig-akkordische Führung des Blechs. Außer dem gröbsten Dialogisieren von Blech und Streichern hört man fast nichts als die aufdringliche Oberstimme, von einem schwächlichen Baß begleitet.

Das liegt wesentlich an der absurden Disposition des Streichkörpers. 12–16 Geigen, meist als eine Stimme behandelt (also erste und zweite unisono), 2–3 Bratschen, 2–3 Celli, 2 Kontrabässe werden im Durchschnitt, selbstverständlich mit Ausnahmen, verwandt. Die Disproportion zwischen tieferen und höheren Instrumenten schließt deutliche Mehrstimmigkeit im Streichersatz vorweg aus und verführt zum ›Schmieren‹ mit bloßen Füllstimmen.

Eine ähnliche Disproportion besteht zwischen Holz und Blech. 4 Hörner, 3 Trompeten, 2 oder 3 Posaunen und Baßtuba stehen häufig gegen 2 Flöten, allerdings 3 Klarinetten (die meist die Streicher verdoppeln), 1 Oboe (seltener 2), alternierend mit Englisch Horn, oft nur 1 Fagott. Schon im Konzert- und Opernorchester ist das Baßproblem nicht befriedigend gelöst: das Studioorchester ignoriert es. Aber auch die hohen Holzbläser füllen meist nur aus oder gehen mit den Streichern.

In der vorherrschenden Praxis werden die großen Besetzungen nur für Anfang, Schluß und besonders wichtige Sequenzen herangezogen; alles andere, das Intime, Hintergrundmusiken zu Dialogen, sehr kurze Sequenzen, muß ein kleinerer Orchesterapparat leisten. Fast das ganze Blech und fast alle Holzbläser fallen dann weg: die Streicher aber bleiben fast unreduziert. Das lädt einen unleidlichen Caféhausklang ein. Harfe und Klavier, die nie fehlen, tun dazu das Ihre, verzuckerte Kolorierung, mechanische Klangsicherung und falsche Fülle.

Wenn schon zwischen großer und kleiner Besetzung unterschieden wird, so müssen in beiden Fällen richtigere Proportionen verlangt werden, und die beiden Besetzungstypen müssen sich untereinander wieder, nicht nur der Anzahl, sondern auch der Auswahl der Instrumente nach, drastischer unterscheiden. Das große Orchester müßte in allen Gruppen weit mehr dem symphonischen angenähert werden, als es heute der Fall ist: genügend zweite Geigen, Bratschen, Celli und Kontrabässe, und zwei- bis dreifaches Holz. In Einzelfällen ist das bereits der Fall, es sollte aber die Regel werden. Umgekehrt müßten die kleinen Besetzungen echten Kammerensembles entsprechen. Also etwa: Flöte, Klarinette, Sologeige, Solocello, Klavier. Oder: Solostreichquartett, Flöte, Klarinette, Fagott. Mit Leichtigkeit lassen sich zahlreiche solche Kombinationen aufstellen, die sich in der Kammermusik längst außerordentlich bewährt haben: die erstgenannte zum Beispiel ist die von Schönbergs ›Pierrot Lunaire‹. Zieht man noch die neuen Instrumente, Novochord, elektrisches Klavier, elektrische Gitarre, elektrische Geige und andere selbständig und nicht bloß, wie heute üblich, zu bloßen Farbwirkungen und Verdopplungen zu, so erschließt sich eine Fülle der schönsten Möglichkeiten, ein wahres Komponistenparadies. Erprobt sind die folgenden beiden Kombinationen: Klarinette, Trompete, Novochord, elektrisches Klavier, elektrische Gitarre; und: Novochord, elektrisches Klavier, Geige und Flöte. Neuerdings freilich macht sich eine gewisse Tendenz bemerkbar, die Standardisierung des Filmorchesterklangs durch Zuziehung ungebräuchlicher Farben, außer den elektrischen Instrumenten durch delikate Holzbläser wie die Altflöte und die Kontrabaßklarinette, bequem aufzulockern. Es ist daran zu erinnern, daß Instrumentation niemals eine Frage der gewählten Farben als solcher, sondern des Satzes ist, einer Kompositionsweise, welche die Möglichkeiten jedes Instruments wirklich zu aktivieren vermag. Nicht darum handelt es sich, für ungebräuchliche Instrumente Gebräuchliches zu komponieren. Wichtiger ist, für gebräuchliche Instrumente Ungebräuchliches zu schreiben. Das bezieht sich nicht nur auf die Struktur der Musik, sondern vor allem auch auf die besondere Art, spezifisch instrumental zu erfinden. Als eine Regel verlangen Kammerensembles vom Komponisten wirklich kammermusikalische Schreibweise. Der übliche Salonorchestersatz ist unbrauchbar. Der Klavier- oder Novochordpart muß tatsächlich solistisch komponiert sein, nicht bloß die Harmonie aussetzen.

Komposition und Aufnahmepraxis

Fundamental ist die Tatsache der Synchronisierung: es muß auf Punkte hin musiziert werden, die Zeitverhältnisse von Bild und Musik müssen bis ins kleinste Detail übereinstimmen. Es ergeben sich daraus mancherlei Konsequenzen. Der Synchronisierung wegen muß der Komponist fähig sein, labil zu schreiben, also derart, daß gelegentlich sogar ganze Takte oder Phrasen wegfallen, hinzugefügt oder wiederholt werden können; muß an Fermaten und an die Möglichkeit von Rubati denken, kurz er muß ein gewisses Maß von ›Unverbindlichkeit‹ beherrschen – das Gegenteil des schlechten, zufällig unverbindlichen Komponierens –, um vollendetes Synchronisieren und zugleich lebendigen Vortrag zu erlauben. Analogien zur geplanten Unverbindlichkeit finden sich vor allem in der Opernmusik.

Trotzdem wird der Kapellmeister nicht immer vermeiden können, durch erzwungene Dehnungen und Beschleunigungen der Synchronisierung nachzuhelfen. Das geschieht auf Kosten des Musizierens, das an solchen Stellen verzerrt und sinnwidrig wird. Gewiß werden erfahrene Komponisten und Dirigenten derlei Zufallsverzerrungen mehr oder minder vermeiden können. Dennoch hört man in der herrschenden Praxis noch zu oft Ritenuti und Accelerandi an Stellen, wo die musikalische Konstruktion es durchaus nicht verlangt. Ganz Ähnliches kann man bei schlechten Aufführungen moderner, konstruktiver Musik beobachten.

Wo es durch eine längere Sequenz hindurch fortwährend auf die Koinzidenz von Bild- und Musikbewegung ankommt, muß die Synchronisierung automatisiert werden. Dann gilt es mathematische Exaktheit: die Unfähigkeit lebendiger Menschen, mechanische Zeitrelationen einzuhalten, wird durch mechanische Mittel korrigiert. Rhythmogramme geben dem Komponisten Gelegenheit, am Schreibtisch zu sehen, daß etwa Wolken vom zweiten Viertel des ersten bis zum dritten des vierzehnten Taktes von rechts über das Bild ziehen. Zugleich kann er sehen, daß im zwölften Takt, zwischen dem ersten und dritten Viertel, die Heldin die Hand hebt usw. Er kann danach eine Partitur schreiben, die mit äußerster Präzision alle Details, auch die kompliziertesten und differenziertesten, musikalisch beschreibt, nachzieht oder kontrapunktiert. Alle Tempomodifikationen müssen in einer solchen Partitur in sich auskomponiert werden und sind nicht mehr dem Geschmack des Kapellmeisters und dem Zwang der Synchronisierung überlassen. Der Kapellmeister ist nur noch Einstudierender und Kontrollierender, nicht mehr Vortragender.

Diese Technik wird auch den Charakter der Musik selber affizieren. Alles ›Labile‹, Unverbindliche scheidet hier aus. Es kommt vor allem auf die äußerste Genauigkeit der musikalischen Konstruktion, vom Detail bis zum Ganzen, an. Die Musik muß wie ein Uhrwerk gearbeitet sein: die Kunst des Komponisten besteht darin, alle die minutiösen, oft sehr divergierenden Details in einen musikalisch sinnvollen Formzusammenhang zu bringen. Es versteht sich, daß eine solche Musik im Charakter eher kühl distanziert als expressiv sein wird.

Das Gesamtniveau der technischen Musikaufnahme ist, gemessen an der kurzen Existenz des Tonfilms, erstaunlich hoch. Immerhin gibt es noch eine Reihe prinzipieller Unzulänglichkeiten der Apparatur. Vor allem ist der doch allzu hohe Störungsspiegel (basic noise) zu nennen, der ›Hörstreifen‹, der jeden Tonfilm konstant begleitet. Weiter hat der Gesamtklang keine ›Raumtiefe‹: die Musik erscheint vordergrundhaft, flächig, unplastisch, gewissermaßen wie wenn sie nur durch ein Ohr gehört wäre. Deshalb sind dicht gesetzte Stücke schwerer zu verdeutlichen. Im Vergleich zu den anderen Registern ist der Sechzehnfuß (Kontrabaß, Tuba, Kontrafagott) und die höchsten Lagen (Piccolo) immer noch unsicherer als die Mittellage. Gewiß ließen viele dieser Mängel durch größere Sorgfalt, freigebigeren Zeitaufwand und andere Reformen der Studioroutine sich bessern. Entscheidende Abhilfe aber kann nur durch einen neuen Standard der Technik, nicht durch isolierte Bemühungen geschaffen werden. Die Erfindung hat diesen Standard bereits erreicht, wenn ihn auch die Industrie aus Scheu vor den Investitionskosten – jedes Kinotheater bedürfte einer neuen Wiedergabeapparatur – noch nicht übernommen hat. Das von Disney in dem sonst äußerst fragwürdigen Fantasia-Film benutzte und von ihm Fantasy-sound benannte Verfahren gibt eine Vorstellung von der neuen Technik.

Zur Dirigentenfrage sei soviel gesagt: die Personalpolitik der Studios ist es im allgemeinen, nicht, wie etwa die europäischen Opernhäuser, junge begabte Musiker nach dem Abschluß ihres Studiums zu verpflichten. Immer noch herrscht der Typus des leer routinierten und musikalisch unzulänglichen Taktschlägers aus Operette und Kabarett vor, oder des Orchestermusikers, der sich durch Fleiß und Beziehungen emporgearbeitet hat, wofern nicht die Komponisten selber schlecht und recht ihre Musik dirigieren. Die üblichen Filmkapellmeister ersetzen echte musikalische Erfahrung und Kenntnis durch die Gewohnheit, sich den Bedingungen der Aufnahme und insbesondere der Synchronisierung automatisch anzupassen. Meistens können sie nicht probieren, oft nicht einmal gut taktieren, sondern nur mit möglichst kurzer Vorbereitungszeit die Musik im gröbsten Sinne zusammenhalten. Dabei bewahren sie die Fiktion des besonders spezialisierten Filmfachmanns, die Augurenmiene, die zu verstehen gibt, all das sei gar nicht so leicht, hätte nichts mit anderen musikalischen Fähigkeiten zu tun und sei eine durch lange Jahre geschulte Sonderfähigkeit. Freilich sind die Arbeitsbedingungen des Studiokapellmeisters selber von solcher Art, daß sie wirklich zulängliche Aufführungen kaum zulassen. Der Hinweis auf die Kosten jeder zusätzlichen Stunde für Proben oder Aufnahmen setzt den Dirigenten unter permanenten Druck und wie in allen Hierarchien gibt er bloß diesen Druck weiter, während er selbstherrlich zu walten vermeint. Meist wird ihm in der Hast des Produktionsprozesses, wo immerzu von der Hand in den Mund komponiert werden muß, kaum auch nur die Zeit gelassen, wirklich zu studieren, was er darstellen muß, und er wird so dazu genötigt, sich auf die primitivsten Aufgaben synchronen Musizierens, das rechtzeitige Bringen von »cues« zu beschränken. Da er jede Minute ausnutzen muß, so wird er ebenso wie das Orchester unvorstellbar überlastet, oft genug muß er die frisch kopierte Musik erst in der Probe sich aneignen und so lange sich vorspielen lassen, bis er sie einigermaßen zusammenbringt, wodurch wiederum Zeit fürs wirkliche Probieren verlorengeht.

Dagegen ist der Standard der Orchestermusiker selber sehr hoch. Aus Erwerbsgründen versuchen die besten Instrumentalisten in den Studios unterzukommen. Freilich haben sie für das Geld teuer zu zahlen. Sie leiden unter dem unwürdigen, oft unerträglich schäbigen musikalischen Material, den Filmpartituren; unter dem Betrieb, der sinnlose Pedanterie mit unverantwortlicher Hudelei vereint, unter der arroganten Inkompetenz der Kapellmeister. Besonders ungünstig macht sich die absurde und rücksichtslose Zeitdisposition geltend, die wiederum eher aus der Inkompetenz kommt, als daß sie von der Sache gefordert wäre. Die Musiker werden zu den lästigsten Zeiten, sogar mitten in der Nacht plötzlich abgerufen; sie müssen bis zur völligen physischen Erschöpfung spielen, in extremen Fällen acht Stunden lang die gleichen armseligen sechzehn Takte, während es oft an der Zeit gebricht, sich mit den Darstellungsproblemen anspruchsvollerer Musik überhaupt zu befassen. Auf kurze Perioden äußerster Anspannung folgen Wochen ohne Beschäftigung. Nebenbei gesagt, rechnet dies Prinzip, weit über die Musik hinaus, zum demoralisierendsten im ganzen Bereich des Films. Die Qualität der Musiker wird vergeudet und ruiniert. Sie werden abgestumpft, gleichgültig gemacht und zur Flüchtigkeit erzogen. Als Selbstschutz nehmen sie schließlich dem ganzen Betrieb gegenüber die Haltung stillschweigender Verachtung ein. Sie kehrt sich gegen alles Schwierigere und Ungewohnte, also gerade gegen die moderne Musik, die in den musikalisch sachlich gerichteten Orchestermusikern ihre besten Verbündeten erwarten sollte. Statt dessen reagieren sie frostig auf ungewohnte Klänge und applaudieren, wo ein strahlendes E-Dur gelungen scheint.

VII. Bericht über das ›Film Music Project‹

Das Projekt und die gestellte Aufgabe

Im Frühjahr 1940 stiftete die Rockefeller Foundation der New School for Social Research einen Betrag von $ 20 000 für systematische Versuche mit Filmmusik. Die New School bestimmte Hanns Eisler als Direktor. Die Dauer des Projekts war ursprünglich für 2 Jahre angesetzt, später um 9 Monate verlängert.

Die Grundidee war, das neue musikalische Material, wie es im dritten Kapitel behandelt ist, auf den Film anzuwenden. Es sollte insbesondere überprüft werden, wie der Bruch zwischen den hochentwickelten szenischen und fotografischen Techniken des Films und der im allgemeinen weit dahinter zurückgebliebenen Filmmusik geschlossen werden könne. Das bezog sich auf alle musikalisch-technischen Elemente. Auch dramaturgische und ästhetische Probleme, zumal die prinzipielle Beziehung zwischen Bild und Musik, fielen ins Blickfeld des Projekts.

Die gesamte Interessenrichtung ging zunächst mehr auf praktische Experimente als auf Theorie. Erst nach der Durchführung des Projekts wurden die Resultate theoretisch betrachtet. Das gegenwärtige Buch stellt in weitem Maß ihre Formulierung dar.

Das Projekt war durchaus unabhängig von der Filmindustrie: bei den Versuchen mußten keinerlei Rücksichten auf kommerzielle Auswertung genommen werden, sondern sie wurden allein nach sachlichen Gesichtspunkten durchgeführt. Doch hat die Industrie ihr Interesse am Projekt dadurch gezeigt, daß sie diesem Filmmaterial für die musikalischen Experimente überließ. Es kam von Walter Wanger, Twentieth Century-Fox, Paramount, March of Time, Frontier Film, und von den selbständigen Documentaire-Direktoren Josef Losey und Joris Ivens.

Mit dem zur Verfügung gestellten Material hatte das Projekt

sich abzufinden. Dadurch ergaben sich gewisse Schwierigkeiten. Szenen aus Spielfilmen, aus dem Zusammenhang gerissen, verloren oft die eigentliche Bedeutung, die ihnen im Gesamtablauf zukommt. Dem dramaturgischen Planen im Sinne des Ästhetikkapitels waren damit Grenzen gesetzt. Documentaire-Material überwog. Das jedoch war kein Nachteil. Zumindest beim gegenwärtigen Typus des Spielfilms tritt Musik, wenn sie mehr als Hintergrund bedeutet, meist in Sequenzen auf, die sich dem Documentaire-Charakter annähern, Naturszenen, Städtetotalen und Momenten, in denen die spezifische Handlung zugunsten eines Blicks auf Allgemeineres, das angebliche oder wirkliche Leben, suspendiert wird. Soviel an diesem Gebrauch auch schlecht konventionell ist, liegt ihm doch soviel Vernünftiges zugrunde, daß die Handlung, wo sie sich im Dialog konzentriert – und das ist heute noch durchwegs der Fall –, mit Musik schwerer sich vereinbart: es sei bloß an die schlechte Verschwommenheit der üblichen Background-Musik erinnert.

Umgekehrt wirken Documentaire-Sequenzen oft wie versprengte Bestandteile aus Spielfilmen. Wenn also auch das Projekt durch seine Distanz zum Hollywoodbetrieb sachlich und praktisch weitgehend auf Documentaire-Sequenzen verwiesen war, so konnte es dennoch Fragen studieren, die sich auf den Spielfilm beziehen. Das bearbeitete, fragmentarische Spielfilmmaterial unterschied sich erstaunlich wenig von dem dokumentarischen. Es wurde in den Bereich des künstlerischen Experiments versetzt, indem häufig zu einer Spielsequenz mehrere musikalische Lösungen gesucht wurden, denen jeweils verschiedene musikdramaturgische Ideen zugrunde lagen.

Methode des Projekts

Die praktische Arbeit gliederte sich in folgende Stufen:

1. Komposition. Es wurde ausschließlich mit neuen, eigens für das Projekt geschriebenen Kompositionen experimentiert, die zu bereits bestehenden Filmstreifen hinzugefügt wurden. Alle Partituren stammen von Hanns Eisler.
2. Aufnahmen der Musik, unter der Leitung von Dirigenten, die

für die Darstellung avancierter Musik besonders qualifiziert sind.

3. Schnitt, ›mixing‹ und ›editing‹, also die gleichen Arbeitsprozesse wie im normalen Film, angewandt auf das experimentelle Material. Auch die Zeitdisposition dieser Prozesse hielt sich durchaus im Rahmen des praktisch Üblichen, um die Verwendbarkeit der neuen Resultate in der tatsächlichen Filmproduktion zu garantieren. Selbst die auf den Kompositionsprozeß verwandte Zeit entsprach den durchschnittlichen Bedingungen der Filmindustrie.

Folgende Sequenzgruppen wurden benutzt:

1. Kinderszenen in einem ›Camp‹ (Aufführungsdauer 22 Minuten): das Leben im Camp wird in seinen verschiedenen Aspekten charakterisiert: Spiel, Arbeit, Streit, Essen, Schlafen, Beschäftigung mit Tieren.
2. Naturszenen (18 Minuten): von idyllischen Aufnahmen bis zu ›dramatischen‹ Sequenzen, Vulkanausbruch, Schneesturm, Zusammenbruch von Eisbergen in der Arktis. Das Material ergab eine große Skala verschiedener Ausdruckscharaktere.
3. ›Vierzehn Arten den Regen zu beschreiben‹ (14 Minuten): Neukomposition des gesamten Documentaire-Films ›Regen‹ von Joris Ivens, der Regeneffekte in Amsterdam in großer Vielfalt darstellt.
4. Ausschnitte aus Wochenschauen (14 Minuten): Kriegssituationen.
5. Sequenzen zu Spielfilmen (17 Minuten). Es handelt sich um Exzerpte aus ›Grapes of Wrath‹ und ›Forgotten Village‹.

Die gesamte Aufführungsdauer der komponierten Musiken beträgt 85 Minuten.

Übersicht über die Arbeiten

Die *Kinderszenen* sind ein Film ohne Handlung. Eine Folge einigermaßen genrehafter Bilder wird leicht aneinandergefügt. Sie sind durch den Schauplatz, ein Camp, zusammengehalten. Der Grundcharakter des Ganzen ist einfach und anspruchslos. Aber der Regisseur, Josef Losey, hat die einzelnen Szenen deutlich

gegeneinander abgesetzt: jede Szene nimmt sich ein bestimmtes kleines Thema vor, Spielen, Essen, Schlafen. Jede Szene ist auf eine kleine Pointe hin angelegt. Die Längenverhältnisse der einzelnen Szenen sind sorgfältig gegeneinander ausbalanciert.
Aufgabe der Musik war es, den Film von der üblichen, süßlich sentimentalen und humoristischen Kinderbilder-Romantik der Magazinsphäre fernzuhalten. Sie darf sich weder ergriffen noch witzig gebärden. Ihre Gefühlsskala soll Elemente enthalten, die in der Musik üblicherweise nicht mit dem Kind assoziiert werden, wirklichen Ernst, wie ihn etwa das Kind beim Spiel zeigt, Trauer, Nervosität, selbst Hysterie, all das aber lose, dünn, gleichsam konsequenzlos aufgefaßt. Insbesondere darf die Musik den Kindern nicht auf die Schulter klopfen, sie zum Objekt des Spaßes von Erwachsenen machen, oder sich anbiedern, indem sie selber, nach dem Schema ›ei ei ei wer tommt denn da‹, eine verlogene Kindersprache redet.
Als musikalische Form drängte sich die *Suite* auf: also keine durchmusizierte Großform, mit Übergangen und womöglich Leitmotiven, sondern eine Folge kleiner, deutlich ausgeprägter, scharf unterschiedener und jeweils in sich geschlossener Stücke, deren jedes deutlich beginnt und deutlich schließt.
Das musikalische Rohmaterial sind amerikanische Kinderlieder (Nursery Rhymes) wie Strawberry Fair, Sourwood Mountain, Little Ah Sid und andere. Ihre Einfachheit und ihr Assoziationshof entsprechen dem Sujet. Zugleich sollte gezeigt werden, daß auch mit dem einfachsten Material, ohne daß es anspruchsvoll verkleidet würde, durch konstruktives Verfahren differenziert, unkonventionell und frei musiziert werden kann.
Gesetzt ist die Partitur für sieben Soloinstrumente: Flöte, Klarinette, Fagott, Streichquartett. Der Satz ist durchbrochen-kammermusikalisch, mit wechselnd hervortretenden Instrumenten, doch ohne ausgebildete Polyphonie. Harmonisch wird nirgends über sehr stufenreich auskomponierte Tonalität hinausgegangen.
Einige charakteristische kompositorische Momente: eine kurze Allegretto-Introduktion während des Filmtitels gibt den Grundton an. Sie enthält bereits ein Kinderlied, aber – wie häufig – zunächst nicht als Hauptstimme. Das vage Durchklingen des

Lieds in der Fagott-Mittelstimme trägt zum introduktorischen Charakter bei. In der zweiten Hälfte des Stückchens wird das Kinderlied zur Melodie, aber sogleich, unter Ausnutzung seiner Schlußnoten, aufgelöst. Das nächste Stückchen, einigen gesprochenen Versen von Whitman unterlegt, ist kompositorisch eine kleine Coda zur Introduktion, bringt jedoch den Beginn eines Schlafliedchens, der zunächst nicht weiter verfolgt wird.

Das erste ›Hauptsätzchen‹ ist ein Allegro assai, als Begleitung einer Spielplatzszene. Die Spiele werden nicht illustriert, sondern allgemein der Charakter fröhlichen Lärmens intoniert. Die Musik, frei vom Zwang, dem Bild im einzelnen zu folgen, nähert sich der Struktur einer Sonatinenexposition, ohne Durchführung. Ein ›Gesangsthema‹ hebt sich deutlich ab.

Das nächste Sätzchen geht näher aufs Bild ein. Kinder malen Spielzeug an und basteln. Sie verhalten sich nachdenklich arbeitsam. Das macht die Musik nach in einem kleinen fleißigen Fugato.

Dann schleppen die Kinder schwere Steine. Die Musik hält das Fugatothema fest und wendet es durch rein kompositorische Mittel ins Mühsame. Am Schluß streiten die Kinder: die Musik nimmt die Geste des Sich-Stoßens auf.

Die längste Sequenz, von fast 4 Minuten, ist ein Potpourri von Spieldetails. Die Musik stellt sich die Aufgabe, deren Vielfalt zu vereinheitlichen. Sie ist gebaut als Einleitung, Kinderlied mit drei Variationen und Coda. Hier ist einmal eine Form der autonomen Musik genau auf den Film angewandt.

In einer der folgenden Szenen wird ein Hund gewaschen. Die musikdramaturgische Idee war, das Vor-sich-hin-Summen hinzuzukomponieren, das eine mechanische Arbeit begleitet, obwohl keines der Kinder wirklich pfeift. Die Musik wird also nicht aus dem naturalistischen Vorgang geschöpft, sondern aus der Verhaltensweise, die er darstellt. Nur eine kurze Einleitung bezieht sich auf das Sichsträuben des Hunds. Zum eigentlichen Hundewaschen wird ein Kinderlied von Streichern pizzicato (quasi als Banjo) und Klarinette zitiert, etwas entwickelt und dann die zweite Strophe umgekehrt. Zu einer frischen Coda schüttelt sich der befreite Hund.

Kinder füttern winzige neugeborene Mäuse: das geschieht mit

unendlicher Vorsicht. Musik hält sich an die Vorsicht, nichts anderes: ein rasches hohes, ängstlich quietschendes Stück.
Ballspielen und Übergang zu einer Gruppe, die ein Modell, ein lebendes Pferd malt. Der spielerisch-regelmäßige Vorgang wird von einer Spielform, einem Kanon über ein Kinderlied, gespiegelt. Der Kanon ist so gehalten, daß er auch zur Malsequenz synchron bleibt.
Finale: Besuch einer Farm. Zuerst betrachten die Kinder verschiedene Tiere, dazu Musik pastoralen Charakters, mehr der Landschaft als dem Vorgang zugewandt: dramaturgisch ist die Musik hier bloße Dekoration. Am Schluß fährt ein Landarbeiter mit einem Traktor, an den ein Wägelchen angehängt ist, die Kinder über das Feld. Die Kamera zeigt den Traktor als eine riesige Maschine. Hier verläßt die Musik den Charakter des Kindlichen. Sie assoziiert einen Tank und Krieg, im Widerspruch zur pastoralen Szene. Sie wird ernst und düster, zugleich erregt, und suspendiert den Stil der ganzen vorhergehenden Komposition.
Die *Naturszenen* boten, im Gegensatz zum Suitencharakter der Kinderszenen, Anlaß zu ausführlicheren, komplexeren musikalischen Lösungen. Die Abwesenheit von Aktion und überhaupt von menschlichen Elementen, auf welche die Musik einzugehen hätte, gibt ihr größeren Bewegungsraum. Andererseits verlangt gerade die Lockerheit und Unverbindlichkeit der Bildfolgen, die nicht durch einen dramatischen Zusammenhang getrieben werden, Rückhalt an artikulierten musikalischen Formen. Dadurch freilich ist die Gefahr der Beziehungslosigkeit gegeben: daß die Musik, einmal losgelassen, nur auf sich selber Bedacht nimmt und überwertig wird. Es wurde versucht, dem zu begegnen, indem die Musik, bei vollster Wahrung ihrer formalen Selbständigkeit – die freilich selber wieder von der Bildstruktur angeregt ist – allen Details des Bildverlaufs und der Kamerabewegung und -einstellung folgt. Die Autonomie der Musik wird dadurch ausgeglichen, daß sie in der synchronen Behandlung der einzelnen optischen Momente die Exaktheit eines animated cartoon anstrebt. Die Ferne der eigenständigen musikalischen Formen vom Bild wird durch die Nähe und Präzision ihrer Details filmgerecht gemacht. Es handelt sich dabei um keine formalistische Atelier-Spielerei: jeder Spielfilm enthält wirkliche oder virtuelle Natur-

szenen, die immer noch mit leitmotivischem Stimmungsfüllsel untermalt werden. Einen Weg zu angemesseneren Lösungen zu zeigen, schien besonders notwendig.

Es treten fünf größere musikalische Formen auf: Invention, ›Choralbearbeitung‹, Scherzo mit Trio, Etude, Sonaten-Finale. Der Komponist hat seine dramaturgische Aufgabe sich zu erschweren getrachtet, indem er auch noch die Zwölftontechnik verwandte. Jedes Bildmoment, etwa der Zusammenbruch eines Eisbergs oder die Bewegung eines Schiffes, dessen Bug Eisschollen bricht, steht also simultan unter mehreren Anforderungen:

Es muß als konkretes Moment der musikalischen Form selbständigen musikalischen Sinn ergeben;

es muß im Zwölftonsystem ›stimmen‹, ohne mechanisch zu werden;

es muß musikalisch synchron zum Film und eindeutig, mit der äußersten Präzision gebracht werden.

Zu den Formen sei nur soviel angemerkt: die Idee der Invention, die ständige Versetzung des Themas in verschiedene Lagen, wird vom Bild angeregt, das ein ›Thema‹, die Entstehung von Gletschern, in verschiedener Perspektive, ja gleichsam auf wechselnden Ebenen, demonstriert. Bei der Choralbearbeitung wird über einem durchgehaltenen Cantus firmus musiziert. Die Etude ist für zwei Sologeigen mit Orchesterbegleitung gesetzt: die etudenhaft durchlaufende Bewegung stellt einen Schneesturm vor. Sonate: starre Gletscher in der Exposition, die zur Durchführung zusammenstürzen; die Reprise zeigt das ›Resultat‹ des Bildvorgangs, eine von Gletschertrümmern angefüllte Meeresbucht.

Die Instrumentation ging auf die Idee der ›Kälte‹ der Naturbilder ein. Sie verwandte neben einem normal zusammengestellten Kammerorchester (Flöte, Oboe, Klarinette, Fagott, Horn, Trompete, Posaune, ein Schlagzeuger, Solostreichquartett und Solobaß) noch ein elektrisches Klavier und ein Novochord. Die elektrischen Instrumente wurden nicht, wie meist in den Studios, als harmonische Füller, sondern solistisch behandelt. Manchmal kommt es zu real zweistimmigen, aber durchbrochen gesetzten und vom Orchester begleiteten Duetten zwischen ihnen. Besonders ausgenützt ist die Kälte und Schärfe ihrer ›Manieren‹, wie Triller, Mordente, Vorschläge und Trillerketten.

Diametral entgegengesetzt waren die Lösungsversuche zu den *Wochenschauen*. Hier ist gerade die äußerste formale Auflockerung unternommen: die Musik schmiegt sich vorbehaltlos dem Bild an, und daraus gerade resultiert ihre Form, die der Improvisation. Das Grauen einer von Fliegern bombardierten Stadt – überhaupt Musik dazu zu machen, ist fragwürdig und doch beim heutigen Usus unvermeidlich – sträubt sich gegen autonome musikalische Formen. Soweit es hier Form gibt, ist es die im Bild selber liegende. Es werden zahllose Details, oft nur sekundenlang, gezeigt, welche die Vielgestalt des Entsetzens repräsentieren. Die Musik springt mit, schlägt unablässig in den Charakteren um, läßt sich zu keiner Kontemplation Zeit und hängt zusammen einzig durch Kontraste.

Bei den *Spielfilmsequenzen* wurde das Problem prinzipiell so gestellt, daß am gleichen Bildmaterial jeweils verschiedene Lösungen ausprobiert werden sollten. Es wurden also zu jeder Sequenz mehrere Partituren komponiert, deren jeder eine besondere musikdramaturgische Idee zugrunde lag. Diktiert wurde dies Verfahren durch die Tatsache, daß es sich um Sequenzen längst fertiggestellter Filme handelte, deren Musik bereits existierte, so daß jede Lösung bereits eine Alternativlösung war. Zugleich folgte die Fragestellung aus sachlichen Erwägungen. Ein Spielfilm, in dem jeder Moment einen ›Sinn‹, eine Idee hat oder haben soll, bietet weit größere Veranlassung zur dramaturgischen Interpretation, größere Mannigfaltigkeit möglichen Verhaltens zu solchem Sinn, als ein Naturfilm, in dem Tatsachen ohne den Anspruch des Bedeutens gezeigt werden. Jene dramaturgische Mannigfaltigkeit sollte nach ihren Extremen ausgemessen werden.

Szene aus ›Grapes of Wrath‹, eine größere Sequenz einleitend: zwischen den verlassenen Häusern von dust-Farmern geht der Wind. Er treibt den Staub, der sie vertrieben hat, vor sich her und zugleich Papier, alte Konservenbüchsen, Unrat, das einzige, was von den Bewohnern zurückgeblieben ist. Formal-musikalisch hat die Szene Einleitungscharakter (23 Sekunden); sie führt zu einem ›Doppelpunkt‹, an den sich die erste musikalische Hauptsequenz anschließt: der Zug der Familie Joad nach dem Westen, in einem überlasteten jämmerlichen alten Auto.

Die Windszene wird musikalisch auf drei verschiedene Weisen aufgefaßt. Einmal: Geräuscheffekt ohne Musik, es sind also einfach die natürlichen Laute des Bildvorgangs herzustellen. Dann: eine Larghetto-Introduktion, welche die im Ausdruck der Szene gelegene Trostlosigkeit beklagt, gewissermaßen auf sie hindeutet, mit dem Gestus: ›seht euch das an‹. Das Hervorheben der Bedeutung führt von der Nachahmung der Vorgänge weg: es gibt keinen Wind in der Partitur, aber auch keine Geräuschstreifen. Der Wind wird nur gesehen und wirkt so doppelt verlassen. Endlich: das Orchester bringt den Wind. Größter Wert wird auf Brillanz der musikalischen Darstellung gelegt: der natürliche Wind muß übertroffen, ›verbessert‹ werden, wenn der musikalische überhaupt eine Funktion haben soll. Zugleich wird äußerster Synchronismus der Musik und des kleinsten Bilddetails erreicht. In der Musik jedoch ist der auskomponierte Wind ein ›Begleitsystem‹, das eine fragmentarische Flötenmelodie trägt, die, wie die zweite Lösung, die Szene, freilich lyrischer als diese, ›ausdrückt‹. Diese dritte Lösung erschien als die angemessenste. Denkbar wären noch andere, etwa eine überaus aggressive, die die Szene als soziale Katastrophe anschaut und protestiert.

Der Gegensatz von Musik ›über‹ einen Vorgang, von dem sie sich distanziert, und solcher, die ihre Impulse aus dem Vorgang selber zieht, entspricht den möglichen Grundhaltungen von Musik zum Film, läßt aber die vielfältigsten Variationen zu und ist stets wechselnd zu konkretisieren. Ein Beispiel noch dafür, wie die beiden Methoden sich verschränken, ja auseinander produzieren und nicht mechanisch einander entgegenstehen: jene Autofahrt der Familie Joad nach dem Westen. Die naturalistisch-synchrone Lösung wird gerade dadurch, daß die Musik die Fahrt in jeder Phase detailliert mitmacht, zur ›Stilisierung‹, da die Nachahmung mit rein musikalischen Mitteln geschieht, deren konsequente Anwendung ein eigenes Formprinzip aus sich hervortreibt. Die hartnäckige Nachahmung des Bildes durch die Musik setzt sich in Ausdruck um, den der intensiven Überwindung von Widerstand. Das resultierende ›Charakterstück‹ wäre sogar als Konzertmusik denkbar. Die entgegengesetzte, distanzierte Lösung dafür setzt sich mit einer Erfahrung bei der Vorführung des Films auseinander. Auf den Anblick des Autowracks, überbepackt mit den kläglichen Habseligkeiten der Familie, wurde oft mit Lachen reagiert. Dem sucht die zweite Lösung entgegenzuarbeiten. Die Musik hebt am Schäbigen den verzweifelten und hoffnungslosen Kampf von Menschen mit der gesellschaftlichen Naturkatastrophe hervor, den noch in die Form der Familie festgebannten Willen, standzuhalten und das Unheil zu überleben.

Detaillierte Analyse einer Sequenz

Um von der kompositorischen Arbeit des Projekts eine konkrete Vorstellung zu geben, wird eine Sequenz herausgegriffen und im einzelnen musikalisch analysiert. Sie gehört zu der Partitur ›Vierzehn Arten, den Regen zu beschreiben‹ (op. 70). Da diese Partitur die ausgeführteste und reichste des Projekts ist, bietet sie das geeignetеste Material für solche Betrachtung. Sie ist eine Zwölftonkomposition und für das Ensemble geschrieben, das Arnold Schönberg – dem das Werk gewidmet ist – im ›Pierrot Lunaire‹ verwandte: Flöte, Klarinette, Geige (alternierend mit Bratsche), Cello und Klavier. Aufgabe war es, das avancierteste Material und die ihm entsprechende, sehr komplexe Kompositionstechnik am Film zu erproben. Der Regenfilm ermutigte ebenso durch seinen Experimentalcharakter wie durch den bei aller sachlichen Haltung lyrischen Ausdruck vieler Details zu einem solchen Versuch. Zugleich wurden alle erdenklichen musikdramaturgischen Lösungstypen eingesetzt: vom simpelsten Naturalismus der synchronen Detailmalerei bis zu den äußersten Kontrastwirkungen, in denen die Musik eher über das Bild ›reflektiert‹, als ihm folgt. Das Ganze besteht aus vierzehn teils lose aneinandergereihten, teils konstruktiv verbundenen Stücken. Am Beginn und am Ende steht ein kadenzähnliches ›Monogramm‹.

Zur Analyse ausgewählt wurde das dritte Stück (Notenbeispiel S. 148-155). Die Bildidee ist: Wind und Beginn des Regens. Die dramaturgische Auffassung der Sequenz ist äußerst einfach, die präzise und synchrone Nachahmung der Vorgänge. Die musikalischen Mittel zur Nachahmung aber sind äußerst differenziert.

Bild zu den Takten 43 - 45: Totale (43 - 44). Vor dem Regen,

Wolkenwand über der Stadt, schwacher Wind hebt sich. 45: Detail, der Wind schüttelt Baumäste. Die Musik intoniert einen nach der Art von Choralstrophen wiederkehrenden, jeweils an der Triolenendung kenntlichen Gedanken, zu dem Flöte, Klarinette und Cello sich ergänzen, während eine Geigenfigur, mit den Trillern, fast geräuschhaft den Wind gibt. In Takt 45 - 46 ist dann das Schütteln der Äste in die, ebenfalls im ganzen Stück maßgebende, Idee eines Klavier-›Einwurfs‹ umgesetzt, der formal-musikalisch jeweils etwas wie einen Nachsatz zur Choralstrophe bedeutet. So determiniert die Filmform im kleinsten die musikalische. 47 - 52 kehrt das Bild zur Totale zurück. Der Wind wird stärker, man sieht seine Wirkung in Details. Die Musik setzt den ersten Choralsatz fort und erweitert die Strophe auf 4 Takte, während die Geigenfigur, wie oft in der herkömmlichen Choralbearbeitung, schon vor dem Cantus firmus einsetzt. Takt 49 geht das Choralthema in die Geige und die Wind-Figur in die Flöte über: das motivische Modell ist schon weitgehend variiert. 51 wird, zur Detailaufnahme eines Sturmstoßes, der Klaviereinwurf aufgenommen, 52 mit der Windfigur kombiniert; ein Windstoß reißt an einer Stoffmarquise. Dies Bildmotiv setzt sich fort während des dritten ›Choraleinsatzes‹, Takt 53 - 56, in Gestalt eines heftigen Ausbruchs der Geige in höchster Lage, der sich zu den beiden ersten wie ein Abgesang verhält. Der komplexe Rhythmus des Begleitsystems (Klavier und Cello) gibt den ›synkopierten‹, stoßweisen Bildrhythmus wieder. Das folgende musikalische Abschnittchen (57 - 62) begleitet kurze Bildmomente wie: heruntergewehtes Laub, auf einem Teich schwimmend. Die Musik ist überleitender Art, nicht unähnlich einer Flötenkadenz. Dabei wird, im Sinne der klassischen Motivauflösung, das Windmotiv, das vorher im Cello ›durchgeführt‹ und in eine Skalengestalt verwandelt war, als ›Rest‹ vergrößert, von der Geige gebracht und so eine logische Fortsetzung des ›Abgesangs‹ erzielt. Der Sinn des Verfahrens ist es, sprunghafte Gegensätze, ohne sie zu mildern, doch auseinander hervorgehen zu lassen und sie zu vermitteln.

Takt 63 bedeutet im Bild einen wesentlichen Einschnitt: die ersten Regentropfen fallen. Ihre drastisch-simple Nachahmung in gekoppelten Klaviersekunden ergibt ein neues Thema, das den

Rest der Sequenz beherrscht. Begleitet aber wird es von den Choralhalben in Klarinette und Cello, und dann vom Windmotiv in der Geige, während das Cello pizzicato das neue Thema übernimmt. Bei 70 kehrt es ins Klavier zurück und löst sich in einzelne Viertel auf. Bei 73 haben die Tropfen aufgehört, und es ist wiederum der Teich mit den Blättern zu sehen. Die Musik greift entsprechend auf den Abschnitt der Flötenkadenz zurück, teilt diese aber zwischen Klarinette, Flöte und Geige auf: die letztere führt abermals (76) zu einer ›Motivauflösung‹. Von Takt 77 an ist eine deutliche Schlußwirkung hergestellt. Bild: ganz grauer, unbewegter, mit Regenwolken verhängter Himmel. Musik, hoch über liegenden Harmonien, gleichsam stehenbleibend, eine Geigenmelodie, deren Halbe wieder an die Choralgestalt erinnert. Das eigentümlich Brütende der Stelle wird besonders durch die Setzweise erreicht. Cello und Klavier gehen unisono, aber so, daß keine Klangverstärkung, sondern eine besondere Färbung des Klanges statthat.

Bei Takt 81 setzt zum erstenmal dichter Regen ein. Die Musik eilt rasch zu Ende. Sie nimmt das neue Klavierthema von 63 wieder auf, hat aber nicht mehr die Zeit, es durchbrochen zu verarbeiten, sondern läßt es in einfacher Bewegung fast pausenlos ablaufen. Begleitet wird, außer mit dem bald verschwindenden Rest der tiefen Harmonien, mit einem geräuschhaften Tremolo der Geige. In den beiden letzten Takten tritt das Cello mit einer Andeutung der Choralgestalt dazu.

Die musikalische Form der Sequenz fällt unter keine der üblichen Kategorien. Die immer wieder eintretenden Intonationen der Melodie in Halben erinnern an eine Choralbearbeitung, die ebenso konstant festgehaltenen Geigenfiguren an eine Etude. Trotzdem entspricht der Sinn der Sequenz keinem der beiden Schemata. Er nähert sich vielmehr dem Geist einer Sonatenexposition, ohne daß deren Anordnung äußerlich gefolgt wäre. Im technischen Kapitel war gefordert, Charaktere wie Thema, Überleitung, Seitensatz, Schlußgruppe, Themenauflösung und ähnliches vom Formschema loszulösen und zu verselbständigen. Hier ist ein Versuch nach dieser Richtung gemacht. So hat der Abgesang des ersten Hauptabschnitts (53-56) deutlich das Wesen eines Themaschlusses, der Erfüllung einer thematischen Entwicklung, ohne daß eine solche eigentlich vorausginge. Oder: der Schluß, von 81 an, wirkt, wie wenn er einen ausführlichen Prozeß zur Entscheidung triebe, der gar nicht statthatte. Solche Wirkungen beruhen darauf, daß die Kleinarbeit der klassischen Sonatentechnik, insbesondere die der äußersten motivischen Ökonomie und der permanenten Variation, festgehalten wird, während anstelle der traditionellen Architektonik die Organisation durch die Bildform tritt.

Endlich sei auf die Sparsamkeit der musikalischen Mittel verwiesen. Trotz der durchbrochen-kammermusikalischen Arbeit ist alles Überflüssige, nicht unbedingt zur Darstellung des musikalischen Gedankens Notwendige vermieden. Ganz äußerlich ist das daran zu sehen, daß selbst bei dem kleinen Quintettensemble kaum je alle Instrumente gleichzeitig beschäftigt sind. Diese Sparsamkeit ist bei Filmmusik besonders geboten. Das Überflüssige, Ornament und Füllung, bildet jenen musikalischen Dunstkreis, der dem Wesen des Films aufs tiefste widerspricht.

Gegenbeispiel

Um die technisch-musikalische Analyse der Regensequenz in ihrer richtigen Perspektive zu sehen, ist es notwendig, das beschriebene kompositorische Verfahren von der vorwaltenden Praxis abzuheben. Es wird darum kurz ein Gegenbeispiel besprochen. Damit der Vergleich sich überhaupt auf kommensurable Größen bezieht, wird es nicht dem Bereich der kommerziellen Filmmusik entnommen, sondern dem ästhetisch-theoretisch gerichteten Buch von Sergej Eisenstein, das als Notenbeilage eine Filmkomposition enthält, die von einer Autorität wie Eisenstein als Modell für den richtigen Einsatz von Musik im Film betrachtet wird. Es handelt sich um ein kurzes Stück von Prokofiew, das eine Sequenz aus dem Film Alexander Newsky begleitet.

Das Stück ist offensichtlich in einer Weise angelegt, die es ganz und gar dem Bildvorgang unterordnen soll; autonome kompositorische Anforderungen sind darin überhaupt nicht gestellt. Darum setzt sich seine Erörterung keine musikalische, sondern lediglich dramaturgisch-funktionelle Kritik zur Aufgabe.

Die zugrundeliegende Idee ist die von Ähnlichkeit, nicht von Kontrast. Eisenstein konstruiert Diagramme der Bildkomposition, des ›Bildrhythmus‹ und der musikalischen ›Bewegung‹. Beide hält er für identisch. »Now let us collate the two graphs. What do we find? Both graphs of movement correspond absolutely, that is, we find a complete correspondence between the movement of the music and the movement of the eye over the lines of the plastic composition. In other words, exactly the same motion lies at the base of both the musical and the plastic structures.«[1]

Es wurde bereits im ästhetischen Kapitel ausgeführt, daß die Identifikation von musikalischem und Bildrhythmus fragwürdig ist, da in räumlicher Kunst der Begriff des Rhythmus lediglich metaphorischer Art ist. Auch in der zeitlichen Folge von Filmbildern ist daran nichts Wesentliches geändert: die grafischen Darstellungen Eisensteins beziehen sich auf die einzelnen Bildchen, ›shots‹, keineswegs aber auf die Zeitrelation, in der sie zueinander stehen. Darüber hinaus aber läßt sich die Unzulänglichkeit solcher Analogiebildung an den Eisensteinschen Beispielen konkret dartun. Die Ähnlichkeit, welche Eisensteins schematische Darstellung beweisen soll, besteht nämlich in Wahrheit nicht zwischen dem tatsächlichen musikalischen Verlauf und der Bildsequenz, sondern zwischen dem musikalischen *Notenbild* und der Sequenz. Das Notenbild selbst aber ist bereits die Fixierung der eigentlichen musikalischen Bewegung, das statische Abbild eines Dynamischen. Die Ähnlichkeit zwischen der Musik und dem Bild ist eine begriffliche, durch die grafische Fixierung der Musik vermittelte, als solche aber gar nicht unmittelbar wahrzunehmen. Sie kann darum eine dramaturgische Funktion gar nicht erfüllen.

Beispiele: in shot V wird ein Felsabsturz gezeigt. Die Musik (Takt 9) ›imitiert‹ den Felsabsturz durch eine absteigende Dreiklangszerlegung, die im Notenbild in der Tat wie eine abstürzende Kurve aussieht. Dieser ›Absturz‹ vollzieht sich aber in der Zeit, während der Felsabsturz unverändert von der ersten bis zur letzten Note als Identisches sichtbar bleibt. Da der Zuschauer nicht das Notenbild liest, sondern die Musik hört, so ist es ihm

1 Sergei Eisenstein, a. a. O., S. 178.

Beispiel 1

1 2 3 4 5 6 7 8 9 10

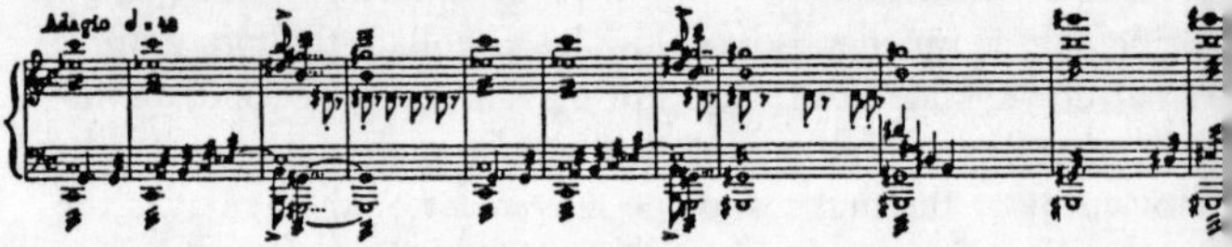

ganz unmöglich, die Notenfolge mit dem Felsabsturz zu assoziieren. Er wird dazu um so weniger veranlaßt, als der zerlegte Dreiklang eine so konventionelle und verbrauchte Phrase ist, daß nicht die geringste Notwendigkeit vorliegt, sie mit einem einigermaßen pathetischen Bild überhaupt zusammenzubringen. Die musikalische Formel ist so unverbindlich, daß sie sich auf alles und nichts beziehen könnte. Ob es in der Tat notwendig sei, Felsabstürze überhaupt musikalisch zu illustrieren, ist eine Frage des zugrundeliegenden Plans. Wenn es aber einmal angestrebt wird, so müßte der Vorwurf zumindest genau und so drastisch getroffen sein, daß an der Relation zwischen Musik und Bild kein Zweifel sein kann.

Ein weiterer Einwand bezieht sich auf die Frage der Entwicklung von Bildfolge und Musik. Gesteht man Eisensteins Forderung der ›Korrespondenz‹ zwischen Bild und Musik einmal zu, so müßte die musikalische Entwicklung die des Films ›mitmachen‹. Sie müßte also etwa, wie es in der Analyse der Regensequenz gezeigt ist, zwischen Totale und Großaufnahme unterscheiden, sich entwickelnde dramatische Vorgänge in spezifisch musikalischen Entwicklungen spiegeln. Das Problem dabei wäre, zu vermeiden, daß die essentiell dynamische Musik über den schwerer beweglichen optischen Vorgang hinausschießt. Paradoxerweise spielt sich in Eisenstein-Prokofiews Beispiel genau das Umgekehrte ab. Der Film geht weiter, die Musik tritt auf der Stelle. So ist zum Beispiel ein deutlicher entwicklungsgemäßer Unterschied zwischen den ersten drei und dem vierten shot. Jene geben Details, dieser eine lange Totale, Schlachtreihe mit zwei Fahnen. Die Musik dagegen wiederholt in Takt 5, 6, 7, 8 die Takte 1, 2, 3, 4 tongetreu, so daß die von Eisenstein immer wieder urgierte Konstruktion der Bildfolge für den musikalischen Verlauf völlig

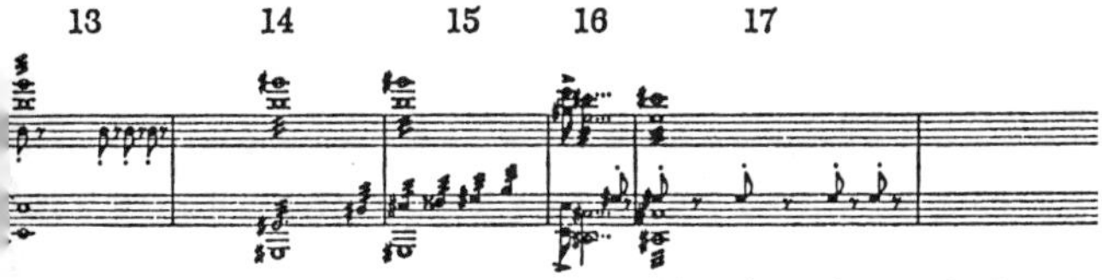

[Aus Eisenstein, a. a. O., S. 189]

konsequenzlos bleibt. In shot IV werden zwei Flaggen, Eisenstein zufolge, durch vier Achtel symbolisch repräsentiert (Takt 8). Unglücklicherweise aber kommen dieselben Achtel auch schon in Takt 4 shot II vor, obwohl weit und breit keine Flagge zu erblikken ist, wohl aber eine Lanze, die einer der Krieger in die Luft streckt. Wenn schon die Übersetzung von statischen Bilddetails in Noten so pedantisch angestrebt wird, dann müßte wenigstens die Pedanterie strikt durchgehalten sein und nicht bald betrieben, bald vergessen.

Von shot VI an ändert sich der Charakter des Bilds, über medium shot zu close-up vorwärts schreitend. Aus der Naturstimmung lösen sich deutlicher einzelne Menschen heraus, eine Handlung beginnt rudimentär sichtbar zu werden. Die Musik nimmt davon keinerlei Notiz, sondern wiederholt ihre an sich schon höchst einfache Tonfolge, und zwar auf der gleichen Stufe (gis), die sie bereits im dritten Takt berührt und im zehnten definitiv erreicht hatte. Prokofiew orientiert sich an dem neo-klassizistischen Prinzip der impassibilité, der affektlosen Wiederholung musikalischer Modelle gegenüber der fortschreitenden Handlung, während Eisenstein, ganz unbekümmert um jenes musikalische Stilprinzip, eine programmusikalische Beziehung hineininterpretiert, die in der musikalischen Gestalt selber überhaupt keinen Anhalt findet. Trotzdem ist aber auch Prokofiew seinem neo-klassizistischen Prinzip nicht treu geblieben, sondern kommt insoweit Eisenstein entgegen, als das starr wiederholte Grundmodell selber erregte Stimmungsmusik, das Gegenteil von Starrheit, vorstellen soll, so daß zwischen den von ihm gewählten musikalischen Grundcharakteren und deren Behandlung ein Widerspruch resultiert. Echt wäre die impassibilité, wenn sie genau gegen das erregte Bild gesetzt wäre, wie etwa in manchen Ballettszenen Strawinskys; dadurch aber, daß Prokofiew auf halbem Wege stehenbleibt, kommt weder impassibilité noch romantische Programmusik zustande, sondern lediglich eine undeutliche und ungenaue Relation von Bild und Musik. Ähnlich sind die Grundcharaktere und die schematisch-grafische Aufteilung der Musik; ganz unähnlich und beziehungslos sind die Entwicklungen: die Musik nämlich entwickelt sich überhaupt nicht.

Endlich sei auf ein grundsätzliches Mißverständnis Eisensteins hingewiesen. Er verlegt die ganze Diskussion in eine Sphäre hochtönender, ästhetischer Argumente, in der die mehr als harmlose Gebrauchsmusik des hochbegabten Prokofiew, der es sich mit dieser Sequenz sehr leicht gemacht hat, überhaupt nicht zuständig ist. Eisenstein redet von dieser Musik und ihrer Beziehung zum Bild, als ob es sich um die diffizilsten Probleme der abstrakten Malerei handele, in deren Phraseologie ja immer schon von abstürzenden Kurven, grünen Kontrapunkten zu blauen Themen, konstruktiven Einheiten und ähnlichem die Rede war. Es wird mit Kanonen nach Spatzen geschossen. Die Musik verläuft so durchaus in den ausgefahrensten Clichés der Kinomusik aus der guten alten Zeit, daß der Begriff der Konstruktion in ihr überhaupt keinen Sinn ergibt. Tremolos sollen eine Spannung suggerieren, die ihnen längst keiner mehr glaubt, ein synkopierter Achtelrhythmus, der keinem Ohr mehr auffällt, soll ›zackig‹ sein und eine aufsteigende Folge von Vierteln zu einem liegenden Dreiklang soll ›drohen‹, während sie nicht einmal den sicheren Umkreis der liegenden Harmonie verläßt. Die Musik kommt aus der Kinothek, die Nomenklatur aus dem Manifest Kandinskys[2].

2 Zu warnen ist auch vor einer unkritischen Übernahme gewisser Güter der musikalischen Halbbildung, wie sie sich z. B. im bekannten Bachbuch von Albert Schweitzer finden. »How far he will venture to go in music is shown in the Christmas cantata ›Christum wir sollen loben schon‹ (no. 121). The text of the aria ›Johannis freudenvolles Springen erkannte dich mein Jesus schon‹ refers to the passage from the Gospel of St. Luke, ›And it came to pass that when Elisabeth heard the salutation of Mary, the babe leaped in the womb‹. Bach's music is simply a long series of violent convulsions.« (Eisenstein, a. a. O., S. 162 f.) Wenn Schweitzer die zitierte Passage dieser Kantate [Beispiel 2] als eine series of violent convulsions beschreibt, so hat er

Resultate

Das Film Music Project war kein Research Project. Es hat keine Forschungsergebnisse gezeitigt, sondern eine Reihe künstlerischer Ergebnisse und Erfahrungen.

Selbstverständlich könnten sozialwissenschaftliche Versuche an die Arbeit des Projekts angeschlossen werden, etwa indem man einige der bearbeiteten Spielfilmstreifen einmal mit der alten und dann mit der im Projekt erarbeiteten Musik verschiedenen Zuhörergruppen vorlegt und ihre Reaktionen, sei es unter exakten Versuchsbedingungen erforscht, sei es durch Fragebogen und Interviews zu erfassen sucht. Solche Untersuchungen lagen außerhalb der im Projekt gestellten Aufgabe. Sie würden im übrigen lediglich etwas besagen über die Möglichkeit moderner Musik im Film mit Rücksicht auf Massenwirkungen, auf die zu erwartenden Publikumsreaktionen. Immerhin wäre es der Mühe wert, wenn man etwa feststellen könnte, ob nicht die Abneigung von Filmzuschauern gegen moderne Musik eine Legende ist und ob sie nicht zustimmend sich verhielten, wenn solche Musik ihre dramaturgische Aufgabe bündig erfüllt. Ein solcher Nachweis könnte dazu beitragen, eine Bresche für die neue Musik in der Praxis der Industrie zu schlagen.

vergessen, daß solche Passagen zum allgemeinen musikalischen Material der

Beispiel 2

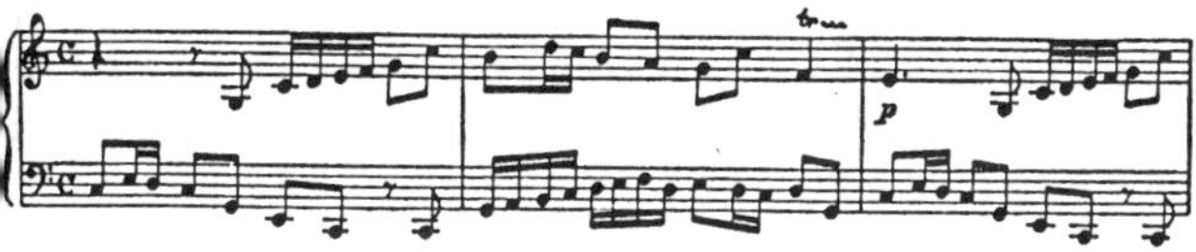

gesamten Zeit Bachs gehören, sich in hunderten seiner Werke in ganz anderem Zusammenhang finden, ohne daß sie das Strampeln von Kindern im Mutterleib auszudrücken hätten. Um das Strampeln zu erreichen, müßte es so vorgetragen werden:

Beispiel 3

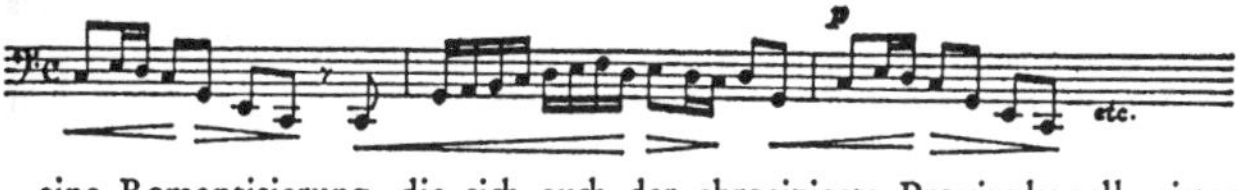

– eine Romantisierung, die sich auch der ehrgeizigste Provinzkapellmeister kaum gestatten würde.

VIII. Abschluß

Vorschläge, die Funktion der Musik im Film und ihre eigene Qualität zu bessern, setzen sich begründetem Mißtrauen aus. Wie durchweg im Bereich der Kulturindustrie so gilt auch in dem ohnehin stiefmütterlich behandelten Sektor der Komposition fürs Kino: daß alle irgend Beteiligten, nur die stursten Banausen des business ausgenommen, mit den Mängeln durchaus Bescheid wissen und offen schimpfen; daß aber jede Neuerung, auch die bescheidenste, wofern sie nicht mit der Tendenz der Industrie völlig übereinkommt, auf die unverhältnismäßigsten, oft unverständlichsten Schwierigkeiten trifft, die den besten Willen lahmlegen. Man darf dabei gar nicht in erster Linie an das Diktat der Chefs denken: dazu kommt es nur in extremen Fällen. Jeder, der sich überhaupt in die Höhle des Löwen begibt, ist schon so vorbereitet, resigniert und realitätsgerecht, daß pathetische Konflikte fortfallen. Die Künstler wissen, daß etwa die Berufung auf ›Kunst‹ die Exekutive in Wut versetzt, und daß der Begriff der showmanship und des Kassenerfolgs ausdrücklich und unausdrücklich als Voraussetzung der Arbeit akzeptiert werden muß. Selbst im Rahmen dieser Voraussetzung jedoch stößt jeder Neuerungsvorschlag, der nicht auf der Linie liegt, auf Widerstände, die gar nicht so sehr als eigentliche Zensur wie als Schwerkraft des Apparats, als gesunder Menschenverstand in tausend kleinen Fragen, als Respekt vor der angeblich zwingenden Erfahrung, als Tücke des Objekts in Erscheinung treten. Es ist der Kleinkrieg gegen ein noch im Absurden rationalisiertes und lückenloses System, das völlige Mißverhältnis zwischen jeder möglichen Einzelinitiative und der vorweg konträren, übergroßen Macht der Institution, welche den Willen, es besser zu machen, bricht – nicht der Einspruch der Exekutive, die bloß gelegentlich nachhilft und den ungebärdigen Künstler, dann freilich in unvorstellbarer Roheit, über seine Nichtigkeit belehrt. Der Weisen, damit sich abzufinden, sind viele. Manche – die erfolgreichsten – laufen über und bejahen, was sie hassen, sehen in der Massenbasis des Films einen Garanten seiner Wahrheit, beteuern, alles, auch das Kühnste sei möglich, wenn man nur sein Handwerk verstünde, und drosseln durch jenes Sachverständnis, das es nicht gibt, die Kühnheit, die sie nicht haben. Andere toben, lehnen sich auf, geben sich als Widersacher des Betriebs und bringen am Ende doch nur merkwürdig Ähnliches zustande wie die von ihnen Verachteten. Noch andere – die Intellektuellen unter den Filmleuten – sind radikal. Es sei eben eine Industrie, die mit Kunst nichts zu tun habe; und mit der Kultur sei es sowieso aus. Das generelle Mentalreservat erlaubt es ihnen, alles mitzumachen und doch ihr gutes Gewissen zu bewahren. Ihre Skepsis ist größer als selbst die des unreflektierten Geschäftsmannes. Im Vollbewußtsein ihrer überlegenen Informiertheit zeigen sie dem Neuerungssüchtigen die hundert Gründe, an denen seine Vorschläge scheitern müssen. Sie verbinden den Spott gegen die Naivetät des Besserwissers mit dem gegen den Reformisten, der sich auf Flickwerk verlasse, wo ganze Arbeit not sei.

So wenig die Verflochtenheit noch des geringfügigsten Mangels mit dem ganzen System abzustreiten ist, so wenig darf doch prinzipielle Kritik als Ablaßzettel fürs empirische Einverständnis mißbraucht werden. Der Radikalismus der summarischen und unverbindlichen Ablehnung ist zwar keine Kinderkrankheit, aber Altersschwäche derer, die des vergeblichen Widerstrebens müde sind. Ohne ihnen an Einsicht in die tragenden Bedingungen des herrschenden Unfugs nachzustehen, und ohne sich etwa die Illusion zu machen, durch zähe und beharrliche Korrekturen lasse das System sich ändern, sollte man doch soviel Verzahnungen fürs Bessere anbringen wie möglich. Sie werden sich nicht zur Befreiung des musikalischen Films zusammenaddieren, aber Modelle abgeben dafür, wie etwa der befreite sich darstellt. Es kommt darauf an, daß eine unoffizielle Tradition des Gestaltens, sei es auch in der täglichen Plage mit den kläglichsten Widerständen, ausgebildet wird, an die einmal angeknüpft werden kann. Denn der veränderte Film kann nicht vom Himmel fallen: über seine Geschichte, die noch gar nicht begonnen hat, wird weithin in seiner Vorgeschichte entschieden. Die Schwerkraft des Materials, die in so vieler Hinsicht hemmt, wirkt andererseits, gegen die Absicht von Produzenten und Konsumenten, doch auch in der Richtung auf Emanzipation. Die Notwendigkeit, an der Objektivität einer Sache sich zu messen, und wäre es die unwürdigste, führt ein Element von Wahrheit mit sich, das gegen das Beschränkende sich geltend macht. Dies Element, im heutigen Betrieb versprengt und anonym enthalten, muß bewußt gemacht und von Bewußten gefördert werden.

Dem ist freilich eine enge Grenze gesetzt, gar nicht erst durch den gesellschaftlichen Produktionsprozeß, der Film und Musik umgreift, sondern weit primitiver: durch die gegenwärtige Beschaffenheit des Filmmaterials, mit dem es die Musik zu tun hat, sowohl Bild wie Dialog. Im Prinzip kann keine Filmmusik besser sein als was sie begleitet. Wird sie an Kitschfilme angehängt, so bleibt sie mitgefangen, auch wenn sie noch so wendig um geschmackvolle Lösungen sich müht. Die unabdingbare Forderung, daß Filmmusik zur Leinwand in einer wie immer auch gearteten Beziehung stehen müsse, diktiert zugleich ihre Schranke. Sie muß nach dem Schlechten sich richten, dem sie zugeordnet ist: gute, spezifische Musik zu clichéhaften oder idiotischen Vorgängen, klappernden Worten, minderen Bildern wird selber sinnlos und schlecht, ohne daß die dem Pofel angemessene, schlechte darum besser würde. Wohl könnte virtuos komponierte Musik gelegentlich sich auflehnen und desavouieren, womit man sie entwürdigt, sei's durch rücksichtslosen Gegensatz, sei's durch enthüllende Übertreibung. Aber die Möglichkeit solcher Finten darf so wenig überschätzt werden wie die künstlerische Kraft von Sabotage überhaupt. Im System der Kulturindustrie würden sie kaum auch nur vom Publikum bemerkt, um so rascher jedoch von den Kontrollinstanzen. Selbst wenn diese Extratouren durchließen, blieben sie Ausnahmen, welche die Regel bestätigen. Sie verfielen entweder der spezialistischen Beziehungslosigkeit oder dem kunstgewerblich Geistreichen, das dann wieder zum höheren Ruhme des schlechten Ganzen beitrüge. Schroffe Musik zu einer ansichtskartenhaften Liebesszene etwa würde nicht nur von dieser abstechen und vermutlich in komischer Gesamtwirkung resultieren, sondern sie machte sich auch als naiv und als Getue lächerlich. Während sie den Film seiner Banalität zu überführen glaubte, würde dieser sie selber der Willkür vertanen Aufwands überführen. Kühne, noch nicht durch den Apparat vorverdaute musikalische Farben, sei's der Harmonie, sei's der Instrumentation, wären entstellt im Angesicht der zuckersüßen von Technicolor. Sie widerlegten nicht sowohl diese, als daß sie vielmehr kraft des Kontrasts selber »schmutzig« klängen, wären sie auch noch so rein gesetzt und wäre der optische Glanz noch so schäbig. Vor allem aber: jeglicher Ernst des musikalischen Tons muß im Zusammenhang der show in Lüge übergehen. Indem er etwas prätendiert, was das Objekt nicht zu halten vermag, verliert er auch alles Recht des rein musikalischen Ausdrucks. Im konventionellen Film kann unter Umständen konventionelle, an sich verlogene Musik »wahrer« sein, indem sie wenigstens nicht die Wahrheit zum Element der Lüge herabsetzt. Es heißt nicht die Gefügigkeit beflissener Musikschreiber sanktionieren, wenn man ausspricht, daß die Verbesserung der Filmmusik untrennbar ist von der der Filme; daß sie nicht als isoliert-fachmännisches Problem in Angriff genommen werden kann. Vom Film als solchem jedoch wird hier abgesehen, und die Erörterung hält sich wissend an Fragen der Filmmusik innerhalb ihres bescheidenen Raumes, in dem freilich allenthalben die Erkrankung des Makrokosmos widerscheint.

Oberflächlich betrachtet, zerfallen die Mängel der Filmmusik in zwei Klassen. Auf der einen Seite stehen die im weitesten Sinne technischen Unvollkommenheiten: barbarische Restbestände der Frühzeit, vermeidliche Irrationalitäten von Verwaltung und Arbeitsgang, rückständige Apparaturen und Verfahren, die etwa aus Angst vor Neuinvestitionen trotz aller Verliebtheit in Erfindungen und ›gadgets‹ mitgeschleppt werden: kurz alles in der Filmmusik, was dem Geist technischen Fortschritts widerstreitet. Auf der anderen Seite wären die eigentlich gesellschaftlichen und ökonomischen Fehlerquellen zu buchen: die Rücksicht auf den Markt, insbesondere auf Halbwüchsige und Infantile, die wieder nur den schlechten Geschmack der Gebieter reflektieren; der unbewußte Wille zu Konformität und Einverständnis mit allem Bestehenden in jedem Bereich, und wäre es noch das entlegenste kompositorische Fachproblem; die tiefliegende Tendenz zur Versagung, die, anstatt dem Konsumenten je das eigentlich und substantiell Neue zu gewähren, ihn mit der Ersatzbefriedigung der endlosen Wiederholung des Gewohnten abspeist. Die Mängel der ersten Kategorie wären korrigierbar und würden gleichsam automatisch korrigiert, je mehr die Rationalisierung des Film anwächst: Fortschritt als ›Säuberung‹ von Altmodischem und Zufälligem. Die der zweiten wären unüberwindlich und müßten sich mehr und mehr verstärken. So etwa liegt es im Sinn der impliziten Kritik des Films, die Huxleys negative Utopie ›Brave New World‹ enthält: der Tonfilm ist von den ›Feelies‹ überholt, die es dem Publikum erlauben, durch Anfassen von Metallknöpfen beim Betrachten und Hören überdies alle physischen Sensationen des Bildvorgangs am eigenen Leib mitzumachen, nicht nur die Küsse der Lieblingsstars auszukosten, sondern noch – als höchsten Triumph – jedes einzelne Haar eines fotografierten Bärenfells zu spüren: der Inhalt des Feelies dafür ist der idiotischste Stumpfsinn, womöglich noch ärger als der heute übliche. So plausibel die Prognose klingt, so eklatant der Widerspruch von Reproduktionstechnik und Sache auch ist, so wird damit doch die Situation allzusehr vereinfacht. Technische und geistige Unzulänglichkeit lassen sich nicht mechanisch scheiden. So sind die im Ästhetikkapitel als ›Neutralisierung‹ besprochenen Phänomene, die so viel dazu beitragen, der Filmmusik den Charakter des ›digest‹, des durch die Maschinerie Vorverdauten zu verleihen und sie ›geistig‹ allem anderen gleichzumachen, von der ›Technik‹ der Aufnahmeverfahren gar nicht zu trennen: sind die letzteren eingreifend verändert, so mag das sehr wohl auf den Sinn der Musik zurückstrahlen. Umgekehrt ist die scheinbar technische Zurückgebliebenheit der Filmmusik, vom Tabu gegen das neue Kompositionsmaterial bis zum Privileg inkompetenter Routiniers, durch die Spekulation auf den Publikumsgeschmack, den Night-Club-Hedonismus der Verfügenden und die besondere gesellschaftliche Struktur der Industrie bedingt, ohne daß irgend Anzeichen wären, daß die Eigenbewegung der musikalisch-technischen Produktivkräfte dagegen ankäme. Innerhalb der in planloser Konkurrenz entstandenen Produktionseinheiten der Filmindustrie erscheinen Geist und Technik einander fremd und äußerlich und ihr Verhältnis eines der blindesten Willkür. Gesellschaftlich gesehen jedoch sind sie vielfach vermittelt, zwar einander widersprechend, aber doch wieder ineinander verschlungen, ja sich gegenseitig produzierend. Die Entfaltung der Technik betrifft ebensowohl den Geist wie dieser Auswahl, Lenkung, Hemmung der technischen Prozesse. Man kann technische Neuerungen und geistige Reformen, oberflächliche und tiefe Änderungen einander ebensowenig gegenüberstellen wie ›praktische‹ und ›utopische‹ Vorschläge. In einem verhärteten und stationären System kann die praktischste Idee verstiegen erscheinen und der sprunghafte Fortschritt der Technik kann die ausschweifendste Phantasie in die nächste Nähe rücken.

Wiederholt sei: der Einsatz der Musik im Film soll aus sachlicher Motivation erfolgen. Im Prinzip soll es im Film nicht darauf ankommen, um jeden Preis Musikstücke anzubringen, noch soll musikalische Stimmungsmache betrieben, sollen musikalisches Füllsel und konventionell vorgezeichnete Kompositionen am Schluß und am Ende verwandt werden.

Nachdem im einzelnen gezeigt wurde, wie die Rücksicht auf Publikumsbehandlung und Effekt die Filmmusik verdirbt, mag hier endlich ausgesprochen werden, daß zwischen der sachlichen Anforderung und der Wirkung aufs Publikum kein einfacher Gegensatz besteht; daß in dem, was das Publikum vom Film will, auch ein Moment von Wahrheit enthalten ist. So wie das Publikum selbst unterm Monopol keine bloße Registriermaschine für dessen facts and figures geworden ist, sondern unter der Hülle der genormten Verhaltensweisen Widerstand und Spontaneität fortleben, so sind auch nicht einfach die Anforderungen des Publikums ›schlecht‹ und die Einsichten des Fachmanns ›gut‹. Gehört doch der Begriff des Fachmanns selber der gleichen Apparatur an, welche die Kunst zur Sache der Verwaltung machte. Die Geste der Kinomusik, die kritisiert wird, ist das »Das wollen die Leute so haben, sonst zieht die Sache nicht« – also gerade die fachmännische Einschätzung des Publikums als ›Faktor‹, die stets auf dessen Betrug hinausläuft. Die Filmmusik sachlichen Anforderungen unterwerfen wäre dasselbe, wie die objektiven Interessen des Publikums gegen seine manipulierten, die der bloßen Kundschaft, zu vertreten.

So ist die vom Publikum erfahrene Notwendigkeit von Musik als Antithese zum Bild, als ›Motivationsquelle‹ des fotografierten Vorgangs, zuzugestehen: die Industrie trägt einem legitimen Bedürfnis Rechnung, aber in der Weise, daß sie die Musik dazu mißbraucht, dem technisch Vermittelten den Schein der Unmittelbarkeit zu erwecken. Diese ideologische Funktion steht der wahren und eigentlichen so nahe, daß sich kaum ein abstraktes Kriterium angeben ließe dafür, wo die Musik eine echt antithetische und wo sie eine schlecht verklärende Rolle spielt. Ebenso liegt im Bedürfnis des Publikums beides ineinander, das menschenwürdige Verlangen nach Musik und die trübe Notwendigkeit von Ablenkung, und keine vereinzelte Publikumsreaktion ließe sich der einen oder der anderen Kategorie subsumieren. Sachlich verfahren aber heißt, in jedem einzelnen Fall, aus der Funktion der Musik und ihrer eigenen Beschaffenheit, entscheiden, wie weit sie ihre Bestimmung erfüllt, oder wie weit ihre Menschlichkeit bloß das Unmenschliche übertäubt. Konkreter ist der Hinweis darauf, daß die Musik sich nicht prinzipiell mit dem Geschehnis oder dessen Stimmung identifizieren muß, sondern sich von ihm distanzieren und auf den Sinnzusammenhang hindeuten kann. Aber auch der Hinweis der Musik auf den Sinnzusammenhang ist kein Allheilmittel – der Schwindel kann gerade in jenem stecken. Das Recht oder Unrecht beider Haltungen hängt ab von dem, womit die Musik sich identifiziert und vielleicht noch mehr davon, ob die Identifikation – etwa die mit der Verzweiflung von Filmfiguren – auch wirklich geleistet oder durch Clichés ersetzt ist, welche diese Verzweiflung im Sinn des Codes erlaubter Emotionen temperieren. In einem jedenfalls ist dem Publikum recht zu geben: was, unterm Gesichtspunkt der Sache, als ›beziehungslose‹ Musik bezeichnet ward, ist fürs Publikum immer die Langeweile. Nur daß zu sagen wäre, daß heute fast alles, was die Kulturindustrie produziert, objektiv der Langeweile schuldig ist, daß aber die Konsumenten durch die Psychotechnik der Studios, die sie bearbeitet, noch vom Bewußtsein der Langeweile, die sie selber durchmachen, abgeschnitten sind.

In der bisherigen Praxis ist die Wirkung auf den Zuschauer geplant und die Sache planlos. Das Verhältnis ist umzukehren: die Sache ist ohne Blinzeln auf die Wirkung zu planen, dann widerfährt dem Publikum sein Recht. Das echte Planen bezieht sich im Prinzip auf zweierlei: auf das Verhältnis zwischen Film und

Musik und auf die Gestalt der Musik selber. Heute imitiert die Musik das Spiel auf der Leinwand, das Bild, während zugleich beide Medien, je blinder man trachtet sie einander anzugleichen, um so hoffnungsloser auseinanderklaffen. Es käme darauf an, zwischen beiden fruchtbare Spannung herzustellen. Deren Maß ist die Dramaturgie, die Entfaltung eines Sinnzusammenhangs, der Bild, Wort und Musik als scharf gegeneinander abgesetzte und gerade dadurch aufeinander bezogene Momente in sich enthält.

Der sinnvolle Einsatz von Musik im Film setzt wirkliche Zusammenarbeit voraus. Nur wenn bereits in der Phase des Planens von Anbeginn der Komponist gleichberechtigt mitwirkt, selber Ideen gibt, und sich gegen törichte oder banausische Zumutungen zur Wehr setzt, anstatt sich auf die ausführende Funktion zu beschränken, ist es möglich, eine sinnvoll organisierte Form des Films zu erzwingen.

Verglichen mit dem gegenwärtigen Zustand soll die Musik dem Film näher und ferner gerückt werden. Näher: indem sie nicht als bloßer zusätzlicher Reiz, nach dem Schema Posse mit Gesang und Tanz, gleichsam als ein weiterer Gang des Diners, ein weiteres ›feature‹ mitgeliefert wird, sondern in jedem Augenblick selber die Sache betrifft und mitbestimmt. Ferner: indem sie nicht automatisch verdoppelt, insbesondere aber nicht die Distanz zwischen Bild und Zuschauer durch Stimmung verringert, sondern gerade vermöge des Moments von Unmittelbarkeit, das ihr noch in der objektivsten Ausprägung gesellt bleibt, das Vermittelte und Entfremdete von fotografierter Handlung und fotografiertem Wort hervorhebt und die Konfusion von Abbild und Realität verhindert, die um so gefährlicher wird, je ähnlicher das Abbild der Realität sieht.

Musik im Film muß auf den technischen Stand nicht nur der Reproduktion sondern der Produktion gebracht werden. Der Widerspruch zwischen den modernsten elektro-technischen Verfahren und dem unbeholfensten Abhub der Romantik als musikalischer Substanz ist grotesk geworden. Heute ist die Musik wie Plüschmöbel, die kein Regisseur einem Publikum zu präsentieren sich getraute, ohne sich dem Gelächter auszusetzen. Der Film hat die Phase des Monopols unter Überspringung der Konkurrenzphase erreicht. In seiner Musik zeigt sich das besonders verhängnisvoll. Um ihr nur die bescheidenste Qualität zu erringen, müßte das wie sehr auch selber fragwürdige Konkurrenzsystem erst nachgeholt, das anderswo längst suspekte freie Spiel der Kräfte erst noch entbunden werden.

Der Haupteinwand der Filmindustrie gegen sachliche Neuerungen in der Musik ist der Kassenerfolg, der angeblich protokollarische Ausweis über den Willen des Publikums. Unter den bestehenden Verhältnissen wäre es naiv und eitel, den Geldverdienern zu erklären, es käme auf die Kunst und nicht aufs Geld an. Wohl aber läßt sich das ›it's non commercial‹ selber in Zweifel ziehen. Er kann sich darauf stützen, daß die Gegenprobe in ernsthaftem Maße nie gemacht wurde: die These ›it's non commercial‹ hat dazu hergehalten, zu verhindern, auch nur herauszufinden, ob das andere wirklich nicht commercial ist, oder ob es nicht gerade umgekehrt, indem es die universale Langeweile durchschlägt, selbst im Kassenausweis den Departments der Oldtimer unbequem würde. Es sei hier nur an die Musik des Potemkinfilms von Edmund Meisel erinnert. Meisel war ein bescheidenes Kompositionstalent und die Partitur gewiß kein Meisterstück. Jedenfalls aber war sie damals ›non commercial‹, hat sich den neutralisierenden Clichés entzogen und eine gewisse wenn auch noch so rüde Schlagkraft bewährt. Es kann jedoch keine Rede davon sein, daß sie um ihrer Aggressivität willen die Publikumswirkung beeinträchtigt hätte, im Gegenteil, sie hat sie verstärkt. Auch sonst hat sich gezeigt, daß in den Ausnahmefällen, in denen man ernsthafte Komponisten an den Film heranließ, keine Panik im Publikum ausbrach – wenn auch zum Teil deswegen, weil die Panik bereits vorher die Komponisten ergriffen hatte, so daß sie nichts mehr riskierten. Ehe aber mit einer wirklich exponierten, meisterlich komponierten und dramaturgisch durchkonstruierten Musik ein Versuch großen Maßstabs innerhalb der großen Industrie und ihres Verteilungsapparats, ohne das Mentalreservat des bloßen Experiments für high brow-Leute, gemacht wird, ist die Behauptung vom unkommerziellen Charakter anständiger und avancierter Musik im Film eine leere Phrase, die einzig Bequemlichkeit, Schlamperei, das Nichtskönnen der Privilegierten und den abscheulichen Kult des Durchschnittlichen deckt.

Neue Musik könnte in der Tat ›auffallen‹, aber erst in einem grundsätzlich veränderten, von der Standardisierung abgehenden Film. Gerade im heutigen Filmbetrieb straft das übliche Argument der Industrie, neue Musik sei unverkäuflich, sich selber Lügen: in der heutigen Filmproduktion tritt die Musik als substantielles Moment so wenig hervor, daß die Routine ihrer Verwendung es fast gleichgültig macht, wie die Musik selber beschaffen ist. Wenn der durchschnittliche Filmbesucher der Musik kaum Beachtung schenkt, so wird er aller Wahrscheinlichkeit nach noch viel weniger von dem Grad ihrer Modernität sich Rechenschaft ablegen. Das ist freilich kein Argument für den Einsatz moderner Musik im gegenwärtigen Betrieb, sondern eher das Gegenteil: man könnte leicht erwidern, wenn es schon gar nicht darauf ankomme, welche Art Musik verwandt werde, dann dürfe der bisherige Zustand ruhig auch fortbestehen, ja die radikale Musik werde im Betrieb bloß entehrt, sobald dieser sie toleriere. Aber jedenfalls liegt in solchen Erwägungen bereits das Zugeständnis, daß es mit dem ›Kassengift‹ (poison for the box office) nicht so weit her ist. Und wenn die Forderung vertreten ward, daß versucht werden sollte, im Rahmen des Bestehenden so viele Neuerungen wie möglich durchzuführen, an die einmal der prinzipiell veränderte Film anknüpfen könnte, so würde sich diese Forderung gewiß auf das Ausprobieren neuer musikalischer Mittel und Techniken beziehen, auch wenn diese ihre eigentliche Funktion einstweilen noch gar nicht erfüllen können, ja als solche nicht einmal recht in Erscheinung treten.

Gleichgültig, mit welchem Material operiert wird, Filmmusik sollte spezifisch sein, aus den besonderen Bedingungen des jeweiligen Anlasses geschöpft werden, nicht im wörtlichen oder übertragenen Sinn aus der Vorratskammer geholt. Wenn ein Filmdirektor einen Film über den Widerstand der Bevölkerung in einem der von Hitler überrannten Länder dreht, so wird er peinlich darüber wachen, daß die Drehscheiben der Telefone genau den im betreffenden Lande üblichen gleichen, und daß der SS-Führer genau die Uniform trägt, die sich die Usurpatoren in Deutschland ausgedacht haben. Da diese Art von Authentizität auf Kosten jeder echten Glaubwürdigkeit im gesellschaftlichen und politischen Sinn geht, so ist sie lächerlich und widerwärtig.

Die Filmmusik indessen hat noch nicht einmal ihr Niveau erreicht. Es wird nicht einmal gefragt, ob sie auch nur einigermaßen mit den trivialsten Vorstellungen vom Sujet zusammengeht, geschweige denn ob ihr irgend ideelle Wahrheit zukomme. Sie wird praktiziert, wie wenn jener Regisseur seinen SS-Mann in die gerade vorhandene Uniform eines amerikanischen Küstenwächters kleiden würde: der Griff ins Nächstvorhandene gilt für den besten. Mit anderen Worten: die Kinomusik ist zurückgeblieben noch hinter den Standards des make-up, die selber nichts taugen, ohne daß sie durch ihre Zurückgebliebenheit hinter dem Schlechten im geringsten das Bessere repräsentierte. Die markigen Charakterköpfe irgendwelcher Hollywooder Guerillahelden mögen verlogen sein, aber sie mit europäischen Maskenballklängen von 1880 zu begleiten, ist noch verlogener. Ehe überhaupt von einer Freisetzung der Filmmusik die Rede sein kann, muß sich die musikalische horse-and-buggy-Atmosphäre verzogen haben. Das bedeutet freilich nicht, daß die Musik alle Dummheiten des Bildpositivismus erst nachholen müßte, um sich zu erholen, daß also die SS-Banden den letzten gerade bei den Nazis üblichen Schlager gröhlen müßten, obwohl etwa Chaplins Hitlerfilm solche Faktentreue geistig aufgeholfen hätte. Aber nur wenn die Musik zu jeder einzelnen Sequenz deren genaue Erkenntnis und die Erwägung der besonderen Funktion im bestimmten Fall einbegreift, ist überhaupt zu hoffen, daß sich in der Filmmusik etwas Besseres regt. Die wichtigste Forderung innerhalb des Bestehenden ist, daß der Automatismus der Assoziation durchschnitten wird, der zu einer Bildsequenz die jeweils unter dieselbe Rubrik fallende und bereits vertraute Musik herbeizieht: das Schema ›let's have some . . .‹. Noch die schlechteste Musik, die sich diesem Zwang entzieht, ist besser als eine wie immer auch routinierte, die ihn bestätigt.

Eng verwandt mit der letzten Forderung ist die, keinerlei ›Erfahrungsregeln‹ in der Filmmusik ungeprüft anzuerkennen. Wo es keine echte Erfahrung gibt, hat sie auch keine Regeln. Nicht einmal das Gewohnte ist konsequent, fortschreitend, bessernd entwickelt worden. Die approbierten Regeln sind nichts anderes als die Definitionen, die den musikalischen Horizont der Departmentchefs abschließen. Mit ihnen sich auseinanderzusetzen, macht das Martyrium des Komponisten in der konkreten Arbeit aus. Nun braucht man keine Illusionen über die angebliche Macht der Persönlichkeit zu hegen, die sich gegen den Filmbetrieb durchsetzen soll. Trotzdem aber ist der Stand des Komponisten gegen den gesunden Unverstand nicht ganz hoffnungslos. Denn es gibt wenigstens einen Bereich, wo selbst der Wille des Banausen und der des Künstlers über kurze Strecken kommensurabel werden. Es ist der Bereich des Technischen. Wer jemals erlebt hat, wie ein renitentes Orchester, das unter einem ihm unsympathischen und als intellektuell verdächtigen Dirigenten ein exponiertes modernes Werk zu spielen hat, fast gegen das eigene Vorurteil, darum jedoch um so nachdrücklicher Beifall spendet in dem Augenblick, in dem es erkennt, daß der Dirigent die Partitur so genau kennt und so präzis darzustellen weiß wie eine traditionelle, und daß sie unter seinen Händen einen Sinn gibt – der weiß, wo die Chancen eines unnachgiebigen Komponisten im Film liegen. Die Beherrschung des Materials als solche, und wäre sie der Intention nach allem was der Betrieb duldet und fördert diametral entgegengesetzt, hat ein gewisses Eigengewicht. Es macht sich am deutlichsten eben bei den Orchestermusikern fühlbar; das Vertrauen breitet sich dann aber unter Umständen doch über die ganze Produktion aus. Der verantwortliche Komponist vermag in dem Augenblick gegen die Routine sich durchzusetzen, in dem er schlagend beweist, daß er mehr kann als der Routinier. Der Begriff des Könnens ist dabei sehr schwer vorweg zu bestimmen: er bezieht sich auf eine gewisse Vertrautheit mit der sinnlich praktischen Seite der Musik, auf die Fähigkeit des ›Realisierens‹. Gewiß vermag die Vertrauen erweckende Zuständigkeit im Material in Fachsimpelei und schließliche Unterordnung unter die Routine umzuschlagen; in ihr aber liegt doch die einzige Möglichkeit, das Neue durchzusetzen. Diese Möglichkeit wird dadurch verstärkt, daß ja in der Tat der kritisch avancierte Musiker in einem weiten Maße zugleich auch der sachlich zuständigere, wenn auch häufig der weniger ›praktische‹ ist. Es folgt daraus für den Komponisten die Verpflichtung, alle Einsichten ästhetischer und dramaturgischer Art, die er hegt, und wären sie äußerst spekulativ, in technische Probleme umzusetzen. Vieles an der Technologie des industrialisierten Kunstwerks ist aufgebläht und wichtigmacherisch, aber nur wenn der Komponist mit der Technologie sich mißt, nicht in deren abstrakter vornehmer Negation, erweist er seine Überlegenheit. Setzt er dem Produzenten oder Direktor allgemeine Erwägungen über gute und schlechte, moderne und reaktionäre Musik entgegen, so bleibt er ohnmächtig, und mit ihm wird seine Sache belächelt. Schreibt er aber entgegen dem konventionellen Willen seiner Auftraggeber eine Musik, die schlagkräftiger ist als das, was jene sich vorgestellt haben, und die womöglich die von jenen selber geforderte Funktion genauer erfüllt, als was sie erwarteten, so mag er durchdringen, und die minimale Einbruchsstelle im Betrieb ist zugleich ein Schritt über diesen hinaus.

Eine fundamentale Forderung, die die ganze Feinfühligkeit des Komponisten ins Spiel bringt, bezieht sich darauf, daß er keine Sequenz, ja keine Note schreiben sollte, welche die gesellschaftlich-technische Voraussetzung des Films, sein Wesen als Massenreproduktion vergißt. Keine Musik sollte für den Film geschrieben werden, die in einer ähnlichen Weise den Charakter des einmaligen hic et nunc, und damit des in einem zentralen Sinne nicht ›Reproduzierbaren‹ trägt wie die auf lebendige Aufführung angelegte. Mit anderen Worten: Filmmusik soll sich nicht zum Handlanger von Pseudo-Individualisierung[1] machen. Darin aber liegen die größten – nahezu unüberwindlichen – Schwierigkeiten. Zunächst scheint Musik selber, ihrem Ursprung und ihrem Eigentümlichen nach, vom Moment des hic et nunc unablösbar. Im Erscheinen der gleichen Musik zur selben Zeit an verschiedenen Orten, vor allem wo das Private des Vorgangs, gleichsam die Laune des Moments betont ist, liegt etwas beinahe Antimusikalisches, das am deutlichsten bei gefilmten Konzerten hervortritt. Generell muß zumindest die Frage angezeigt werden, ob nicht die Technifizierung des Kunstwerks unaufhaltsam zur schließlichen Abschaffung der Kunst treibe[2]. Dazu kommt, daß der Film

1 »By pseudo-individualization we mean endowing cultural mass production with the halo of free choice or open market on the basis of standardization itself.« (T. W. Adorno, On Popular Music, in: Studies in Philosophy and Social Science, Vol. IX, 1941, S. 25.)

2 »Die Kunst hat noch in sich selbst eine Schranke, und geht deshalb in höhere Formen des Bewußtseyns über ... Uns gilt die Kunst nicht mehr als die höchste

selbst schon aus massenreproduzierten Abbildern je einmaliger Vorgänge besteht und damit den Komponisten zwangsmäßig auf Situationen des individuellen Lebens verweist, deren eigene Essenz sich gegen solche Massenreproduktion sträubt. Es hat keinen Sinn, solche Widersprüche – die tiefsten, welche die Filmmusik konfrontieren, weit über die Schranken des gegenwärtigen Betriebs hinaus – zu verkleistern, sondern allenfalls sie zur Evidenz zu erheben. Wenn schon der Komponist ihnen nicht ausweichen kann, so sollten sie als Moment in seine Musik eingehen. Muß er schon Musik zu ›Einmaligem‹, und darum selber gleichsam ›einmalige‹ Musik schreiben, so sollte es eine Musik sein, die Einmaliges so ist, daß sie gleichzeitig an zahllosen Orten erscheinen kann, beliebig reproduzierbares, vervielfältigbares Einmaliges. Das klingt dunkel genug und ist mehr eine Sache des Takts als der starren Anweisung: wer aber mit Filmmusik ernsthaft umging, weiß sogleich, welche Erfahrung gemeint ist. Es würde sich darum handeln, Musik zu finden, die, während sie sich ihrem konkreten Anlaß, also in gewissem Sinne gerade dessen ›Einmaligem‹ überläßt – und das ist ja die Grundforderung des spezifischen Komponierens –, zugleich sich hütet, dem Zauber zu erliegen, einem Einmaligen beizuwohnen, sondern sich, ohne doch ins Beziehungslose zu zerfließen, auf Kosten des Reizes unmittelbarer Gegenwärtigkeit objektiviert. Fast ließe sich sagen, die innerste Forderung der Filmmusik sei die von ›Diskretion‹ – daß sie nämlich nicht ›indiskret‹ zu ihrem Gegenstand sich verhalte,

Weise, in welcher die Wahrheit sich Existenz verschafft... Bei fortgehender Bildung tritt überhaupt bei jedem Volke eine Zeit ein, in welcher die Kunst über sich selbst hinaus weist... Solch eine Zeit ist die unsrige.« (Hegel, Vorlesungen über die Ästhetik, a. a. O., 1. Teil, S. 131 f.) Hegel hat im zweiten Teil der Ästhetik die der Kunst historisch innewohnende Tendenz zur Selbstauflösung behandelt und mit dem Fortschritt der Zivilisation in Zusammenhang gebracht. Unmittelbar an Fragen des Films und des ästhetischen Planens mahnt der Satz: »Das Gebundenseyn an einen besonderen Gehalt und eine nur für diesen Stoff passende Art der Darstellung ist für den heutigen Künstler etwas Vergangenes, und die Kunst dadurch ein freies Instrument geworden, das er nach Maßgabe seiner subjektiven Geschicklichkeit in Bezug auf jeden Inhalt, welcher Art er auch sey, gleichmäßig handhaben kann.« (a. a. O., 2. Teil, S. 232.)

ihr ›Beiwohnen‹ genieße und Beiwohnen suggeriere, sondern im Gegenteil das Beschämende des Beiwohnens mildere, das unweigerlich von jedem Film ausgeht. Das ist die zeitgemäße Form des musikalischen ›Geschmacks‹. Die Richtung, in der er sich bewegt, mag man dem Film selber ablernen. Man wird die Darstellung der Abfahrt eines Schiffs, und der Menge am Pier, als angemessener wahrnehmen denn die Großaufnahme von Küssen, und nicht aus Prüderie, sondern vielmehr weil in der Schiffszene der Anspruch des hic et nunc, obwohl immer noch vorhanden, doch nicht in der gleichen Weise sich selber setzt und das Wesen des Bildes ausmacht wie die Umschlingung der Liebenden. Dieser Erfahrung sollte der Filmkomponist, der gewissermaßen ununterbrochen dazu gedrängt wird, nach Art von öffentlich Küssenden sich zu verhalten, konsequent nachgehen. Die scheinbar oberflächlich-zivilisatorische Regung, lieber Musik zu einem Volksauflauf zu machen als zu einer erotischen Begebenheit, zeigt etwas überaus Tiefes an. Wenn der Bericht zutrifft, demzufolge ein Filmauftrag an Strawinsky daran gescheitert sein soll, daß er zur Bedingung stellte, keine Liebesszene illustrieren zu müssen, so wäre das eine nachdrückliche Bestätigung.
Die paradoxe Situation der Filmmusik, zugleich technifiziert zu sein und in ein Einmaliges sich zu versenken, führt, wenn sie wirklich so unausweichlich ist, wie es den Anschein hat, zu einer Konsequenz für die Grundhaltung der Musik. Als ein ›vervielfältigtes Einmaliges‹ soll sie immerzu leisten, was sie eigentlich nicht leisten kann. Davon muß eine Ahnung in sie übergehen, wenn sie nicht blind dem Widerspruch verfallen will. Mit anderen Worten, Filmmusik kann sich nicht in der gleichen Weise ›ernst nehmen‹ wie autonome. Was durch die Unterordnung unter den Zweck, das Abschneiden autonomer Entwicklungsmöglichkeiten bezeichnet ist, bestätigt sich an den innersten Voraussetzungen der Filmmusik. Übertreibend ließe sich sagen, daß *alle Filmmusik prinzipiell etwas vom Witz enthalte* und der schlechten Naivetät verfalle, sobald sie sich ungebrochen buchstäblich als das nimmt, wofür sie sich gibt. Es ist kaum zufällig, daß in den Filmen, in denen die Idee der Technifizierung am weitesten in die Funktion der Musik hereinreicht, den Cartoons, die Musik fast allemal durch die Zwischeninstanz des Geräuscheffekts in

den Witz hinüberspielt. In der Arbeit des Filmmusikprojekts hat sich ergeben, daß fast alle neuen und unkonventionellen Lösungen auf Einfällen basieren, denen das Element des Witzigen zumindest naheliegt. Das ist nicht mißzuverstehen. Weder handelt es sich darum, daß die Musik als solche witzigen Charakters sei; im Gegenteil, die ganze Ausdrucksskala steht ihr zu Gebote. Noch ist es so, als ob die Musik über den Bildvorgang sich mokierte oder notwendig Pointen dazu setzte, obwohl ein aus der Sache kommender Zug zum Pointieren unverkennbar ist. Vielmehr besteht das ›Witzige‹ im formalen Verhältnis der Musik zu ihrem Gegenstand und ihrer Funktion. Musik macht etwa – um auf einen Fall des Projekts zurückzugreifen – Vorsicht nach. Im eigentlichen Sinn ist das unmöglich: Vorsicht ist ein viel zu bestimmtes menschliches Verhalten, als daß es von Musik genau, und von ähnlichen Regungen ohne Mithilfe des Begriffs scharf unterschieden, ausgedrückt werden könnte. Die Musik weiß das und übertreibt sich selbst, um die Assoziation des ihr eigentlich Versagten, eben der Vorsicht, zu erzwingen. Eben damit hört sie auf, sich in ihrer Unmittelbarkeit wörtlich zu nehmen; sie macht etwas ›zum Spaß‹, was sie ›im Ernst‹ nicht vermöchte. Eben damit aber suspendiert sie zugleich den Anspruch der leibhaften Unmittelbarkeit des hic et nunc, der mit ihrem technologischen Standort unvereinbar wäre. Indem sie sich von sich selbst distanziert, distanziert sie sich von ihrem Ort und ihrer Stunde. Etwas von diesem Element, von der formalen Selbstaufhebung der Musik, die mit sich selber spielt, sollte in jede Filmkomposition als Gegengift gegen die Gefahr der Pseudo-Individualisierung eingehen. Die Forderung des universalen Planens führt von selbst auf Schritt und Tritt zu solchen ›Funktionswitzen‹. Sie sind zugleich von der Technifizierung gar nicht zu trennen. Daß etwas mechanisch hergestellt und gleichzeitig Musik ist, hat objektiv bereits etwas von Komik. Der unfreiwilligen vermag die Musik nur zu entgehen, indem sie sie freiwillig auf sich nimmt und zur Voraussetzung ihres Gebarens macht. Die formale ›Witzfunktion‹ ist dasselbe wie das wache Bewußtsein der Musik, vermittelt, technisch hergestellt und reproduziert zu sein. In gewissem Sinn ist jeder tragfähige musikdramaturgische Einfall im Film ein Paradoxon. Daß solche Affinität zum Witz mit den tiefsten unbewußten Spannungen in der Reaktion auf Musik zum Film sich begegnet, braucht kaum ausgeführt zu werden[3].

Man vermag, unter den gegenwärtigen Bedingungen, der Frage des Sich-nicht-ernst-Nehmens der Musik anders noch näherzukommen. Nämlich unter dem heute allein herrschenden Gesichtspunkt des Wirkungszusammenhangs, der bei aller Fragwürdigkeit stets doch etwas über die Sache selber anzeigt. Filmmusik ist Musik, bei der nicht genau zugehört wird. Wird das tant bien que mal als Voraussetzung des Komponierens einmal akzeptiert, aus der herauszuholen ist, was sich nur herausholen läßt, so würde die Forderung bedeuten: Musik zu schreiben, die bei unscharfem Zuhören und Unaufmerksamkeit doch im wesentlichen richtig und ihrer Funktion angemessen aufgefaßt werden kann, ohne daß sie sich dabei in den ausgefahrenen Assoziationsgeleisen bewegte, die zwar gerade die Auffassung erleichtern, dafür aber jede sachgerechte Erfüllung der musikalischen Funktion ausschließen. Der Komponist sähe sich dann der in dieser Weise ganz neuen und überaus merkwürdige Perspektiven eröffnenden Aufgabe gegenüber, etwas zu produzieren, was etwas taugt und doch gleichsam nebenher, im Vorbeihuschen erfaßt werden kann. Konkret würde diese Forderung mit der einer sich selber unter Ironie stellenden Musik sich überaus nahe berühren. Denn rasche Auffaßbarkeit ist weithin dasselbe wie Pointieren. Gute Filmmusik muß alles, was sie leistet, gleichsam sichtbar, an der Ober-

3 Das Problem des Komischwerdens der Musik ist vom Sinn des Films selber unabtrennbar: »Mit großartiger Eindringlichkeit ist diese Erfahrung in den Filmen der Marx Brothers festgehalten, die eine Operndekoration demolieren, als sollte die geschichtsphilosophische Einsicht in den Zerfall der Opernform allegorisch zugerichtet werden, oder mit einem hochachtbaren Stück gehobener Unterhaltung den Flügel in Trümmer schlagen, um sich des Rahmens der Klaviersaiten als der wahren Zukunftsharfe zu bemächtigen, auf der sich präludieren läßt. Das Komischwerden der Musik in der gegenwärtigen Phase hat vorab den Grund, daß etwas so gänzlich Nutzloses mit allen sichtbaren Zeichen der Anstrengung ernster Arbeit betrieben wird. Die Fremdheit der Musik zu den tüchtigen Menschen stellt deren Entfremdung voneinander bloß, und das Bewußtsein der Fremdheit macht sich Luft im Gelächter.« (T. W. Adorno, Über den Fetischcharakter in der Musik und die Regression des Hörens, 1938, jetzt in: Dissonanzen, 2. erweiterte Ausgabe, Göttingen 1958, S. 43 [sowie auch: Gesammelte Schriften, Bd. 14: Dissonanzen, Einleitung in die Musiksoziologie, Frankfurt a. M. 1973, S. 48 f.].)

fläche leisten, darf sich nicht in sich selber verlieren: alles, die gesamte Konstruktion, deren sie doch mehr als jegliche autonome Musik bedarf, muß zum Phänomen werden, und je mehr sie dem Bild die fehlende Tiefendimension hinzufügt, um so weniger darf sie selbst nach der Tiefe sich entwickeln. Das ist nicht im Sinn musikalischer ›Oberflächlichkeit‹ gemeint: im Gegenteil, gerade ein solches Verfahren steht zum konventionell oberflächlichen, flüchtigen, bequemen im äußersten Gegensatz, aber es bedeutet die Tendenz zur vollkommenen Versinnlichung im Gegensatz zu allem in sich Hineinhören, sich Transzendieren der Musik. Technisch gesprochen involviert das den Vorrang von Bewegung und Farbe über die musikalische Tiefendimension im engeren Sinn, die Harmonik, die gerade die konventionelle Filmmusik beherrscht. Filmmusik sollte aufblitzen und funkeln. Sie sollte gleichsam selber so rasch ablaufen, daß sie mit dem flüchtigen vom Bilde fortgezogenen Hören mitkommt und nicht dahinter bei sich selber zurückbleibt. Musikalische Farben lassen sich schneller und mit weniger Anstrengung wahrnehmen als Harmonien, wofern diese nicht dem tonalen Schema gehorchen und im eigentlichen Sinn, als spezifische, überhaupt nicht registriert werden. Es ist zugleich dies Aufblitzende und bunt Wechselnde, das mit der Technifizierung am ehesten noch sich versöhnt. In ihrer Neigung sogleich zu verschwinden jedoch nimmt Musik den Anspruch zurück, in dem ihre unausweichliche Kardinalsünde im Film besteht: den, da zu sein.

Zum Erstdruck der Originalfassung

Fünfundzwanzig Jahre nach ihrem Abschluß erscheint die Schrift ›Komposition für den Film‹ in der deutschen Originalfassung, so wie sie beide Autoren 1944 gemeinsam und definitiv fertiggestellt hatten. Ohne daß ungebührliche Ansprüche erhoben würden, ist es wohl berechtigt, auch notwendig, über das Schicksal des kleinen Buches einiges zu sagen.

Zunächst kam es 1947 bei der Oxford University Press in New York in englischer Sprache heraus. Als Autor zeichnete Eisler allein. Zu jener Zeit wurde in den Vereinigten Staaten Gerhard, der Bruder des Komponisten, wegen seiner politischen Aktivität aufs heftigste angegriffen und Hanns Eisler in die Affäre hineingezogen. Ich hatte mit jenen Aktivitäten nichts zu tun und wußte nichts von ihnen. Eisler und ich hegten keine Illusionen über unsere politischen Meinungsverschiedenheiten. Wir mochten unsere alte, auf 1925 zurückdatierende Freundschaft nicht gefährden, und vermieden es, Politisches zu diskutieren. Keinen Anlaß hatte ich, Märtyrer einer Sache zu werden, die nicht die meine war und nicht die meine ist. Angesichts des Skandals trat ich von der Mitautorschaft zurück. Damals schon zur Rückkehr nach Europa entschlossen, fürchtete ich alles, was sie hätte behindern können. Hanns Eisler zeigte dafür volles Verständnis.

Zwei Jahre später, 1949, brachte er dann in Ostberlin, im Bruno Henschel Verlag, eine deutsche Version heraus. Diese enthielt zahlreiche Änderungen, die Eisler ohne meine Kenntnis vorgenommen hatte. Warum er so verfuhr, liegt offen zutage; ich trage es ihm nicht nach, so wenig ich auch seinen Eingriffen zustimme. Anstelle unserer alten Vorrede schrieb er eine heftig anti-amerikanische. Auch sonst paßte er viele Details, durch Zusätze und Retouchen, dem offiziellen sowjetischen Kurs an; selbst rein Musikalisches, wie die Kritik an der Alexander-Newsky-Partitur Prokofiews, milderte er. Vor allem aber popularisierte

er die Sprache auf Kosten ihrer Härte und Prägnanz. Das beeinträchtigte den Charakter des Ganzen.
Zum Verständnis dessen, wie es zu Eislers Änderungen kam, ist daran zu erinnern, daß er, nachdem er aus Amerika in die DDR sich begeben hatte, dort schwerstem Druck sich ausgesetzt fand. Als Komponist der Nationalhymne wurde er gefeiert, aber es wurde ihm unmöglich gemacht, das Werk, das ihm offenbar am meisten am Herzen lag, die Faustoper, zu vollenden. Während man auf das Prestige eines bedeutenden Komponisten aus den Kaders der Partei nicht verzichten mochte, beargwöhnte man gleichwohl den Schönbergschüler wegen seiner zwölftönigen Neigungen, die auch der ›Regen‹ bezeugt. Seine Vorstellungen von autonomen Kriterien der Musik hätte er nicht verleugnen können, ohne die Qualität seiner Musik zu schädigen. Daß er sie trotz allem zu retten versuchte, widersprach der unersättlichen Kontrolle des sozialistischen Realismus. Hätte er in dem Buch nicht jene Konzessionen gemacht, so hätte es schwerlich erscheinen und seine wie immer auch begrenzte Wirkung tun können; Eisler selbst hätte sich unmittelbar gefährdet.
Als Eisler mich in den fünfziger Jahren noch einmal in Frankfurt besuchte, hob er meine Autorenrechte an dem Buch nachdrücklich hervor und räumte mir die Verfügung darüber spontan ein.
Danach halte ich es für legitim, wenn ich es nun, unter Beseitigung der Änderungen der Ausgabe von 1949, in der Bundesrepublik publiziere: wie es dem Sachverhalt entspricht, unter unser beider Namen. Dazu bewog mich nicht zuletzt, daß das keineswegs politische Buch aus politischen Gründen im Osten wie im Westen bislang eine apokryphe Existenz führte und nur wenige von denen erreichte, denen es vielleicht etwas sagt. Als veraltet betrachte ich es nicht. Selbst Gedanken, die für die kompositorische Praxis im Film unmittelbar fruchtbar werden könnten, wie die im dramaturgischen Kapitel entfalteten, dürften heute noch genauso wenig realisiert sein wie damals in Hollywood. Auffällig, daß der junge Film, offenbar in allen Ländern, die Verwendung von Musik prinzipiell kaum durchdachte. Ich hoffe, einmal zum Problem gemeinsam mit Alexander Kluge etwas beizutragen.
Zum Inhalt stehe ich mit einer Einschränkung. Sie betrifft den

Unterschied von Moderne und Modernismus. Ich dachte dabei lediglich an kunstgewerblichen Aufputz mit scheinbar fortgeschrittenen Mitteln, die nicht aus der Struktur der Sache folgen. Fraglos jedoch kann jene Unterscheidung gegen die Verwendung radikal moderner Musik im Film überhaupt ausgenutzt werden. Das widerspräche kraß meiner Intention. Ohne vollste Freiheit zum Experiment verkäme Musik im Film heute unweigerlich zum affirmativen Zuspruch. Modernismus und Modernität stehen nicht in blankem Gegensatz. Ihn zu fixieren, leitete Wasser auf die Mühlen des Bildungsphilisters, der das Moderne als modernistisch – als konjunkturbedingtes und unwahrhaftiges Mitläufertum – anschwärzen möchte.

Daß die Sprache des mit Hinblick auf eine amerikanische Übersetzung locker formulierten Buchs nicht die eines strikt verbindlichen deutschen Textes ist, versteht sich.

Frankfurt am Main, Mai 1969 T. W. A.

Anhang

Hanns Eisler
Vierzehn Arten den Regen zu beschreiben

Arnold Schönberg zum siebzigsten Geburtstag gewidmet

Nr. 3

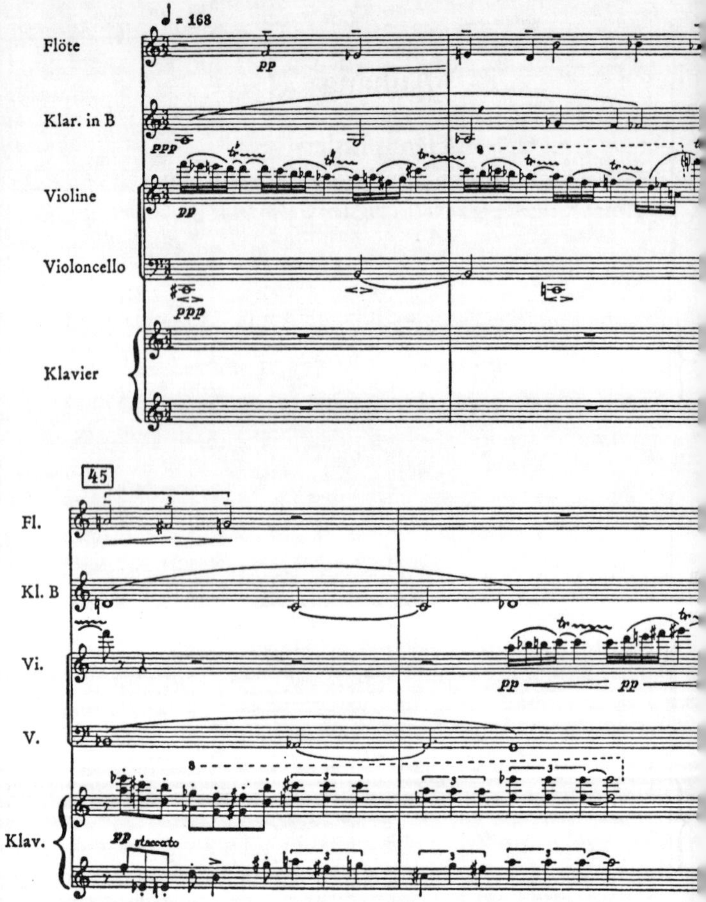
♩ = 168
Flöte
Klar. in B
Violine
Violoncello
Klavier
45
Fl.
Kl. B
Vi.
V.
Klav.
pp staccato

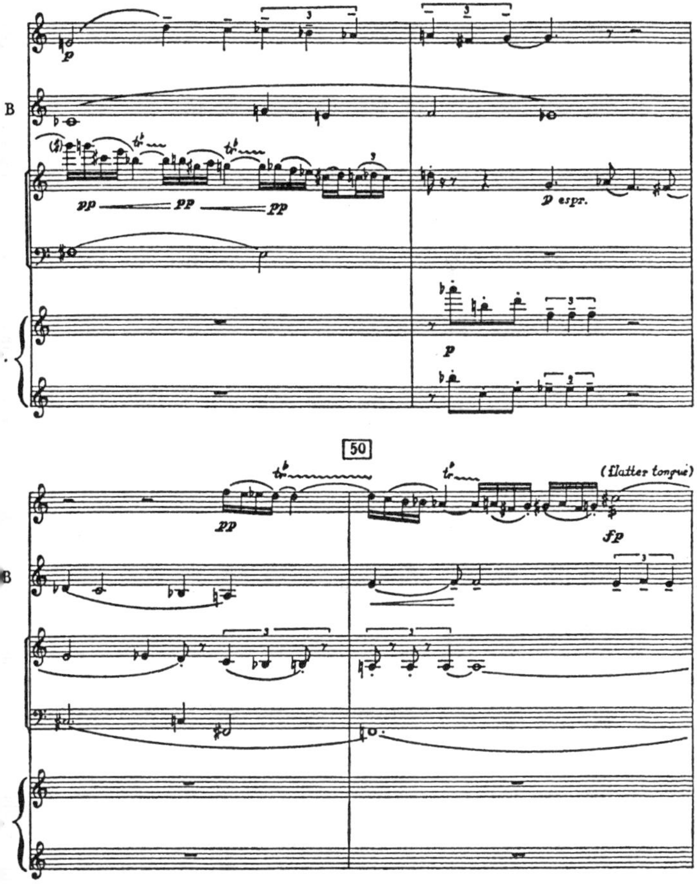
B
p
pp
pp
pp
p espr.
p
50
(flatter tongue)
pp
fp
B

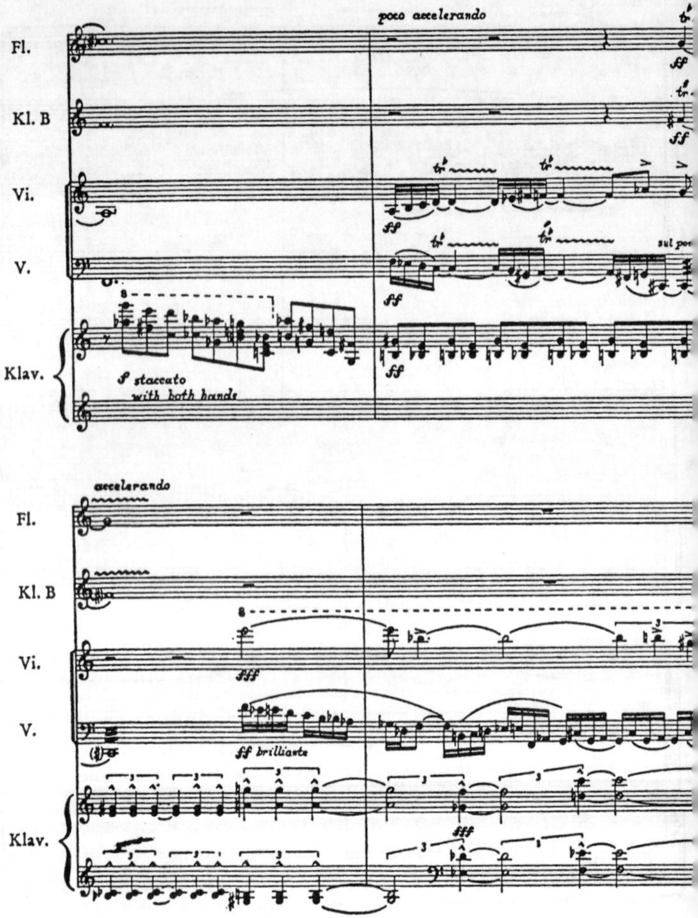
poco accelerando
Fl.
Kl. B
Vi.
V.
Klav.
f staccato
with both hands
accelerando
Fl.
Kl. B
Vi.
V.
ff brilliante
Klav.

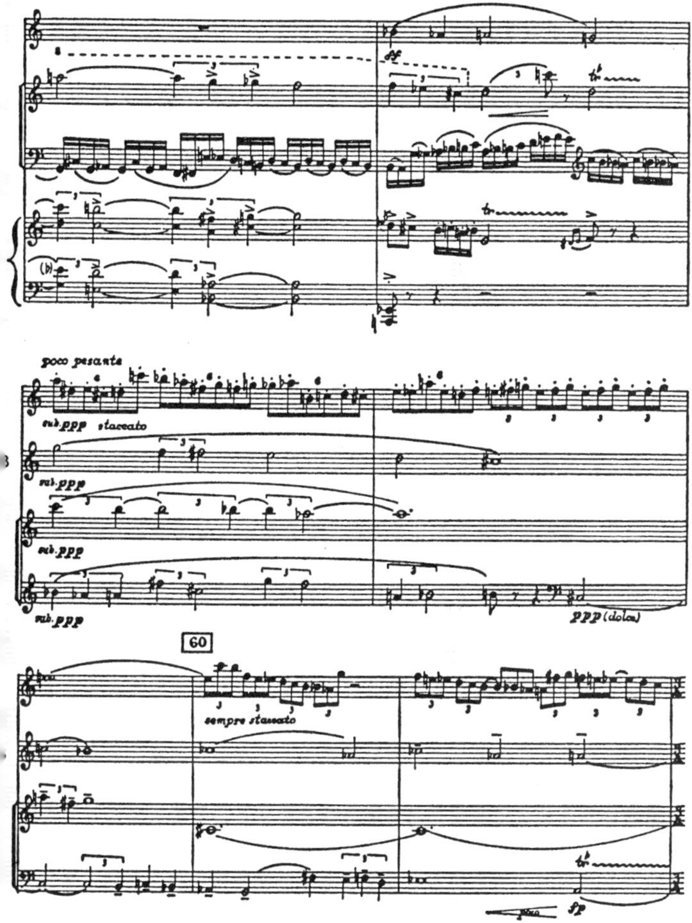
poco pesante
sub. ppp staccato
sub. ppp
sub. ppp
sub. ppp
ppp (dolce)
60
sempre staccato
poco
sfp

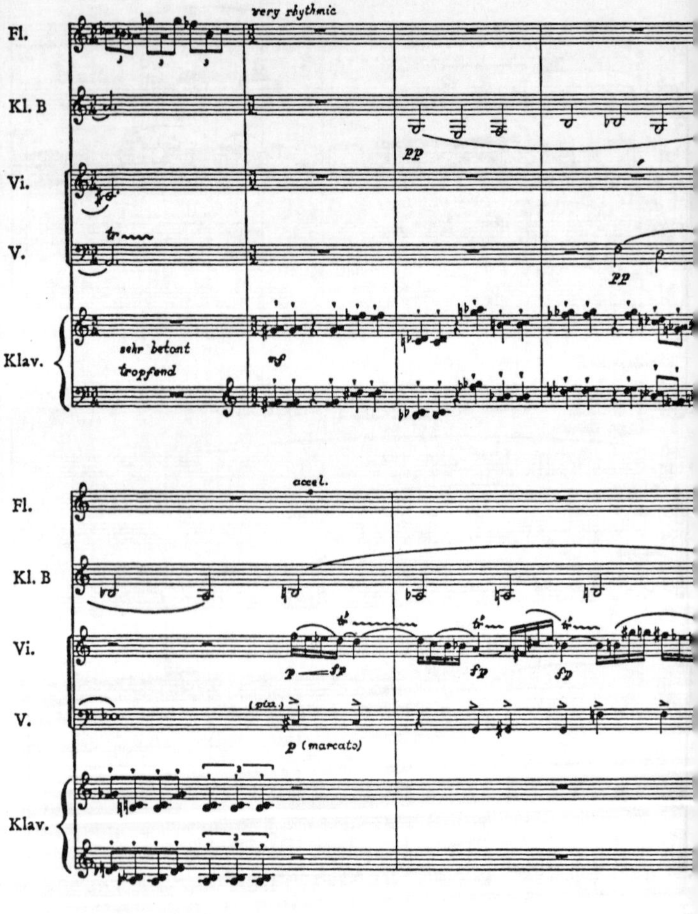
very rhythmic
Fl.
Kl. B
Vi.
V.
Klav.
sehr betont
tropfend
mf
pp
pp
accel.
p — fp
fp
fp
(pizz.)
p (marcato)

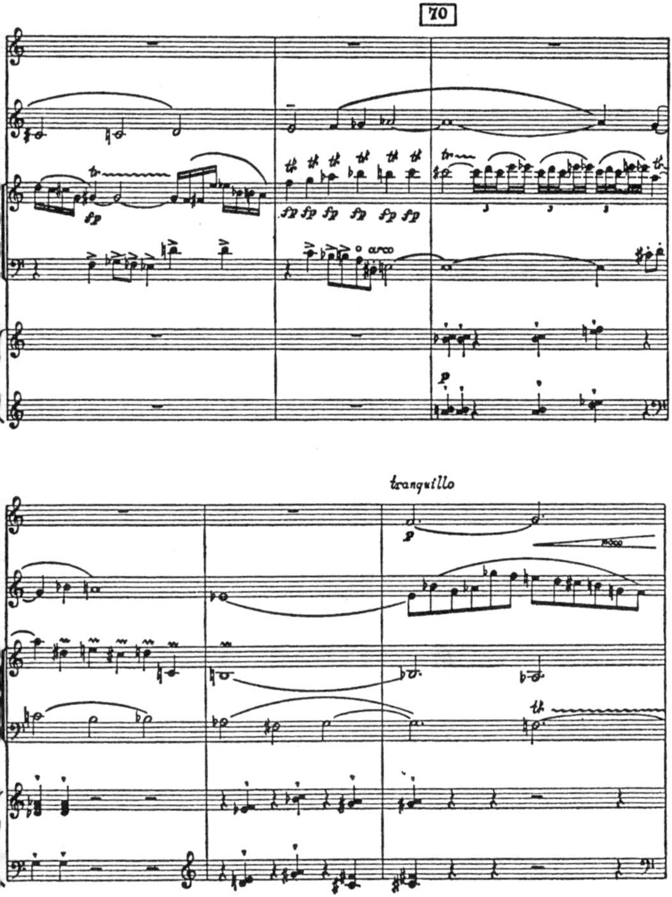
70
tr
fp
arco
p
tranquillo

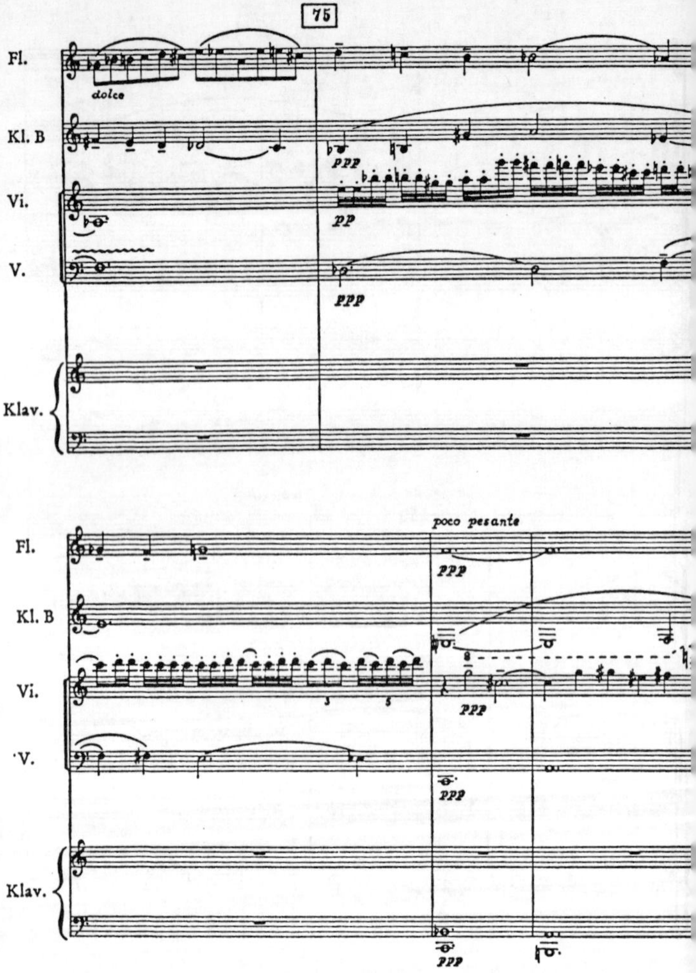
75
Fl.
dolce
Kl. B
ppp
Vi.
pp
V.
ppp
Klav.
poco pesante
Fl.
ppp
Kl. B
Vi.
ppp
V.
ppp
Klav.
ppp

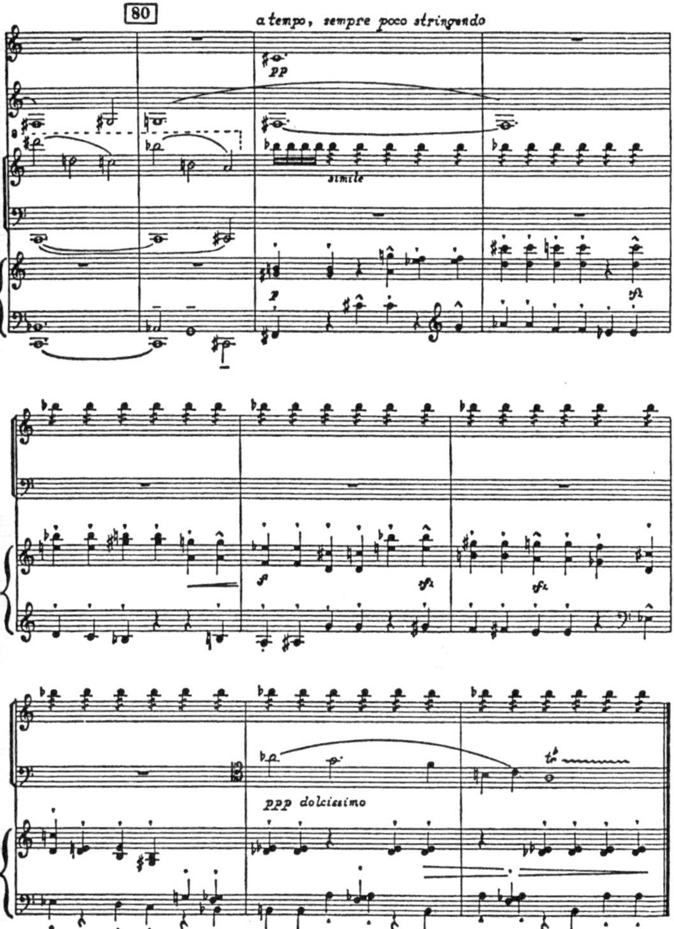
80
a tempo, sempre poco stringendo
pp
simile
p
sfz
sf
sfz
sfz
ppp dolcissimo
tr

Theodor W. Adorno

Der getreue Korrepetitor

Lehrschriften zur musikalischen Praxis

Rudolf Kolisch
Eduard Steuermann
den Freunden seit der Jugend

Was anders ist, das lerne nun auch.
Richard Wagner, Siegfried

Vorrede

Die Erwägungen, die in den ›Dissonanzen‹ und den Essays ›Die Meisterschaft des Maestro‹ und ›Neue Musik, Interpretation, Publikum‹ aus den ›Klangfiguren‹ angestellt waren, werden im ›Getreuen Korrepetitor‹ zur musikalischen Praxis hin weitergetrieben. Versucht ist, aus der Einsicht in manche Nöte des gegenwärtigen Interpretierens wie der Rezeption fortzuschreiten zur Erkenntnis, wie neue Musik richtig zu hören und richtig darzustellen, wie die neuen technischen Medien richtig zu verwenden wären. Das geschieht nicht systematisch von oben her sondern an den konkreten Schwierigkeiten, welche die Gegenstände bereiten, ähnlich vielleicht dem, was die zeitgenössische Pädagogik als exemplarisches Lernen diskutiert.

In der Theorie selbst, für die der Autor steht, liegt der Übergang in mögliche Praxis; freilich nicht derart, daß dieser die Theorie sich zu fügen hätte. Gerade durch unverwässerte Konsequenz terminiert sie in Anweisungen; zugleich zehrt sie von Erfahrungen, die anders als in Praxis nicht zu gewinnen wären. Tatsächlich sind die Interpretationsanalysen neuer Musik allesamt Niederschriften dessen, was die Arbeit an jenen Stücken mit Interpreten bestimmte und wiederum in dieser Arbeit erst bewußt ward. Doch hätte der Autor sich selbst unterdrücken müssen, wenn er dem didaktischen Charakter des Buches zuliebe die Reflexion ausgeschlossen hätte.

Ausgang ist die Kritik falschen musikalischen Bewußtseins, wie es falsches Hören zeitigt. Das Material dazu geht zurück auf die amerikanische Zeit des Autors: Paul F. Lazarsfeld, der das Princeton Radio Research Project leitete, ist dafür zu danken, daß er dem Autor dessen damals unveröffentlichte Studie über die NBC Music Appreciation Hour freigab. Die Negation musikalischer Würdigung schlägt um in den Entwurf einer Idee strukturellen Hörens. Ihr Begriff und seine vollen Implikationen waren vom Autor längst entwickelt und öffentlich vorgetragen, ehe Hinweise auf das Werk ›Strukturelles Hören‹ von Felix Salzer folgten; die Konzeptionen sind gänzlich unabhängig voneinander. Daß zwei Schriftsteller, ohne voneinander zu wissen, denselben Terminus wählten, erinnert wohl an eine Nötigung in der Sache.

Die Anweisungen zum Hören neuer Musik ebenso wie die meisten Interpretationsanalysen sind aus Sendungen für den Norddeutschen Rundfunk entstanden; einige der Analysen stammen aus Vorträgen an der Frankfurter Hochschule für Musik. Wie in der griechischen Überlieferung der Unterschied esoterischer und exoterischer Schriften mit der vorab an der Sache und vorab an der Lehre orientierten Darstellung zusammenfiel, so hält der Autor die Gattungen auseinander. Weder hat er die Spuren der Vortragsform getilgt, noch versucht, die Sprache der des rein Geschriebenen gleichzumachen. Zu seinen Versuchen wäre es nicht gekommen, hätte nicht Rolf Liebermann als Leiter der Hauptabteilung Musik des NDR ihm carte blanche gegeben. Winfried Zillig ließ ihn seine vom Etablierten sehr abweichende Arbeit fortsetzen. Beiden weiß er sich tief verpflichtet. – ›Die gewürdigte Musik‹ wurde vom Süddeutschen, die Radiotheorie vom Westdeutschen Rundfunk übertragen.

Dem Kapitel mit den Höranweisungen sollte eine Schallplatte beigefügt werden, welche die Belegstellen vereint. Der Plan ließ sich nicht durchführen. Technisch wäre er allenfalls zu realisieren gewesen, im Weg jedoch standen ihm die urheberrechtlichen Bestimmungen. Der Autor mußte darum mit dem konventionelleren Behelfsmittel von Notenbeispielen sich zufriedengeben, die den Satzspiegel stören, ohne das lebendige Klangbild der Musik zu gewähren, dessen es hier gerade bedürfte. Wer sich die Beispiele nicht angemessen vorstellen oder sie auf dem Klavier spielen kann, dem ist zu raten, Platten der betreffenden Stücke sich zu verschaffen, so problematisch auch die meisten sein mögen.

Für die auf die Anweisungen folgenden Interpretationsanalysen wurden Werke ausgewählt, deren Besetzung sie dem privaten Studium ohne größeren Ensembleapparat einigermaßen zugänglich macht. Eine Ausnahme ist das Violinkonzert von Berg; an ihm aber läßt nach dem Klavierauszug ganz gut sich arbeiten, obwohl der Solist genauer Kenntnis der Orchesterpartitur bedarf. Auf gedruckte Beispiele ist in den Analysen weitgehend verzichtet, da ihr Verständnis jeweils den Gesamttext der Werke, nicht bloß Passagen voraussetzt. Die von Webern sind allesamt bei der Universal Edition erschienen, ebenso das Bergkonzert; die Schönbergphantasie bei Peters. Die Reihenfolge der Analysen richtet sich nicht nach der Chronologie der Werke, sondern nach den didaktischen Erfahrungen des Autors. Mit Bedacht übrigens widerstand er der Versuchung, ein Kapitel über das heute meistgespielte Stück von Webern, die Klaviervariationen, zu schreiben. Ihre aufs äußerste reduzierte Kompositionsweise, asketisch gegen virtuose Ansprüche, verleitet viele Interpreten dazu, damit sich einzulassen und als an neuer Musik interessiert sich vorzustellen, die einem Gebilde keineswegs gewachsen sind, das seinen Sinn mehr noch an dem hat, was es wegläßt, als an dem, was es enthält. Verständnislose Betriebsamkeit sollte nicht ermutigt werden. An Weberns Variationen dürfte wohl überhaupt nur sich heranwagen, wer mit dem œuvre der gesamten Wiener Schule, vor allem auch mit sämtlichen Klavierstücken Schönbergs gänzlich vertraut ist. Verzichtet wurde aber auch auf Interpretationsanalysen von Kompositionen der jüngsten Phase. Vielleicht wäre es nicht die schlechteste Charakteristik der Entwicklung nach 1945, daß ihre Produkte, auch wo sie in definitiven, eindeutigen Notentexten vorliegen, nicht mehr ohne weiteres nach den Kategorien gehört und interpretiert werden können, welche die Analysen verwenden. Diese wurzeln im Bereich motivisch-thematischen Denkens selbst dort noch, wo, wie in Weberns op. 9, athematisch komponiert ist. Das Bewußtsein dieser Differenz kommt wohl auch dem Jüngsten zugute: es läßt nur dann adäquat sich wiedergeben, wenn man eine genaue Vorstellung von den Normen des Interpretierens hat, die außer Aktion gesetzt werden.

Insofern sind die Analysen traditionell, nach dem Maß der Wiener Schule, von freier Atonalität und Zwölftontechnik, die, wie man weiß, ineinander übergehen. Die Beschränkung gehorcht einer Absicht. Gerade bei der bis vor kurzem als Zerstörerin der Tradition gescholtenen Musik des Schönbergkreises bedarf es der Tradition; um Webern richtig aufzuführen, bei dem der Primat des musikalischen Sinns ungebrochen noch in den aufgelöstesten Strukturen herrscht, muß man nicht nur deutend in die Texte sich versenken, sondern auch, lax gesprochen, wissen, wie diese Musik geht. Dazu mag etwas beitragen, wer noch im Ohr hat, wie sie zu Lebzeiten der drei Meister probiert ward. Das Buch betrachtet es als eine seiner Funktionen, etwas von jener Überlieferung des Interpretierens zu bewahren, die im Begriff ist auszusterben und die eines Tages wiederum aktuell werden mag.

›Über die musikalische Verwendung des Radios‹ ist praktisch insofern, als die Abhandlung auf die sachgerechte Verwendung des wichtigsten musikalischen Massenmediums sich bezieht. Zugleich lenkt sie auf theoretische Motive zurück und zieht die gesellschaftliche Dimension der musikalischen Praxis herein. Dadurch schließt sie mit dem ersten Kapitel sich zusammen, geht jedoch über zu Tendenzen der gegenwärtigen kompositorischen Situation. Die kritischen Fragestellungen ebenso wie die Analysen des Radiophänomens stammen aus einer amerikanischen Studie des Verfassers, die unter dem Titel ›The Radio Symphony‹, ebenfalls als Ergebnis des Princeton Radio Research Project, in dem Band ›Radio Research 1941‹ in New York publiziert wurde. Das Problem der Unangemessenheit von Musik an den Bildcharakter des Radios war dort bereits entfaltet.

Die gewürdigte Musik

Das englische Wort appreciation, das in Amerika sich eingebürgert hat für Versuche, durch erklärende Kommentare eine musikfremde Zuhörerschaft zu überzeugen, deckt sich nicht ganz mit seiner deutschen Übersetzung, Würdigung. Appreciation hat im angelsächsischen Sprachbereich, durch das Werk Walter Paters, mehr Gewicht als sein deutsches Äquivalent; auch mag ihm der Beigeschmack des Herablassenden abgehen, die Nuance, Gutes von etwas zu sagen, für dessen Güte man nicht durchaus sich exponieren will, so daß man lieber einen Standpunkt oberhalb der Qualitätsfrage usurpiert, der es einem gestattet, in den affirmativen Chor einzustimmen und doch das Antlitz wählerischen Geschmacks zu wahren. Aber die Funktion der music appreciation in Amerika, die in Europa ihre eifrigen Nachfolger findet, ist so peinlich wie die Obertöne des deutschen Wortes. Schuld ist das institutionell und gesellschaftlich diktierte Bestreben, Kunst Kunstfremden zu erschließen, ohne deren Bewußtsein zu verändern. Dadurch werden die Werke ihren Widersachern angepaßt. Würdigung einer Sache besteht im Inbegriff all der guten Seiten, die ihr selbst nicht wesentlich zugehören. Immer ist sie Würdigung von Umständen, und zwar von mildernden. Ihr Betrieb kam in Gang durch den der philologischen Wissenschaften. Was diese an Entlegenem und nicht länger der unmittelbaren Erfahrung Zugänglichem aufstöberten, glaubten sie wirksam damit zu verteidigen, daß sie Meriten und Notwendigkeiten ins Licht rückten, die jenen Gebilden angeblich zu ihrer Zeit eigneten und die durch sogenannte Einfühlung sich wieder beleben lassen sollten. Benjamin hat im ›Ursprung des deutschen Trauerspiels‹ demonstriert, daß diese Haltung vorm Barock versagt. Unterdessen jedoch hat sie auf die Totalität der überhaupt den Massen ausgestellten Kulturgüter, insbesondere auf alle Musik sich ausgedehnt, die aufgeführt wird; auch auf die, von der man, wie vom klassischen Vorrat, meint, sie spräche noch selber; auch auf die moderne. Prinzipiell verhält solche Würdigung sich zu Gegenwärtigem, als wäre es bereits vergangen. Ihr Modell ist der Nekrolog. Sie salbadert über Lebendiges gleichwie über Totes. Beflissene Positivität geriert sich, als gebiete Negatives zu unterschlagen ein Takt, der doch nichts anderes ist als die Schlauheit des Verkäufers, der gelernt hat, die Mängel seiner Ware zu vertuschen. Würdigung ist Warendenken, das Komplement zur Verdinglichung der zur Betrachtung aufgebahrten Kulturgüter ebenso wie des verdinglichten Bewußtseins derer, denen sie offeriert werden. Entfremdete Gebilde werden solchen, die zu ihrer Erfahrung nicht fähig sind, womöglich sie gar nicht wollen, fälschend aufbereitet, damit jene vergessen, was sie von den Werken trennt, und dem Klappern der Kulturmühle lauschen, als wäre es das Leben des Geistes, während es doch nicht mehr ist als Geistesleben. Die Starre des Historismus überzieht das nicht Historische. Die Würdigung der Musik überträgt die Fremdheit der archaischen auf alle und gebärdet dabei sich so, als wäre das die Nähe. Kenntnis von Nebensachen, biographischen Details, geschichtlichen Ereignissen und äußerlichen Assoziationen wird mit dem Gegenstand und seinem Gehalt verwechselt. Der Kommentator unterstellt dabei den Konsumentenstandpunkt als den selbstverständlich gültigen und bekräftigt ihn: ich habe dafür bezahlt, ich habe Anspruch aufs Äquivalent des Preises, I want to get my money's worth out of it. Das stipuliert nicht weniger als jenen ästhetischen Vorrang der Wirkung über die Sache, den Hegel und Goethe vergebens anprangerten. Die nachsichtige Superiorität des Würdigers ist keine andere als die des Käufers, der darüber zu befinden hat, ob seine Ansprüche befriedigt werden, und der dadurch vorweg das Formgesetz verfehlt. Auch es ist ein Anspruch, der des Kunstwerks nämlich, daß man seiner Disziplin sich unterwerfen muß, wenn man es begreifen will. Der Gestus der Würdigung ist der der suffisance, dümmlicher Hochmut. Ahnung der eigenen Unzulänglichkeit, der Zurückgebliebenheit hinter dem Geist, über den man urteilt, spielt reaktiv als höhere Instanz sich auf: ich bin zwar nur ein Durchschnittsmensch, aber wenn man will, daß ich mit so etwas wie Kultur mich einlasse, wenn ich zum Zahlen gut genug bin, so soll man gefälligst nach mir sich richten.

Während aber das Gewürdigte dem Konsumenten zu Willen sein soll; während er keine Distanz duldet, keinen Aspekt der Sache, die ihn daran erinnerte, daß sie anders und besser ist als seine Ideologie, darf die Sache doch auch wiederum nicht an ihn herankommen, muß ihm so fremd bleiben, wie sie es ohnehin ist. Verdinglichtes Bewußtsein kann nur Verdinglichtes ertragen. Was den Panzer durchbräche, wäre ihm das Schlechte und Hassenswerte. Die fehlende Beziehung wird surrogiert durch das, was zwischen den Betrachter und die Sache sich einschaltet; durch Gewäsch aus Information, Popularpsychologie, Sentiment, Respekt und Nichtachtung. Nichts nimmt Würdigung ernst; sie tut es dem Kulturkonsumenten gleich, der die ewigen Werte herbetet, damit sie ihn ungeschoren lassen, und sie insgeheim belächelt, weil sie machtlos sind gegenüber Geld und materieller Verfügung. Zur Würdigung gehören hier die Postamente und Nischen, Exil der angeblichen Schöpfergenies, dort das anbiedernde Näherbringen; dazwischen wird die Sache, der man angeblich dient, zernichtet. Sie spaltet sich in Dokumente von Respektspersonen und in Reizmittel für jene, denen sie allein darum schon nicht imponiert, weil sie ihnen als ihresgleichen vorgestellt wird. Je ferner von der Sache, desto näher zum Hörer; nach dieser Maxime verfährt der gesunde Menschenverstand des Würdigers. Unerträglich ist ihm der Wahrheitsanspruch der Sache und damit ihre Kritik. Das Werk wird geschluckt wie ein Markenartikel.

Würdigung ist nicht die Ursache des falschen Zustands sondern eines seiner Symptome unter vielen. Widerfährt ihr aber die Kritik, die sie selbst an der Sache unterschlägt, so mag im Negativ der Umriß der Sache sich abzeichnen. Die verbindliche Einsicht, daß Würdigung ihre Sache verfehlt, zeitigt unmittelbar, als implizites Gegenbild, Normen, die zu befolgen wären, wenn überhaupt das Bewußtsein ins Verhältnis von Werk und Publikum eingreifen und damit auch die musikalische Praxis selber in Bewegung bringen wollte. Darum wurde Material der vor einer Reihe von Jahren wirksamsten Veranstaltung zur Würdigung von Musik im Umkreis der amerikanischen Kulturindustrie, der NBC Music Appreciation Hour, analysiert, eines Paradeunternehmens der größten Rundfunkgesellschaft. Das Material bestand aus Anweisungen für Lehrer, wie sie jene Radiokurse im Unterricht verwenden könnten, und aus work sheets, Arbeitsheften für die Schüler selbst, nach denen sie die Ergebnisse der Würdigungsstunde sich aneignen sollten. Kritik daran wurde immanent geübt: die erklärende Propaganda für traditionelle Kultur, welche jene subjektiv gewiß wohlmeinende Würdigungsstunde betrieb, verglichen mit ihrer eigenen Ideologie, ihrem Selbstverständnis. Nicht nur ergab sich die künstlerische und pädagogische Unzulänglichkeit des rein musikalischen Teils der Veranstaltung sondern auch, daß sie eine Anschauung von Kunst aufbaut, die von den Hörern weder erfahren noch in ihrem Wahrheitsgehalt überprüft werden kann. Organisiert werden konventionelle Verhaltensweisen und Wertungen; kein konkretes Verständnis von Musik vorbereitet. Korrekturen, welche seitdem die krassesten Fehler auf dem informatorischen Niveau beseitigten, dürften nur die Unwahrheit der gesamten Konzeption verkleistern. Reklame, Gesetz der Kulturindustrie auch dort, wo sie nicht unmittelbar Waren anpreist sondern bloß sich selbst, sabotiert vorweg den Ernst zur Sache, ohne den diese gar nicht sich erschließt. Die unverrückbaren Kategorien der dirigistischen Massenkultur verursachen, ohne mala fides der Beteiligten, jenen Fetischismus von Namen und Werken, der sich vor ihre Qualität und ihren Gehalt schiebt. Zwischen purem Unsinn über Kunst und ideologischem Effekt, der Züchtung musikalischer Babbitts, waltet eitel Harmonie.

Daß das Modell aus Amerika stammt, will nicht die Kultur diesseits des Ozeans glorifizieren, indem es die culture entlarvt. Im Gegenteil. Abgesehen von dem biographischen Zufall, der auf jenes Modell lenkte, markiert es einen Fluchtpunkt der Gesamtentwicklung. In Amerika mag eine gewisse Freiheit zur Kritik ebenso wie der Reichtum an Ressourcen, der irgend auch geistigen Produktivkräften zugute kommt, die Dinge bessern; es ist dort nur allzu beliebt, unterm Hinweis aufs Tempo der Entwicklung, Einwände, wenn sie schließlich filtriert an die Öffentlichkeit gelangen, als bereits veraltet abzutun. Dagegen will auf längere Sicht die Tendenz in Europa, die kulturindustrielle ebenso wie die materielle Produktion, auf Amerikanisierung hinaus. Vielfach übertreibt sie dabei ungeschickt Praktiken, die in den Vereinigten Staaten bereits überholt sind. Was heute am Amerikanismus gescholten wird, hat seine Wahrheit mehr am europäischen Geist als am amerikanischen, dessen Skepsis gegen das Eigene sich verstärkt; verglichen mit dem, was aus Rothenburg ob der Tauber wurde, ist Lychow's Deutsches Restaurant in New York bereits authentische fränkische Renaissance.

Die Music Appreciation Hour gliedert sich in vier Kurse oder »Serien«, welche die Schüler von der Außenfläche der Musik in deren Inneres geleiten wollen.

»Die Serie A, die sich mit der Orchesterfamilie befaßt, können wir den physischen Aspekt nennen; die Serie B ihrer begleitenden Ideen und Tätigkeiten wegen (because of its accompanying ideas and activities) den imaginativen; die Serie C den intellektuellen, da wir in ihr unser Augenmerk auf die Strukturen und Formen reiner Musik richten, während in der Serie D ein spiritueller Aspekt erscheint, und unsere Aufmerksamkeit auf die Bedeutung von Musik als Ausdruck des Lebens und der Zeit des Komponisten konzentriert wird.«[1]

Kein Individuum entwickelt musikalisch sich so wie diese Fiktion. Wer die Sprache der Musik versteht und Musik beurteilen kann, mag sie nicht deshalb, weil er erst einmal als Kind eine Flöte gesehen hat, dann, weil Gewitter nachgeahmt wurden, und schließlich, weil man ihm eingebläut hat, daß Beethoven ertaubte. Mögen immer solche Momente beiher spielen – die Freude an bunten Klangfarben ist zuzeiten sicher nicht geringer als die an den bunten Fahrscheinen der Trambahn –, zunächst muß man überhaupt einem musikalischen Verlauf folgen können, über ein Organ verfügen, ihn mitzuvollziehen. Dies Organ kräftigt sich in der Entwicklung und sondert sich von Akzidentien und Assoziationen, ist aber nicht erst Resultat der Erziehung, sondern immer zugleich auch deren Voraussetzung. – Daß der geistige Aspekt von Musik, ihr Wahrheitsgehalt, das telos künstlerischer Erfahrung, eins sei mit dem Ausdruck des Lebens eines Komponisten, ist purer Aberglaube; selbst das Verhältnis jenes Wahrheitsgehalts zu der Gesamtepoche, aus der das Werk stammt, ist viel zu schwierig, als daß Pädagogik sich damit einlassen könnte, wofern sie nicht jenen Wahrheitsgehalt in Platitüden erblickt.

1 NBC Music Appreciation Hour Conducted by Walter Damrosch, New York, Columbia University Press, 1939. Student's Worksheet, Introduction to Series D.

Der Weg von außen nach innen, Kanon des Teacher's Guide, achtet bereits den herrschenden Fetischismus musikalischen Bewußtseins als Norm, die Substitution von Mitteln für Zwecke. Wer sich an das Aussehen oder das Funktionieren von Instrumenten klammert, ist der Musik verloren. Interesse am visuellen Aspekt von Musik ist keine Vorstufe zu ihrem Verständnis, sondern behindert es, und wäre von Erziehung nicht eigens zu fördern. Fruchtbar auswendig wäre allenfalls das sinnliche akustische Phänomen in seiner primitiv sensuellen Gestalt; daran könnte besonnene Pädagogik wohl anknüpfen. Statt dessen hilft sich der Kurs mit windigen Analogien:

»Abgesehen von den zu befolgenden Anweisungen, hängt der Reiz der Serie A weitgehend davon ab, in welchem Grad den Kindern die verschiedenen Orchesterinstrumente als Persönlichkeiten und nicht nur als entkörperte Klänge vertraut werden. Daher ist es wichtig, große farbige Instrumententafeln zu benutzen, oder zum Teil sogar, wenn irgend möglich, tatsächlich Instrumente in den Unterricht mitzubringen.«[2]

In Wahrheit braucht Orchestermusik meist die Instrumente als eben das, was der Teacher's Guide bestreitet, als »entkörperte Klänge« und nicht als »Persönlichkeiten«. Wo Instrumente als die letzteren auftreten, imitieren sie entweder etwas – wie die Klarinette den Esel in einem Mahlerlied – oder sollen programmatisch eine Person in einer symphonischen Dichtung symbolisieren, wie die Bratsche den Helden in ›Harold en Italie‹. Autonome, voll durchgebildete Musik wählt den Klang der einzelnen Instrumente als Funktion des Ganzen, nicht als Selbstzweck, nur gelegentlich fällt dabei Licht aufs Einzelinstrument. Lenkt Musikerziehung die Aufmerksamkeit von Anbeginn vom Wesentlichen ab, so handelt sie dem eigenen Zweck entgegen. Das unvoreingenommen hörende Kind wird den Widerspruch zwischen dem Material und dem, was man ihm erzählt hat, schnell genug merken: vergebens nach all den Persönlichkeiten lugen, und dann enttäuscht sein. Der Teacher's Guide läßt sich von einer Autorität beraten:

»Gelegentlich ist die Klasse auf Themen zu prüfen. Die Themen sollen häufig gespielt und verfolgt werden. Lassen Sie die Kinder auf die

2 Teacher's Guide, Vorwort.

Noten zeigen und summen (wo es möglich ist), wenn das Thema gespielt wird.«[3]

Das Dogma, in Musik seien Themen das Leichteste, verzerrt jene. Es ermuntert zur falschen Suprematie des Einzelnen übers Ganze und eben dadurch zu jenem atomistischen Hören, auf das die Unterhaltungsmusik angelegt ist und von dem Musikerziehung kurieren sollte. Wird eingewandt, von elementarem Musikunterricht sei nicht zu erwarten, daß er sogleich auf die Formtotalität anstatt auf die Themen ziele, so wäre zu antworten, daß jedes Kind, das ein Volkslied singt, die Melodie als ganze auffaßt, ohne zwischen dem Ganzen und einem Thema zu unterscheiden. Es darüber zu belehren, daß ein solches Lied etwa aus einem Grundmotiv entwickelt ist, das wiederholt und variiert wird, wäre erst der nächste, analytische Schritt. Der Übergang von einem derart als Ganzes gehörten Liedchen zu einer Symphonie wäre nicht schwieriger als die müßige Anstrengung, einen Symphoniesatz aus seinen Themen zusammenzuaddieren. Wohl würden, bei fortschreitender Konkretisierung solchen Hörens, Begriffe wie Thema und Motiv auftreten, aber als Moment und Material der Sätze, nicht als ihre Substanz. Zu zerstreuen wäre das gängige Vorurteil, anspruchsvolle Musik bestehe aus wichtigen Themen, verkoppelt durch mehr oder minder gleichgültiges Zwischenwerk; die Würdigungsstunde jedoch stützt gerade den Irrtum. Fortschreitende Erziehung müßte ein Doppeltes leisten: den Hörer artikulierter Musik dazu bewegen, ihre Teilmomente auseinanderzuhalten und sie wiederum funktionell zu vereinen. Sonst mißrät die Artikulation zur Desintegration.

Das zweite Konzert der Serie B heißt ›Tiere in der Musik‹. Sie tummeln sich in Wagners Walkürenritt. Er

»beschreibt den Flug der Pferde durch die Wolken. Wir hören ihre galoppierenden Hufschläge (Horn und Cello), ihr Wiehern (Holzbläser), den Schlachtgesang der Jungfrauen (Trompeten und Posaunen) und ihren unheimlichen Schlachtruf (Streicher).«

In diesem Steckbrief wendet die Vereinfachung sich gegen das Vereinfachte. Der Walkürenritt will tant bien que mal ein Gewitter musikalisch mythologisieren. Walküren und Pferde, welche die Kinder mit den Ohren erhaschen sollen, sind im Werk

3 a. a. O., S. 13.

Wesenheiten, in welche Musik Wolken, Sturm und Blitz verzaubert. Nur auf der Ebene erhobener Imagination, nicht auf der primitiv-naturalistischer Beschreibung hat der Walkürenritt seinen Sinn. Die Züge, welche die Würdigungsstunde urgiert, erscheinen desultorisch, wie Tagesreste im Traum, nicht als handfeste Staffage einer Erzählung. Einem Kind den Walkürenritt, hinter dem nicht weniger als Wagners gesamte musikdramatische Idee steht, zu erklären, ist alles eher als einfach; falsche Erklärungen jedoch, die ein komplex Allegorisches in die Sprache des Bilderbuchs übersetzen, führen nicht näher an die Musik sondern von ihr weg in den Zirkus.

Nicht besser ist es ums Verhältnis zwischen den Formen und den Beispielen bestellt, die jene erläutern sollen. Ein Konzert ist der Fuge gewidmet. Die Einleitung legt das Hauptgewicht auf deren Unterschied vom Kanon. Man mag darüber streiten, ob er für die Fuge viel hergibt. Jedenfalls beginnt der Kommentar mit dem Satz: »Das Subjekt der Fuge – ihr Thema – wird vollständig exponiert, ehe die zweite Stimme einsetzt.« Das erste Beispiel dafür ist die erste Fuge aus dem Wohltemperierten Klavier, aus apokryphen Gründen in einem Arrangement für Streichorchester. Dies Stück jedoch ist eine Engführungsfuge, eine, in der durchweg, außer bei der allerersten Antwort, eine jede Stimme das Thema bringt, bevor es in der vorhergehenden abgeschlossen ist; also ein Grenzfall zum Kanon. Die Distinktion, auf der der gesamte Kommentar beruht, wird durch das Beispiel widerrufen, anstatt daß es sie wenigstens illustrierte. – Ähnlich uncharakteristisch für das, was erklärt werden soll, ist das Material im fünften Konzert der Serie C. Als Hauptbeispiel für die Variationsform wird das Vorspiel zur Arlésienne-Suite von Bizet gespielt. Seine lockere Form aber ist nur partiell die von Variationen, und auch diese greifen kaum eigentlich ein, sondern umkleiden lose das Thema. Man kann aber nicht eine Form an einem Stück dartun, das mit ihr nur vag zusammenhängt.

Das Kategoriensystem selbst ist so unspezifisch und undifferenziert, daß es selbst dort die Unterschiede verwischt, wo Formen tatsächlich divergieren. Ein Konzert beschäftigt sich mit dreiteiligen und Rondoformen und widmet sich der dreiteiligen Liedform. Das Rondo sei deren logische Erweiterung.

»Wenn wir von der zweiteiligen Form einmal sagen, daß sie in ihrem Schema dem Querschnitt eines Stücks Brot (A) mit Marmelade (B) ähnlich sei und die dreiteilige Form einem Sandwich gleiche (wobei B die Füllung darstellt und A die beiden Scheiben Brot, die sie einschließen), dann mag die Rondoform einem Doppeldecker- oder Tripledecker-Sandwich verglichen werden, bei denen die Brotscheiben durch verschiedene Arten von Füllungen voneinander getrennt sind. Es gibt verschiedene Rondotypen, aber in jedem gibt es einen musikalischen Hauptgedanken, der immer wiederkehrt nach dem Beispiel: ›A-B-A-C-A-D-A‹ – – ›A-B-A-C-A-B-A‹.«

Diese Erklärung ist, abgesehen vom undelikaten Vergleich, nicht, im kruden Sinn, falsch: man kann schematisch die Rondoform wirklich in Wiederholungen eines Hauptteils A und in Alternativthemen zerschneiden. So jedoch läßt fast jegliche Form äußerlich sich aufgliedern; auch die Sonatenform, welche die Würdigungsstunde tatsächlich ebenfalls eine Ausarbeitung der dreiteiligen Form nennt; auch eine vom Rondo dem Sinn nach so radikal verschiedene Form wie die Fuge, in der schließlich abermals, in wechselnden Stimmen, dasselbe Thema wiederkommt, unterbrochen von Interpolationen, den sogenannten Zwischensätzen. Kann aber ein Schema gleichermaßen auf alle Formen angewandt werden, deren spezifische Differenz zu erklären wäre, so erklärt es gar nichts. Versäumt wird, daß die verschiedenen Partien des Rondos von verschiedenem Gewicht sind, auf verschiedenen Niveaus der Verbindlichkeit liegen. Es stammt vom Rundtanz her. Seine Idee war die des Refrains, der von Couplets, »Gängen«, oder subsidiären Themen abgelöst wird. Das Auffällige der Form ist die distinkte Erscheinung des Refrains, dem die anderen musikalischen Ereignisse sich unterordnen; vielfach gebärden diese sich fast zufällig. Darum entscheidet im Rondo strukturelle Einheit nicht wie in der Sonate. Was zwischen den Refrainstellen sich ereignet, ist als Einschiebsel gemeint, um dem Refrain desto mehr Relief zu verleihen. Kunst dabei ist, das Lockere zu treffen und insgeheim trotzdem zu organisieren. Im Gegensatz zur Sonate, oder auch zur Fuge, darf das Rondo eine offene Form heißen; jenes Offene und Unverbindliche qualifizierte es zum fröhlichen Beschluß. Das muß fühlen, wer zunächst einmal im gröbsten des Sinnes der Form sich versichern will.

Die Redaktoren der Würdigungsstunde fühlen wohl die Verbindlichkeit der Sonate dem Rondo gegenüber. Unter ihren Händen aber wird daraus die Phrase, die Sonatenform sei »der intellektuelle Satz, der das meiste Denken vom Hörer verlangt und vom Komponisten das ingeniöseste und geschickteste Verfahren«. Das schleppt sich dann fort: der zweite, langsame Satz der symphonischen Form soll, nach jener formidabeln Anstrengung, »unseren Köpfen Ruhe gewähren und an unsere Herzen appellieren«. Die Unterscheidung von Kopf und Herz gehört zum abscheulichsten Hausschatz. Was aber vorher als intellektuell zugleich aufs Piedestal erhoben und verdächtigt wird, ist nichts anderes als die Dichte und Stringenz motivisch-thematischer Beziehungen in der Form. Zu erwecken wäre die Fähigkeit des Ohrs, sie unmittelbar wahrzunehmen, anstatt daß es abstrakt und nachträglich darauf reflektierte[4] und erschräke.

Oberflächliches und Unspezifisches ergänzt sich durch grobe Fehler. Wo gewürdigt wird, wird informiert, und den zusammengerafften Informationen sind Irrtümer so essentiell wie, nach dem Nachweis, den Karl Kraus stets wieder erbrachte, der verwahrlosten Prosa die Druckfehler. Der Fremdheit des Würdigers zur Sache entgleitet auch jene Außenschicht der Faktizität, an der er die Sache zu haben wähnt.

Das neunte Konzert der Serie D wird von Wagner bestritten. Auf dem Programm steht das angebliche »Liebesduett« aus dem zweiten Tristanakt. Der Ausdruck Liebesduett beschwört einen Typus der älteren Opernform, gegen die Wagner rebellierte; sein bloßer Gebrauch verhöhnt dessen Idee vom Musikdrama, die schließlich ein solches Konzert erläutern sollte. Das in Rede stehende Stück ist natürlich ›O sink hernieder, Nacht der Liebe‹. Die Würdigungsstunde widersteht nicht der Versuchung, den Inhalt der Handlung zu erzählen. Der zweite Akt sieht so aus:

»Dort trifft sich das unglückliche Paar. Jeder sucht in der Gegenwart des anderen kurze Augenblicke der Freude, während Isoldes Magd Brangäne oben im Turm Wache hält. Doch selbst solches momentane Glück wird vergällt durch das Wissen darum, daß die Nacht nur flüchtiges

4 Was die Pädagogen der Würdigungsstunde überhaupt unter musikalischer Form sich vorstellen, verrät deren tautologische Definition: »Form sollte analysiert werden als hübsch kontrolliertes einfallsreiches Denken (nicely controlled imaginative thinking), das zu bestimmten kristallisierten Formen führt.« (a. a. O., S. 12.)

Vergessen gewährt, daß die krasse Wirklichkeit des Tages bald zurückkehren wird und daß der Tod allein Befreiung aus den jetzt so verhaßten Banden bringen kann, die auf ehrenvolle Weise zu zerreißen nicht möglich ist – für ihn als den treuen Vasallen von König Marke, für sie als Markes Königin.«

Das ist Tristan ad usum delphini. Weder suchen die Liebenden kurze Augenblicke der Freude in ihrer Gegenwart, noch haben sie irgendwelche Gewissensbisse. Die Würdigungsstunde ersetzt ihren Ehebruch durch das Leiden kreuzbraver Leute an lästigen Fesseln. Wenn man aber unterm Terror von Women's Clubs den Ehebruch nicht in den Mund nehmen darf, soll man vom Tristan schweigen, am besten auch nichts daraus spielen. Im übrigen ist die Prüderie idiotisch: jeder präsumtive Hörer der Stunde kann am nächsten Zeitungskiosk Film Fun – oder dessen europäische Äquivalente – sich kaufen.

Nicht nur zarte Rücksicht, auch schlicht mangelnde Kenntnis führt zu Fehlinformationen. So heißt es in der Einleitung zum vierten Konzert der elementaren Serie A, das Klavier sei nicht oft als Orchesterinstrument verwandt, weil sein Ton von dem der anderen Orchesterinstrumente zu sehr absteche. Der Satz ist so unwahr wie seine Begründung. Sicherlich ist der Klavierklang selbst dem herkömmlichen Orchester nicht fremder als der anderer Orchesterinstrumente, wie der Pauken und vollends der Schlaginstrumente ohne bestimmte Tonhöhe. Die Orchestervaleurs des Klaviers wurden vor mehr als hundert Jahren von Berlioz entdeckt, der sie ausführlich in seiner Instrumentationslehre behandelt und durch ein Beispiel aus Beethoven belegt. Offenbar auch ist den Autoren die Rolle unbekannt, die mittlerweile das Klavier als nicht solistisches Orchesterinstrument spielt: so in der Ariadne von Strauss, den Gezeichneten von Schreker, der Lulu von Berg. – Oder: im fünften Konzert der Serie A wird gesagt, es wäre langweilig, wenn in Orchestermusik nur die Instrumente der Streicherfamilie sich betätigten, weil ihre Timbres so sehr sich ähnelten. Wie langweilig müßte dann selbst die als gewürdigte Musik unvermeidliche Kleine Nachtmusik sein und gar ein jedes Streichquartett. – Oder: die Posaune sei ein Tenor-, die Tuba ein Baßinstrument. In Wahrheit sind die Posaunen selbst, und übrigens auch die Tuben, das, was die Würdigungs-

stunde mit so viel Gusto eine Familie nennt; die Posaunen haben ihren eigenen Baß, die Baßposaune. Daß die Baßtuba an ihrer Stelle als Fundamentstimme bevorzugt wurde, dürfte eher damit zusammenhängen, daß die weichere Tuba mit dem Orchestertutti besser verschmilzt als die prägnante Baßposaune.
In der Einleitung zur Serie C sollen die Grundbegriffe Polyphonie und Homophonie entwickelt werden:

»Dies Verfahren, Melodien miteinander zu verbinden, wird öfter da angewandt, wo, anstatt das zuvor Gehörte exakt wie im Kanon zu wiederholen, Modifikationen eingeführt werden. Das Prinzip jedoch ist das gleiche. Man bezeichnet es treffend als ›fortwährende Wiederholung‹, und man nennt es ›polyphone‹ Musik.
Im Gegensatz dazu gibt es eine zweite Möglichkeit, Musik so zu verbinden, daß sie eine vollständige Komposition bildet. In diesem Fall vollenden wir das, womit wir begonnen hatten, und führen dann völlig neue, oder kontrastierende Musik ein, nach der wir wiederholen, was zuerst erklungen war. Das wird als ›wechselnde Wiederholung‹ beschrieben und ›homophone‹ Musik genannt, weil die Hauptmelodie nur in einer Stimme erscheint, während die anderen Stimmen, oder Parts, als Begleitung dienen.«

Nichts daran ist zu halten. Fortwährende Wiederholung, oder vielmehr »Imitation«, findet sich in homophoner ebenso wie in polyphoner Musik. Der Wiener Klassizismus ist vorwiegend homophon und verwendet doch im weitesten Maß Imitationstechnik. Umgekehrt bedarf Polyphonie der Imitation nicht notwendig. Im Kontrapunktunterricht ist es üblich, zunächst die gleichzeitige Führung von Stimmen ohne Imitationen zu lehren und dann erst deren Prinzip systematisch zu behandeln. In fortgeschrittener Musik gibt es überwiegend polyphone Stücke, die auf Imitationen, als auf ein allzu mechanisches Mittel, konsequent verzichten, wie schon Schönbergs Melodram Erwartung.
Andererseits fällt das Prinzip des Kontrasts, zentral gerade in solcher fortgeschrittenen Musik, keineswegs mit dem der Homophonie zusammen. Von manchen homophonen Komponisten wie Mozart wird es bevorzugt, während Beethoven zuweilen in höchst belasteten Sätzen wie dem Eingangsallegro der Pastorale auf starke Kontraste verzichtet. Ob er mit Kontrasten oder ohne sie arbeitete, richtete sich nicht nach seinem Stil sondern nach den Erfordernissen des konkreten Werks. Wagner schließlich war ge-

wiß ein homophoner Komponist, und er gerade hat Musik die Kunst des Übergangs genannt; ihr galt seine gesamte Technik. Schroffe Kontraste formuliert er nur sehr selten, in Augenblicken der dramatischen Peripetie; selbst Kundrys Ruf »Parsifal«, im zweiten Akt, wird noch zu dem vermittelt, wovon er entscheidend sich abhebt.

Die gewürdigte Musik irrt im Faktischen oder verschiebt grob entstellend die Akzente; was aber mehr ist als bloß der Fall, wird unfreiwillig parodiert. Das sechste Konzert der Serie B bemüht unterm Motto »Bewegung in der Musik« Schuberts Wiegenlied. Wörtlich heißt es: »Schubert war unbeschreiblich begabt als Liederkomponist; mit achtzehn Jahren hatte er fast 150 Lieder komponiert und während des Rests seines Lebens produzierte er im Durchschnitt (averaged) 40 Lieder jährlich.« Von Schuberts Liedern wird in industriellen Produktionsziffern gesprochen; Quantität spreizt sich als Kriterium auf. Daß der junge Schubert schon hundertundfünfzig Lieder geschrieben hatte, ist gänzlich gleichgültig; viele Kitschiers aus dem neunzehnten Jahrhundert, viele Schlagerautoren aus dem zwanzigsten dürften ihn überboten haben, während Mahler, wahrhaft ein großer Liederkomponist, es insgesamt zu nicht mehr als sechzig Liedern brachte. Unsäglich kunstfremd die Betonung der Durchschnittsleistung. Die armselige Nüchternheit von facts and figures und der leere Enthusiasmus vertragen sich nur zu gut.

Das vierte Konzert der Serie D bietet ein Haydn-Programm. Die Einleitung enthält, neben anderen Greueln, das folgende:

»Von Haydn ist oft als dem ›Vater der Symphonie‹ die Rede. Er ist das und mehr. Er hat die Form entwickelt und standardisiert (standardized), die seitdem in dauerndem Gebrauch ist, die akzeptierte Form für Symphonien, Konzerte, Quartette, Trios und Sonaten.«

Das Stichwort Standardisierung der Sonatenform trifft musikalische Formen tödlich: Kritik, die das erst noch begründete, wäre vom Läppischen schon angesteckt. Aber der Kommentator der Würdigungsstunde, der die Kultur verbreiten will, merkt im Bann des Fließbands nicht, daß er abwürgt, was er anpreist. Haydn hat die Sonatenform nicht als ein starres und beliebig zu vervielfältigendes Modell geprägt, sondern als dynamische

Formidee, die gerade daran sich legitimierte, daß sie dem Impuls des Komponisten im spezifischen Werk flexibel sich anschmiegte. Eine standardisierte Sonate wäre nie mehr als ein schlechtes Schulstück. Solche Passagen züchten den Glauben, Aufgabe des Komponisten sei es, nach dem Komfortideal Dinge leichter zu machen; als wäre mit Hilfe jener Standardform nach Haydn das Komponieren dankenswerterweise bequemer geworden. Zum Glück wurde es schwerer. Der Rest an Spontaneität des Hörens wird gelähmt durch die Gewißheit, es bedürfe keiner Anstrengung, weil Prominente etwa sich aufdrängende Fragen ein für allemal durch Rationalisierungsmaßnahmen entschieden hätten.

Das sechste Konzert der Serie D sieht die Übertragung des gesamten zweiten Akts der Aida in einer Aufführung der Metropolitan Opera vor. Die Einleitung ergeht sich über den Text und erlaubt sich den Satz, Rhadames stelle »seine Liebe für Aida über seine soziale Stellung als Nationalheld (social position as a national hero)«. Der Ausdruck soziale Stellung mahnt an jenes Social Register, das Leute, die nicht dazu gehören, zum Trost darüber informieren will, wer dazu gehört. In der Oper hat Rhadames nicht mehr soziale Stellung als Tristan oder Lohengrin; an ihm wird, sei's ästhetisch zu Recht oder Unrecht, der nicht gerade taufrische menschliche Konflikt von Pflicht und Neigung vorgeführt. Das spießbürgerliche Etikett jedoch verhindert eben jene Leistung der Phantasie, an welche die Würdigungsstunde, anstatt auf die Musik einzugehen, so oft appelliert. Die Inkompatibilität eines Nationalhelden, dessen Idee selber dubios ist, mit der Prosa eines jobs entgeht den Würdigern. Sie sind so terre à terre, daß sie durch ihre eigenen Worte die Elevation Lügen strafen, die sie als Reklamehelden inszenieren.

Die Würdigungsstunde orientiert sich an Kategorien der Wirkung von Musik auf den Zuhörer wie Vergnügen oder jener Art Spaß, die mit einem unübersetzbaren Wort fun heißt. Sie sind dem kommerziell kalkulierten Amusement entlehnt. Daß man, um die von der Kulturindustrie dressierten Hörer zu erreichen, von deren eigenem Bewußtseinsstand auszugehen habe, schlägt ins Alberne um. Das dem Hörer verheißene Amusement negiert die Sache, zu der es ihm verhelfen will. Fun wird dem Wieder-

erkennen gleichgesetzt. Fraglos ist Wiedererkennen bei wiederholtem Hören ein Index steigenden Verständnisses; nicht jedoch mit diesem unmittelbar identisch: sonst wäre die Qualität des Neuen vorweg ausgesperrt. Befriedigt aber wird von der Würdigungsstunde in Wahrheit die Besitzerlust derer, welche die Namen des Wiedererkannten für das substituieren, was ihnen die Musik selber sein könnte. Verdinglicht werden die affichierten Personen ebenso wie der Erfolg, als Äquivalent von Qualität. Wie weit das geht, zeigt sich in Äußerungen wie der über das Larghetto aus Beethovens Zweiter Symphonie, die, nachdem es einmal, ohne einsichtige Begründung, der »Höhepunkt der alten vorrevolutionären Welt, der Welt von Haydn und Mozart« genannt wurde, hinzufügt, es markiere »den weitesten Punkt, zu dem Beethoven fortschreiten konnte, ehe er in jene wundervolle neue Region einbrach, die noch niemand vor ihm betrat, von der niemand vorher geträumt hatte, aber die nun eines unserer teuersten Besitztümer ist«. Solches verdinglichte Bewußtsein, das Geistiges in Kapital verhext, ist notwendig kraß reaktionär.
Bemächtigt sich etwa die Würdigungsstunde Mahlers, um an dem höchst gebrochenen und diffizilen dritten Satz der Ersten Symphonie die Form das Kanons zu exemplifizieren, so bringt sie es nicht über sich, subaltern-wohlweise Kritik zu verschlucken, wie sie stets gedeiht, wo autonome verkümmerte:

»Selbst heute ist Mahlers Musik kontrovers. Manche Musiker halten ihn für ein Genie, andere für begabt, aber exzentrisch.«

Das Peinlichste ist die fiktive Neutralität des Beobachters, der lediglich die Ansichten von Autoritäten referiere. Dafür ist Sibelius der Würdigungsstunde ein echter Meister. Nach der Einleitung zum elften Konzert der Serie D sei er »anerkannt nicht nur als Finnlands größter Komponist, sondern als einer der größten Komponisten der Neuzeit«. Jene Anerkennung, die sich im übrigen auf Finnland und die angelsächsischen Länder beschränken dürfte, ist dogmatisch wiedergekäut; nennt jedoch der Kommentar der Stunde Sibelius einen Meister der Technik (masterful in craftmanship), so schwatzt er Unsinn. Niemand brächte es fertig, nach musikalischen Kriterien und für Musiker evident die technischen Meriten von Sibelius zu bezeichnen. – Das letzte Konzert der Serie D gilt zeitgenössischen amerikanischen Komponisten.

Über eine einsätzige Symphonie von Samuel Barber steht zu lesen:

»Seine Musik ist ausgezeichnet durch ansprechende Melodien (appealing melodies), wohldurchdachte Formplanung, Mäßigung im Gebrauch der Dissonanz, Aufrichtigkeit und Beredtheit.«

Einen Komponisten wegen seiner Sparsamkeit im Gebrauch von Dissonanzen zu loben, impliziert das Vorurteil gegen die Moderne, einen Sinnes mit dem Köhlerglauben, Musiker, die mit Dissonanzen operieren, verstünden entweder mit Konsonanzen nicht umzugehen oder wollten sich bloß interessant machen. Daher die Verkopplung der sogenannten sincerity, Aufrichtigkeit, über deren Ideal amerikanische Psychologen wie Allport und Cantril das Notwendige schrieben, mit jener Mäßigung. Aufrichtig wäre demnach ein Musiker nur, solange er eine Art gesunden Normaljargon benutzt; unehrlich, wenn er der Erwartung seiner Kunden nicht sich beugt, er müsse sprechen, wie ihm, nämlich dem Kunden, der Schnabel gewachsen ist. Weder die strukturelle Funktion der Dissonanz noch auch nur der geschichtliche Prozeß, der den Gegensatz von Konsonanz und Dissonanz liquidierte, tritt ins Blickfeld der Würdigungsstunde. Nach ihrem Willen muß die Musik so harmonisch sein, wie sie wünscht, daß den Menschen die Welt dünkt. Während sie sich aufspielt, als ob sie die Bevölkerung musikalisch erzöge, reproduziert sie bloß das Geblök.

Glück hat der Betrachter oder Hörer von Kunstwerken, wenn irgend, daran, daß er sie als ein gegen die empirische Existenz Anderes erfährt; nicht an unmittelbaren Sinnesqualitäten, die er abschmeckt und konsumiert. Die sensuelle Wirkung eines Gebildes stiftet zwar eine Beziehung zwischen dem Rezipierenden und jenem, doch keine adäquate. Sie ist nicht das Prinzip, nach dem das Werk sich organisiert. Der Würdigungsstunde, die tut, als ob sie das annähme, verwirrt sich die pädagogische Verwendung der Wirkung als eines Ausgangspunkts mit der Interpretation der Sache. Das führt zu einem fatalen Zirkel. Welchen primären Eindruck ein Werk auf den Hörer macht, ist zunächst ein Gegebenes, an dem Pädagogik ansetzen mag, um von dort in die Sache selbst zu dringen. Das aber ist unmöglich, wenn die Sache selbst nichts sein soll als der Inbegriff der Wirkung. Musikalische Bildung wäre dann überflüssig.

Im Führer für die Lehrer (Teacher's Guide) heißt es:

»Die Diskussion mag die Frage einschließen, ... ob das Stück fast bis zur Monotonie, ›zusammenhängt‹; oder ob es immer weiter fortschreitet, ganz wie die Phantasie es will, zu keinem bestimmten Ziel hin; oder ob es gerade genug des ›Gleichen‹ und ›Verschiedenen‹ (der Einheit und Mannigfaltigkeit) enthält, um uns zu gefallen.«[5]

Wer dabei ist das »Wir«? Dem Ununterrichteten wird ein Stück der Schönbergschule erscheinen als etwas, das sich vorwärts bewegt, wie das Belieben der Phantasie es will, ohne bestimmtes Ziel (to nowhere in particular), eben weil er die Zusammenhänge nicht aufzufassen vermag, in denen es seine Struktur hat. Nach der Logik der Würdigungsstunde indessen dürften die Komponisten nichts dergleichen schreiben. Die Linie des geringsten Widerstands wäre die Bahn ästhetischer Erfahrung, und beschränkte Selbstzufriedenheit ihre Norm. Kein Fortschritt im musikalischen Bewußtsein wäre denkbar. Hinter den supponierten Wir, die da befriedigt werden sollen, lauert eine unhaltbare Ansicht von musikalischer Natur. Sie existiert nicht; ihr Schein ist der sedimentierte Niederschlag von Geschichte; was heute als allgemein musikalisch-natürlich gilt, ist bloß noch der schale Rest vergangener Konvention.

Daß eher der Rezipierende dem Kunstwerk etwas zu geben habe, als daß es ihm etwas geben müßte, ist längst selber zum Kulturgut herabgesunken; wer opponiert, muß sich schämen, daran zu erinnern. Die Würdigungsstunde jedoch zwingt dazu, weil sie noch nicht einmal bei jenem ausgelaugten Postulat hält und statt dessen den Gebrauchswert der Konsumgüter als ästhetischen installiert. Je unerbittlicher die gesellschaftliche Herrschaft des Tauschwerts, desto hartnäckiger wirft die Ideologie den Gebrauchswert zum Maß aller Dinge auf. »Was können wir tun, um den meisten Spaß (fun) aus dem zu ziehen, was die Radio-Fee uns bringt?«, heißt es in der Einleitung zur Serie A. Dagegen ist fast noch der fun zu verteidigen; der Oberton des Spotts, den das Wort enthält und der hämisch genug ist, wäre immer noch gut genug dazu, die Kitschassoziation der Fee fernzuhalten, deren imago ihrerseits wieder unvereinbar ist mit dem technologischen Medium. Meint später die Würdigungsstunde, mit et-

5 a. a. O., S. 8 ff.

was mehr Vernunft, dem bereite Musik den meisten Spaß, der sie aktiv wahrnimmt, so ist nur der Spaß, der solcher Aktivität als Lohn winken soll, nicht deren Ziel, ja nicht einmal zu erlangen. Schwieriger, am langsamen Satz der Hammerklaviersonate oder am cis-moll-Quartett Spaß zu haben, als es selbst für Adepten der Würdigungsstunde wäre, solche Musik zu verstehen.

Wie diese, präokkupiert mit Wirkung und Vergnügen, mit ihrem eigenen Material zusammenstößt, mag ein Zitat aus der Einleitung zum elften Konzert der Serie C dartun, das sich mit der Symphonie beschäftigt:

»Der erste Satz verhält uns zur Anstrengung, damit wir sein kompliziertes Schema verfolgen können; der zweite Satz läßt uns träumen; der dritte gewährt uns spielerische Entspannung, und der vierte erhebt unseren Geist, so daß wir uns am Ende des Werkes in einem heiteren oder erregten Gemütszustand befinden.«

Warum soll, nach solcher Logik, der erste Satz »uns zur Anstrengung (verhalten), damit wir sein kompliziertes Schema verfolgen können«? Wäre der Zweck bloß der Seelenfrieden der Hörer, so erreichten ihn die simpelsten Strukturen weit besser. Die Würdigungsstunde hat keine andere Antwort zu geben, als daß nach jener verschwendeten Anstrengung der Konsument beim zweiten Satz desto angenehmer dösen könne, treu dem Rezept zum Glück des Armen, der, schlafend in einem eisig kalten Zimmer, nur den Fuß heraus und wieder unter die Decke zu stecken brauche, um Wohlgefühle zu erlangen. Daß die Kompliziertheit des Satzes, oft gar nicht so erschrecklich, objektive Funktion hat, die der dynamischen Einheit von Mannigfaltigem, wird ignoriert. – Nicht minder schief ist die Ansicht, daß der dritte Satz, und wäre es das primitivste Scherzo, entspanne; als Derivat des Tanzes läuft es, wenn man überhaupt auf derlei Fragen sich einläßt, eher auf angespanntes Körpergefühl hinaus. Vollends die Theorie vom heiteren Geisteszustand am Ende des Werks, den viele Werke bereits der traditionellen Musik durchaus nicht zeitigen, ist prinzipiell unakzeptabel. Sonst herrschte Identität zwischen dem Geist des Werks: seinem ästhetischen Gehalt, und dem buchstäblichen, außerkünstlerischen Geisteszustand des Hörers. Einer heftig erregten Musik aber kann man höchst konzentriert zuhören und sie verstehen, ohne selbst in Aufregung zu geraten;

diese wird eher das Verständnis erschweren. Das Verhältnis zwischen Kunst und empirischer Realität ist komplex; wer aber die Distanz von beiden gar nicht erst merkt, der wird auch jener Komplexität nicht innewerden. Die Würdigungsstunde jedoch unterschlägt die Differenz. Kunsterziehung ist nichtig, sobald sie Kunst selbst auf das nivelliert, als dessen Gegensatz sie zunächst einmal sich bestimmt. Anstelle der genuinen Beziehung zur Sache tritt abstrakter Respekt. »Unser Interesse an der Musik von Bach und Händel, den zwei gleichzeitigen Riesen der Musik, steigt, wenn wir ihre kontrastierenden Lebensläufe bedenken.«[6] Wie Bachs Biographie, von der nur Spärliches überliefert ist, das Interesse an seiner die Zufälligkeit der Person abschüttelnden Kunst wecken könnte, bleibt unerfindlich. Ähnlich das Niveau der Einleitung zum zwölften Konzert derselben Serie: »Während Amerika, soweit wir bis jetzt sagen können, noch keinen musikalischen Riesen – noch keinen Beethoven oder Brahms – hervorbrachte, wie sie turmhoch über ihren Mitmusikern standen ...« Fraglich, ob Metaphern wie die vom musikalischen Riesen, welche dem Geniebegriff das Seine heimzahlen, indem sie ihn in die Vorstellungswelt von sport cracks und Champions transplantieren, pädagogisch irgend etwas nützen und nicht vielmehr vor der herrschenden Infantilität kapitulieren. Gesagt werden müßte wenigstens, warum jene Komponisten Riesen seien und nicht andere. Keiner der Kommentare jedoch, auch nicht zu den Konzerten, die den fortgeschrittenen Schülern gelten und um sogenannte große Komponisten zentriert sind, begründet stichhaltig ihre Größe. Statt dessen werden sie, nach dem Wort von Georg Simmel über die großen Denker in Rudolf Euckens Version, in Himbeersauce serviert. So in der Einleitung zur Serie D:

»Welch ein ruhmreiches Panorama von Hochgebirgsspitzen offenbart uns diese Serie – Höhen von Genie und schöpferischem Willen, strahlend in unsterblichen Formen der Schönheit, geben uns, die wir im musikalischen Tiefland wohnen, jene Augenblicke ruhiger Inspiration, deren wir so sehr im Alltag bedürfen.«

Die gewürdigte Musik ist auf den Halbbildungsphilister zugeschnitten. Während er ängstlich von Gedanken über die wahrhafte musikalische Fiber auch nur eines einzigen Stückes fern-

6 Student's Worksheet, a. a. O., Introduction to Series D.

gehalten bleibt, wird er gedrillt, die Namen von Zelebritäten auszusprechen: »Sanh-Sawnhss, Bahkh, Bee-zay«. Gemeint sind mit den Schreckenszeichen, die Karl Kraus hätte erfinden können, Saint-Saëns, Bach und Bizet. Anpassung glückt so reibungslos, daß man der Stunde nicht einmal zutrauen möchte, sie hätte es darauf abgesehen: Würdigung ist schon selber so. »Wir alle«, tönt sie, »sind zuzeiten glücklich und zuweilen traurig.« Im Stolz auf ihre Durchschnittlichkeit, die das Gesunde verbürge, verbindet sie dem Riesenkult den Gestus des Gönners: »Auch in früheren Zeiten wurde viel Musik hervorgebracht, deren künstlerische Vollendung günstig abschneidet im Vergleich mit großen Werken der jüngsten Jahre.« Am Geist von Würdigung hat wenig sich geändert seit jener Rezension in einer Liverpooler Zeitung aus der ersten Hälfte des neunzehnten Jahrhunderts, in der nach der dortigen Premiere der Eroica zu lesen stand, selbst in einer Stadt, die auf dem Gebiet des Handels so Erkleckliches leiste wie Liverpool, seien höchstens zehn Menschen zu finden, die eine derartige Symphonie schreiben könnten.

Über die Wirkung der Stunde war nichts Verbindliches zu sagen ohne Untersuchungen über die Hörer. Sie hätten komparativ durchgeführt werden müssen; etwa durch Vergleich des musikalischen Verhaltens junger Leute, die der Stunde exponiert waren, mit dem solcher, die Privatunterricht alten Stils empfingen, und schließlich solcher, die ernsthaft etwas gelernt haben. Dem Verständnis wäre in konkreten Situationen nachzugehen, nicht akkumulierter Bildungsmüll über Musik zu prüfen. Nun möchte auch die Würdigungsstunde der vielberufenen Einbahnstruktur des Radios entgegenarbeiten, und, wie das so im pädagogischen Einheitsjargon der ganzen Welt heißt, ihre Schüler aktivieren. Jedes Arbeitsheft enthält eine Reihe von Tests zur Kontrolle der Schüler. Aber kein Urteil über deren Musikalität könnte vernichtender ausfallen als das, welches die Tests sich selber sprechen. Die Schüler sollen nach dem allbekannten Cafeteria-Verfahren der Fragebogen aus mehreren ihnen zur Auswahl gebotenen Sätzen den richtigen ankreuzen und den falschen durchstreichen. Das mag der von dem Soziologen Paul F. Larzarsfeld so genannten administrativen Forschung zukommen; keinem Bereich individueller Spontaneität. Die jugendlichen Schüler müssen ihre Reaktionen auf vorverdaute Sparten und Clichés einrichten. Erprobt wird Anpassung an die Ideologie der Stunde, nicht ihr Verhältnis zur Sache. Die folgenden Testsätze mögen genügen:

Ruft Griegs ›Sonnenaufgang‹ nur die Vorstellung eines ägyptischen Morgens oder des Tagesanbruchs überall hervor?
(Serie B, erstes Konzert, Frage 1)
Musik, die Märchen beschreibt, ist gewöhnlich (leicht und anmutig) (laut und geräuschvoll) (langsam und schwerfällig).
(Serie B, fünftes Konzert, Frage 2)
Erhöht Musik die Schönheit und Bedeutung der Worte dadurch, daß sie sie (leichter aussprechbar) (für unsere Vorstellungskraft ansprechender) macht?
(Serie B, neuntes Konzert, Frage 1)
Werden Volksweisen (selten) (häufig) (beständig) von Komponisten klassischer Musik verwandt?
(Serie C, erstes Konzert, Frage 1)
Bach ist heute hauptsächlich berühmt, weil er den Grund legte für (unsere moderne Musik) (die Sonatenform) (das Orchester).
(Serie B, zweites Konzert, Frage 1)
Haydn wird der »Vater der Symphonie« genannt, weil er (die Form) (den Charakter) (den Stil) der modernen Symphonie ausbildete.
(Serie B, neuntes Konzert, Frage 1)
Mozarts Talent (trat hervor) (begann abzunehmen) in einem ungewöhnlich frühen Alter.
(Serie B, fünftes Konzert, Frage 1)
Seine (Mozarts) Verbindung mit Haydn (wirkte sich vorteilhaft aus auf) (beeinflußte wechselseitig) die Kunst beider Komponisten.
(a.a.O., Frage 2)
Mozarts g-moll-Symphonie spricht den Hörer hauptsächlich an durch (beschreibenden Realismus) (uneingeschränkte Schönheit) (emotionale Gewalt).
(a.a.O., Frage 4)
Verdis Laufbahn war bemerkenswert durch ihre (Kürze) (Länge).
(Serie B, sechstes Konzert, Frage 1)
Während seiner (Beethovens) Laufbahn lebte er in (großen Sorgen und Nöten) (beständigem Glück).
(Serie D, siebentes Konzert, Frage 2)
Die Entwicklung seiner (Beethovens) Persönlichkeit (wirkte sich nicht auf seine Musik aus) (beeinflußte die Entwicklung seiner Kunst).
(a.a.O., Frage 3)
Die Ballettmusik zu Rosamunde ist in ihrem Charakter (düster und zynisch) (hell und freudig) (von ausgelassener Fröhlichkeit).
(Serie D, achtes Konzert, Frage 4)

Der erste Satz der Unvollendeten ist bemerkenswert durch (unaufhörlichen Melodienfluß) (ihren brillanten und effektvollen Gebrauch des Blechs) (ihre eindrucksvollen rhythmischen Effekte).
(a.a.O., Frage 5)
Das ist die gewürdigte Musik.

Die Antwort darauf wäre die Erziehung zum adäquaten Hören. Anzuleiten wäre dazu, Kompositionen strukturell aufzufassen, also ihre Momente derart miteinander zu vermitteln, daß ein Sinnzusammenhang erhellt. Die gegenwärtige Krisis des musikalischen Sinns läßt selber nur vor der Folie jenes Zusammenhangs sich begreifen. Er ist, als negierter, aufgehoben gerade in den Werken, die gegen bloß beteuernde Sinnhaftigkeit sich sträuben. Der Widerstand gegen musikalischen Sinn heute ist, wie schon während der revolutionären Periode der Schönbergschule, der gegen die Erschleichung von Sinn durch die traditionellen Formen, die selber keineswegs identisch sind mit dem, was allein zählt, der konkreten musikalischen Gestalt. Zu ihrer Erfahrung und nichts anderem ist dem Hörer zu helfen. Selbst bei lebendiger traditioneller Musik ist die Kenntnis ihrer typischen Formen notwendige vielleicht, keineswegs zureichende Bedingung zum adäquaten Hören. Musikalisch sein – was unter diesem Namen als Sein hypostasiert wird, ist ein Werden, ein erst sich Bildendes, prinzipiell Offenes – heißt nicht, das Vernommene unter seinem Oberbegriff zu subsumieren; nicht bloß anzugeben vermögen, welchen Ort Details in dem logisch übergeordneten Schema haben, sondern die Entfaltung des Erklingenden in ihrer Notwendigkeit mit den Ohren denken. Das Ideal von Struktur wie von strukturellem Hören ist das der notwendigen Entfaltung von Musik aus dem Einzelnen zum Ganzen, das seinerseits erst das Einzelne bestimmt. Soweit in der traditionellen Musik diese Dynamik den Formtypen nicht äußerlich war, sondern ebenso von ihnen genährt wurde, wie jene in ihrer spezifischen Entfaltung sich erst konstituierten, bedarf musikalische Bildung des Bewußtseins der geschichtlich etablierten Formen; sich zu verhalten, als finge jedes Werk voraussetzungslos von vorn an, wäre so böotisch, wie wenn man es auf das Skelett herunterbringt, das es mit ungezählten anderen der verschiedensten Niveaus gemein hat. Aber jenes Bewußtsein der Formen involviert immer zugleich das der Abweichungen; die Formen leben in dem, worin sie unidentisch sind mit sich, und ihre Substantialität ist vielfach eins mit ihrer eigenen Kraft zur Modifikation. Weniges war im konservativen Kompositionsunterricht so fruchtbar wie der Nachweis der Differenz der Bachischen Fugen von dem Fugentypus, den die Schulregel von Bach selber abstrahiert hat; etwa in der freien Behandlung der Zwischensätze bei ihm, verglichen mit dem mechanischen Rezept zum Sequenzieren mit Umkehrung der Sequenzglieder im doppelten Kontrapunkt. Wer eine anständige Fuge schreiben lernt, muß den Zwang zu solcher Abweichung in der Analyse der Bachischen Vorbilder ebenso empfinden, wie ihm gegenwärtig sein muß, wovon abgewichen wird. Insofern die authentische neue Musik insgesamt die spezifischen Strukturmomente, auf Kosten der typischen Fassade, nach außen setzt, könnte das Desiderat strukturellen Hörens auch lauten: daß jegliche Musik seit dem Beginn des Generalbaßzeitalters so zu hören sei, als wäre sie modern. Der Laienglaube, man müsse, um Musik zu verstehen, die üblichen theoretischen Disziplinen, Harmonie und Kontrapunkt, gelernt haben, oder sogar, neueren konstruktiven Produktionen gegenüber, Mathematik, ist töricht. Daß die Würdigung noch unterhalb des Schulwissens verharrt, genügt nicht zu dessen Instauration; die Schuldisziplinen selbst sind von der musikalischen Geschichte und den konkreten Gebilden abgezogen, dann didaktisch verselbständigt und, womöglich mit naturwissenschaftlichen Hilfshypothesen, als schlechthin gültig hypostasiert. Sie sind bereits Verdinglichungen dessen, was von adäquater Auffassung gerade ins Leben zu zitieren wäre. Einer kann über alle Regeln reinen harmonischen Satzes, alle Vorschriften des Kontrapunkts verfügen und dennoch unfähig sein, dem ersten Satz der Eroica spontan zu folgen.

Damit ist dem Vorwurf des Intellektualismus begegnet, hinter dem der Widerstand gegen die ästhetische Verpflichtung zur Sache sich zu verschanzen pflegt. Keinem Hörer ist die Kenntnis von Begriffen aufzubürden, die nicht dem innewohnen, was er vernimmt; die ihm nicht vermittelt wären durchs konkrete Gefüge. Aber der Anti-Intellektualismus, zu dem die alte Ästhetik der reinen Anschauung im geistigen Haushalt des bequemen Konsumenten verkommen ist, gibt damit sich nicht zufrieden. Er ärgert sich überhaupt an jener Synthesis des sinnlich Erscheinenden, durch die allein es zur Kunst wird, und in der die Rezeption mit dem Formgesetz konvergiert; er bildet sich ein, jene Anstrengung nähme ihm das Vergnügen, das er von Kunst als einer Freizeitbeschäftigung verlangt. Während er auf den Kulturbegriff von Kunst als einem Geistigen wenigstens in der Ideologie nicht verzichtet – darum hört er ja überhaupt ernste Musik –, verteidigt er wortlos seine vermeintliche Naivetät damit, daß das geistige Moment Ausdruck eines Gefühls, jeweils im singulären sinnlichen Augenblick gegenwärtig sei; er müsse nicht mehr tun als gar nichts: sich wohlig dem auf ihn Einströmenden überantworten. Darin aber täuscht er sich. In Musik, wie in jeglicher Kunst, ist, was die Sprache der Philosophie sinnliche und kategoriale Momente nennt, ineinander. Hat der hartnäckig naive Hörer daran recht, daß Kunst kein Geistiges duldet, das nicht sinnlich erscheint, so ist umgekehrt das Sinnliche selbst bereits geistig bestimmt, ein erleuchtetes Fenster, und noch die sinnliche Schönheit dankt es dem Licht. Die Wahrnehmung des sinnlichen Jetzt und Hier ist Funktion der strukturellen, der Zuwendung zum Ganzen, und die ist mehr als nur Anschauung. Wo in der subjektiven Rezeption von Musik jeweils Geistiges und Sinnliches endet, wo das eine ins andere umschlägt, ist zufällig, psychologisch. Der Neophyt, oder der Dekonzentrierte, muß der Struktur zuliebe intellektiv auf bereits vergangene Partien sich besinnen, die ihm gar nicht mehr im Ohr liegen, damit ihm die Balance aufgeht, die durch den Wiedereintritt von Vergangenem sich herstellt. Der Erfahrene wird solche Synthesis nicht durch die »Rekognition im Begriff« sondern durch die zugleich aktive und unwillkürliche Reproduktion in der Einbildungskraft leisten. Das geistige Moment im Kraftfeld des Kunstwerks wie im adäquaten Verhältnis zu ihm gehorcht keiner dem Sinnlichen äußerlichen Logik; es ist auch nichts, was man sich, wie schon Hegel spottete, dabei zu denken hätte. Vielmehr ist es das, womit das Sinnliche sich selbst und seine punktuelle Gegenwart übersteigt. Rezeption von Kunstwerken ist keine orientierende Besinnung. Sie läßt, mit der Arbeit selbstvergessener Aufgeschlossenheit, von solcher Transzendenz sich treiben, anstatt im bloßen Dasein des Augenblicks sich zu verstocken. Sie ist Denken wohl, doch kein begriffliches;

ihre eigene Kraft verzehrt sich in der Absorption der in der Sache aufgespeicherten und erlischt virtuell in dieser. Die Stringenz von Kunst ist eigenen Wesens; dem Bild von Freiheit als dem von der empirischen Realität sich Lossagenden kommt sie desto näher, je reiner sie nach dem Zwang des So und nicht anders Seins sich fügt: er konstituiert ihre Objektivität. Kunst nimmt im Gleichnis für die Menschheit vorweg, wie vollkommene Herrschaft übers Material einen herrschaftslosen Zustand bereiten, Rationalität Natur wiederherstellen könnte. Das an Musik zu erkennen, genügen nicht Erinnerung und Erwartung. Das Verhältnis dieser unabdingbaren Kategorien ist dynamisch, eines von Spannung und Einlösung; es entscheidet über die Stringenz. Deshalb sind im Werk Sinnlichkeit und Denken reziprok: Wahrnehmung determiniert, als herbeiziehende Spannung des Augenblicks, das nicht Gegenwärtige ebenso, wie dieses, als Erfüllung, das zuvor Wahrgenommene besiegelt oder entmächtigt. Das Ganze *wird,* Inbegriff aller Relationen, der sukzessiven und auch der simultanen; weil Musik in der Zeit verläuft, nicht schon da ist, an einer isolierten Zeitstelle, ist auch die Struktur dem Hörer nicht primär vorhanden sondern erst Resultat, der Sinn ein Mittelbares. Das begründet die Insuffizienz der Verhaltensweise zur Musik, die alles vom sinnlichen Augenblick allein erhofft. Jene Totalität seiner Relationen aber möchte am Ende das Gebilde, in dem die temporalen Spannungen sich ausgleichen, der Zeit entheben; reine Zeitkunst die Zeit abschaffen. Wünscht das primitive Bewußtsein, daß Musik die Zeit der Langeweile töte, so kehrt das mündige zu diesem Ziel heim, nachdem es einmal von ihm sich befreit und damit auch Musik von der Langeweile geheilt hat. Der Einstand der Zeit als Bild des Endes von Vergängnis ist das Ideal von Musik, das ihrere Erfahrung und auch das musikalischer Unterweisung. Dies Ideal ist eines von Erkenntnissen, aber keiner über die Kunst sondern derjenigen, die Kunst selbst ist, als Widerpart der szientifischen: Erkenntnis von innen. Kunstwerke sind die einzigen Dinge an sich; sie stehen ein für die Versöhnung mit den verlorenen, mit Natur. Der Mitvollzug von Musik ist die gelungene Selbstentäußerung des Subjekts in einer Sache, die dadurch seine eigene wird: Vorwegnahme eines Zustands, in dem Entfremdung getilgt wäre.

Anweisungen zum Hören neuer Musik

Daß die Rezeption neuer Musik in der Breite der Gesellschaft bis heute nicht gelang, ist unbestritten. Wohl haben sich die Daten dessen, was aufgenommen wird, langsam verschoben. Werke, die vor vierzig Jahren noch schockierten, wie das fis-moll-Quartett oder die Erste Kammersymphonie von Schönberg, wohl auch das Sacre du printemps oder die Histoire du soldat von Strawinsky, werden ohne Widerspruch aufgeführt. Vielfältige Wiederholung, vor allem auch der Rundfunk haben in gewissem Maß an die Klangfassade gewöhnt und, was einmal abseitig und exzentrisch gescholten ward, als Zeugnis einer etablierten Richtung zumal denen gegenüber ausgewiesen, die sich davon, daß eine Sache hartnäckig und in beträchtlichen Quanten existiert, auch dann imponieren lassen, wenn jene selber ihnen antipathisch ist. Daß aber die neue Musik, sogar einigermaßen eingebürgerte Stücke und selbst manche fortgeschrittenere, die eigentlich noch diesseits der Schwelle liegen, wie die Straussische Elektra, wahrhaft sich erschlossen hätte, davon kann keine Rede sein. Quantitative Gewöhnung hat den qualitativen Bruch nicht ausgefüllt. Auch wenn vom Publikum mit Achtung oder Ergebung einem offenbar Unvermeidlichen gelauscht wird, geschieht es bestenfalls unterm Aspekt bloßer orientierender Kenntnisnahme. Von kaum einem als dem Fachmann werden Gebilde der freien Atonalität, der Zwölftontechnik oder der an diese sich anschließenden seriellen Schulen so durchgehört, so ihrem Geäder und der Logik ihres Fortgangs nach spontan wahrgenommen wie die traditionelle Musik vom alten Kreis der Musikalischen. Meist bleibt es beim charakterisierenden Überblick von oben her, dem Zuordnen zu Stilrichtungen. Selten glückt jenes In der Musik Sein, sie Mitvollziehen, jenes nachgiebig-intensive Folgen, das einmal ein kultiviertes Konzertpublikum definieren sollte und wohl in erheblichem Umfang tatsächlich definierte.

Unausweichlich die triviale Feststellung, die Gründe dafür seien objektiv und subjektiv: aufzusuchen teils in der Musik selbst, teils in ihren Hörern. Zu den objektiven zählt die Preisgabe stabiler Bezugssysteme, welche den Ort der Einzelphänomene in gewissem Maß a priori garantierten; der freilich nicht durchgängig konstatierbare Verlust sinnlich angenehmen, dem Hörer schmeichelnden und ihn zur Sache verführenden Klanges; schließlich die Komplexität mindestens eines großen Teils der modernen Produktion, zumal der recht eigentlich neu entdeckten Kontrapunktik, die verlangt, daß mehrere genuin selbständige Stimmen gleichzeitig in ihrem Unterschied und in ihrer Bezogenheit aufeinander vernommen werden. Die subjektiven Schwierigkeiten sind nicht geringer. Manche sind verursacht von gesellschaftlichen Tatbeständen wie der Krisis jener Bildung, welche die Voraussetzung fürs Begreifen von Kunst nachdrücklichen Anspruchs insgesamt ausmacht. Hinzu kommen anthropologische Veränderungen: das Erlahmen des Konzentrationsvermögens, dessen die neue Musik nun einmal bedarf; der Triumph der Konsumentengewohnheit, alles danach einzuschätzen, was man mit geringster Anstrengung einzuheimsen glaubt. Schließlich spielen spezifisch musikgeschichtliche Momente herein. Die musikalische Schulung hinkt hinter der aktuellen kompositorischen Praxis weiter wohl her als jemals; zuweilen sabotiert sie diese geradezu. Nicht wenige stellen ihr vermeintliches Verständnis für das, was sie mit einem scheußlichen Cliché klassische Musik nennen, durch den automatischen Gestus der Abwehr der Moderne unter Beweis: dann wissen sie sich vorweg geborgen und bestätigt. All das verschränkt sich: indem die komplexe Schreibweise aufmerksameres Hören als die traditionelle erheischt, setzt sie genau jene Kräfte im Empfangenden voraus, die unter den gegenwärtigen gesellschaftlichen Bedingungen zu verkümmern drohen. Neue Musik, gleich welcher der divergierenden Schulen, gewährt nicht jenes passive Wohlgefühl, welches das Mißverständnis von traditioneller Musik sich erhofft; vielmehr sträuben sich ihr die Haare gegen veranstaltete Euphorie. Die Forderung eines aktiven Verhaltens des Rezipierenden anstelle eines passiv kulinarischen begegnet sich mit einem ihrer wesentlichen Desiderate. Nur daß solche Aktivität nicht im emsigen Mitmachen, in dumpf fiedelnder Betriebsamkeit besteht. Vielmehr ist es eine schweigende, imaginative, schließlich hörende Aktivität, Leistung dessen, was Kierkegaard das spekulative Ohr nannte.

Zur Bestimmung des prekären Verhältnisses zur neuen Musik genügt indessen keineswegs der Rekurs auf die gesellschaftliche Entfremdung zwischen avancierter, unnachgiebiger Produktion und den Massen. Der Besuch irgendeiner überfüllten Ausstellung zeitgenössischer Malerei genügt, um eine Differenz kraß zu demonstrieren. Sie erklärt vermutlich der primitive Sachverhalt, den Wilhelm Buschs hausbackener Witz festnagelt: »Musik wird störend oft empfunden, weil stets sie mit Geräusch verbunden.« Das Auge kann man schließen, von einem Bild kann man sich abwenden, wenn es einem zuviel zumutet, und wieder zu ihm zurückkehren. Das offene Organ des Ohrs aber ist dem Reiz schutzlos ausgeliefert. Zeitkunst gestattet kaum strafloses sich Abkehren wie räumliche. Der Hörer von Musik bleibt in ihren Fortgang eingespannt, wofern sie nicht so simpel ist, daß er das Versäumte mechanisch sich ergänzte, und je höher organisiert, je integrierter die Musik, je strenger sie all ihre Momente aufeinander bezieht, um so mehr integriert sie auch den Hörer, um so weniger läßt sie ihn aus – drohender Schatten ihrer Größe und Herrlichkeit. Dies Moment des Zwangshaften an ihr begleitet ihren irrationalen Aspekt; dieser verstrickt sie erst recht in rationale Naturbeherrschung. Zwang wird auch von der traditionellen Musik ausgeübt und zeitigt Widerstand. Wer eine latente Ambivalenz gegenüber jeder durchgeformten, den Hörer gewalttätig bannenden Musik argwöhnt – stolze Ignoranten schelten sie »Opus-Musik« –, braucht kein großer Psychologe zu sein. Der Unterton von Protest im Verhalten der Jazzfans ist vielleicht Ausdruck jener Ambivalenz, obwohl was sie zelebrieren, gewiß nicht freier ist als die große Musik, welche die Freiheit meinte; auch die Teenager-Kultur ist ja nicht freier als die bürgerliche.

Während aber solche Ambivalenz dem kulturell approbierten Musikvorrat gegenüber, wenigstens in Deutschland, von Respekt gedämpft wird – in Amerika ist das schon ganz anders –, macht sie sich der neuen Musik gegenüber Luft. Das geschieht heute nur selten in Wut und lautem Protest. Wo dergleichen noch sich äußert, kühlt man sein Mütchen meist an pointiert avantgardistischen Veranstaltungen. Das hat dann kulturpolitischen: oft kryptofaschistischen Charakter. Das zeitgemäße Verhalten jedoch ist das absichtsvoll gleichgültige Achselzucken, die eingefrorene Redewendung: »Das verstehe ich nicht.« Sie ist fataler als die offene Feindseligkeit, weil sie einer jeden Beziehung zum Gegenstand, sei's auch der negativen, ausweicht. Man pocht pharisäisch auf die eigene Redlichkeit, wirft sich in die Brust, weil man kein Snob sei, spielt sich auf, als rebelliere man gegen das vorgebliche Meinungsdiktat der Moderne, während man in Wahrheit gedeckt ist vom Gewicht jenes bösen Einverständnisses, das in gesellschaftlichem Zusammenhang Franz Böhm die nichtöffentliche Meinung nannte. Man gebärdet sich sachlich und distanziert, beinahe, als nähme man die Schuld am Unverständnis auf sich, aber der Ton ist falsch; es klingt durch, was man selbst samt allen vernünftigen Leuten nicht verstehe, was also nicht als ein Für anderes sich bewähre, sei eben darum auch an sich wertlos. Es wird abgeschoben an die zuständigen, aber der Intellektualität verdächtigen Fachleute, und als deren Spezialität neutralisiert, damit jedoch sein eigener Sinn beschädigt. Denn es gibt kein Kunstwerk, nicht das esoterischeste, das nicht, wäre es auch gerade durch Kündigung der Kommunikation, objektiv, von sich aus zu Lebendigen zu sprechen begehrte. Das rechtfertigt, trotz einer von den kulturellen Institutionen nur mühsam übertönten Apathie, den Versuch, aufs Verständnis neuer Musik hinzuarbeiten. Stützen mag man sich dabei auf ein Potential, das noch jenem »Das verstehe ich nicht« innewohnt; das vage Bewußtsein, eigentlich müsse man es begreifen, eigentlich habe man in geistigen Dingen vor der Sache zu bestehen, nicht diese vor einem selber. Wer einmal sagt: »Das verstehe ich nicht« und ein wenig auf das reflektiert, was er dabei sagt, dem sollte es schwer fallen, sich zu entziehen, wenn er beim Wort genommen wird und man ihm dort hilft, wo er nur allzu gern hinter der eigenen Unzulänglichkeit trotzig sich verschanzt.

Abgesehen sei von der quantitativ sehr erheblichen Produktion, die, bei einzelnen auffälligen Neuerungen, prinzipielle Schwierigkeiten nicht bereitet, also von der sogenannten gemäßigten Moderne. Zu helfen ist, wo der Hörer im Ernst der Hilfe bedarf, bei Modellen des Konsequenten und Kompromißlosen. Freilich lassen sie nicht beliebig sich übertragen. Denn die neue Musik hat mit der abstrakten Regel die abstrakte Regelmäßigkeit geopfert. Jeder ihrer Fälle ist virtuell einmalig. Kein Passepartout-Schlüssel existiert, vor dem alles sich auftut. Wohl aber ist in einer Reihe von Problembereichen, und nicht ohne alle Systematik, Sinn dort zu enthüllen, wo Unsinn vermutet wird; die Einstellung, die man dabei erwerben mag, reicht doch vielleicht über die kargen Modelle hinaus.

Anzuknüpfen ist, so gut wie möglich, an das, was man als typisches Hörerbewußtsein beobachtet hat, um es zur adäquateren Auffassung der Sache zu bewegen. Ganz gewiß steht es nicht bei der Erklärung, wahrscheinlich auch bloß bis zu einem gewissen Teil bei dem guten Willen derer, an die sie sich richtet, wie weit sie dann der Erfahrung zugeeignet wird. Bei jenen, die wirklich nicht verstehen, aber wirklich verstehen wollen, bedarf es wohl der Konvergenz verschiedener Annäherungen, damit das volle Verständnis gerate. Man sollte es sich übrigens nicht als kontinuierliche, allmähliche Gewöhnung vorstellen – die kann eher bis zur Unempfindlichkeit abstumpfen – sondern so, daß den Hörern die Binde von den Augen, besser: die Watte aus den Ohren fällt. Jede genuine künstlerische Erfahrung hat ein Moment des Plötzlichen, des Überwältigtwerdens. Schafft die Erklärung es weg, so hätte sie am Ende leicht die Sache selber wegerklärt.

Das Einfachste ist ein Negatives: falsche Erwartungen wegräumen. Unter den subjektiven Bedingungen des Unverständnisses rangiert obenan, daß die eingeschliffene Hörgewohnheit, das feste tonale System, das fast vierhundert Jahre in seinen Grundzügen unerschüttert dauerte und als Unterstrom der Volksmusik noch viel weiter zurückreicht, etwas wie conditioned reflexes, gebahnte Reflexe zeitigte. Zunächst will die neue Musik, die von jenem Tonsystem endgültig sich abwandte, daß man, durch bewußte Kontrolle, der reflexhaften Reaktionsform sich entschlage. Das ist leichter gesagt als getan, eben darum, weil jene Reaktionsform durch die Generationen hindurch als zweite Natur in die Menschen sich eingesenkt hat. Sie determiniert das musikalische Verhalten weithin unabhängig von ihrem Bewußtsein und ihrer Absicht. Die Entwicklung der Musik selbst ist mit größter Folgerichtigkeit über jene Reaktionsweise hinausgeschritten, ohne daß die Rezeption dem Stand der Produktion sich angepaßt hätte; Schulfall dessen, daß auch in der Kunst das subjektive Bewußtsein hinter dem objektiven Stand der Produktivkräfte zurückbleibt. Zu erläutern ist das am allerprimitivsten Gegenstand. Wer die beiden ersten Takte des Kinderlieds ›Hänschen klein‹ vernimmt, der erwartet die beiden nächsten oder wenigstens zwei ihnen entsprechende:

Beispiel 1

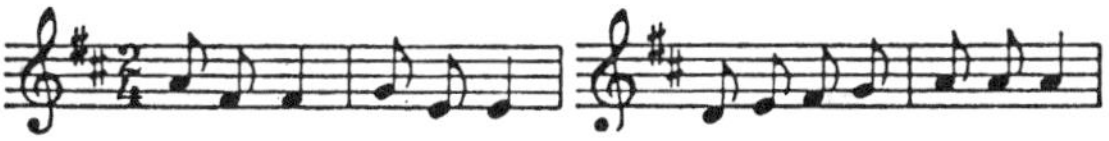

Harmonisch und rhythmisch sind die beiden ersten Takte so beschaffen, daß sie gleichsam der Ergänzung durch die beiden folgenden bedürfen. Diese lösen automatisch ein Versprochenes ein, verlangen keine weitere Anspannung. Damit ist es in der neuen Musik vorbei. Sie scheint das Erwartete zu versagen und fordert statt dessen die Anstrengung des Ohrs. Während der Anfangstakte des ersten Klavierstücks aus Schönbergs op. 19, oder unmittelbar danach, ist es unmöglich, die folgenden zu antizipieren.

Beispiel 2

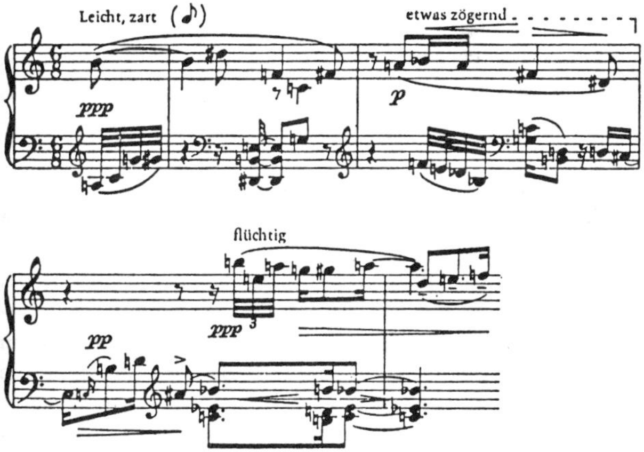

Es liegt zwar eine Pause zwischen den beiden ersten Motiven. Sie sagt, daß danach eine neue Phrase beginnt. Der Beginn der neuen ist die Verkleinerung des Endes der ersten. Aber darauf kann der Hörende nicht sich verlassen. Um die Verkleinerung und ihr Verhältnis zum Vorhergehenden zu erfassen, muß er dem sich Anschließenden ganz sich hingeben, darf nicht einfach Analogieschlüsse zu dem ziehen, was er schon vernahm. Das verbietet alle neue Musik. Von ihr darf man nicht verlangen, daß sie einigermaßen so weitergehe, wie man es sich nach überkommenem Schema vorgestellt hat, sondern soll statt dessen suchen, dem gerecht zu werden, was konkret sich abspielt, ohne es an einer Erwartung zu messen, der die Idee solcher Musik nicht entspricht und die sie als ihr Maß nicht anerkennt. Wird entgegnet, die traditionelle Musik hätte ja auch, von Mozart bis Richard Strauss, Unerwartetes, Überraschungseffekte, etwa Trugfortschreitungen und Trugschlüsse, gekannt, so trifft das gewiß zu. Man mag darin recht wohl eine der zahllosen Antizipationen der neuen Musik erblicken, von denen die alte durchwachsen ist. Aber ein entscheidender Unterschied ist darüber nicht zu vergessen. Jenes alte Unerwartete wurde zu einem solchen gerade in seinem Verhältnis zu dem Erwarteten, zu dem, was dem Hörer als Fortsetzung selbstverständlich dünkt: das Erwartete wird unter dem Unerwarteten stillschweigend mitgehört, es kommt, als eine Art Pointe, anders. Dies Verhältnis von Überraschung und Bekanntem ist in der neuen Musik, wenigstens in ihren konsequenten Repräsentanten, getilgt. Sie erweckt überhaupt keine eindeutige Erwartung mehr; das Unvorhergesehene wird nicht länger von einer solchen getragen, sondern die Logik der Ereignisse spricht rein für sich.

Das gilt nicht nur für Melodik und Metrik, sondern erst recht für die Harmonik. In ihr ist eine Quantität, die der Dissonanzen, in eine neue Qualität umgeschlagen. Auch Dissonanzen existierten immer, beim späten Wagner und beim mittleren Strauss scheinen sie zuweilen die Konsonanzen zu überwiegen oder zu verdrängen. Aber sie wurden fast stets aufgelöst; ihre Spannung entspannte sich sogleich oder wenigstens bald, und oftmals waren die komplexen Harmonien selber Deckbilder von vertrauten. Als solches wird sogar der berühmte wilde Wiedererkennungsakkord der Elektra Lügen gestraft. Erst drängt in seinen vielschichtigen Klang die Fülle der widerstreitenden Emotionen sich zusammen. Statisch festgehalten, scheint er in sich selbst zu leben.

Beispiel 3

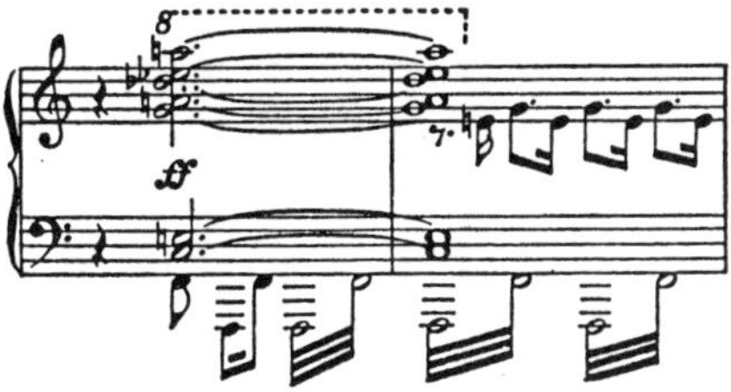

Dann aber weicht er mit breit ausgepinseltem Diminuendo, in ganz allmählicher harmonischer Milderung, dem süßesten As-Dur.

Während nun, durch die Freigabe aller erdenklichen dissonierenden und vieltönigen Klänge, in der nachstraussischen Musik der Spannungscharakter weit über solche Ballungen anwuchs, wird zugleich die Lösung in die Konsonanz, als konventionell-clichéhaft, vermieden; soweit neue Musik Spannungsausgleich anstrebt, leisten ihn weiter gespannte Relationen, oder gar das Ganze der Form, nicht die einzelnen harmonischen Stufenfolgen, obwohl selbstverständlich in einer guten Komposition auch der Grad der Einzelspannungen variiert, nicht alles eintönig gleich gespannt bleibt. Denkt man sich den Leitklang aus der vierten Szene des III. Aktes von Bergs Wozzeck:

Beispiel 4

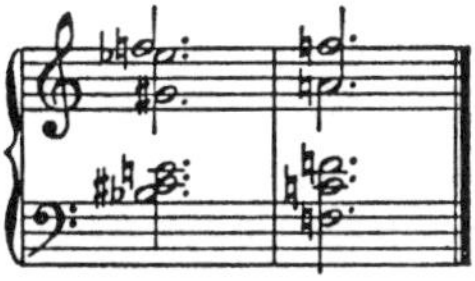

unmittelbar etwa nach F-Dur aufgelöst, so empfindet, wer überhaupt für solche Dinge ein Organ besitzt, gerade die Auflösung als falsch; als mal à propos wie eine taktlose Bemerkung, eine

Banalität, die in etwas Differenziertes hineinplatzt[1]. Negativ demonstriert das, warum prinzipiell den Dissonanzen nicht länger, wie üblich, die Konsonanz folgt. Auf die Dauer wurde dadurch

Beispiel 5

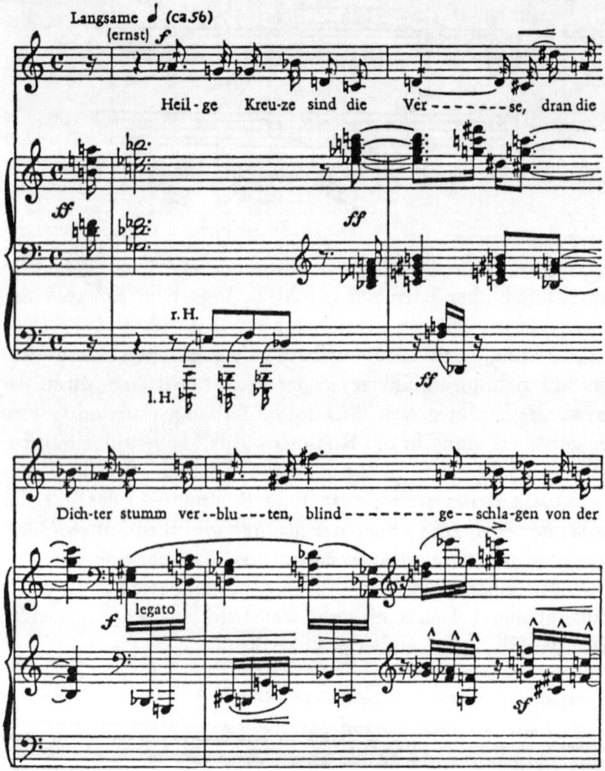

1 Allerdings löst Berg selbst beim Ende der Szene, zum Eintritt der großen Verwandlungsmusik jenen Sechsklang nach d-moll, in den Dreiklang mit der sixte ajoutée (Takt 320) auf. Das rechtfertigt sich durch die emphatische Formzäsur; die Artikulation erheischt auch harmonisch ein starkes Mittel. In dem Orchesterzwischenspiel ist die umschriebene und doch fühlbare Tonart d-moll ähnlich »thematisch« wie in der vierten Szene der Sechsklang. Der letzte Teil des Zwischenspiels wird markiert durch einen vollständigen Zwölftonakkord anstelle des Sechsklangs. Ihn beantwortet quasi kadenzierend

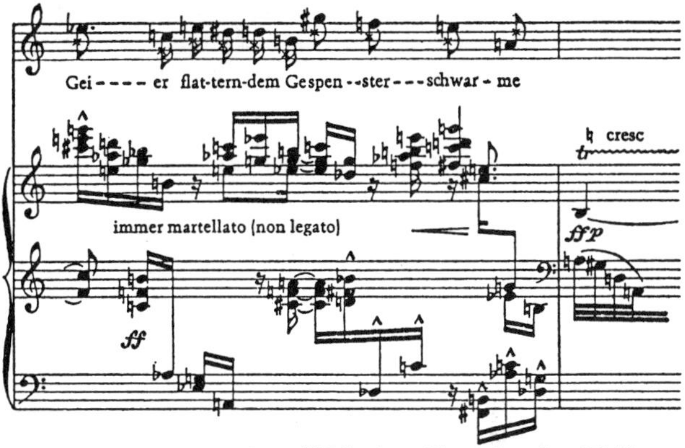

[Arnold Schönberg, Pierrot Lunaire, ›Die Kreuze‹]

der Begriff der Dissonanz selber hinfällig: sie verlor das Gegenbild, an dem allein sie als Dissonanz sich bestimmte. Hat sich das Ohr derlei Erfahrungen eingeprägt, dann wird es sich von der Erwartung der harmonischen Auflösung freimachen und lieber versuchen zu hören, wie zwei aufeinander folgende vieltönige Harmonien sich aufeinander beziehen, welches Gewicht sie relativ zueinander und im Ganzen haben; das ist besser, als sich gleichsam an eine Hoffnung zu klammern, die enttäuscht wird. Notwendig enttäuscht. Denn sie liegt außerhalb der Möglichkeiten des verwandten Materials, das ja, um etwas wie konsequentes Komponieren zu ermöglichen, in sich selbst einheitlich, ohne Fremdkörper beschaffen sein muß.

Die Frage nach der falschen Erwartung betrifft nun aber nicht nur Details des musikalischen Gewebes, der Harmonik oder irgendwelcher anderer Mittel, sondern auch das, was musikalisch Form im engeren Sinn heißt, den Verlauf des Ganzen. Zumindest seit dem Wiener Klassizismus ist man wenigstens in der Instru-

d-moll (Takt 364/65). Die Formtotale begründet in ihrem Verlauf, was als akkordisches Einzelereignis inhomogen bliebe. Auf die musikalische Logik ist die Sprachlehre von Karl Kraus zu übertragen. Über der größten musikalischen Strenge waltet eine Revisionsinstanz: Strenge will, daß Strenge Erfordernissen höherer Dignität weiche.

mentalmusik auf eine Balance geeicht, die dadurch hergestellt wird, daß – wie bereits in der einfachen Liedform – der Anfangsteil nach den Komplikationen der Durchführung wiederkehrt, die sogenannte Reprise; oft bringen einzelne Sätze mehrere Reprisen, wie die Wiederholung des Expositionsteils nach dem Doppelstrich und dann die nach der Durchführung, oder im Rondo die Refrains des thematischen Hauptgedankens. Nun ist es schwer, irgendeine Musik sich vorzustellen, die gewisser allgemeinster, gleichsam abstrakt-logisch vorgezeichneter Möglichkeiten wie der Verschiedenheit oder der Ähnlichkeit des Erscheinenden entbehrt. Auch die neue Musik radikaler Observanz kennt etwas wie Wiederholungen, ganz zu schweigen von der gemäßigten, die vielfach an deren Übermaß krankt. Aber diese Wiederholungen haben von den herkömmlichen weit sich entfernt. Die neue Musik kann sich in ihrer Struktur nicht länger indifferent gegen den Zeitverlauf, gegen die Entwicklung in jedem einzelnen Stück verhalten. Sie greift eine Frage auf, die in der traditionellen Musik sich stellte[2]. Beethovens Form war bereits in eminentem Maß dynamisch, nicht bloß durch die Rolle der Stärkegrade, sondern durch die Bestimmung des Ganzen als eines jeweils Werdenden. Exposition und Durchführung ordnen bei ihm nicht quasiräumlich irgendwelche Komplexe nebeneinander an, sondern eines geht aus dem anderen hervor. In einigen der größten Sätze, wie dem ersten der Appassionata, der Eroica oder der Neunten Symphonie wird der Beginn der Reprise schlechthin zum Resultat der in der Durchführung vorausgehenden Entwicklung. Hinter der Spannung, der inneren Historizität solcher Sätze, und dem Augenblick des Wiederbeginns jedoch bleibt dann die Reprise selbst unvermeidlich zurück; während sie in sich die Spannung der Exposition wiederholt, ist ihr Verhältnis zu dieser insgesamt statisch; sie zeigt in sich kaum die Spuren der Entwicklung, auf die sie folgt, nicht einmal als deren Sänftigung. Bei Beethoven, der niemals das Prinzip der Reprise antastete, war das Verfahren eben noch legitimiert durch die Organisation des

2 Vgl. Theodor W. Adorno, Einleitung in die Musiksoziologie. Zwölf theoretische Vorlesungen, Frankfurt a. M. 1962, S. 216 f. [jetzt auch: Gesammelte Schriften, Bd. 14: Dissonanzen, Einleitung in die Musiksoziologie, Frankfurt a. M. 1973, S. 412 f.].

Modulationsplans. Die verstärkte Wiederherstellung der Grundtonart im Verlauf der Reprise genügte nicht bloß dem etablierten Bedürfnis nach architektonischer Symmetrie, sondern gewährte auch, die harmonische Ausgangsebene bestätigend, etwas wie dynamische Einlösung. Immerhin fühlte schon Beethoven die Schwierigkeit eines umfangreichen statischen Komplexes in der dynamischen Form. Um jener Schwierigkeit willen hat er in den genannten Sätzen an die Reprise eine fast zur zweiten Durchführung erweiterte Coda angefügt. Sie behauptet am Ende den Primat der Entwicklung über alles musikalisch bloß Seiende. Solche Auskünfte wissenden Takts sind der neuen Musik versperrt. Sie ist allergisch gegen die Reprise alten Stils, gegen handgreiflich offenbare Wiederholungen, außer wo sie, etwa in Tanztypen, durch solche Reprisen stilisierende Wirkungen sucht; und selbst diese sind eigentlich der Sache fremd. Man versäumt das Ganze, wenn man vergebens auf die Reprise wartet. Max Reger schon und dann Schönberg haben diese die kompositorische Fiber verändernde Qualität der neuen musikalischen Struktur, die totale Asymmetrie, der Prosa verglichen. Sie haben in jenem technischen Tatbestand einen des musikalischen Geistes erkannt: daß die Musik ihres kultischen, ritualen Wesens, wie es Kategorien vom Typus des Verses, der Strophe und des Reimes ihr zubrachten, sich entschlug. Der Prosacharakter der neuen Musik ist notwendiges Endprodukt der musikalischen Säkularisierung. Sie wäre zu apperzipieren, wie man Prosa liest und nicht Gedichte: indem man sich dem Verlauf überantwortet, ohne auf sinnfällige Symmetrien zu lauern. Ein Beispiel wäre etwa eine frühe Reihenkomposition Schönbergs, das zweite Klavierstück aus dem bei Hansen in Kopenhagen publizierten op. 23. Es ist kurz genug, um sich rasch und leicht überblicken zu lassen, und doch unverkennbar Prosa. Vergebens die Suche nach einer sei's auch variierten Wiederkehr des heftigen Anfangs im Verlauf. Das Stück ist nur von seiner ganz veränderten Formidee her richtig wahrzunehmen: ein heftiger Ausbruch, in seinem Gegensatz zu atemlos innehaltenden Episoden, mildert sich allmählich und löst sich schließlich in Ruhe – ein Lösungsphänomen, wie einmal die Auflösung der Dissonanz oder die der Formspannung durch die Reprise eines war, jetzt aber durch den ganz freien, autonomen

Verlauf des Stücks in sich selbst herbeigeführt. Die Form schmiegt sich unmittelbar der Kurve des Ausdrucks an. Solche einfachen, in der Formidee schlagenden Fälle reprisenloser Prosa sind allerdings selten. Meist ist die Anlage viel komplexer, weniger eindeutig als in jener meisterlichen Miniatur; zum Verständnis der komplexeren Gebilde jedoch bedarf es wohl zunächst der spontanen Einsicht in einfachere.

Im übrigen ist die Schwierigkeit bei der Wahrnehmung musikalischer Prosa damit noch nicht bewältigt, daß man schlicht von Augenblick zu Augenblick mithört. Über das, was hier die neue Musik zumutet, ist nicht hinwegzutäuschen. Indem auch sie nicht gänzlich ohne das Mittel der Ähnlichkeit, der Wiederholung, der Identität auskommt, beugt sie sich der Einsicht der Philosophie, daß keine Nichtidentität ohne Identität sei und diese nicht ohne jene. Aber das Wiederholte, das Identische ist in ihr, bei reiner Durchbildung, stets zugleich auch das Nichtidentische. Technisch-musikalisch gesagt: ihr zentrales Kunstmittel ist das der radikalen Variation, auch und gerade in den Wiederholungen. Das unabdingbar wiederkehrende Gleiche muß stets von dem Ursprünglichen sich unterscheiden, muß in sich selbst den Charakter des Resultats, der Folgerung aus dem tragen, was vorher geschah. Daher wird mehr gefordert als bloß, keine Wiederholungen zu erwarten, sondern umgekehrt auch, gleichsam der Wiederholung im Neuen innezuwerden, also das Nichtidentische als dennoch identisch zu erkennen. Auch das wäre an dem ersten Stück aus Schönbergs op. 23 zu belegen. Es beginnt mit einem relativ geschlossenen, melodisch ausgesponnenen dreistimmigen Satz. An ihn schließt sich ein kontrastierender Mittelteil an, der sich von der Lineatur des ersten durch Staccato-Akkorde unterscheidet, aus denen sich rasch eine Art von Klangspiel, von Dessin herstellt. Zu diesem Klangspiel tritt eine Melodie hinzu, in tiefer Lage erst, dann in der Mittellage sich fortsetzend. Sie wirkt zunächst wie ein Seitensatzthema; dem näheren Blick aber stellt sie sich, worauf schon vor bald vierzig Jahren Erwin Stein hinwies, als eine Umformung der Oberstimmenmelodie vom Anfang des ersten Teils, also als eine Variation heraus.

Beispiel 6

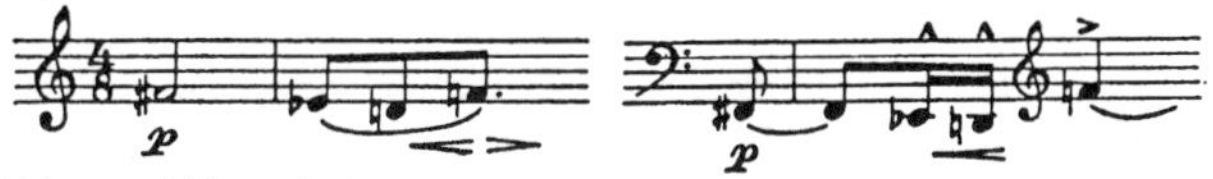

(Takt 1/2; Takt 16/17)

Die Aufgabe richtigen Hörens in einem solchen Fall ist die des Zusammenhörens, der Erinnerung, der Gegenwart eines Nichtgegenwärtigen. Auch das gab es selbstverständlich in der traditionellen Musik. Aber die geforderte Leistung war unproblematisch. Einmal ordnete die stabile Architektur wiederholten Teilen vorweg ihre Stelle zu, so daß die Erwartung der Wiederkunft eines Gleichen auch nach großen Zeitabständen gestützt war. Dann aber blieb damals die eigentliche Variation im wesentlichen den entwickelnden, durchführenden Teilen vorbehalten, hielt jedoch in allen Reprisen und allem Reprisenähnlichen sich in den bescheidensten Grenzen: das Wiederkehrende fiel als solches drastisch auf. Heute erfordert dessen adäquate Auffassung viel größere Anstrengung sowohl im Festhalten des Ursprünglichen, das dann variiert wird, wie in der Schärfung des Hörvermögens für Ähnlichkeitsbeziehungen überhaupt.

Das ist nicht mißzuverstehen. Solche Beziehungen wie die Identität jener neuen Melodie mit der ersten in dem Schönbergstück müssen nicht klar im Urteil: dies ist dasselbe, bewußt werden. Wo weitgehend variiert ward, kann solches Bewußtsein erst durch Analyse hergestellt werden, wie sie von keinem unmittelbaren Wahrnehmen zu erwarten und wie sie zum Verständnis auch gar nicht notwendig ist. Die neue Musik ist nicht so unverschämt, jeden ihrer Zuhörer unvermittelt in einen Experten hochzuschrauben. Aber sie hofft auf die Bemühung, allmählich gewissermaßen mehrdimensionales Hören in der Zeit zu lernen. Daß man vorbehaltlos jedem musikalischen Augenblick sich überlassen sollte, ohne dabei auf vorgezeichnete Schemata zu vertrauen, bezeichnet nur die eine Seite des Problems, wie neue Musik zu hören sei. Die andere ist, dies spontane Hören dessen, was je von Augenblick zu Augenblick sich ereignet, durch ein das Vergangene und Zukünftige einbegreifendes zu ergänzen. Dabei geht es keineswegs um theoretische Reflexionen auf Ähnlichkeiten und Verschiedenheiten, sondern darum, daß mehr oder minder unbewußt neben den Verschiedenheiten auch die Ähnlichkeiten erinnert werden. Das vermag man aber nur, nachdem man das Problem einer solchen Mehrdimensionalität des musikalischen Verlaufs, der Mitkonstitution des Gegenwärtigen durchs Vergangene, sich klar gemacht hat. Weiß man einmal von dieser Mehrdimensionalität in der Zeit und achtet man darauf, so wird sie einem nach und nach lebendig aufgehen. An jenem ersten Stück aus Schönbergs op. 23 ist allmählich zu bemerken, wie der kontrastierende Mittelteil beginnt, wie die Melodie hinzutritt, die eigentlich die alte des Beginns ist, wie also das Neue bloß ein Altes variiert. Man muß sich bemühen, nach rückwärts zu hören. Dann leuchtet auch ein, wie sacht, ohne schroffe Kontraste, das Akkordspiel des Mittelteils in den Anfang zurück sich verwandelt: so natürlich deshalb, weil es immer schon der Anfang war, der nun am Ende ganz sich enthüllt.

Für all das wäre der einheitliche Gesichtspunkt, daß der Hörer neuer Musik sich vom geronnenen Begriff, von der Vermittlung der musikalischen Ereignisse durch die allgemein vorgegebene Gattung, unter die jedes von ihnen fiele, nach besten Kräften befreit. Oft wird erzählt, und ohne viel Überlegung nachgeplappert, gegenüber der gefühlsgeladenen traditionellen Musik, zumal der aus dem neunzehnten Jahrhundert, sei die neue intellektuell; viele rechtfertigen eben damit ihre Aversion. Wahr ist in gewisser Hinsicht das Gegenteil. In traditioneller Musik ist jede Harmonie ein Repräsentant des verfügbaren Akkordvorrats, geprägte Münze; jede Form entspricht einem in bestimmten Grenzen fest ausgebildeten Typus. Gerade diese Vermittlung der musikalischen Ereignisse durch etwas, was sie nicht unmittelbar selber sind, sondern was sie ähnlich unter sich befaßt wie ein sprachlicher Begriff die Gegenstände, die er bezeichnet, erleichtert das übliche Hören. Die neue Musik erheischt demgegenüber ein höheres Maß an Unmittelbarkeit, ein Wegwerfen der Krücken aus dem Fundus. Unter den Gründen für ihre Formierung war nicht der letzte, daß jenes Moment einer den musikalischen Ereignissen äußerlichen Allgemeinheit in seinem Widerspruch zu diesen selber stärker stets erfahren wurde. Als heteronom, als nicht eigentlich aus der Sache stammend, ließ es sich nicht mehr ertragen, und zwar desto weniger, je spezifischer jede Einzelheit je-

weils in sich selbst durchgebildet, je mehr der lebendigen Beziehung auf die Formtypen entäußert war. Insofern stünde es an, neue Musik naiver zu hören als traditionelle, nicht so sehr im Vertrauen auf den sicheren Besitz des Formelschatzes, sondern in reiner Hingabe an das Geschehende. Sie rechnet nur mit dem, was ohne standardisierte Vermittlungsinstanzen, von sich aus bewußt wird. Um neue Musik richtig zu verstehen, muß man die Kategorien der alten suspendieren können; nur dann wird man das Alte produktiv inmitten des Neuen wiederentdecken.
Dazu bedarf es aber prinzipiell eben der erhöhten Aufmerksamkeit, der Konzentration. Sie allein erlaubt es auszugleichen, was dem Hörer durch den Verlust des schematischen Rückhalts entzogen wird. Wenn durch die hochgetriebene Kunst der Variation neue Musik ein unendliches Maß an Kleinarbeit enthält, in jedem Augenblick weit mehr zusammendrängt als gewohnt war, und wenn in ihrem Zeitverlauf ebenfalls unvergleichlich viel mehr Schichten und Dimensionen in Relationen zueinander stehen als einst, so muß man sich gleichsam eines akustischen Vergrößerungsglases, um nicht zu sagen Mikroskops bedienen, um darüber nicht in Verwirrung zu geraten. Wer in neuer Musik sich treiben läßt wie in der gebahnten alten, ist verloren. Vielleicht hat damit die neue Musik auch etwas eingebüßt. Aber ihr, wie der Philosophie, ist selber kein anderer Weg offen als der kritische, die rücksichtslose Eliminierung illusionären Beiwerks, die Insistenz auf der Sache. So will sie auch wahrgenommen werden, wie denn die Idee voll adäquaten Hörens überhaupt eins wäre mit der Rekonstitution des Komponierten. Auf eigentliche, anspruchsvolle neue Musik sollte, wer es gut mit ihr meint, aufpassen wie ein Wachhund, damit nichts ihm entgeht, nichts, nach romantischer Übung, im vagen Hintergrund verdämmert. Dafür bieten, wie Erich Doflein hervorhob, die jugendlichen Jazzfans, als sportive Sachverständige, ein Beispiel, um das die neue Musik sie nur beneiden kann. Wenn seinerzeit Cocteau Hörer verspottete, deren Gestus er als ein den Kopf in der Hand Halten definierte, wie es die bloße Versenkung des Empfangenden in sich selbst meint, so hat seine Polemik einem Aspekt der Apperzeption neuer Musik – bloß einem freilich – Beistand geleistet. Nur daß ihr gegenüber nicht die Haltung schnöder Desinteressiertheit, die des Rauchers

in der Music Hall, geziemte, sondern eher, um im Bereich von Cocteaus Metaphorik zu bleiben, eine mit nach vorn gestrecktem Kopf, eine, die nichts versäumen will, hell, auf dem Sprung gleichsam und bereit, mit aller Energie ins Vernommene sich zu verbeißen. Eine solche Haltung hat weder etwas mit der des entrückt träumenden Bürgers noch des teilnahmslos Abgebrühten gemein. Sie wäre sicherlich nicht edel im Stil des traditionellen interesselosen Wohlgefallens, der kontemplativen Distanz. Aber neue Musik so wenig wie alle andere avancierte Kunst setzt ein bei sich geborgenes Publikum mehr voraus. Die Distanz zieht sie ein, rückt den Hörern auf den Leib, und dem können jene nicht anders antworten, als indem sie ihrerseits der Musik auf den Leib rücken.

Die Aufgabe der Konzentration läßt sich an mehr als einer musikalischen Schicht demonstrieren. Zunächst an der sogenannten Vertikale, dem gleichzeitig Erklingenden. Viel ist schon gewonnen, wenn man vieltönige Klänge nicht einfach als chaotische Kleckse registriert, sondern sie präzis auffaßt, das heißt, die in ihnen enthaltenen Intervalle und Töne unterscheiden lernt. Eine solche Unterscheidung, ein solches Auseinanderhören des Simultanen gestattet dann auch, daß man realisiert, wohin der Klang selbst, nämlich wohin ein jeder in ihm enthaltene Ton will. Denn die Töne, aus denen jene Klänge sich komponieren, sind virtuell allesamt schon selbständige Stimmen. Dergleichen Akkorde sind, nach Erwin Steins Formulierung, polyphon in sich. Daher vermochte Berg drei einander ergänzende Harmonien und nichts anderes als Thema der zweiten Szene des Wozzeck zu behandeln; was in ihr musikalisch sich zuträgt, basiert auf ihnen:

Beispiel 7

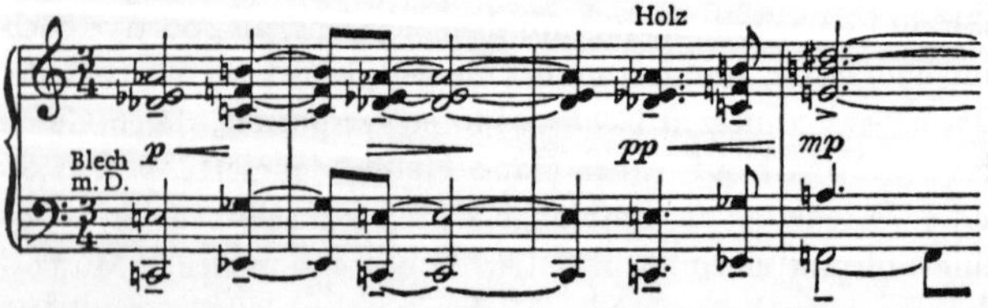

(Takt 201–204)

Der Zusammenhang neuer Musik im kleinsten wird vielfach durch die Tendenz der im einzelnen Akkord erklingenden Töne, ihren Drang zu einem bestimmten anderen Ton, hergestellt. Dieser Drang resultiert oft aus der Linie, auf welcher der betreffende Einzelton gleichsam als Punkt angetragen ist. Vermöge ihrer Dissoziation im simultanen Klang bilden dessen Einzeltöne bereits eine Art von Spannung, die weiter drängt. Sie muß man nachfühlen; unmittelbar, von Klang zu Klang, voraushören, mitkommen. Das aber hängt von der Genauigkeit der Anschauung des Simultanen, eben jener Spannung als eines Verhältnisses von Gesamtklang und Einzeltönen ab; je besser man den einzelnen Klang durchartikuliert, desto besser begreift man den nächsten, die Fortschreitung, den Entwicklungszug. Das wichtigste Hilfsmittel dazu, wahrscheinlich die unabdingbare Voraussetzung, ist, daß man vieltönige Akkorde korrekt sich vorzustellen vermag, ohne daß sie leibhaft erklingen; daß man ihre innere Zusammensetzung imaginativ sich zueignet. Selbstverständlich bedarf es dazu systematischer Übung. Ohne Übertreibung darf gesagt werden, daß das Verstehen neuer Musik überhaupt weitgehend eins ist mit der gelungenen Imagination: was man sich beim Lesen ganz genau, wie es erklingen würde, vorstellen kann, auch während es nicht erklingt, das hat man meist musikalisch kapiert, und die Schulung solcher Fähigkeit ist wohl die beste Propädeutik des Gehörs für die neuen Aufgaben. Nicht zufällig sind die hervorragendsten Interpreten neuer Musik, wie Scherchen und Kolisch, solche mit aufs höchste gesteigertem inneren Gehör. Sicherlich ist keine derartige Virtuosität der musikalischen Vorstellung heute allgemein zu erwarten. Aber jeder im Ernst Musikalische wird, wenn er nur beharrlich genug sich übt, weit mehr und Schwierigeres sich vorstellen lernen, als er zunächst für möglich hält. Solche Künste sind weniger esoterisch, als es der Laienangst und dem Gesetz der tonalen Trägheit dünkt.

Der nächste Schritt der Konzentration betrifft den Kontrapunkt, das simultane Hören mehrerer voneinander unabhängig geführter, ganz oder relativ selbständiger Stimmen. Diese Aufgabe hat kulinarische Hörer aus der Generation unserer Väter an Bach abgestoßen; der Zwang, nicht an einer Melodie, meist der der Oberstimme, sich wohl sein zu lassen, sondern mehrere als eins zu hören und als Verschiedenes zugleich. Bei Bach milderte es immerhin die Schwierigkeit, daß die simultanen selbständigen Stimmen in den Generalbaß hineingepaßt waren. Man konnte Bach zur Not homophon umfälschen. Heute aber haben die Stimmen das umfangende Bezugssystem gesprengt. Der Kontrapunkt spricht hic Rhodus hic salta: was man nicht an Ort und Stelle auffaßt, ist verloren und verwirrt das gesamte Phänomen. Auch hier jedoch läßt sich einige Hilfe leisten, wenn auch bloß stufenweise. Die Notwendigkeit, deutlich, profiliert zu komponieren, bewirkt nämlich zumindest in der Instrumentalmusik –

Beispiel 8

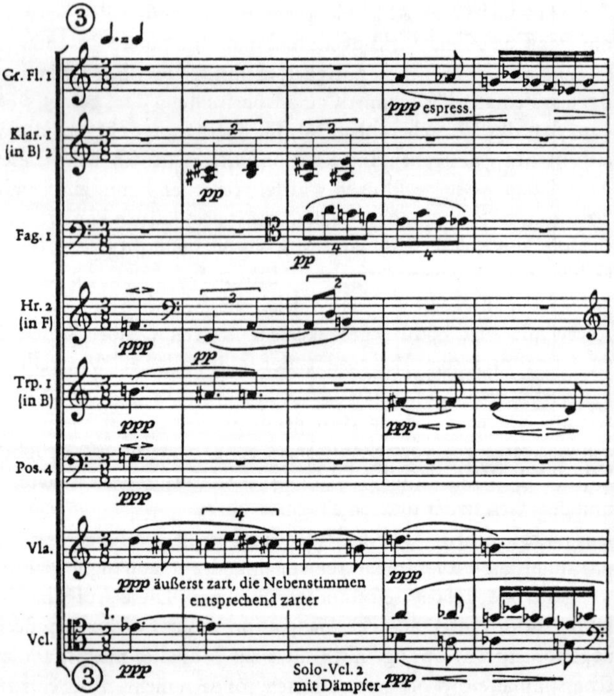

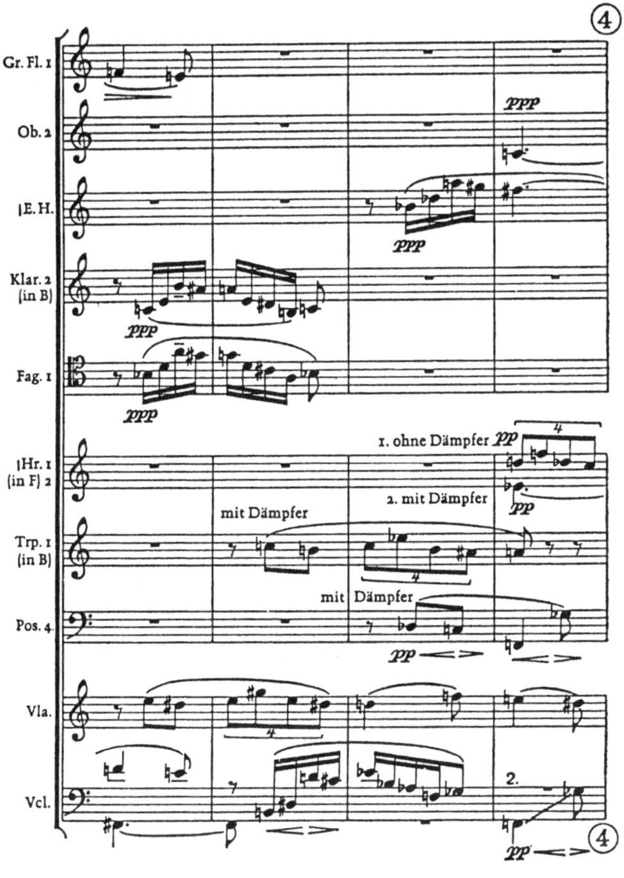

beim Chor liegen die Verhältnisse etwas anders – Abschattungen in der Wichtigkeit der gleichzeitig erklingenden Stimmen, wie sie schon die ältere polyphone Übung im Unterschied vom Cantus firmus, der gegebenen Hauptmelodie, und dem Kontrapunkt, der hinzuerfundenen neuen Stimme, kennt; dieser Unterschied reicht bis auf die Ursprünge der abendländischen Mehrstimmigkeit überhaupt, das Organum zurück. Um nun kontrapunktische Musik zu begreifen, ist die erste Regel, daß man die Relevanz der gleichzeitigen Stimmen unterscheiden lernt und sich aufs Wichtige, aufs thematische Hauptereignis konzentriert, dann die nächstwichtige Stimme hinzudenkt und -hört und schließlich auch die zurücktretenden, die dem traditionellen Begriff von Begleitung sich annähern. Gute Kompositionen kommen dem entgegen durch die melodische Plastik der Hauptgedanken, durch die verschiedene Vordringlichkeit der einzelnen Stimmen, durch die Setzweise und auch durch die instrumentalen Farben. Man muß sich demnach, vernünftige Aufführungen vorausgesetzt, bei kontrapunktischen Werken an die Präponderanz im Phänomen selbst halten, um zur polyphonen Differenzierung zu gelangen. Ein Beispiel von Schönberg mag das verdeutlichen [Beispiel 8]. Mit dieser Periode beginnt der Mittelsatz aus op. 16, Nr. 2. Er wird beherrscht vom Anfangsmotiv der Bratsche.

Das Thema wird frei imitatorisch verarbeitet. Im dritten Takt, ehe es zu Ende ist, wird seine charakteristische Kurve vom hohen Solofagott gespielt. Einen Takt später mischen sich mit einer weiteren rhythmischen Variation die erste Flöte und das Solocello ein [Beispiel 9]. Da das Thema sogleich sehr plastisch erfunden ward, ist sein Kern gut festzuhalten und zu verfolgen, wie es, stets abgewandelt, in einer neuen Stimme erklingt, ehe es in der vorhergehenden endet; das knüpft die ganze Partie zu einem dichten Gewebe. Das variierte Hauptmotiv wird von einer Gegenstimme kontrapunktiert, die ebenfalls im freien Umriß beibehalten wird. Zuerst kommt sie in der zweiten Klarinette und im

Beispiel 9

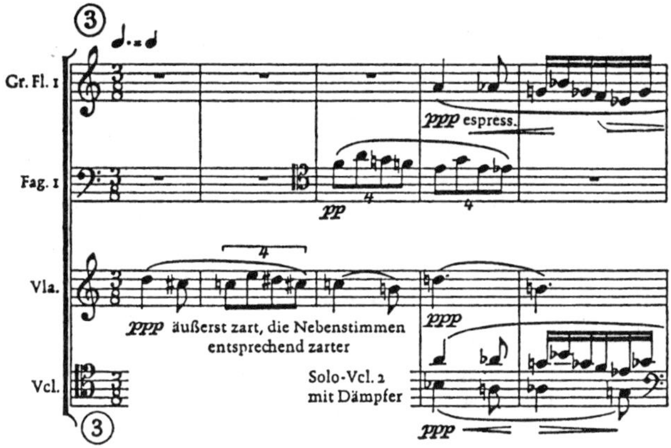

Beispiel 10

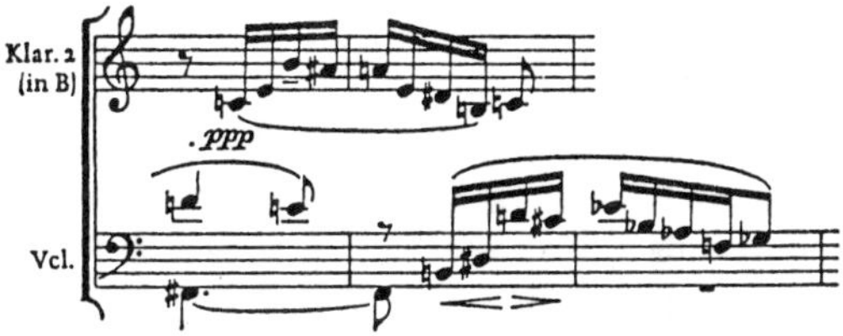

Solocello [Beispiel 10]. Wem es gelingt, den ganzen Komplex als ein zartes Gewebe anzuschauen, die charakteristischen Themeneinsätze darin auseinanderzuhalten, auch die neue Gegenstimme nicht zu vergessen, dem sollte die polyphone Partie kaum mehr Rätsel aufgeben.

Man wird sich in den Kontrapunkt in neuer Musik am besten einleben, wofern man sich am sogenannten roten Faden, der in der Schönbergschule durch die Bezeichnung H⌐-⌉ bereits optisch kenntlichen Hauptstimme, orientiert und bei wiederholtem Hören, das zumal bei solchen Stücken vonnöten ist, allmählich das andere hinzuzuhören lernt. Aber der rote Faden, die melodische

Hauptstimme – lange die entscheidende Kategorie fürs Auffassen neuer Musik – ist keineswegs selbstverständlich. Zunächst muß man sich, um ihm zu folgen, von der herkömmlichen Idee einer undurchbrochenen Melodie, gar vom Vorrang der Oberstimme freimachen. Das im Wiener Klassizismus, vor allem im Streichquartett entwickelte Prinzip der thematischen Arbeit, welche das motivische Hauptmaterial unablässig von einer Stimme in die andere springen läßt, und dann das Wagnerische der instrumentatorischen Melodiespaltung, der Behandlung selbst einzelner melodischer Linien derart, daß sie ihrer inneren Struktur nach an verschiedene Instrumente oder Instrumentengruppen aufgeteilt werden – all das hat den Begriff des roten Fadens selbst kompliziert. Er wandert, mag zuweilen sich verstecken, und das Ohr, das ihn nicht verlieren will, muß mitspringen, wie es denn überhaupt zu den Forderungen konzentrierten Hörens rechnet, daß man sich beweglich macht; neue Musik verlangt eine sinnlich-geistige Raschheit des Reagierens, wie sie der älteren unbekannt war. Nicht nur wird man auf eine gegebene Linie achten müssen, sondern auch einbeziehen, daß sie an ganz anderer Stelle des Gewebes sich fortsetzt, mit anderen Hauptereignissen sich überkreuzt, oder daß unerwartet in einer anderen Schicht des musikalischen Körpers etwas Neues anhebt. Zudem müssen, etwa in neuer Klaviermusik, die Hauptereignisse, der rote Faden, gar nicht immer Melodien sein, sondern es können auch Klänge, Akkordverbindungen, Griffe derart fungieren; das Ohr muß also bereit sein, jeweils das als Hauptsache wahrzunehmen, was als solche sich präsentiert, wie jenes lediglich aus Akkorden zusammengesetzte Thema aus Bergs Wozzeck, ohne sich etwa zur Fehl-

Beispiel 11

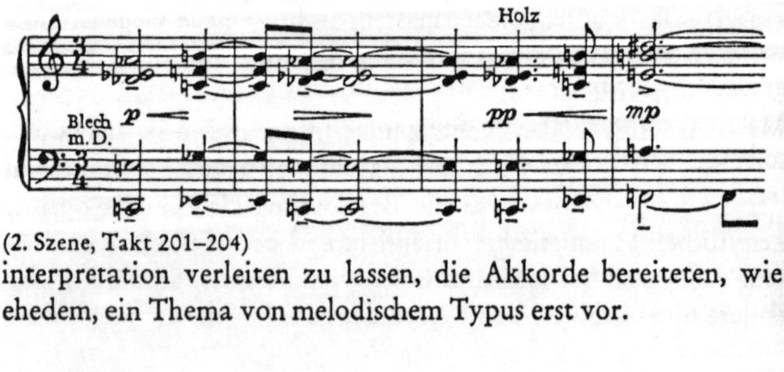

(2. Szene, Takt 201–204)

interpretation verleiten zu lassen, die Akkorde bereiteten, wie ehedem, ein Thema von melodischem Typus erst vor.

Schließlich aber erheischt die Wahrnehmung des melodischen roten Fadens, daß man die Bestandteile, aus denen eine Linie sich bildet, selbst mit dem Ohr melodisch zusammenfaßt; daß man, was Melodie ist, überhaupt als Melodie versteht. Das könnte, bei dem Vorrang der Linien in neuer Musik, einfach erscheinen, wäre nicht ein enger Begriff von Melodie mit achttaktiger Periodisierung, regulären Halb- und Ganzschlüssen und der Vorherrschaft schrittweiser Intervalle so tief eingewurzelt, daß, was diesem dogmatischen und überholten Begriff nicht sich fügt, nicht nur als unmelodisch abgelehnt, sondern buchstäblich nicht als ein in sich Zusammenhängendes gefühlt wird.

Der neuen Musik gegenüber verstärkt sich der seit dem Tristan übliche, nachgerade ehrwürdige Vorwurf, sie habe keine Melodie. Teilweise bezieht er sich auf die durchbrochene Arbeit, will sagen, das Hinüberwechseln des roten Fadens von einer Stimme in die andere; teilweise auf die Sprödigkeit der neuen Melodien gegen das bequem Sangliche, auf das Vorwalten großer Intervalle; teilweise auch auf die Zerlegung der Melodien in kleine, anscheinend disparate Motivbestandteile. Aber man wird dem Vorwurf dort am genauesten zu erwidern vermögen, wo er gerade gegen Stellen erhoben wird, an denen die neue Musik besonders große melodische Bögen spannt. Sie sind, bei ihrer komplexen Struktur, nicht eben häufig, aber schließlich liegt es im Sinn der Spezifikation und Konkretion alles wahrhaft neu Komponierten, Spezialfall zu sein. Auch die Melodien im engeren Sinn jedoch, welche die neue Musik kennt, lange, weite Bögen in einer einzigen, begleiteten Stimme, werden gern als unmelodisch abgefertigt. Der Grund ist paradox; sie sind für das festgefahrene Normalbewußtsein übermelodisch, entfalten sich zu sehr aus dem eigenen Antrieb, hören zu wenig für den Hörer, sind zu wenig nach dem zurechtgestutzt, was unterm Namen Melodie eingebürgert ist. Fruchtbar mag es sein, dahin zu geleiten, daß eine solche Melodie zur Melodie werde: die ersten neun Takte der Einleitung des Orchesterlieds ›Seraphita‹ aus Schönbergs op. 22, dem letzten Werk vor der Einführung der Reihentechnik. Diese neun Takte werden von einer einzigen Melodie bestritten, welche sechs Klarinetten unisono vortragen – ein höchst ungebräuchliches Instrumentationsverfahren, mit dem Schönberg auf die sogenannte vorklassische Praxis der chorischen Bläserbehandlung rekurriert. Sie soll wohl der Melodie das Medium einer etwas orgelhaft starren, überhomogenen Farbe verschaffen. Begleitet wird die Melodie, ebenfalls in homogener Farbe, von den sechsfach geteilten Celli. Vielen wird zunächst diese Musik, trotz der ungestörten Hauptlinie, trotz der einfachen und sinnfälligen Instrumentation, chinesisch vorkommen. Um ihrer sich zu versichern, sollten

Beispiel 12

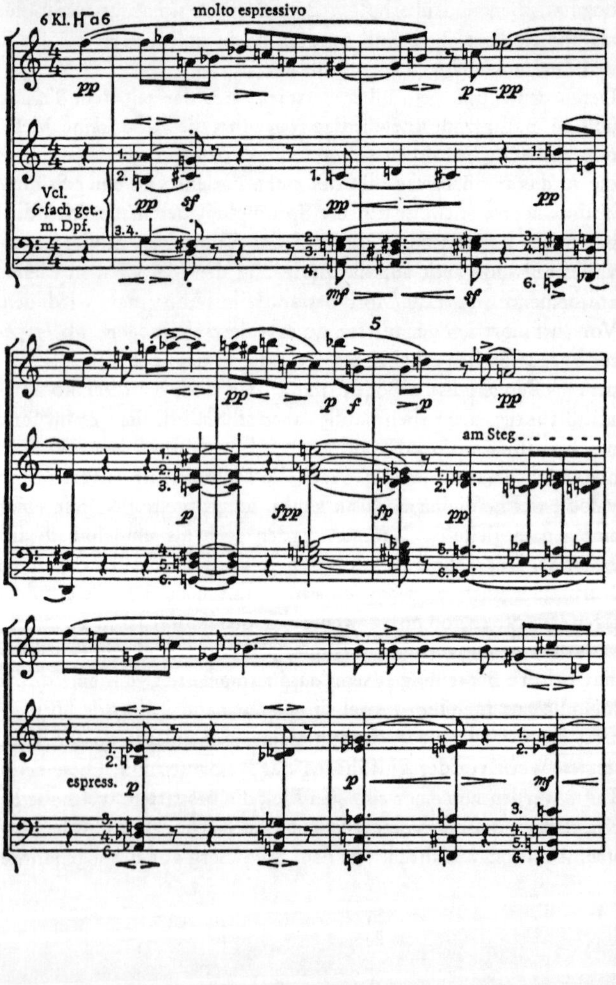

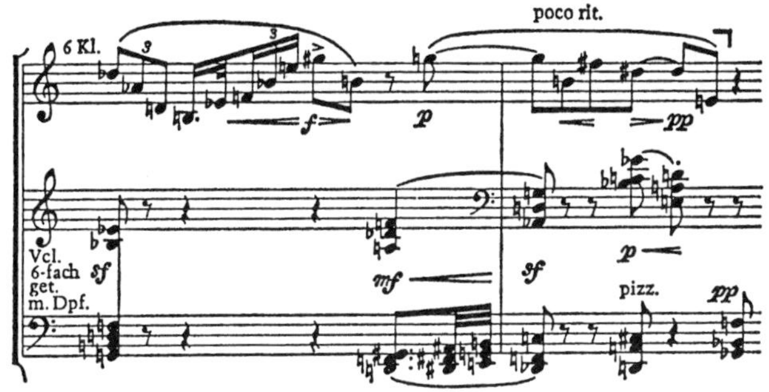

jene ihre Elemente und das Ganze mehrfach hören. Daß es bei neuer Musik oft solchen wiederholten Hörens bedarf, hat nicht die philiströse Ursache, daß man sich langsam daran gewöhne. Vielmehr lernt man erst, nachdem man einen ungefähren Überblick über das Ganze hat, das Einzelne plastisch zu unterscheiden, ähnlich wie dicht gewobene literarische oder theoretische Texte mehrmals gelesen werden wollen.

Von zwei Momenten dürfte herrühren, daß die Melodie nicht sogleich als solche einleuchtet: davon, daß sie in zahlreiche verschieden lange, aber meist kurze, durch Pausen geschiedene Phasen zerfällt, und von dem Vorwiegen übergebundener Noten, Einsätzen auf mehr oder minder schlechten Taktteilen, die über den guten hinweg verschleift werden, so daß die guten Taktteile verschleiert sind, und der Unvorbereitete nicht unmittelbar weiß, an welcher Stelle des Takts er sich befindet. Auch unter diesem Aspekt ist die neue Musik unschematisch. Sie folgt in Rhythmik und Akzentuierung lediglich den spezifischen Impulsen, ohne ihre Gliederung von den Taktstrichen sich vorschreiben zu lassen, ja ohne diese auch nur latent noch zu respektieren: sie sollen lediglich das Notenbild übersichtlicher machen, nicht aber Strukturen abbilden. Wie jedoch über die Taktstriche hinweg komponiert ist, so soll man auch über sie weg, unabhängig von ihren symmetrischen Ordnungen, hören.

Zunächst wäre in dieser Melodie, primitiv gesprochen, etwas Ordnung herzustellen. Sie gliedert sich in zwei große Teile. Der erste schließt mit dem fünften Takt.

Beispiel 13

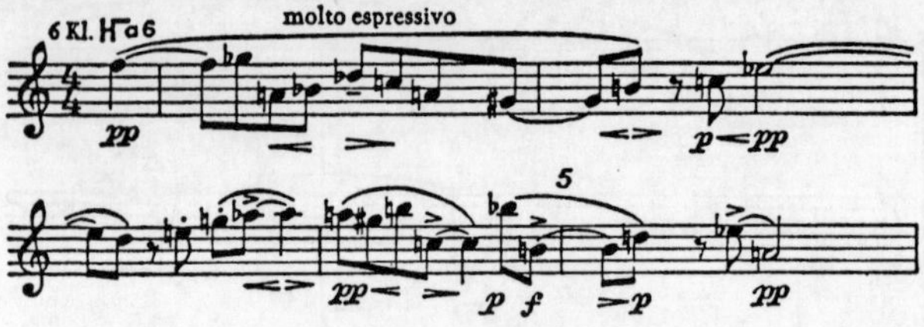

[Arnold Schönberg, op. 22, Takt 1–5]

Das letzte Motiv dieses Teils, die beiden Töne es und a der Klarinetten, ist das kürzeste der bisher auftretenden, mit deutlich endendem Charakter. Das Halbschlußartige, Abklingende wird durch die Begleitung sinnfällig. Zu diesen beiden letzten Klarinettennoten nämlich spielen die Celli am Steg, einem denaturierten, sozusagen unwirklichen Klang zuliebe, der das Verdämmern, Verhauchen des Vordersatzes in veränderte Farbe übersetzt: sie verschwindet gleichsam. Die Farbe ist demnach nicht Selbstzweck sondern Funktion der Formbildung. Insgesamt ist dieser Teil die erste Hälfte der langen Melodie, in zwei Untergruppen gegliedert.

Beispiel 14

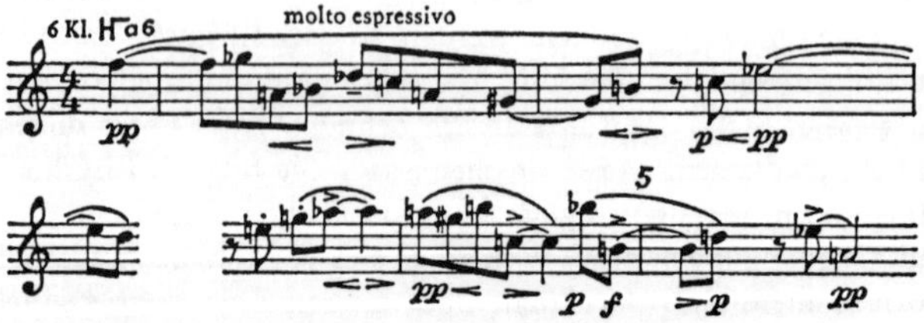

Die erste Untergruppe wiederum besteht aus einer etwas längeren melodischen Phrase in Achteln und ihrem Abklingen in einem dreitönigen Motiv. Die zweite Untergruppe dagegen ist dreiteilig: dadurch wird metrische Polymorphie erzielt. Zunächst greift die Linie abermals etwas weiter aus und erreicht den Höhepunkt der ganzen Melodie,

Beispiel 15

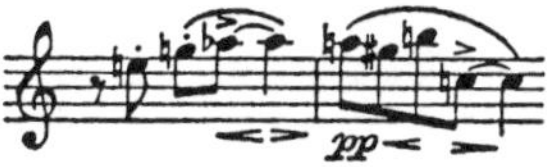

(Takt 3/4)

dann senkt sie sich,

Beispiel 16

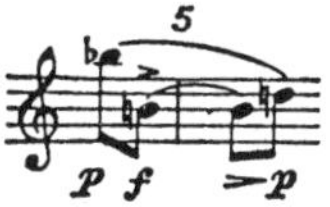

(Takt 4/5)

schließlich diminuiert sie gänzlich.

Beispiel 17

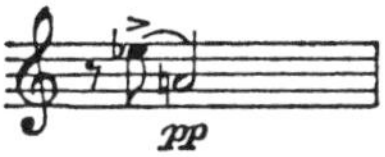

(Takt 5)

Der zweite große Teil der langen Melodie ist, nach dem fünftaktigen ersten, vier Takte lang; jene ist also insgesamt asymmetrisch gefügt. Dieser Teil hat unmißverständlichen Fortsetzungscharakter, führt weiter. Auch die Begleitung wird intensiviert, espressivo: ausdrucksvoll, auch stärker gespielt als der erste Hauptteil.

Beispiel 18

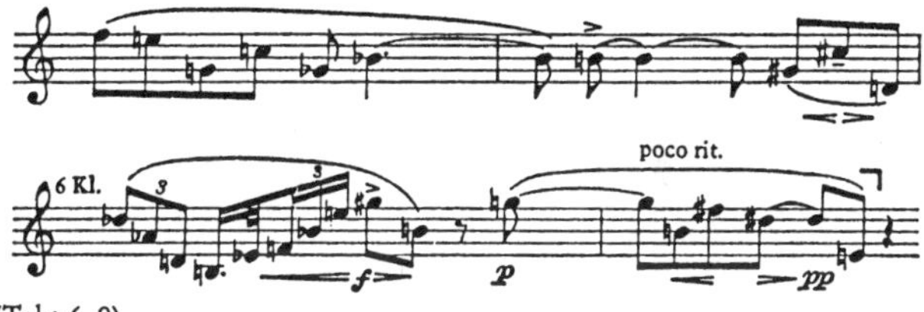

(Takt 6–9)

Bei näherem Zusehen enthüllt sich diese Fortsetzung, wie häufig Fortsetzungen bei Schönberg, als freie Variante des Anfangs.

Beispiel 19

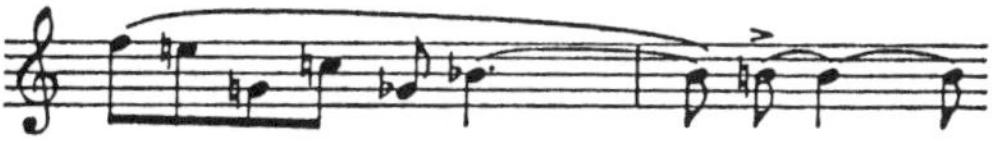

(Takt 6/7)

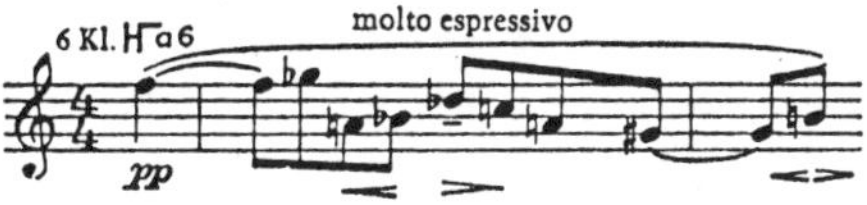

(Takt 1/2)

Die Fortsetzung verdichtet sich dann in den Klarinetten, kadenzähnlich, zu kleinen Notenwerten, die vom Vorhergehenden dadurch abstechen, daß sie unbegleitet, eben wie eine Kadenz, vorgetragen werden.

Beispiel 20

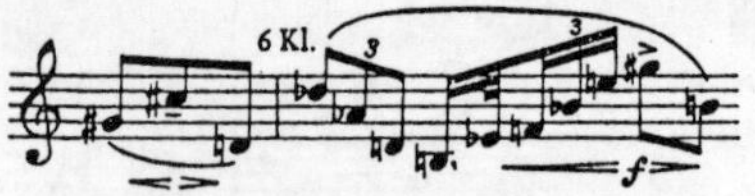

(Takt 7/8)

Mit einer kurzen begleiteten Phrase endet die Melodie. Die Schlußwirkung, als die der Ganzperiode, ist stärker als der Halbschluß in Takt 5. Das wird agogisch realisiert durch ein Ritardando.

Beispiel 21

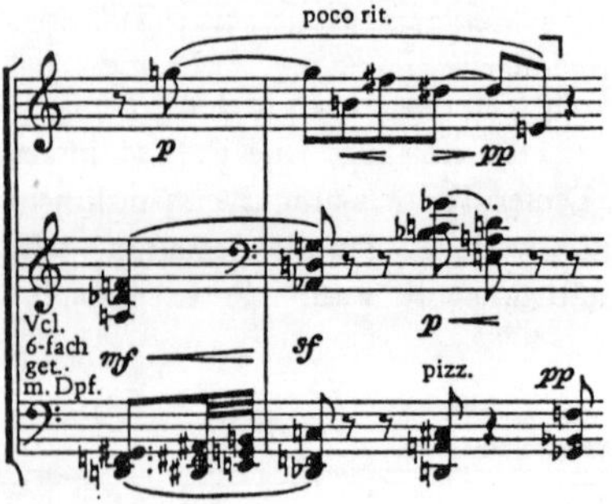

(Takt 8/9)

Abermals hilft die Farbe: das Schließende wird markiert durch die zwei Pizzicato-Akkorde der tiefen Celli, eine Art von Punkt. Der zweite Hauptteil oder Nachsatz wäre demnach, zum Unterschied vom zweigliedrigen Vordersatz, in drei Teilgestalten disponiert, in die freie Variante des Anfangs, die kadenzartige Auflösung und die Schlußphrase. Überaus reich also ist die Architektur: ein Vordersatz aus zwei ungleichen Untergruppen, die eine aus zwei, die andere aus drei Kurzmotiven bestehend, dann der in sich dreiteilige Nachsatz. Dieser Reichtum macht zunächst vielleicht die Melodie unübersichtlich: dann jedoch artikuliert, durchpulst er sie. Die Melodie beginnt zu atmen, sobald dieser Artikulation gemäß die Phrasen mitgehört werden. Noch die Irregularität, daß der Höhepunkt im ersten Nachsatz erscheint und nicht im intensiveren zweiten, hat ihren konstruktiven Grund. Die gesamte Melodie ist selbst nur Teil einer größeren

Form, offen zu dieser hin, und der nächstanschließende Teil bringt mit dem Einsatz der Geigen einen neuen Höhepunkt, überbietet das Vorhergehende. Ginge der Höhepunkt der Klarinettenmelodie dem unmittelbar voraus, so wäre die Disposition mechanisch.

Für die Melodiebildung der neuen Musik sind nicht minder relevant als solche Phrasierungen große Intervalle, darunter scharf dissonierende wie die große Septime oder die kleine None. Sie haben gleiche Berechtigung mit den üblichen, mit Sekund, Terz, Quart und Quint erlangt. Das Verständnis der Phrasierung, der Linie als Melodie wird davon tangiert; sie stirbt ab, sobald die Synthesis an ihren Elementen, den Intervallen, scheitert. Man muß demzufolge Melodien, in denen große Intervalle entscheiden, sozusagen innerlich mitsingen, nicht als Sukzession disparater Töne stehenlassen, wie Interpreten mit gutem Gehör, aber geringer Musikalität verfahren mögen. Die Möglichkeit, Melodien aus großen Intervallen zu bauen, hat sich schon in der spättonalen Musik angebahnt. Ein berühmtes Beispiel bietet ein Jugendlied Schönbergs:

Beispiel 22

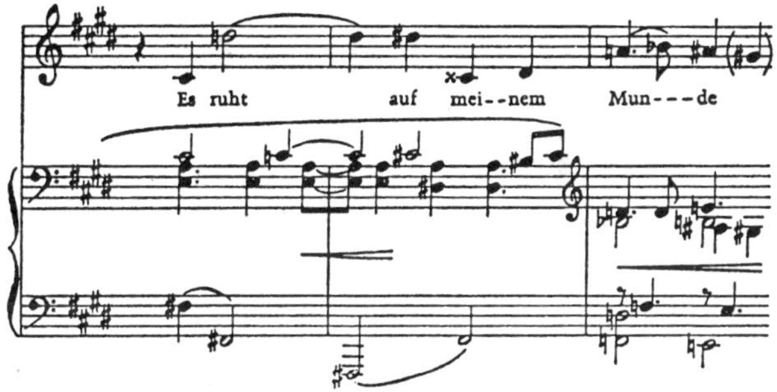

[Arnold Schönberg, ›Traumleben‹, Takt 5–7]

Hier kostet es wenig Mühe, die großen Intervalle innerlich mitzusingen, weil sie von herkömmlichen Harmonien getragen sind; gerade im Verhältnis zu diesen fällt die besondere Ausdruckskraft auf. Immerhin muß Schönberg damals die Stelle als so fremd empfunden haben, daß er sie unmittelbar wiederholt, um sie auf diese Weise einzuprägen; analog werden etwa bei Wagner an sich komplexe harmonische Ereignisse durch ihre dauernde sequenzierende Wiederholung vertraut. Auf solche einigermaßen primitive Hilfsmittel ist später ganz verzichtet. Zeugnis dessen sind zwei Stellen aus einer der ersten atonalen Kompositionen Schönbergs, den Georgeliedern op. 15:

Beispiel 23

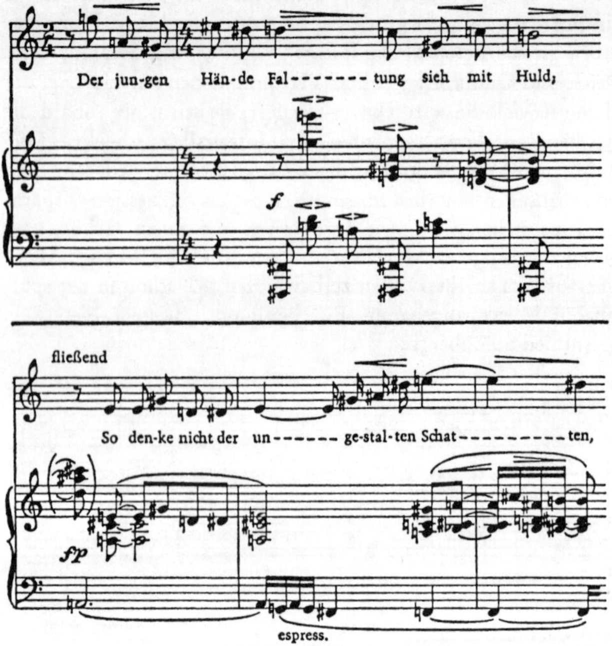

Unmittelbarer noch die expressive Wärme dieser Tonfolgen: jetzt hat sie die tonalen Akkordhüllen verbrannt.

Das expressiv Erzeugte hat in der Musik stets die Tendenz, in Material der Konstruktion sich zu verwandeln. Auf absolutmusikalisch konstruierte Melodien mit großen Intervallen ist darum die Art des Hörens anzuwenden, die an den Liedstellen erworben wurde; so auf die folgende, ganz kurze Stelle aus Schönbergs Viertem Quartett:

Beispiel 24

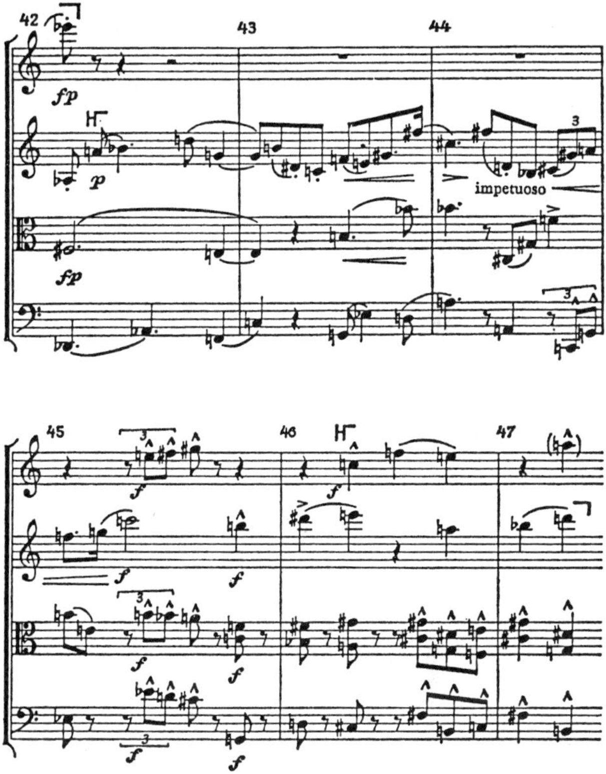

Sie macht es leicht durch ihren schwungvollen, stürmisch-impetuosen Charakter, der über die Abgründe zwischen einzelnen Tönen hinwegträgt; aber nicht stets kann man sich auf solche Unterstützung verlassen. Nur wenn der reinen Hörkraft keine Löcher zwischen den großen Intervallen klaffen; wenn man von einem Ton zu dem wie sehr auch entfernt liegenden Fortsetzungston in einem Bogen hinübergelangt, ist man vor dem Eindruck des Sinnlosen geschützt, der solchen Stellen so gern attestiert wird. Besondere Aufgaben bereitet das natürlich auf dem

Klavier, wo nicht so unmittelbare Verbindungen zwischen den weiten Intervallen hergestellt werden können wie bei den Streichern, sondern wo es einer Art Phantasieleistung bedarf, um den Zusammenhang zu stiften. Nebenbei gesagt, ist die notwendige Bedingung dafür, daß man solche Dinge richtig hört, daß sie richtig dargestellt werden, und darauf darf man nur äußerst selten hoffen.

Die weiten Intervalle sind ein relativ einfacher und relativ leicht zu bemeisternder Spezialfall eines Sachverhalts, den die neue Musik dem unvorbereiteten Bewußtsein entgegenkehrt und den es als Zerrissenheit erfährt. Abgesehen von großen Sprüngen und von der Absenz der glättenden Hilfsmittel durchs tonale Bezugssystem gibt es dafür spezifische Gründe. Obenan rangiert jener Zwang, auf Wesentliches zu reduzieren, Schematisches, Konventionelles, Triviales abzustoßen. Dem sind nicht nur die floskelhaften Elemente der Tonalität sondern auch viele rein kompositorische Vermittlungskategorien erlegen, die als umständlich und überflüssig beseitigt werden. Mit anderen Worten, die neue Musiksprache operiert mit weit schärferen Kontrasten als die übliche. Während in traditioneller Musik die kontrastierenden Momente noch einigermaßen durcheinander vermittelt waren, etwa Folgen von Dreiklangmotiven mit anschließenden Sekundschritten, welche nachträglich die Dreiklangsterzen ausfüllen, werden die Kontraste – und das freilich hängt mit der Gefühlslage der neuen Musik zusammen – in dieser zum Extrem gesteigert. Muß das spekulative Ohr gleichzeitige Ereignisse zusammen und auseinander hören in eins, so hat es eine analoge Aufgabe auch sukzessiv, im Nacheinander, im zeitlichen Verlauf der Musik zu bewältigen. Es muß bereit sein, in sich scharf gegensätzliche Motive, die unterirdisch zusammenhängen, aber kaum manifest als unmittelbar erklingende, dennoch aufeinander zu beziehen, aus ihnen etwas wie Themen zu bauen. Charakteristisch dafür ist der durch seine gewagte Instrumentation besonders diffizile Anfang der Orchesterstücke op. 16 von Schönberg.

Beispiel 25

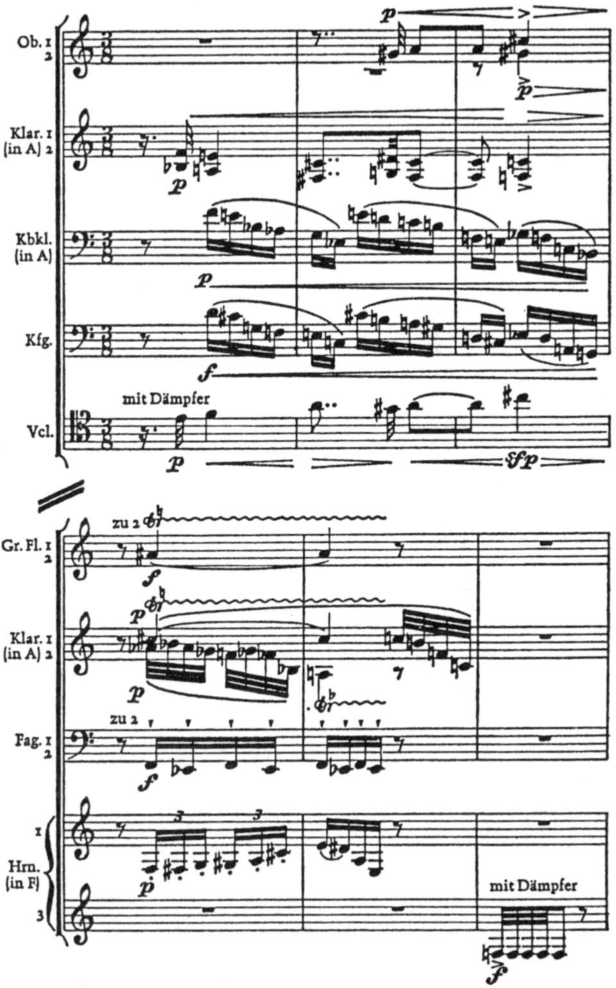
Ob. 1 2
Klar. 1 (in A) 2
Kbkl. (in A)
Kfg.
mit Dämpfer
Vcl.
Gr. Fl. 1 2
zu 2
Klar. 1 (in A) 2
Fag. 1 2
zu 2
Hrn. (in F) 1 3
mit Dämpfer

Redet man hier von einem Thema, wie man es doch wohl darf, dann besteht es, abgesehen von der Begleitstimme, aus einer sehr kurz gefaßten, prägnanten Hauptmelodie des Cellos, dann einer Art Auflösungsfeld, und endlich einem gewissermaßen schließenden, ganz nachsatzartigen Motiv. Folgt Generalpause und neues Anheben des Hauptrhythmus vom Beginn.

Beispiel 26

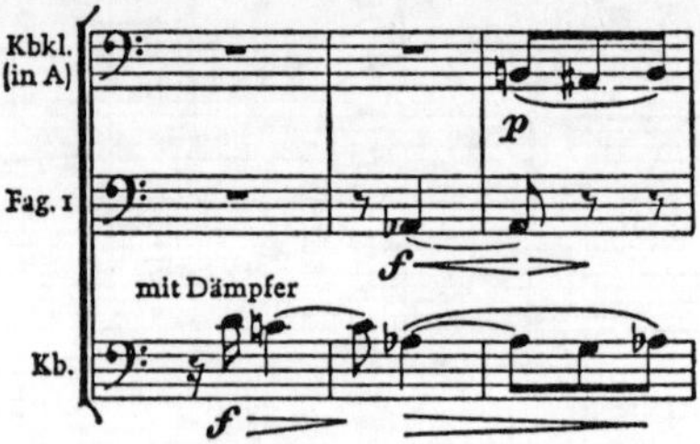

Notwendig ist, abgesehen vom Durchhören der sogleich sehr polyphonen Setzweise, die Beziehung dieser Formteile im kleinsten mitzukomponieren, nach dem andrängenden Hauptmotiv der Celli die Figurationen als eine ergänzende Antwort, ein Nachgeben nach der Kraftanstrengung vom Hörer aus hinzuzufügen und dann den Absturz als vorläufige Auflösung zu spüren. Wiederum ist all das nicht reflektierend zu leisten, sondern unmittelbar am Verhältnis der Teilmomente selbst. Man gerät da in eine Zwangslage: hören heißt nicht analysieren, die vom Hören abgespaltene Analyse wäre musikfremd; aber ohne die Arbeit und Anstrengung der Analyse wird umgekehrt nicht richtig gehört. Die Reflexion, die den funktionellen Zusammenhang am Einzelnen benennt, hilft dennoch vielleicht, daß man das scheinbar Zerrissene, nämlich in sich schroff Kontrastierende und durch Pausen voneinander Getrennte, beim Mithören wieder spontan vereint. Die Unregelmäßigkeit der Periodisierung, die verschiedene Länge der Formteilchen, die hier wie in der Einleitung jenes Orchesterliedes aufeinander zu beziehen sind, erhöht für das tonal präparierte Ohr die Schwierigkeit, den Formsinn ihrer Relation zu identifizieren. Leicht meint man, ohne die Hilfe üblicher Symmetrien, die Musik bleibe inkonklusiv, breche bei den Zäsuren willkürlich, beliebig ab. Man muß in der neuen

Beispiel 27

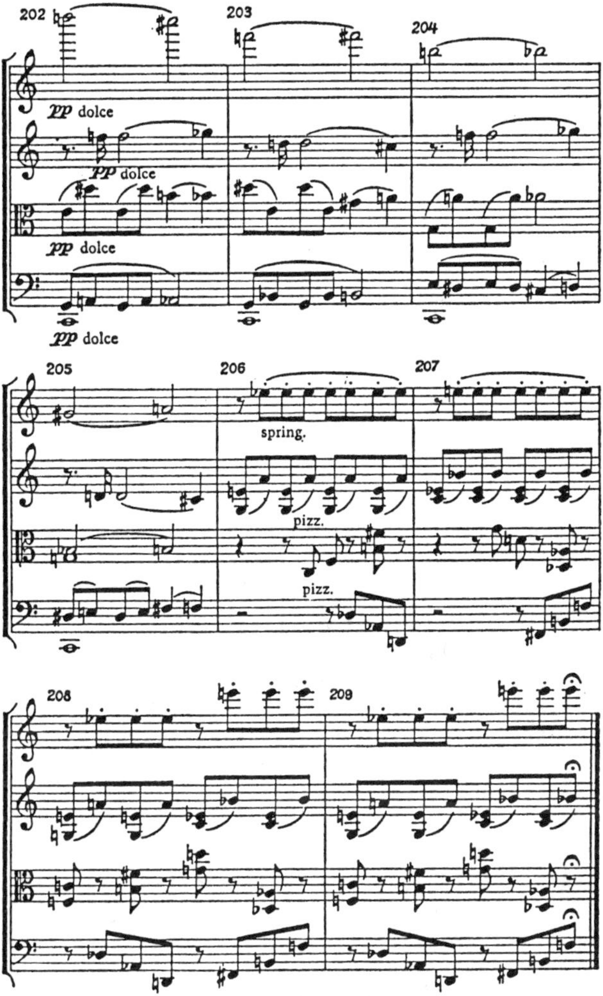

[Arnold Schönberg, Drittes Quartett, Rondo]

Musik die Endungen, schließlich auch die Schlüsse ganzer Sätze so feiern, wie sie fallen, rein aus der Triebkraft oder der Sättigung der Motive heraus, nicht nach dem Befehl jeweils vollständig sich erfüllender metrischer Schemata; diese sind ganz liquidiert.

Der Schluß des Dritten Quartetts von Schönberg klingt, isoliert, leicht, als höre das Rondo zufällig auf [Beispiel 27]. Daß keine bekräftigende Kadenzwirkung der Form erzielt ist, erzeugt eine Art retrospektiver Ungewißheit: man weiß mit einem Mal nicht mehr, wohin das Ganze will, worein es mündet. Korrigiert wird das nur durch eine bestimmte Höreinstellung dem ganzen Satz gegenüber. Man muß seines spielerischen, gar nicht im Ernst Entwicklungen setzenden Tons innegeworden sein. Dann enträtselt sich auch der unschlüssige Schluß: als ein Auspendeln, ein kunstvolles non liquet. Unentschiedenheit wird zum Resultat. Ausdruckscharakter und Formverständnis verschränken sich; erst der hintergründige Humor erhellt das Formganze. Recht offenbar wird das erst, sobald der Schluß des Rondos in dem Formteil erscheint, in den er gehört, etwa von Takt 163 an.

Zerrissen klingen aber nicht nur Details, in denen Kontraste zusammenprallen, sondern zuweilen auch die Architektur im großen. Dann werfen sich dem Verständnis, nämlich dem überschauenden Zusammenhören, erhebliche Hindernisse auf. Das sei belegt an einem Stück aus verhältnismäßig früher Zeit, der eben noch tonalen Ersten Kammersymphonie von Schönberg. In ihrer Mitte steht eine große, außerordentlich polyphon geschürzte Durchführung, kulminierend in kanonischen Bildungen im vierfachen Kontrapunkt. Dieser komplizierteste Teil bricht plötzlich ab und schafft einer letzten Partie der Durchführung Raum, die ins Adagio mündet. Nachdem erst nochmals mit allen erdenklichen Hauptmotiven kaleidoskophaft kombinierend jongliert ward, gewinnen allmählich harmonische, aus der Ganztonskala entwickelte Komplexe die Oberhand. Die kritischen Perioden vor und nach dem Riß lauten:

Beispiel 28

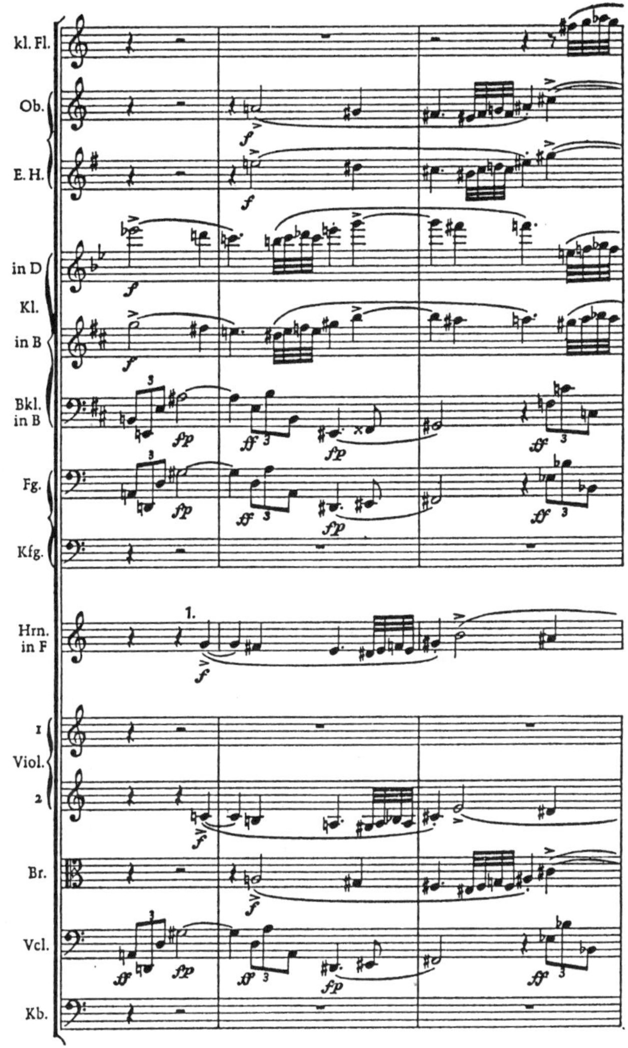

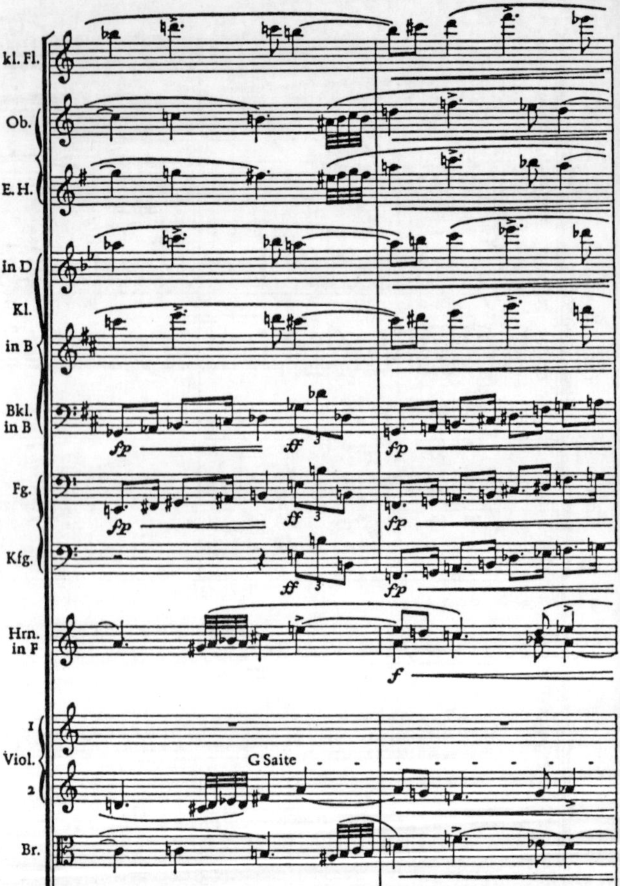
kl. Fl.
Ob.
E. H.
in D
Kl.
in B
Bkl.
in B
Fg.
Kfg.
Hrn.
in F
1
Viol.
2
G Saite
Br.
Vcl.
Kb.

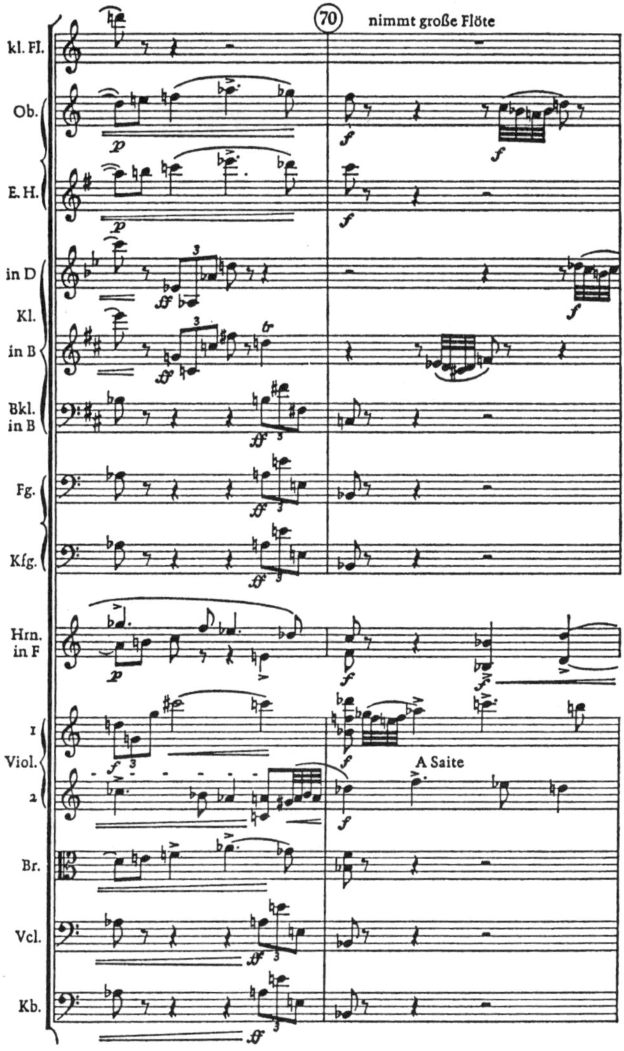
70
nimmt große Flöte
kl. Fl.
Ob.
E. H.
in D
Kl.
in B
Bkl. in B
Fg.
Kfg.
Hrn. in F
Viol. 1
Viol. 2
A Saite
Br.
Vcl.
Kb.

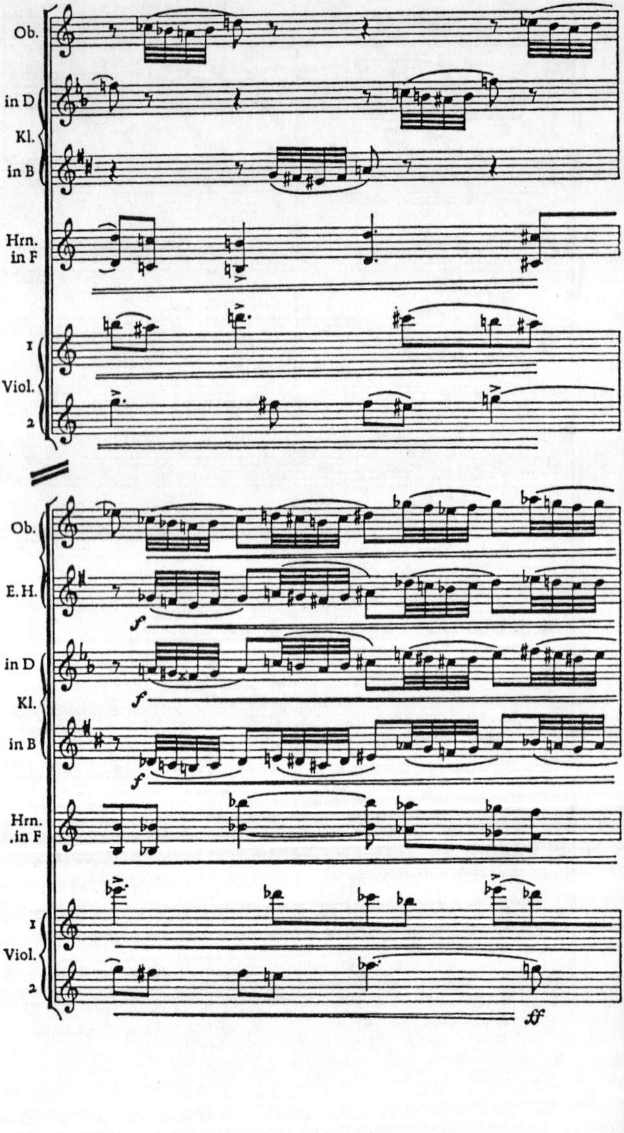
Ob.
in D
Kl.
in B
Hrn.
in F
1
Viol.
2
Ob.
E. H.
f
in D
Kl.
in B
Hrn.
.in F
1
Viol.
2
ff

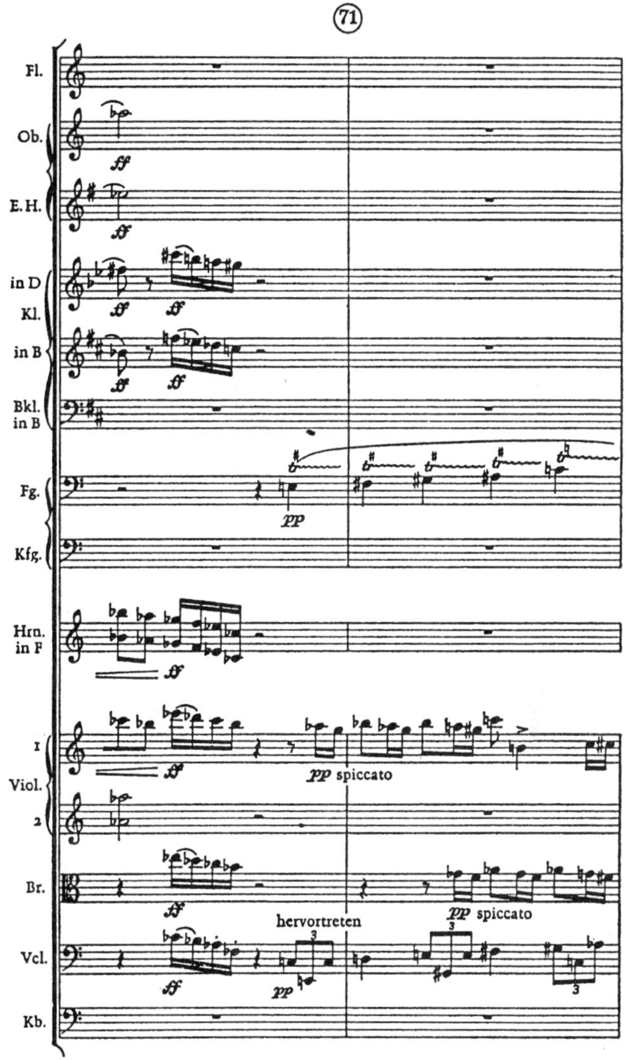
71
Fl.
Ob.
E. H.
in D
Kl.
in B
Bkl.
in B
Fg.
Kfg.
Hrn.
in F
1
Viol.
2
Br.
Vcl.
Kb.
pp spiccato
pp spiccato
hervortreten

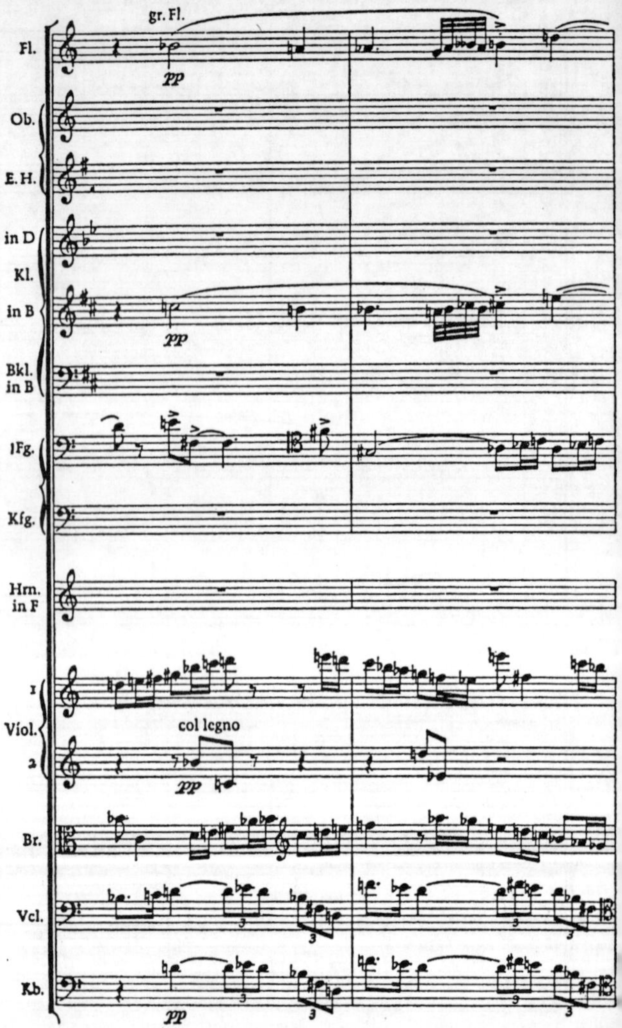
gr. Fl.
Fl.
Ob.
E. H.
in D
Kl.
in B
Bkl.
in B
Fg.
Kfg.
Hrn.
in F
Viol.
col legno
Br.
Vcl.
Kb.

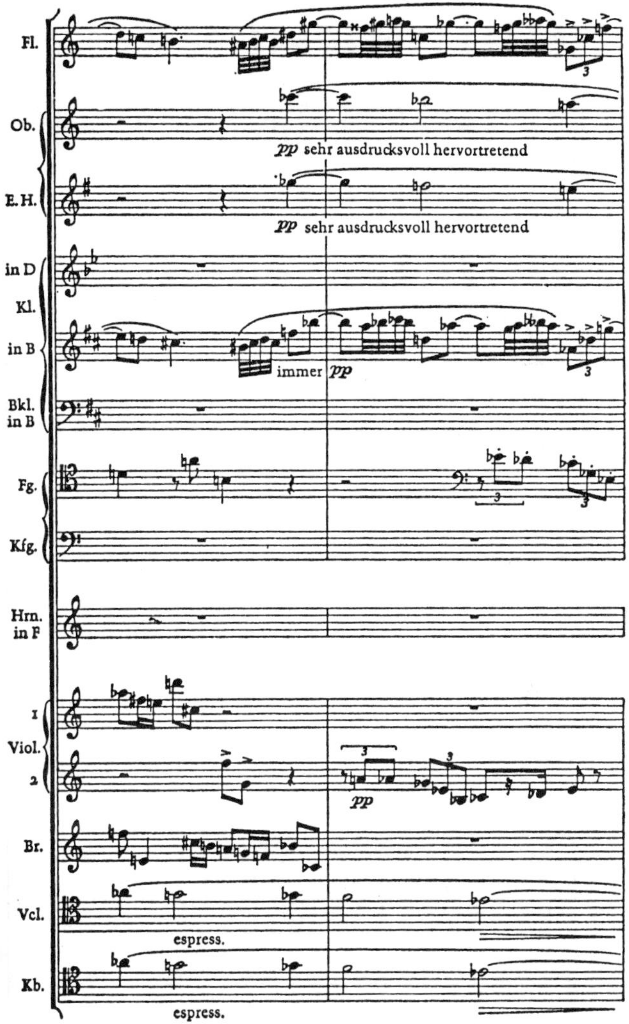
Fl.
Ob.
pp sehr ausdrucksvoll hervortretend
E. H.
pp sehr ausdrucksvoll hervortretend
in D
Kl.
in B
immer pp
Bkl. in B
Fg.
Kfg.
Hrn. in F
1
Viol.
2
pp
Br.
Vcl.
espress.
Kb.
espress.

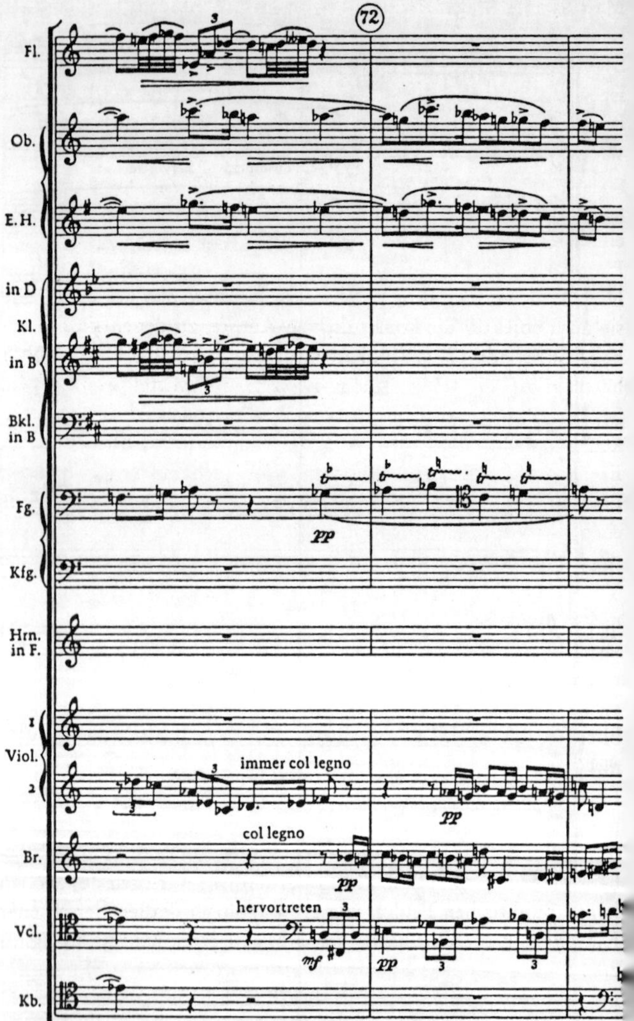

[Arnold Schönberg, Erste Kammersymphonie, op. 9]

Man könnte fragen, warum zwischen die Abschnitte, die doch beide in ein großes Teilganzes, die Durchführung der ganzen Symphonie, fallen, die jähe, befremdende Generalpause gerückt ist, eine Zäsur, die eher den Aufbau verwirren als verdeutlichen könnte. Sicherlich soll kein Überraschungseffekt sich einstellen wie sonst wohl bei Generalpausen; denn die Fortsetzung, im gleichen Tempo weiterlaufend, weicht zunächst vom Vorhergehenden gar nicht so sehr ab. Vielmehr scheint die Wendung einzugestehen, daß nach der maßlosen Phantasieanspannung des Hauptteils der Durchführung die Impulse sich erschöpft haben. Die Musik verhält sich, als wisse sie nicht weiter; als vermöchte sie auch objektiv die konstruktiven Künste, zu denen sie sich erhob, durch nichts von höherer Intensität zu überbieten. Nun hätte gewiß ein Meister, der so über die Mittel verfügt wie Schönberg, einen allmählich abklingenden, zum lyrischen Adagio kontinuierlich geleitenden Teil ohne viel Mühe schreiben können. Er hätte dann das Abrupte vermieden, den inneren Bruch der Faktur verkleistert, eine glatte Oberfläche vorgetäuscht. Aber eben das verschmäht er, vielleicht dem Vorbild Bruckners verpflichtet, der ähnlich allergisch war gegen die bloß veranstaltete Verbindung von Sektoren, die der Schwung der inneren Form nicht zusammenbiegt. In solchem Verzicht dokumentiert sich der sachliche Zug der neuen Musik, vergleichbar dem einer Architektur, welche verdeckende und schmückende Bestandteile der Konstruktion ausscheidet; Widerwille gegen den Gips. Aber man bliebe oberflächlich, schriebe man solche Sachlichkeit des Unvermittelten der bloßen Not zu, dort zu organisieren, wo die Impulse kein Kontinuum meinen. Sondern der Impuls zur Trennung ist, tiefer gesehen, selber einer zur Einheit. Das kompositorische Ingenium, fast möchte man sagen der Takt, führt Schönberg die Hand: ein allmähliches Verdünnen, Auflösen des großen kontrapunktischen Feldes, wie es in analogen Fällen der Wiener Klassizismus gewählt hätte, verharmloste jenes Feld nachträglich zum bloßen Als ob, zum Einschiebsel in vorwaltende Homophonie, und entwertete es damit. Gerade die bruchlose Fortsetzung würde den Bruch zwischen den Konflikten der Durchführung und der relativen Einfachheit verstärken, indem sie ihn vertuschte: so aber wird der Bruch von der Komposition akzeptiert als Element. Ihr kontrapunktischer Radikalismus wäre unvereinbar mit Mäßigung, mit unverbindlichen Fortspinnungen; die Form selber fordert, daß ihre Spitze abbricht und dadurch erst so schroff übers Ganze sich erhebt, wie ihr Sinn es will. Erst als getrennter widerfährt ihr die ganze Ehre ihrer Funktion in der Formtotale. Darum läßt der Komponist sie jäh enden und hebt, wie in Beethovenschem Entschluß, von sich aus mit einem Neuen an, ohne um der Glätte willen der Form etwas zuzumuten, wohin es jene von sich aus nicht treibt. Umgekehrt aber ist in neuer Musik die Kunst der Verknüpfung ebenso frei wie die des Trennens, der Endungen. Mechanische Einschnitte werden nicht länger toleriert. Das Mittel, allein mit bloßen Kontrasten, etwa Pausen, hauszuhalten, wäre so monoton wie die herkömmlichen Übergänge und stünde als trivial zur Kritik. Oft also drängen sich Vermittlungen, Übergänge aufs äußerste, manchmal auf wenige Töne oder nur einen einzigen zusammen. Die Dichte des Aufeinanderfolgenden trägt in solchen Fällen kaum weniger zur Verwirrung bei als Unverbundenes. Erinnert sei nochmals an den Beginn des ersten Klavierstückes aus op. 19. Die allererste Phrase verstummt, unregelmäßig, mit voller Zäsur. Die Antwort aber wird sogleich fortspinnend aufgefangen. Antwort und Fortspinnung sind durch eine kurze einstimmige Wendung verknüpft, eigentlich durch die Setzweise.

Beispiel 29

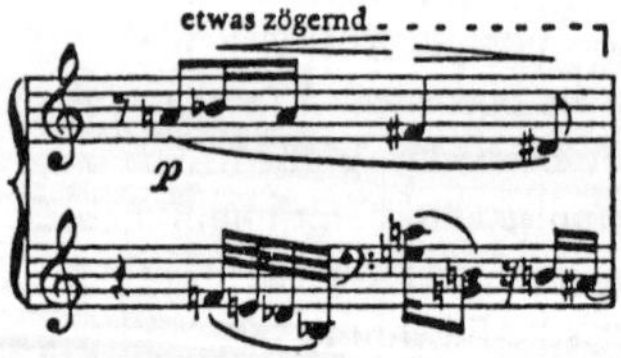

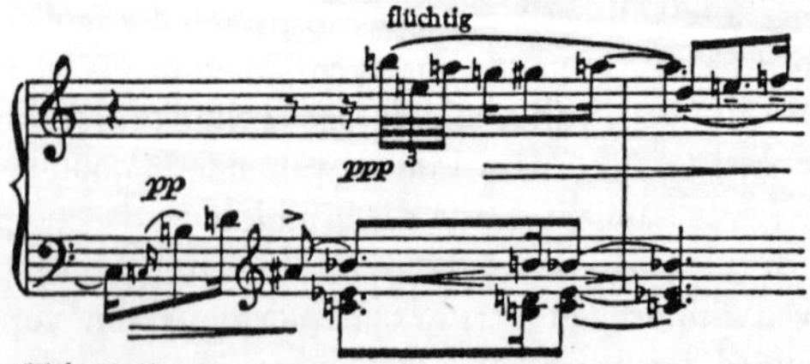

(Takt 2–4)

Beispiel 30

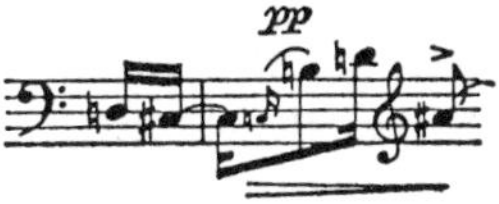

(Takt 2/3, linke Hand)

Das Gewebe lockert sich eine Sekunde lang, ehe es sich wieder anspannt. Keine Lücke reißt die beiden Partien auseinander, und doch heben sie dadurch zart sich voneinander ab. Um die Form jenes Anfangs zu verstehen, muß man den Unterschied im Satz ahnen und wahrnehmen, daß die Reduktion des Gewichts durch die Einstimmigkeit die Überleitung besorgt; solche Gewichtsverteilungen modellieren manchmal in neuer Musik die Struktur. Zugleich muß man innerlich das Schwebende, Unausgesprochene der beiden Formteilchen nachzeichnen; das, woran der spezifische Fortsetzungscharakter haftet, was über die bloße Setzung eines Anfangs hinausweist.

Beispiel 31

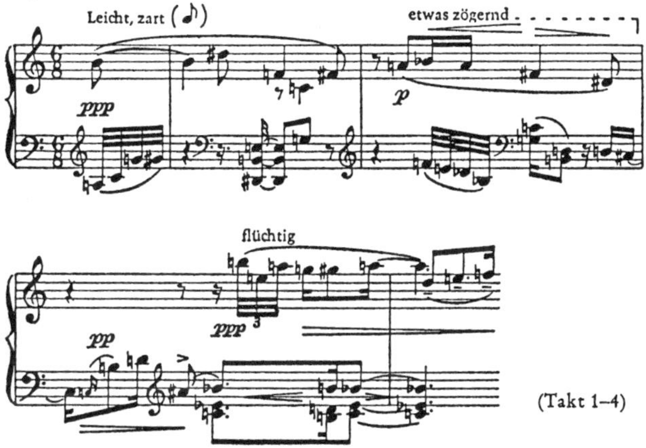

(Takt 1–4)

Bleibt man hinter all dem zurück, und das heißt vorab: versteht man nicht die Setzweise als formbildendes Mittel, so droht sogleich hier, nach wenigen Takten, das Chaos. Richtet man aber einmal die Aufmerksamkeit auf solche subtilen Strukturen, so vereinfacht sich alles. Die Tendenz zum Aneinanderrücken der Teilgestalten wirkt das ganze Stück hindurch fort; erst die Coda hebt nach einer Zäsur auf deutlich gutem Taktteil an und zieht daraus die Kraft des Schließens. Der spezifische Charakter des Stücks, zögerndes Ansetzen und unerwartetes, organisches Weitertreiben der musikalischen Gedanken, kurz der musikalische Sinn selber, verdankt sich dieser besonderen Formkonstruktion im kleinsten. Solche Dichte war zumal Alban Berg eigentümlich; sie bedingt die ungemein bedachte Art, in der er noch das Dickichthafte, Verschlungene artikuliert. Dieser Doppelcharakter ist besonders in seinen früheren Werken auffällig. Er wäre aber nicht als bloße Tatsache zu registrieren, sondern die Nötigung zu begreifen, der dabei gehorcht wird; nur so wäre die Schwierigkeit wegzuräumen. Man wird ausgehen müssen von einem Befund, an den Berg als Lehrer unermüdlich erinnerte: daß die Technik der neuen Musik überwiegend eine der Variation sei. Die Ökonomie der Arbeit, die Reduktion alles überhaupt Erscheinenden auf möglichst wenige und minimale Kerne, schafft in ihr jene Stringenz des Zusammenhangs, die man vordem der Tonalität und den ihr entlehnten Formmitteln überlassen mochte. Variation heißt aber, aus einem musikalischen Gegebenen, Gesetzten Neues entwickeln. Das Neue muß, sei es auch verkappt, in dem Gegebenen bereits enthalten sein. Daher ist eine der vordringlichsten Verfahrensweisen – in Wahrheit so naheliegend, daß sie nicht gefeit ist vor der Gefahr des Mechanischen –, das Ausgangsmaterial im Verlauf des variativen thematischen Fortgangs in kleinste Elemente aufzuspalten, die im Ausgangsmaterial vorhanden sind, und dann aus diesen kleinsten Bestandteilen das Neue zu bilden. Solche Aufspaltung von Themen in ihre kleinsten Einheiten, der Zug zur Atomisierung ruft dann oft für den Ununterrichteten jenen Eindruck hervor, den seinerzeit der reaktionäre Kritiker Leopold Schmidt als infusorienhaft etikettierte. Das wird dann am langen Atem melodischer Linien gemessen, dessen Prototyp etwa Schubert ist. Ein Psychologisches spielt hinein. Das vermeintliche Gewimmel und Gewusel verletzt ein unbewußt eingewurzeltes Tabu, den Abscheu vor niedrigen Tieren, Insekten und Gewürm. Strawinsky und Hindemith werden vom Publikum nicht zuletzt darum begünstigt, weil sie jenem Tabu gehorchen; weil es bei ihnen säuberlich abgeteilt, ausgefegt, sozusagen hygienisch zugeht. Die radikale neue Musik hat der primitiven Ansicht von Form als einem Wegschneiden des Inkommensurablen sich geweigert, hat es selber in ihre Organisation aufgenommen. Man bewältigt den Widerstand dagegen hörend, indem man den variativen Teilungsprozeß mitmacht, der in der Komposition sich zuträgt. Zu erläutern ist das an einem einfachen Fall, der freilich nur eine elementare Möglichkeit des musikalischen Gewusels verkörpert [Beispiel 32]; in komplexeren Situationen muß man sich schon selbst durchs Dschungel schlagen, nachdem einem einmal aufging, daß es in guter Musik kein Dschungel gibt.

Diese Periode wird manchen wenig befriedigen, weil sie, nach einem heftig zufahrenden Ansatz, nicht fortschreitet, sondern

Beispiel 32

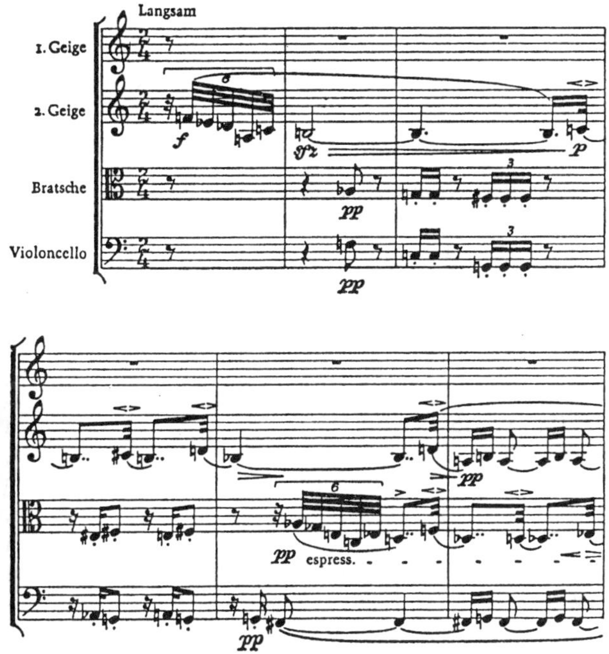

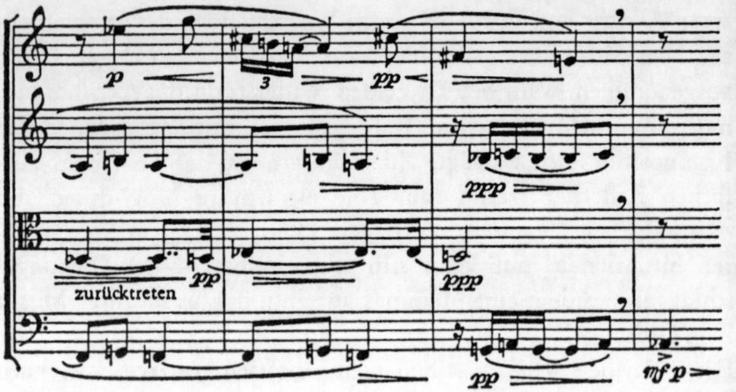

[Alban Berg, op. 3, Takt 1–9]

auf der Stelle tritt, steckenzubleiben scheint, obwohl bald, in Takt 5, jener zufahrende Anfang von der Bratsche imitiert wird.

Zunächst ist das Stehenbleiben, Innehalten als spezifische *Idee* der zehn Takte wahrzunehmen, nicht als Mangel zu beanstanden. Richtig gehört wird dieser Anfang nur dann, wenn man ihn nach jener Idee auffaßt, anstatt ein kräftiges Weiterschreiten von Brahmsischem Typus zu erwarten. Das Stehenbleiben aber ist selbst auf die für Berg eigentümliche Weise variativ erzeugt. Das charakteristische Intervall der absteigenden kleinen Sekund, das

Beispiel 33

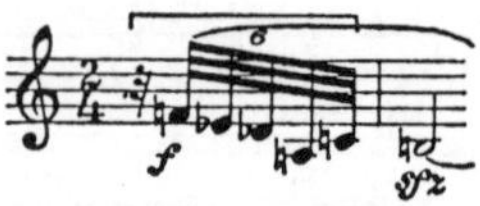

schon im Anfangsmotiv als Folge des c und des akzentuierten h bemerkbar ist und das die Endung des Hauptmotivs darstellt, wird als »Rest« beibehalten. Aus diesem motivischen Überbleibsel der Hauptgestalt bestreitet Berg den ganzen Komplex, sowohl in der Begleitung

Beispiel 34

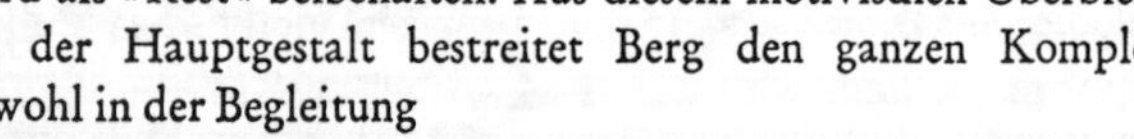

(Takt 1–3)

wie im Verlauf des Hauptthemas der zweiten Geige selbst, die auf dem Sekundintervall insistiert, es umspielt, ausweitet und wieder zu ihm zurückkehrt. Erst gegen Ende der Periode tritt ein neu wirkender, freilich mit dem Anfang thematisch verwandter Nachsatz in der ersten Geige hinzu.

Beispiel 35

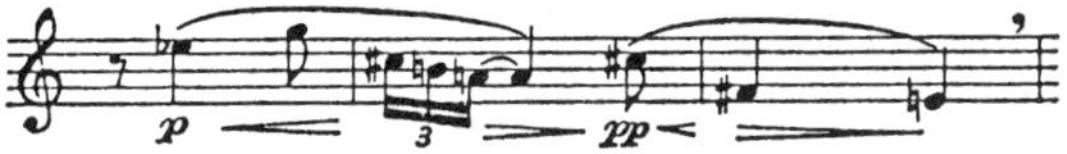

(Takt 6–9)

Aber dadurch, daß in den drei anderen Instrumenten das Sekundspiel fortdauert, wird auch die neue Gestalt bruchlos mit dem Alten vermittelt, wie denn überhaupt Bergs Musik geradezu lebt von dem Willen, alle Kontraste zu verschleifen, Neues und Altes miteinander zu identifizieren[3]. In den zahlreichen Fällen, wo die Auflösung in kleinste Einheiten befremdet, die wenige als Melodieträger zu denken gewohnt sind, hat man mit dergleichen Aufteilungen zu rechnen. Nur müssen es keineswegs immer Reste, Endglieder von Themen sein, welche die geschlossenen Felder auflösen, sondern die verschiedensten Elemente taugen dazu. Vor allem aber greift jene Verfahrungsart auf die Formulierung der Themen selber über. Auffällig an dem Beispiel, wie, kaum daß auch nur eine einzige Tonfolge als Thema von Berg etabliert ist, der Spaltungsprozeß anhebt. Bergs Musik klingt zuweilen so, als ob die Themen schlechterdings aus Differentialen, aus unendlich Kleinem gefügt wären; als ginge die Verarbeitung dem Thema voraus, dessen Begriff dadurch fragwürdig wird. Das ist die spezifische Schwierigkeit, die der heute pharisäisch als traditionell abgeschobene Komponist bereitet. So beginnt die Schmuckszene des Wozzeck, als Sonatensatz gebaut, mit einem Thema, das nicht länger der Vorstellung einer ausgesponnenen Melodie entspricht, sondern aus winzigen motivischen Zellen, kleinsten Ansätzen sich integriert [s. Beispiel 36].

Berichtet nun ein Wozzeck-Kommentar etwas von der Sonatenstruktur jener Szene, und erwartet man danach eine Themenmelodie im üblichen Sinn, so ist man mißleitet. Vielmehr gilt es von Anfang an, sich auf eine Struktur einzustellen, die aus derlei

3 Vgl. die Interpretation des Violinkonzerts S. 341.

kleinsten Ansätzen sich komponiert, sich steigert und wieder zurücksinkt; die Proportionen zwischen diesen Ansätzen und ihrer dynamischen Entwicklung sind zu beachten, nicht aber auf eine durchgehende Melodie zu lauern, die der motivischen Kleinarbeit zuliebe hier gerade ausbleibt. Berg selbst hat übrigens, als man gegen dies Thema den Einwand des Infusorienhaften erhob, mit Recht betont, daß es im Wiener Klassizismus, vor allem auch bei Beethoven, ganz ähnliche Strukturen gebe, nur daß hier der Aufspaltungsprozeß unter der Hülle der Tonalität nicht ebenso zutage tritt.

Beispiel 36

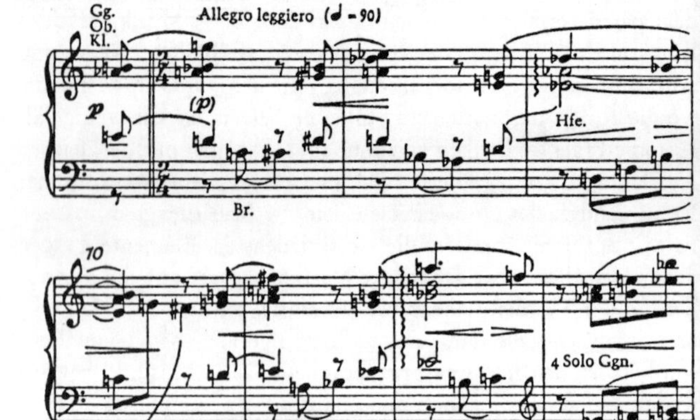

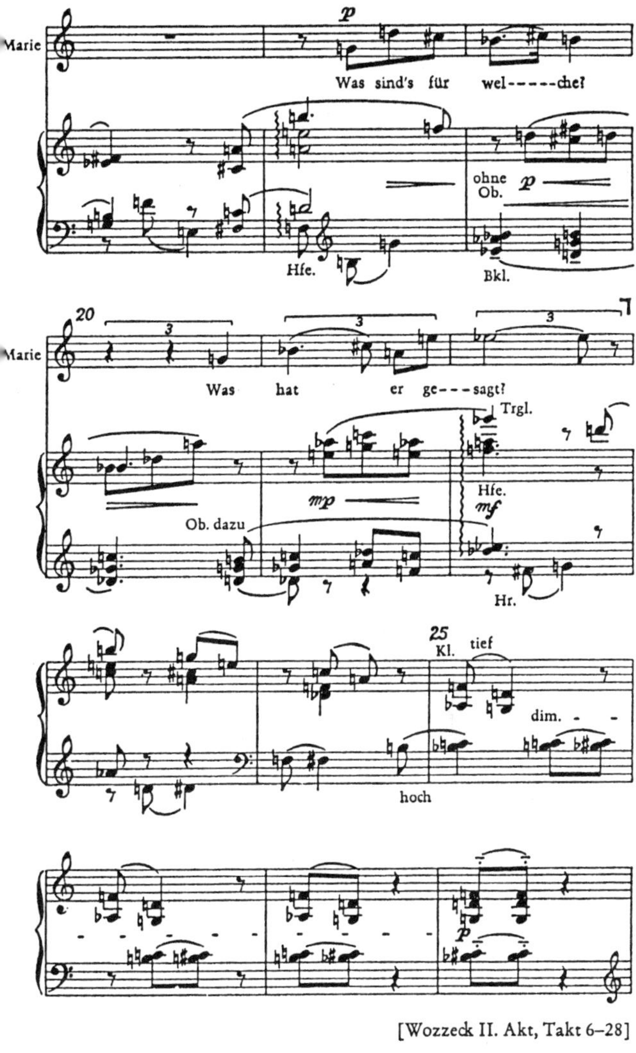

[Wozzeck II. Akt, Takt 6–28]

Hinzugefügt mag werden, daß das Moment der Konstruktion in der neuen Musik und seine Antithese, das organisch Wuchernde, nicht schlichte und unvermittelte Gegensätze sind, sondern daß beide Momente ineinander entspringen. Je mehr die neue Musik triebhaft ungebundenen Regungen sich überläßt, um so mehr tendiert sie zu jenem ineinander Gewachsenen, gar Chaotischen, das dann, soll es nicht aufs Vorkünstlerische herunterkommen, der organisierenden Gegenkräfte bedarf, die subtilsten Mittel der Konstruktion von sich aus beschwört. Umgekehrt aber haben die Mittel der Konstruktion, je subtiler sie werden, selbst ihren Anteil an der Auflösung der geschlossenen Oberflächenstrukturen und bewirken, als Organisation im kleinsten, von sich aus etwas von dem, was zunächst als chaotisch irritiert. Dem zeigt erst ein musikalisches Bewußtsein sich gewachsen, das der Wechselwirkung jener beiden Momente nachkommt; das des Dranges in der Konstruktion innewird und der Konstruktion im Drang. Diese Einheit der Gegensätze definiert wohl gar das innerste Geheimnis legitimer neuer Musik und damit auch das eines sinngemäßen Verhältnisses zu ihr.

Um jener Einheit der Gegensätze willen sei nochmals auf das Beispiel aus Schönbergs bekanntem, mehr als fünfzig Jahre altem op. 19 rekurriert. Daran war etwas zu demonstrieren, was fürs Verständnis der neuen Musik Voraussetzung bleibt, zumal für das der jüngsten: die Anfangstakte gewinnen nur dadurch ihren Formsinn, daß zwischen polyphonen Stellen, die auseinander hervorwachsen, eine ganz knappe einstimmige steht. Die Form erwies sich dabei als Funktion eines Mittels, das im Sinn der üblichen Teilung der musikalischen Disziplinen gar nicht der Form zugerechnet wird: der Setzweise, hier einfach des Wechsels von Vielstimmigkeit und Einstimmigkeit. Das verweist aber auf ein Prinzipielles. Während in traditioneller Musik, außer solcher obersten Ranges, die einzelnen kompositorischen Dimensionen, wenngleich stets weniger, einigermaßen unabhängig voneinander waren, sind sie in der neuen Musik allesamt aufeinander bezogen; alle sind, jedenfalls der Idee nach, integrale Bestandteile der Komposition, ihrer Einheit. Das ist der wahre Rechtsgrund des Postulats äußerster Konzentration beim Hören: weil virtuell alles gleich wichtig, gleich nahe zum Mittelpunkt ist, weil nichts für die Konstitution des musikalischen Sinns äußerlich und zufällig bleibt, muß auch alles ins Feld der Aufmerksamkeit gerissen werden, wofern nicht der musikalische Sinn versäumt werden soll. Die Anspannung des Hörens zu einer Art Synthesis der verschiedensten Momente und musikalischen Dimensionen entspricht der Integration des Komponierens selber. Wahrhaft einer Integration. Denn es genügt kein bloßes Koordinieren und Parallelisieren jener verschiedenen Dimensionen, sondern ihr Zusammenhang ist funktionell. Das will sagen, eine kann für die andere eintreten. So vermögen etwa in dem sublimiertesten Musikstil der Gegenwart, dem Anton Weberns, Relationen zwischen Farben, Satz und kleinsten Motiven bereits formbildend zu fungieren.

Beispiel 37

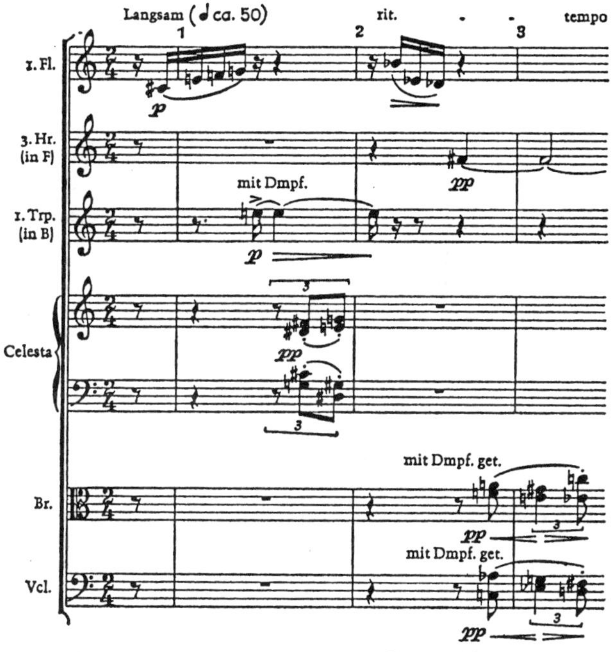

[Anton Webern, op. 6, Nr. 1]

Diese drei Takte fügen sich aus kürzesten Elementen. Als eine Halbperiode werden sie buchstäblich durch den Klang zusammengehalten; den der solistischen Flöte und ihrer Bewegung in Sechzehnteln. Zugleich jedoch walten in ihnen noch feinere Beziehungen, unterscheidend sowohl wie verbindend. So wird der Höhepunkt der ersten Flötenphrase vom d der gedämpften Trompete abgenommen, analog der Tiefenpunkt der zweiten Flötenphrase, die nach unten führt, von einem h des Horns. Gemeinsam ist beiden Kurzphrasen die Melodieteilung in den Klang der Flöte und den eines gedämpften Blechinstruments; dessen Farbe aber variiert, und dadurch wird ein formaler Wechsel ausgedrückt; das Horn bringt, vergleichsweise gesprochen, ein Semikolon, während die Trompete lediglich ein Komma setzte. Entsprechendes gilt für die Begleitung auf den beiden kritischen Endnoten. Das erste Mal begleitet die Celesta, das zweite Mal gedämpfte Bratschen und Celli. Abermals ist für Gleiches und Ungleiches gesorgt. Das Gleiche: die beiden Begleitsysteme sind jeweils vierstimmig und beide bringen, im Gegensatz zu den Sechzehnteln der Hauptstimme, Triolen. Kontrastierend jedoch ist der etwas rundere, in sich an- und abschwellende chorische Streicherton nach dem ganz dünnen das Glasklaviers. Auch hier wirkt die größere Sonorität relativ schlußkräftiger. Die drei Takte stellen die zarteste Balance von Gleichem und Ungleichem her. Klangfarbe wird vielfach zu einem Medium, um den Formverlauf, der sich die triviale Oberflächenartikulation verbietet, zu modellieren. Integrales Komponieren, das Programm der seriellen Schule, ist danach keine mathematisierende Marotte, sondern die generelle Formel für die Erfahrung, daß keine Schicht der Komposition unabhängig von der anderen ist. Eine steht der anderen bei; je weniger sie mehr Halt hat an vorgegebenen Bezugssystemen, um so mehr muß sie ihren Halt suchen an der organisierenden Wechselwirkung all ihrer Momente und Dimensionen. Darum ist das Ideal des Hörens neuer Musik eines, das nicht bloß Haupt- und Nebenereignisse deutlich unterscheidet, sondern sie auch wiederum zusammenbringt, und dem schließlich überhaupt nichts entgeht. Dies Ideal freilich ist auch für jene, die Berufsmusiker heißen, oft so schwer zu erreichen wie für den Komponisten das Ideal des integralen Komponierens. Es bezeich-

net nur den Fluchtpunkt, dem angemessenes Hören zustrebt; kaum einer aber dürfte von sich sagen, daß er nun wirklich neue Musik – und freilich auch traditionelle – ganz und gar, daß er sie richtig hört. Schumanns Wort »Des Lernens ist kein Ende« hat mehr Wahrheit wohl, als es an Ort und Stelle meint.
Das Hören, das dem integralen Kompositionsideal gerecht würde, ließe am ehesten als strukturelles sich bezeichnen. Der Rat, mehrschichtig zu hören, das musikalisch Erscheinende nicht nur als Gegenwärtiges sondern auch in seinem Verhältnis zu Vergangenem und Kommendem der gleichen Komposition, hat bereits ein wesentliches Moment dieses Hörideals benannt. Etwas Verwandtes stellte Jürgen Uhde als Norm auch der Interpretation, und zwar der Beethovens, auf: »Wir müssen uns darin üben, beim Spielen jedes Akkordes nicht nur den nächsten, sondern auch bereits die folgenden zu hören. Der Spielende ist einem Menschen ähnlich, der mit einer Taschenlampe jeweils das nächste Stück des Weges beleuchtet, auf dem er sich fortbewegt. Je heller seine Lampe ist, um so besser! Es muß das Empfinden angestrebt werden, daß im ersten Klang einer musikalischen Phrase schon alles Folgende enthalten ist.«[4] Grundsätzlich sollte man so hören, wie richtig interpretiert wird. Nicht weniger jedoch steckt in dem Postulat, als daß alle wie immer auch gearteten Elemente einer Komposition durch ihre Unterscheidung hindurch zur Einheit synthesiert werden; daß man sämtliche Dimensionen aufeinander bezieht. In gut organisierten Kompositionen sind alle Momente Funktionen voneinander. Einzig die Dichte der Organisation, die Totalität der Beziehungen zwischen den Erscheinungen verleiht der Komposition jene innere Stimmigkeit, jene Art der spezifischen Logizität, die früher durch das tonale Bezugssystem und seine Spielmarken von außen her gestiftet dünkte. Um so integral zu hören, wie Musik auf dem höchsten Formniveau heute komponiert wird, bedarf es gleichsam der allseitigen Aktualität, Spontaneität der Wahrnehmung. Solches Hören wäre freilich in Wahrheit das allein menschenwürdige Verhältnis einer jeglichen Musik gegenüber, in der es, wie August

4 Jürgen Uhde, Interpretation, in: Prisma der gegenwärtigen Musik. Tendenzen und Probleme des zeitgenössischen Schaffens, hrsg. von Joachim E. Berendt und Jürgen Uhde, Hamburg 1959, S. 135.

Halm als erster aussprach, auf die Struktureinheit des Ganzen, nicht auf sinnlich reizvolle Augenblicke, insbesondere nicht nur auf das ankommt, was der laxe Sprachgebrauch als Einfall verherrlicht. Aber die traditionelle Musik hatte doch gegenüber dem strukturellen Hören das atomistische insofern bereits gefördert, als wenigstens anscheinend in ihr die Struktur, etwa die grob sinnfällige Außenarchitektur der Sonatenform, sich von selbst verstand. Sie war eine Epoche hindurch konstant und bedurfte darum keiner besonderen Aufmerksamkeit; das Eigentümliche und Produktive lag in den Augenblicken der Abweichung, in dem, was nicht vom Schema bereits vorgesehen war. Das hat das Hören immer mehr aufs Detail verlagert, und schließlich, im Stadium des Verfalls der traditionellen Musikkultur, zu jenem bloß kulinarischen Konsumieren angenehmer oder reizvoller Klänge geführt, das dann prompt von der U-Musik der Vergnügungsindustrie verwaltet und ausgebeutet wird. Gerade weil diese Tendenz zum atomistischen und kulinarischen Hören, eine in Wahrheit vorkünstlerische, krud stoffliche Neigung zum Abtasten und Abschmecken isolierter Reizmomente, ebenso vom herrschenden Musikbetrieb wie von der gesellschaftlichen Rückbildung des Hörens gefördert wird, ist es überaus dringlich, in der Apperzeption neuer Musik dieser Neigung aus vollem Bewußtsein zu widerstehen. Mit Rücksicht darauf darf die neue Musik als Trägerin einer geistig-moralischen Verpflichtung gelten. Wenn insgesamt, von ihrem inneren Bewegungsgesetz her, die Künste heute einander sich annähern, dann wäre wohl vorzuschlagen, man solle neue Musik so hören, wie man ein Bild als ganzes betrachtet, alle ihre Momente in eins setzen, eine Art Gleichzeitigkeit des Sukzessiven sich erwerben, anstatt bei jener Diskontinuität es zu belassen, zu welcher das Medium der Musik, die zeitliche Aufeinanderfolge, verlockt. Ob freilich genetisch dabei das Ganze den Vorrang hat oder ob nicht vielmehr in der Musik, anders als in der Malerei, das Bewußtsein des Ganzen erst von den Impulsen der Einzelheiten her sich konstituiert, bleibt einstweilen offen: die Simultaneität des Ganzen ist in einer Sukzessionskunst schwerlich ganz wörtlich zu nehmen.

Sicherlich aber wird für strukturelles Hören auch jener Begriff des sinnlich Wohlgefälligen sich verändern, den das naiv tradi-

tionelle Hören unreflektiert voraussetzt. Nicht bloß hat das sinnlich Wohlgefällige sich überaus erweitert; nicht bloß haben zahllose Klänge und vor allem auch Farbkombinationen, die früher tabu gewesen wären, sich, abermals analog der Malerei, in Reize verwandelt, wie etwa der Anfang des dritten Teils von Schönbergs Pierrot oder die Barcarole aus dem gleichen Werk. Sondern darüber hinaus ist das sinnliche Detail, das in der neuen Musik so viele als häßlich verdammen, vom strukturellen Hören nicht unabhängig. Auch der ungewohnteste und schärfste Einzelklang wird schön in dem Augenblick, da in ihm ein Licht aufleuchtet: da er sich offenbart als Träger eines musikalischen Sinnzusammenhangs. Ästhetische Vergeistigung tilgt nicht bloß das sinnliche Glück, sondern schafft auch ein neues, eine zweite Unmittelbarkeit. Am Anfang der Lulu-Symphonie von Alban Berg entspringen Wohllaut und Dissonanz gleichermaßen in der Idee der Oper von der verhängnisvollen Schönheit.
Zu konzedieren ist die Fragwürdigkeit all dieser Hinweise. Wohl steht außer Zweifel, daß, wer überhaupt der Sprache der Musik mächtig ist, neue Musik verstehen lernen kann. Ist sie tatsächlich in zahlreichen Momenten nichts anderes als die zu sich selbst gekommene traditionelle oder die, bei der das in der traditionellen Verborgene, Subkutane manifest, Erscheinung wurde, dann sind die Ratschläge zum Hören neuer Musik zugleich solche zum Hören aller, wofern das mehr meint als ein sich Bescheiden beim Mitschwimmen in den Oberflächenkanälen des tonalen Systems. Gleichwohl ist alle neue Musik gegen den Strich gebürstet. Sie gehorcht einem Drang, der wiederum dem Bemühen, sie allgemein verständlich zu machen, widerspricht. Ein Element ihres Sinnes ist, daß sie das Einverständnis kündigt; als durch und durch nonkonformistische ist sie ihrem Publikum nicht bloß freundlich. Der Schock, den sie ausübt, ihr Befremdendes ist mit ihrem Gehalt verwachsen. Indem nun die Hilfe, sie zu verstehen, notwendig diesen Schock beseitigt oder herabsetzt – denn was man versteht, was man sich zueignet, das befremdet und schokkiert nicht mehr –, arbeitet sie zugleich auch gegen sich selber. Bringt man das Neue, sei es auch noch so getreu und mit dem Willen, noch so wenig zu verfälschen, dem Bewußtsein der Menschen näher, so steht man auf dem Sprung, es ins Harmlose zu

verbiegen und zu dem ohnehin allgemeinen Verhängnis beizutragen: auch aus dem noch ein Bildungsgut zu machen, was durch die Schroffheit seines Gebarens gerade davor einstweilen behütet war. Trotzdem sind Erläuterungen verantwortbar: Schocks kann man nicht konservieren. Wohl ist wahr, daß das Unbekannte und Nichtdomestizierte, sobald man es auf Bekanntes zurückführt – und keine Höranweisung kann das vermeiden –, selber domestiziert wird. Aber andererseits bedarf auch das Fremdeste der Bestimmung seiner selbst durch Bekanntes, wofern es nicht in chaotischer Indifferenz versinken soll. Schocks sind der neuen Musik so wesentlich wie ephemer, keine Ewigkeitswerte. Da aber kein kodifiziertes musikalisches Werk bloß auf den Augenblick gestellt ist, in dem es erstmals erklingt, vielmehr in seiner Geschichte nicht bloß Qualitäten verliert, sondern auch andere erwirbt, so bewegt die Erkenntnis, die es zu kommentieren trachtet, wofern sie gelingt, in Wahrheit sich nur in der Bahn, welche das Werk in seiner Geschichte selber beschreibt. Anstelle des Schocks, der mit seiner Explosion zugleich verschwindet, tritt in den Kunstwerken das Eingedenken der Konstellation, die in jedem einmal sich kristallisierte. Kunstwerke verständlich machen heißt eigentlich, solchem Eingedenken beistehen, einer Schicht des Lebens der Werke, die anders ist als ihre reine Unmittelbarkeit. Sie darf die ihres Nachlebens heißen. Damit die Werke dauern, bedürfen sie des Verständnisses derer, die sie hören. Um dieser Dauer willen, nicht als Mittel bloßer informatorischer Verbreitung sind Höranweisungen zu verantworten.

Der getreue Korrepetitor

Interpretationsanalysen neuer Musik

Anton Webern: Lieder op. 3 und op. 12

In den ›Anweisungen zum Hören neuer Musik‹ wurde nur ein Teilkomplex dessen diskutiert, was zwischen jene Musik und das Publikum sich schiebt. Sieht man dabei einmal von den gesellschaftlichen Problemen ab, die in den Ratschlägen nicht berücksichtigt werden konnten, und beschränkt man sich auf konkret musikalische, so tritt zu den subjektiven Hörproblemen als Wesentliches hinzu, daß die meisten Aufführungen exponierter moderner Kompositionen deren musikalischem Sinn nicht gerecht werden, sinnlos bleiben. Kaum ein Hörer jedoch dürfte fähig sein wahrzunehmen, was die Aufführung selber verfehlt. Die Schwierigkeiten, welche die angemessene Interpretation neuer Musik aufwirft und deren sehr zahlreiche Interpreten kaum recht sich bewußt sind, sollen konkret erörtert werden. Die fortschreitende Erkenntnis der Interpretationsaufgaben soll den musikalischen Sinn entstehen lassen, indem die Widerstände bewältigt werden, die ihm entgegen sich werfen.

Wiederum sind Werke ausgewählt, die derlei Schwierigkeiten in beträchtlichem Maß bieten; solche, die zuweilen wohl dem, der nicht in sie sich versenkt, uninterpretierbar bleiben müssen. Zugleich aber sind sie, freilich mit ein oder zwei erheblichen Ausnahmen, technisch im herkömmlichen Sinn nicht besonders anspruchsvoll. Sie verlangen keine eigentliche Virtuosität und lassen von ernsthaft Musizierenden einigermaßen sich nachvollziehen. Auch dem Klangmaterial nach halte ich mich an Überschaubares. So wird wenigstens ein Problem, die Unterscheidung, Vermittlung und Integration weit auseinanderliegender Klangfarben, einigermaßen ausgeschaltet.

Ich beginne mit zwei ohne weiteres zugänglichen Zyklen von Anton von Webern, den fünf Liedern für Singstimme und Klavier aus dem Siebenten Ring von Stefan George, op. 3, einer genialischen Jugendkomposition, und den vier Liedern op. 12, dem ersten etwas Ausgreifenderen, was Webern nach den expressionistischen Miniaturen schrieb, übrigens zugleich dem ersten opus von ihm, in dem geistliche Texte vorkommen. Bei der Entfaltung der Interpretationsprobleme orientiere ich mich diesmal nicht systematisch an verschiedenen Kompositionsdimensionen und ihrem Verhältnis zueinander, sondern lasse mir die verschiedensten Darstellungsfragen vom Verlauf der Lieder so zutragen, wie sie in der Praxis des Probierens sich enthüllt haben. Ein gewisses Maß an Willkür ist dabei zu konzedieren. Denn in jedes Kunstwerk, und in die Interpretation eines jeglichen davon führen buchstäblich unendlich viele Zugänge; die Wahl eines jeden hat etwas Zufälliges; nur müssen alle im Kern des Werks, in seinem Gehalt konvergieren. Auch der Möglichkeiten, ein Werk zu verfehlen, sind unendlich viele, und es läßt da ebenfalls mit Beliebigem sich anheben. Aber von jedem solchen Beginn her müßten, wofern er aus der wahren Anschauung des Gebildes abgeleitet ist, seine sämtlichen Interpretationsaspekte sich eröffnen. So sagte mir Rudolf Kolisch einmal bei einer Probe, es sei relativ gleichgültig, was man beanstande; stimme irgend etwas nicht, und fange man nur an einer Stelle kritisch zu arbeiten an, so folge daraus das andere von selbst. So etwa, nicht als Rezept oder als sogenannte erschöpfende Behandlung wären die Analysen zu nehmen. Keine festen Regeln werden übermittelt, unter die bei der Interpretation alle mögliche neue Musik subsumiert werden könnte. Die polemische Stellung dieser Musik zur abstrakten Norm und zum sich selbst gleichbleibenden Vorrat der musikalischen Elemente bewirkt es, daß jedes Stück, das etwas taugt, vor neue und unerwartete Fragen stellt. Immerhin wird der Erfahrene die Wiederkehr typischer Fehler der Interpretation, wie das Fallenlassen von Noten auf schlechtem Taktteil, das Entstehen von Lücken in Melodien, das Versäumen des musikalischen Anschlusses von einem Moment zum andern, registrieren. Daß neue Musik jedes Allgemeine verweigere, bedarf ohnehin der Einschränkung. An den Webernliedern ist zu sehen, wie gewisse Grundstrukturen sich über den Kopf der einzelnen Kompositionen hinweg durchsetzen, aus denen dann auch wiederkehrende strukturelle Forderungen an den Interpreten folgen. Aber es ist wichtiger, an Interpretationsmodellen eine bestimmte Art des interpretativen Blicks, eine entziffernde und dann realisierende Verhaltensweise dieser Musik gegenüber zu lernen, als feste Vorschriften zu empfangen, die irreführten, sobald man sie unverändert festhielte. Mit den Ohren läßt sich einsehen, daß der musikalische Sinn nichts Esoterisches, ein für allemal Verschlossenes ist, sondern daß er an technischen Befunden sich greifen läßt. Er ergibt sich recht zwingend mit der Einsicht darein, wie eine solche Musik nun darzustellen ist.

Das *erste* Lied des Zyklus nach Gedichten von Stefan George op. 3 von Webern ist – wie das Gedicht – einleitenden, präludierenden Wesens, ein Aufklingen. Die Idee des Aufklingens müssen Sängerin und Pianist vorweg sich vergegenwärtigen. So sollte der Pianist, um den Ton des Ganzen anzuschlagen, sogleich den ersten Akkord zusammen mit dem hinzutretenden Baßton celestaartig klingen lassen, laisser vibrer, wie bei Debussy solche Wirkungen bezeichnet sind. Ähnliche Akkorde danach sind ähnlich anzufassen, also loszulassen und zugleich zu pedalisieren. Die Kunst ist freilich, gleichwohl jenen Akkord mit dem nächsten melodisch zusammenzubringen, denn die beiden ersten hohen Akkorde des Liedes umschreiben die ersten Melodietöne der Singstimme. Man wird das erreichen, indem man die obersten Noten der zwei laisser vibrer-Klänge ein wenig hervorkehrt.

Gegliedert ist das Lied dreiteilig, und die Dreiteiligkeit sehr deutlich auskomponiert. Der erste Teil ist als viertaktige Exposition aufzufassen, den Mittelteil, Tempo, Takt 5, trennt davon ein Ritardando. Er fügt sich bewegter, aufgelöster, bleibt aber rasch über einem orgelpunktähnlichen Grundton d stehen. Der letzte Teil, Takt 8, nach der Fermate, hält wieder inne. Während er dem Anfang entspricht, wirkt er unzweideutig als Abgesang, als zusammenschließende Kondensation.

Die vordringlichste Sorge, die um die sinnfällige Gliederung der Gesamtform, scheint demnach der Interpretation zunächst abgenommen. Um so mehr Aufmerksamkeit erheischt dafür die Artikulation im einzelnen, bis in kleinste Momente hinein, durch welche eigentlich überhaupt erst Töne zu Organen einer Komposition werden. Der erste Teil fügt sich aus drei Ansätzen, die einen engen Tonbezirk umspielen, jeweils durch Pausen voneinander geschieden (Takt 1 und 2, Takt 3, Takt 4).

Gerade bei dem, wenn man so sagen darf, konzentrischen Charakter dieser drei Phrasen, die alle um die gleiche Tonmitte, etwa f, gruppiert sind, wird es nun relevant, wie man sie, ohne ihre Einheit zu zerreißen, voneinander abheben kann. Das läßt an der Komposition sich ablesen. Der zweite Einsatz der Stimme, der Achteltriolen enthält, ist, gegenüber dem ersten, sprechender, rhythmisch verjüngt und muß demgemäß mehr parlando, zugleich aber auch intensiver als der erste vorgetragen werden.
Besonders zu achten ist auf die Klavierbegleitung des zweiten Taktes, die sich mit der Gesangslinie überkreuzt, eine kaum modifizierte Wiederholung von deren Anfang.
Diese Beziehung muß, durch besondere Deutlichkeit der Oberstimme des Klaviers, zu hören sein. Überhaupt ist bei diesem Zyklus, trotz aller lyrischen Unmittelbarkeit und klanglichen Zartheit, wichtig, daß thematisch musiziert, also Motivzusammenhänge klargelegt werden.
Der dritte Ansatz dann setzt, im Unterschied zum Pianissimo der beiden ersten, piano, also um einen Grad stärker, ein und steigert sich von dort aus dynamisch in etwas weiterem Umfang als die beiden ersten. Dem entspricht auch der Tonbereich: der dritte Ansatz, zu den Worten »von frommen tränen«, führt zu einem vorläufigen Höhepunkt a, einen Halbton höher als das as des ersten. Dem ist zu genügen, indem das Crescendo selber in dieser dritten Phase nachdrücklicher genommen wird als in den beiden ersten. Auch ist darauf zu merken, daß die Klaviertriole, mit der die Begleitung des dritten Ansatzes schließt, in ihrer Beziehung zu der Gesangstriole auf das Wort »kindischem« verständlich wird.
Auf den ersten Teil folgt ein Ritardando (5), bestritten bloß von zwei Sexten der linken Hand allein. Diese Sexten sind ein Rest der Triole des letzten Taktes des ersten Teils. Sie sind unauffälligen, durchaus überleitenden Charakters. Dem tragen die Interpreten Rechnung, indem an dieser Stelle die Bewegung nicht stockt, sondern verebbt. Der Beginn des Ritardandos muß noch im alten Tempo gespielt werden, erst bei der zweiten Sext soll man die Verlangsamung bemerken.
Beiläufig gesagt, sind solche Vermittlungen von einer typischen Fehlerquelle bedroht; agogische Vorschriften, besonders Ritar-

dandi werden in neuer Musik, verglichen mit traditioneller, meist übertrieben, weil die Interpreten die Funktion der Abweichungen nicht genau wahrnehmen, und es resultiert das Gegenteil dessen, was ein solches Ritardando erzielen soll; anstatt daß es den Formverlauf herausarbeitete, unterbricht es ihn und macht ihn als Störung unverständlich.
Beim unmittelbar anschließenden Mittelsatz, der durch keine Zäsur vom Vorhergehenden abgetrennt werden darf, weil ja jenes Ritardando vom Anfangskomplex zu ihm geleitet, sollte die wahre Interpretation sich auf die Kontrastbildung durch die Setzweise des Klaviers und die höhere Lage der Singstimme allein nicht verlassen, sondern die Singstimme sollte von sich aus die Form modellieren. Das vermag sie durch die Tongebung. Diese muß hier, im Gegensatz zu dem gedeckten Klang des Anfangs, ganz hell und leicht sein, so wie es die Bezeichnung: tenuto-Striche und staccato-Punkte inmitten der Legatobögen, nahelegt. Besonders instruktiv dafür ist die Stelle »ein leicht beschwingtes«, wo nach »leicht« eine Pause geschrieben ist, während ein Bindebogen über diese hinweg zur nächsten Note führt. Die intendierte Wirkung ist zu erreichen, wenn man – das gleichzeitige Ritardando hilft dazu – die Silbe »leicht« nicht ihrem strengen Notenwert nach aushält, sondern etwas verlängert und dann deutlich von der folgenden Note absetzt, vor allem aber noch in der Pause auf die Zielvorstellung, also die absolut einheitliche Klang- und Ausdrucksqualität melodisch zueinander gehörender, jedoch voneinander auf irgendeine Weise gesonderter Noten achtet. Daß derlei Zielvorstellungen, die Verbindung mit dem, wohin die Musik will, so oft verfehlt wird, ist einer der Hauptgründe für den verbreiteten und vielfach unvermeidlichen Eindruck des melodisch Zusammenhanglosen in neuer Musik.
Weiter ist in dem Mittelsatz auf ein besonderes Kunstmittel zu achten, das gelegentlich schon in Schönbergs Georgeliedern, übrigens auch in Mahlers Lied von der Erde und anderen von dessen späten Werken vorkommt, das ungenaue Unisono. Begleitung und Singstimme sind an solchen Stellen zwar in ihren charakteristischen Tönen identisch, weichen aber in ihren rhythmischen Werten um ein Geringes voneinander ab, fallen nicht zusammen – eine Praxis der östlichen Musik, die wohl über den Exotis-

mus in die europäische Kunstmusik drang. Die Funktion dieses Verfahrens ist es, noch da, wo die Stimmen einander am nächsten kommen, eine gewisse improvisatorische Lockerheit, prosahafte Unverbindlichkeit zu bewahren. Solche intendierte Ungenauigkeit erheischt selbstverständlich besondere Genauigkeit der Wiedergabe; nur wenn die rhythmischen Längen derselben Töne deutlich in Gesang und Klavier verschieden sind, werden die rhythmischen Schwebungen fühlbar.

Am Anfang des Liedes, der Überleitung und dem gesamten Mittelsatz ist zu verfolgen, wie die Singstimme, durch den Wechsel ihres timbres, den neuen Formteil individualisiert.

Der ausgehaltene tiefe Akkord, der übrigens nochmals zum Grundton jenes d hat, über dem sich die kadenzähnliche Stelle vorher abspielt, erfüllt dieselbe Funktion wie die beiden Sexten der Überleitung. Das will sagen, er schließt ebenso den vorhergehenden Formteil ab, wie mit ihm der neue, doppelpunktähnlich, beginnt. Weil diese Doppelfunktion sich hier, wie nicht selten in neuer Musik, in einen einzigen Klang zusammendrängt, ist es besonders wichtig, ihn so zu spielen, daß er auch wirklich leistet, was er soll. Die Fermate, die Webern über den Klang setzte, unterstreicht das. Aber sie allein genügt nicht. In dem Klang selbst müssen seine kritischen Töne hervortreten, also einmal das tiefe d, das ihn mit dem vorhergehenden verbindet, und zum anderen das cis, das von dem darauffolgenden c der Singstimme, dem Beginn des Abgesangs, gewissermaßen aufgelöst wird. Das d und das simultane cis stehen zueinander im Verhältnis einer großen Septime, einer starken Dissonanz. Für Musik, die derlei Material benutzt, ist es überhaupt wesentlich, daß man die Dissonanzen als solche vernehmbar macht, um die Innenspannungen der Akkorde zu versinnlichen. Daraufhin ist das Ende des Mittelsatzes, der kritische Akkord und der Anfang des Abgesangs zusammenzuhören.

Was den Abgesang anlangt, so möchte er um des Gleichgewichts mit den beiden vorhergehenden Teilen willen ebenfalls in sich charakterisiert werden. Das Wesen des Abgesangs ist ihm vorgezeichnet durch das Georgegedicht, das, wie die meisten jenes Zyklus, in den letzten Zeilen gleichsam seinen Gehalt sammelt. Das, ebenso wie der Gestus des Nachher, muß ihm anzuhören sein.

Die Musik darf hier nicht mehr wie zuvor sich expandieren, sondern muß sich in sich zurücknehmen oder, nach einer Vortragsbezeichnung von Schumann, »in sich hinein« singen. Die Darsteller müssen um diesen spezifischen Charakter sich mühen. Weberns Anweisung »etwas langsamer als zu Beginn« unterstützt sie dabei. Der gesamte Schlußteil sollte, obwohl er wie der erste Crescendi und Diminuendi enthält, viel näher am Grundpianissimo bleiben. Die Silbe »möcht« seines zweiten Takts ist möglichst nahe zu dem Vorhergehenden zu ziehen. Sie ist über den Taktstrich hinweg zu musizieren, damit keine mechanische Zäsur sich einstellt; die beiden Takte sind aufs engste aneinander zu rücken.

Die letzte Phrase aber, die vier Noten »das rühre sein«, dürfen nur noch wie das blasse Nachbild des Vorhergehenden klingen, in einem Ton, den die Sängerin finden muß, gleichsam erstickter Ausdruck, der seine Eindringlichkeit gerade daraus zieht, daß er sich verschweigt.

Das *zweite* Lied verhält sich zum ersten, grob gesprochen, wie ein Allegro zu einer Introduktion. Zu dieser kontrastierend, zugleich sie einlösend, ist es ungemein schwungvoll vorzutragen, als ein Ganzes, wie in einem Bogen. Die Schwierigkeit dabei ist, inmitten des undurchbrochenen Zuges doch der reichen Innengliederung gerecht zu werden. Schematisierend könnte man das Lied zweiteilig nennen, aber es ist eine dynamische, keine architektonische Zweiteiligkeit. Mit anderen Worten, die Kurve verläuft so, daß sie an der Wendestelle minder steil wird, gleichsam Kraft sammelt, um dann am Schluß sich aufzuschwingen. Man könnte daraus beinahe das Interpretationsproblem des Liedes a priori deduzieren: nämlich die Aufgabe, seine Einheit undurchbrochen zu wahren und doch die Gestalt der Kurve treu nachzuzeichnen. Wirklich entscheidet sich das Gelingen des außerordentlich anspruchsvollen Liedes daran, ob die Interpretation die Scharnierstelle bewältigt; ob sie es vermag, sinnvoll innezuhalten und doch im Fluß zu verbleiben.

Die Aufgabe der Artikulation fällt vorab dem Klavier zu. Trotz des raschen Tempos muß man es wiederum durchweg thematisch, melodisch spielen, auch seine Sechzehntelbewegungen niemals bloß figurativ, etüdenhaft. Die Gesangsmelodie dagegen entfaltet sich allmählich und wird erst in den letzten Takten ganz explizit. Demzufolge sollte sie auch erst nach und nach in den musikalischen Vordergrund dringen. Zu den neuen Darstellungsmodi, die in solcher Musik verlangt werden, rechnet auch die eines raschen Espressivo. So sind etwa die Sechzehntelseptolen des Klaviers am Ende des zweiten Takts, in welche sich die vorhergehende, gewöhnliche Sechzehntelbewegung auflöst, trotz des Diminuendos und der verkürzten Notenwerte nicht unplastischer zu bringen als das Vorhergehende, nicht fallen zu lassen, sondern klar auszumusizieren. Bei dem Tempo des Liedes ist das in der Tat eine kaum ganz zu bewältigende Forderung. Aber auf ihr ist zu bestehen, nicht aus Pedanterie, sondern weil sonst, wenn es von dieser Stelle an wie in einem Perpetuum mobile weiterschnurrt, genau jenes Phänomen des Verlustes des Fadens eintritt, jenes Loch in der kompositorischen Kontinuität, das dem Verständnis neuer Musik mehr als alles andere im Wege ist. Beachtet werden muß weiter, wie auch die Auflösung am Ende des zweiten Taktes, die Septolenfigur, den melodischen Faden des Klaviers fortspinnt. Weberns Bezeichnung verlangt das ausdrücklich, wenn man sie nur genau genug zu lesen versteht. Viele Interpretationsprobleme lösen sich, sobald man mit geduldiger Insistenz, mikroskopisch, die Noten anblickt. Auf jene Septolenfigur führt ein Crescendo hin, so daß sie relativ stark, faßlich eintritt und erst in ihrem wie immer auch schnellen Verlauf bis zu dem abschließenden Akkord sich abschwächt. Nur indem man dieser Vorschrift minutiös gehorcht, ist die Gefahr eines melodischen Lochs in der Begleitung zu bannen.

Ähnlich melodisch muß die darauffolgende Triolenstelle in der Oberstimme des Klaviers, die im dreifachen Piano beginnt, gespielt und allmählich zum Espressivo geführt werden; um keinen Preis gehudelt. Das ist dadurch zu erreichen, daß man jeweils die kritischen Ecknoten der Triolenphrase fis, gis, a, as, d ganz leicht betont, so wie es die Crescendozeichen Weberns verbildlichen.

Ein wirklich außerordentliches Darstellungsproblem jedoch bietet, wie gesagt, die Wendestelle des Lieds, die Zäsur, ein Ritardando vor dem Accelerando, mit dem dann der Schwung des Lieds anhebt, der bis zum Ende trägt. Ich maße mir nicht an, Ihnen die allein richtige, schlechthin überzeugende Lösung des

Darstellungsproblems vorzutragen, ich sage Ihnen nur, was mir am plausibelsten scheint. Zu verwirren droht zunächst die zeugmatische, kreuzweise Konstruktion: der Anfang der Phrase der Singstimme, mit der der Zäsurtakt beginnt, setzt ein, während das Klavier den vorhergehenden ersten Hauptteil zu Ende führt – das Lied insgesamt ist ja, wie Sie sich erinnern werden, zweiteilig zu verstehen, mit jener Zäsur inmitten. Man wird dabei konsequent ähnlich verfahren müssen wie vorher bei der Septole. Das Klavier spielt das Ende dieser Phrase so deutlich und genau aus, daß die anschließende Zäsur nicht unvermittelt auf ein chaotisch Zerfließendes folgt, dennoch aber so sehr diminuierend, daß der mit dem Phrasenende sich überkreuzende Einsatz der Singstimme, trotz des ppp, durchkommt.

Das Ritardando indessen ist an der Zäsurstelle, der crux des Ganzen, aus der rhythmischen Gestalt abzuleiten. Maßgebend ist das Viertel vor dem Ritardando, eintretend mit der Silbe »nacht«. Die Sechzehntelbewegung des Klaviers als solche ist festgehalten, eben um den Schwung auch während der Zäsurstelle nicht zu verlieren. Aber sie ist nicht mehr einer durchlaufenden melodischen Figur anvertraut, sondern zwischen die beiden Hände verteilt.

Durch diese Aufteilung wird die dem Buchstaben nach fortgesetzte Bewegung durch den Satz ihrem Sinn nach zugleich gehemmt. Danach haben die Interpreten sich zu richten. Sie müssen etwa von dem Kontra-as an schon unmerklich verlangsamen und diese Verlangsamung über die nächsten beiden Viertel so weiterführen, wie es abermals in der Setzweise, nämlich den relativ längeren Pausen in der linken Hand, vorgebildet ist, aber gleichwohl so, daß man das Grundtempo immer weiter durchspürt.

Dabei jedoch muß die Verlangsamung zu Beginn des zweiten Takts der Zäsur so entschieden sein, daß Zeit bleibt für ein Accelerando, das erst in dem nächsten Takt, mit dem Wechsel zu Viervierteln, das volle Haupttempo wieder herstellt. Mit dem Accelerando entwickelt sich aus dem, was die rechte Hand unmittelbar vorher bringt, zum erstenmal eine wogende Gestalt in der rechten Hand des Klaviers. Unmerklich eingeführt, ist sie das Modell des gesamten Schlusses, durch das sich dessen Elan nochmals in sich, durch ein Auf und Ab, gliedert. Darum ist dies Modell sehr entschieden zu exponieren, das Auf und Ab auch durch die Dynamik, Crescendo und Diminuendo, zu beleuchten. Ebenso soll dann der Klaviereinsatz der rechten Hand bei Tempo I wogen; das Crescendo beim Ende des Takts wäre sehr energisch durchzuführen. Nach der Senkung bis zum Piano des zweiten Taktteils im nächsten, dem vorletzten Takt abermals sehr crescendieren, in der linken Hand schon während des ersten Taktteils, in der rechten im zweiten und dritten. Die Begleitung des letzten Viertels dieses Takts bringt Oktaven, bei Webern höchst selten. Dies Besondere der Komposition muß sich auch in der Wiedergabe spiegeln; gemeint ist offenbar eine Art Stehenbleiben, eine stentato-Wirkung, obwohl sie nicht als solche notiert ist. Dagegen ist dann der letzte, nochmals bis zum äußersten crescendierte Takt als ein auskomponiertes Accelerando zu lesen.

Das Lied ist primär vom Klavier her zu denken. Die Singstimme sollte es als ein einziges, aber in Wellen verlaufendes Crescendo disponieren. Auch sie muß das Wogende realisieren, zumal bei den Worten »nun muß ich gar«. Im letzten Takt, in dem erst die Stimme ganz sich entlädt, hängt alles daran, daß das in einer ungünstigen Mittellage lokalisierte fis auf dem Wort »haar« nicht fallen gelassen wird: das Crescendo, das auf diese Note führt, ist streng zu beachten. Es müssen zwei schwer betonte Noten unmittelbar aufeinander folgen, eben jenes fis, das auf den guten Taktteil kommt, und dann das hohe a. Danach, ob die Relation zwischen diesen beiden kritischen Noten adäquat ist, mißt sich, ob melodische Lücken vermieden werden, ob der Bogen des Schlusses wirklich verstanden wird. Die Realisierung des gesamten Liedes haftet an den zwei Tönen.

Beim *dritten* Lied läßt wiederum die Schwierigkeit vorweg sich benennen und, bis zu einem gewissen Grad, durch bedachtes Planen meistern. Auch es ist im Grundzeitmaß eigentlich rasch; die Viertel sind nur um zehn Punkte langsamer metronomisiert als die des vorhergehenden, mit 90. Aber es endet langsam. Ein über fünf Takte sich erstreckendes Ritardando mündet in den Schluß. Bei den abermals sehr knappen Dimensionen des Ganzen wird damit die Interpretationsaufgabe definiert: das auskomponierte

Ritardando, als welches man das ganze Lied betrachten könnte, so zu vollziehen, daß es gleichwohl, im Verhältnis zum raschen Beginn, nicht steckenbleibt. Möglich ist das durch die Gestaltung der besonders reichen und differenzierten Details.
Die Tendenz zum Ritardando wird, nach Weberns höchst organischer Kompositionsweise, schon am Ende der ersten, der Allegro-Phrase antizipiert.
Für die Stimme ist es nicht leicht, dies Ritardando, vom Ende des dritten Takts an, natürlich, selbstverständlich zu singen. Die Besinnung auf das Gedicht mag erlaubt sein. Seine ersten Verse lauten: »An baches ranft / Die einzigen frühen / Die hasel blühen.« Ritardiert wird bei dem Wort »hasel«. Auf es wird gleichsam abstrakt hingedeutet mit dem Ausdruck »die einzigen frühen«; dann erst fällt jenes Wort »hasel«, der Name als Einlösung. Die Komposition fühlt in dem Vorfrühlingsgedicht etwas wie Scham: so als getraue man sich den Namen des hinfällig Blühenden nicht recht auszusprechen, das man dadurch gefährden könnte. Das Ritardando muß dies Zögern im Aussprechen spiegeln; liest man erst die Gedichtzeile laut, so wird der Ausdruck sich aufdrängen, und man muß ihn dann nur auf die Singstimme übertragen. Ebensoviel verlangt die a tempo-Fortsetzung zu den Worten »ein vogel«. Die unbetonte Silbe »gel«, in tiefer Lage, dabei relativ lang, wird, inmitten der äußersten Zartheit des Liedes, von unfreiwilliger Komik gefährdet durch ihre disproportionale Schwere. Dem ist entgegenzuarbeiten, indem diese Silbe unter gar keinen Umständen irgendeinen Akzent erhält, sondern nun wirklich ganz fallengelassen wird, beinahe so, wie Schönberg es in den Anweisungen für die Sprechstimme des Pierrot lunaire fordert, unbekümmert selbst um die buchstäbliche Länge der Note, die unbesorgt etwas verkürzt, von dem Folgenden abgehoben werden darf; auch hier ist das von Webern notierte Diminuendo genau auszuführen.
Mit dieser Phrase aber beginnt nun, »a tempo«, jener Mittelteil, der in den Abgesang mündet und der die eigentlichen Darstellungsprobleme aufwirft. Die Gefahr des Steckenbleibens wird verstärkt dadurch, daß dieser gesamte Mittelteil aus kurzen, zuweilen nur zwei Noten umfassenden Phrasen der Singstimme sich addiert. Man wird vor allem darüber wachen müssen, daß er,

bis zu dem großen a des Klaviers, das den Doppelpunkt vor den Abgesang setzt, in sich einheitlich gerät. Technisch heißt das, daß, im Sinn des von Webern notierten a tempo, zunächst der Mittelteil sehr fließend, im Hauptzeitmaß vorwärtsgedrängt wird und daß die stockenden und zuckenden Einzelnoten der Singstimme diesen Fluß nicht aufhalten, sondern gleichsam in ihn hineintropfen. Wenigstens von »erwärmt« an, wo auch der Klang der Stimme sich erwärmen soll, wäre einen Moment lang eher unmerklich zu beschleunigen. Diesem Erwärmen muß dann, durch die schmerzlichen Akkorde vermittelt, ein Verblassen entsprechen. Das Ritardando aber ist so zu disponieren, daß es sich wirklich über die fünf Takte gleichmäßig verteilt. Man geht von dem Hauptzeitmaß aus und erreicht die Verlangsamung nicht sogleich, sondern erst als Ziel einer in sich kontinuierlichen Entwicklung. Das bedeutet, daß die Worte »und bleicht« und vor allem »das feld ist brach« noch als Glieder des bewegten Mittelteils gefühlt, nicht etwa von ihm abgetrennt werden. Selbst die letzte Zeile der Phrase »der baum noch grau« soll zwar verklingen, darf aber nicht die Linie zerreißen.

Der Schluß, wie der des ersten Lieds, ist ein Abgesang. Diese Funktion muß unzweideutig werden: vielleicht ließe sie sich am ehesten so umschreiben, daß die Zeile »Blumen streut vielleicht der lenz uns nach« wie das Zitat eines unbekannten Originals klingen sollte. Aber es ist leichter, solche Ideen literarisch auszudenken, als sie technisch-musikalisch zu realisieren. Zunächst ist der Doppelpunktcharakter des großen a des Klaviers, mit dem der Mittelteil endet, dadurch offenbar zu machen, daß es besonders lang gehalten wird, wie es beim Schlußglied eines langen Ritardandos ohnehin geziemt. Danach muß der Abgesang, obwohl er fast um die Hälfte langsamer ist als der Liedbeginn, quasi a tempo wirken. Das kann dadurch vorbereitet werden, daß der Einsatz der Begleitung, das b des Klaviers, das der Singstimme ein Achtel voraus ist, schon deutlich im neuen Zeitmaß, merklich rascher ist als das Ende des Ritardandos. Mit diesem Einsatz jedoch ist die rhythmische Geschlossenheit des Abgesangs zu definieren: die Notenwerte sind äußerst präzis, um keinen Preis schwebend wie das Vorhergehende zu nehmen, und die schlechten Taktteile dürfen nicht im mindesten schwächer sein als die guten. Schließlich ist der rein akkordischen Begleitung dieses Abgesangs Aufmerksamkeit zu widmen. Während in ihr eine aufsteigende Oberstimmenlinie sich bildet, sind doch, trotz des dreifachen Piano, von dem der Abgesang ausgeht, die Mittelstimmen nicht zu vernachlässigen: intendiert ist ein volles, rundes Pianissimo, ein Klang, wie ihn Arthur Schnabel unvergleichlich meisterte.

Das *vierte* Lied ist im Aufbau dem ersten eng verwandt, dreiteilig, wiederum mit einem kurzen, kadenzhaft in kleine Notenwerte aufgelösten Mittelstück. Die Schwierigkeiten sind überwiegend solche der Intonation, insbesondere der Unterscheidung der großen und kleinen Sekunden, deren Wechsel bis zur letzten Zeile das Melos durchherrscht. Zunächst sind die charakteristischen Intervalle eher zu übertreiben, kleine Sekunden besonders klein, große besonders groß – vergeht sich dabei die Sängerin gegen die temperierte Stimmung, so entschädigt dafür das plastische melodische Profil. Weiter – und das ist eine allgemeine Regel zur Interpretation neuer Musik –: die Tonhöhen sind sogleich, dezidiert, aufs genaueste zu treffen und ganz unverändert, ohne jedes Schwanken, festzuhalten. Interpreten, deren Gehör nicht ganz sicher ist, neigen zu einer gewissen Vagheit der Intonation, die es ihnen erlaubt, nachträglich, wenn sie sich orientiert haben, sich für die richtige Note zu entscheiden. Dieser Vorteil ist illusionär; er wird mit einer fatalen Mehrdeutigkeit bezahlt, die ebenso die reine Harmoniebildung verwehrt, wie die Melodie bis zum Unerkennbaren trübt. Kaum eine Unsitte ist dem Sinn gefährlicher.

Da in diesem Lied ähnlich wie die Melodik auch die Harmonik in sich kreist, in einem engen Tonraum angesiedelt, ist darauf zu merken, daß es sich nicht statisch festbeißt. Der gesamte Anfang muß durchaus fließen, wie es denn auch Weberns Vorschrift will. Besonders wichtig ist dafür wiederum, daß die erste längere Note, die erreicht wird, das fis zu der Silbe »taun«, nicht abbricht, sondern daß ihre Dauer innerlich gedrängt wird und daß die Triole der zweiten Verszeile möglichst unmittelbar sich anschließt. Der Idee nach müßte die gesamte erste Phrase in einem gesungen werden.

Der kadenzähnliche Mittelsatz setzt mit der höchsten Note des gesamten Liedes, einem g ein, und zwar im Pianissimo. Es ist dies aber kein unmittelbares, reales Pianissimo, sondern eines, das ein potentielles Forte substituiert, ein nach innen geschlagenes Forte, etwa wie ein stark, aber in weiter Entfernung angeblasenes Orchesterinstrument. Die Singstimme wird dem am nächsten kommen, wenn sie das von Webern bezeichnete An- und Abschwellen sehr genau ausführt.

Bei der Zeile »Fern fliegt der staub« ist die Singstimme Begleitung und das quasi konzertierende Klavier der von ihr ganz unabhängige, rhythmische Hauptpart.

Der letzte Teil soll das Tempo, trotz der Verlangsamung, wieder aufnehmen. Der angedeutete Quartsextakkord beim Ende seiner ersten Phrase, der schon die tonalen Reminiszenzen des letzten Liedes vorbereitet, muß sehr klar werden dadurch, daß die Endnoten e–g der Singstimme »und laub« und die Noten g–c–e des Klaviers besonders rein intoniert sind.

Den Schluß – auch er ähnelt dem des ersten Lieds – wünscht Webern »wie einen Hauch«. Es ist dabei die innere Entwicklung des gesamten Zyklus zu bedenken, der bis zum vierten Stück mehr stets auf das Extrem des Leisen und Aufgelösten sich hinbewegt; insofern ist dieser Schluß eine Art negativer Höhepunkt. Wie das gesamte Lied, wäre er dynamisch noch viel zarter als das erste und dritte wiederzugeben, um der Formtendenz des Zyklus willen. Man wird bemerken, daß er um so intensiver wirkt, je weniger Stimme die Sängerin bei den Schlußworten aufwendet, je mehr sie ausspart. Hier hat die Interpretation der Webernschen Kunst des Weglassens unmittelbar sich anzuschmiegen.

Nach dem negativen Höhepunkt, dem des Verschwindens im fast vegetabilischen Seelenlaut, meint das *letzte* Lied eine Art von Rückkunft. Es könnte früher als die andern geschrieben sein. Jedenfalls ist es merklich schlichter. Nicht nur nähert es sich am Ende F-Dur, einem unaufgelösten Vorhaltsakkord, mit der unbeschreiblichsten Wirkung, sondern es hat auch strukturell weit mehr mit dem traditionellen Lied gemein. Der Klavierpart mahnt an dessen Idee der Begleitung, emanzipiert sich nirgends allzu weit von der Singstimme, bietet einen relativ geschlossenen, auch rhythmisch kaum getrübten Klangspiegel. Dem hat die Interpretation sich anzupassen; allgemein wohl gilt die Regel, daß

der Grad der Einfachheit oder des Differenzierten der Wiedergabe dem der kompositorischen Faktur selber gleich sein soll. Nach dem Vorhergehenden verlangt das Lied nicht allzu viel, und der Gesang kann sich ganz auf die expressive Darstellung, zumal die des strahlend leisen Schlusses konzentrieren. Die Begleitung ähnelt einer herkömmlich-akkordischen durch stufenweise Fortschreitung der Harmonie; die Harmonien selber aber sind atonal; darum verstehen die Fundamentschritte sich doch nicht so von selbst wie in tonaler Musik. Demgemäß muß das Klavier besonders den mit jedem Takt wechselnden Baß bis zum Ritardando hervorheben.
Das darauf folgende a tempo hätte sehr deutlich zu erfolgen, eher etwas flüssiger als der Beginn. Technisch ist selbstverständlich das hohe a der Stimme im dreifachen Pianissimo sehr exponiert; dies Pianissimo darf nicht mit einem neuen Ansatz, einem Unterbrechen erkauft werden. Zwischen dem vorhergehenden Ritardando und der kritischen Note, die das umschriebene F-Dur herstellt, darf keine Differenz aufkommen.

Weberns während des ersten Weltkriegs entstandener Zyklus op. 12 ist viel später als die Georgelieder op. 3. Prinzipiell unterscheidet er sich von dem Jugendwerk durch Gebrochenheit, ein Indirektes, Reflektiertes. Die Georgelieder, wie sehr auch sublimiert und, wie ich es nannte, in sich hinein lauschend, haben dabei doch ihren Gegenstand, die Gedichte, so unmittelbar angeschaut, wie lyrische Musik, wie irgendein Schubertlied. Die Lieder op. 12, in denen Webern, nach einer Phase äußerster aphoristischer Zuspitzung, erstmals den Punkt des reinen Ausdrucks verließ und, sei's in noch so knappem Raum, wiederum sich expandierte, holen zu diesem Ende, wie aus Erinnerung, gewisse Formtypen: Volkslied, Ländler, Walzer herauf. Selbst das zweite Lied, auf einen Text der Chinesischen Flöte gleich Mahlers Lied von der Erde, zeigt einen leise retrospektiven Zug, im Gedächtnis etwa an den zehn Jahre älteren Georgezyklus von Schönberg. Die Haltung des op. 12 Weberns insgesamt wäre dem von Schönbergs Pierrot lunaire zu vergleichen. Dem Schrumpfungsprozeß wird, unmerklich fast, Einhalt geboten. Der Habitus hat etwas eigentümlich Beschwörendes. Er ist der einer imaginären Rückkunft von weither. Dem einmal in sich zurückgegangenen lyrischen Subjekt Weberns sind keine etablierten musikalischen Formen geradenwegs mehr erreichbar. Aber ohne einen sei's auch minimalen Halt an ihnen dünkte die Objektivierung, die ihm vor Augen stand, aus der fensterlosen Komposition heraus damals noch nicht möglich. Solche Gebrochenheit mit rein musikalischen Mitteln sinnfällig zu machen – das ist das Grundproblem, dem die Interpretation sich gegenüber sieht, und auch hier hat sie zur Richtschnur einzig die kompositorischen Vorgänge selber.

Das *erste* Lied, »Der Tag ist vergangen«, ist ein geistliches Volkslied. Webern hat versucht, den Text in seinen eigenen lyrischen Innenraum heimzubringen, indem er ihn nachbildhaft, wie ein schattenhaftes Erinnern, ins extrem Zarte transponierte. Die Fühler der Komposition tasten, mit der trauernden Behutsamkeit des fast Vergeblichen, nach dem ganz Einfachen. Ganz einfach ist sie durch asketische Sparsamkeit und spricht doch die kunstvollste harmonische Sprache. Disponiert ist nach den zwei Strophen des Textes. Die erste gehorcht musikalisch dem Metron der Verse, ein regelmäßiger Achttakter wie in tonaler Musik, in der Mitte ein deutlicher Halbschluß aus rhythmisch nachschlagenden Achteln, auch er Nachhall des Überkommenen. Die innere Dynamik, welche über das Schema des Vierzeilers hinaustreibt, wird, zumal im Nachsatz dieser ersten Strophe, allein der warmen, weite Intervalle ausnützenden Melodie der Singstimme anvertraut. Die Klavierbegleitung aber ist vielfach rhythmisch unregelmäßig, etwa so, als suche das Instrument, tappend wie im Dunkeln, mit der Singstimme zusammenzugehen, und bliebe ihr doch fern, gar nicht so sehr viel anders, als Berg, aus dramatischer Absicht, bei einem der getrübten Volkslieder in der zweiten Wirtshausszene des Wozzeck verfuhr. Um richtig zu begleiten, muß der Pianist diese Idee seiner fragmentarischen Vierteltriolen zu den Achteln der Stimme sich vergegenwärtigen, die eines ohnmächtigen Kontakt Suchens. Er muß zugleich die Schwere seiner tiefen Akkorde, ihre geheime Tam-Tam-Wirkung ausschöpfen; die linke Hand müßte bei dem Wort »Nacht« stärker sein als die rechte, und ähnlich müßte auch in den folgenden zwei Achteln differenziert werden. Die Singstimme selbst aber sollte durch die

Intensität, die sie im Nachsatz hergibt, ihr eigenes metrisches Schema übersteigen.

An diese erste Strophe, verbunden mit ihrem Endritardando, schließt sich ein instrumentales Nachspiel an, das zugleich zur zweiten Strophe überleitet. Es ist noch knapper als die Einleitung. Äußerste Intensität ist bei diesen zwei Akkorden geboten; den ersten sehr lang aushalten und natürlich diminuieren lassen, den zweiten ganz kurz; dabei über beide hin so kontinuierlich ritardieren, daß der frische Einsatz a tempo, die zweite Strophe, wirklich vorbereitet wird.

Bei genauem Studium des Anfangs der zweiten Strophe dürfte eine gewisse Verwandtschaft mit dem kadenzähnlichen Mittelteil in einigen der Georgelieder op. 3 bemerkbar werden. Diese zweite Strophe des geistlichen Liedes ist frei phantasierende Variante der ersten. Ausgewichen wird vor allem durch die Einschiebung eines Dreivierteltakts. Der hat dann seine Konsequenzen: suspendiert die Symmetrie der ersten Strophe. Damit ist nachträglich die Freiheit der harmonischen und melodischen Gestaltung auch in die Metrik gedrungen. Der phantasierende Charakter wäre jedoch ohne Rubato, streng im Tempo zu verwirklichen; denn das Rubato ist – wenn ich das Wort wiederum verwenden darf – gewissermaßen schon auskomponiert. Zumal das über drei Töne sich erstreckende Melisma zum Wort »Nacht« ist richtig vorzutragen. Es muß, durch ausbrechendes Crescendo, trotz leichtester Tongebung wie eine Koloratur wirken; die hinzutretenden Synkopen der linken Hand des Klaviers unterstützen das Improvisatorische. Das Ende dieser Halbstrophe ist, bei deutlichstem Diminuendo, rhythmisch genau auszuhalten, damit die Begleitung, die während der zwei Töne der Silbe zu schweigt, unmittelbar die Hauptmelodie aufnehmen kann. Das Klavier muß dabei, wenngleich im Piano, einigermaßen zufahren, pointiert spielen und dann der Singstimme die Stichnote für ihre Fortsetzung geben, die nun wiederum das Klaviermelos aufnimmt. Die letzte Phrase hat, nachdem das Lied in der Improvisation rudimentär sich ausbreitete, wieder zum verhaltenen Grundcharakter zurückgefunden. Am Ende ist abermals nach der höchsten Konzentration zu suchen, der des fast Ausdruckslosen; die Intonation der Singstimme zu den großen Intervallen im Klavier muß glockenrein glücken.

Das *zweite* Lied ist reicher, im späteren Verlauf des Klaviersatzes indessen, und auch in der Gesangsmelodie, geschlossener als die Georgelieder op. 3, und insofern nicht allzu schwer darzustellen. Es ist dreiteilig: eine lyrisch erzählende Strophe, dann ein melodisches sich Aussingen, dann wiederum ein Abgesang. Inspiriert wird das Lied vom Text, von der Idee eines Duetts zwischen Singstimme und Soloflöte. Der Instrumentalpart im Klavier aber beschränkt sich nicht auf die Nachahmung des Flötenklangs. Man könnte an die Serenade aus Schönbergs Pierrot denken, wo die Riesenbratsche von einem Cello überhöhend repräsentiert wird. An das Holzblasinstrument assoziiert sich eine ganze Fülle von Instrumentalfarben. Der Klavierpart muß klingen, als wäre es Kammerorchester, so farbig und phantasievoll wie nur möglich. Bei den drei hohen parallelen Akkorden im zweiten Takt der Einleitung etwa mag man sich eine Mischung aus Celesta, Flöte und Solostreichern vorstellen. Dieser Takt ist in seiner Art bei Webern singulär; mir ist sonst kein Fall von Akkordverschiebungen in parallelen Stimmen in seiner reifen Musik bekannt. Als ich die harmonisch mir allzu simpel dünkende Verfahrensweise einmal im Gespräch mit Berg monierte, meinte dieser unerschüttert, wenn Webern so etwas schriebe, werde es schon seinen Sinn haben. Es hat ihn in der Tat: das in fünf Stimmen gleichzeitig und gleichsinnig absteigende Sekundmotiv ist der kritische thematische Bestandteil des Ganzen. Er wird gesungen beim Ende des ersten Teils und dann, um ein großes Sextenintervall erweitert, auch zum Schluß des zweiten Teils »blühende Nacht«. Endlich erscheint das Sekundmotiv nochmals zu den letzten Worten der Singstimme in der Umkehrung, auf- anstatt absteigend, nun zu einer ganzen Phrase aus Sekunden erweitert.

Die thematische Relevanz der drei parallelen Akkorde will, daß sie selber ebenfalls thematisch gespielt werden, damit jene Relevanz der Aufführung sich mitteilt. Am einfachsten ist das wiederum zu bewerkstelligen, indem die Oberstimme der Akkorde ein wenig hervorgehoben wird.

Während die Gestaltung des Liedes im großen Umriß sich unmittelbar aufdrängt, gibt es doch beträchtliche Detailschwierigkeiten. So ist, nach dem Einschnitt auf das Wort »Baum«, der Einsatz »trug der Wind«, mit der Sechzehntelbegleitung in der linken Hand, meiner Erfahrung zufolge merkwürdig widerspenstig gegen seine Interpretation. Hält man sich ganz strikt ans Tempo, so wird die Stelle leicht steif und büßt den Zusammenhang ein. Die Singstimme sollte so weit vorwärtsgehen, daß die Klaviersechzehntel trotz des Staccato nicht sich dissoziieren, sondern zum melodischen Motiv sich verbinden. Da man das Phrasenende vorher unwillkürlich abklingen läßt, ist ein solches a tempo ganz natürlich. Das kurze Interludium nach »einer entfernten Flöte zu« entspricht der Melodie eines solchen Flötenliedes; die Passage ist in der rechten Hand sehr intensiv, solistisch, etwa im Gedanken an ein Englischhorn zu spielen.

Der ganze Mittelteil, von »Da schnitt ich« an, wäre als Rezitativ und Arie auf knappstem Raum zu denken; das Klavier dazu wieder, wie in der ersten Strophe des ersten Liedes, colla parte. Der Einsatz der Singstimme selber, »Da schnitt ich einen Weidenzweig vom Strauche«, verlangt zunächst eine Art von relativ raschem, zufahrendem Parlando. Dann aber muß sich die Stimme sehr warm, arios verströmen lassen und aussingen. Von »und mein Lied flog« an ist das Ganze bewegt zu halten, keine starke Zäsur darf nach »Antwort gebend« den Fluß stauen. Wann immer eine Komposition Momentum gewinnt, ins Rollen kommt – es fehlen für solche Augenblicke, die eigentlich die musikalische Form konstituieren, in der Sprache die rechten Worte –, muß die Wiedergabe ohne Scheu ihrer Intention sich überantworten. Mit der Intensivierung des Ausdrucks wird auch der Satz reicher, quasi polyphon. Demgemäß sind im Klavier wechselnde Stimmen herauszuholen: beim Ende der Gesangsphrase erst die rechte Hand, dann die linke, dann wiederum die rechte. Diese Neigung zu polyphonem Spiel darf während des Rests des Liedes nicht wieder verlorengehen.

Der Beginn seines dritten, letzten Teils, des Abgesangs, von »Seit jenem Abend« an, ist dadurch sinnfällig zu machen, daß er als sehr breiter Auftakt genommen wird. Dazu legitimiert sein Zusammenfallen mit dem Ende des Ritardandos. Der gute Taktteil dann, a tempo, wirkt wie ein Einlösen der Spannung, eine Art Tonika; mit ihrer Idee assoziiert sich auch die Harmonik der linken Hand. Von nun an duettiert das Lied unmißverständlich: darum ist der Satz der rechten Hand zunächst akkordfrei, rein einstimmig, quasi Flauto solo. Dieser Oberstimme der rechten Hand gebührt, gegenüber der bloßen Begleitung der linken, durchaus der Vordergrund. Erst dann, wenn der rechten Hand nochmals Akkordgriffe zugewiesen werden, ist im Gedanken ans polyphone Spiel die linke Hand abermals hervorzuheben, ein Achtel vor »in ihrer Sprache« jedoch wieder die rechte. Solche Hinweise mögen exemplifizieren, wie man der Forderung besonders bunten und phantasievollen Vortrags genügt, die von dem Lied ausgeht; Phantasie wird von dergleichen Hinweisen angeregt, nicht erschöpft.

Das *dritte* Lied dürfte von allen, die wir besprechen, das schwierigste sein und auch das bedeutendste. Beides hat denselben Grund: es ist höchst originellen, von allem irgend Vertrauten radikal verschiedenen Wesens. Davon, daß man dieses Wesens in seiner musikalischen Gestalt innewird, hängt ab, ob man es zustandebringt; wer diesen Zyklus Weberns studiert, sollte dem dritten Lied so viel Zeit widmen wie den drei andern zusammen. Der Text ist das Schlußgedicht der Gespenstersonate von Strindberg, die Webern besonders liebte. Fürchtete ich nicht, vergröbernd mißverstanden zu werden, so sagte ich, dies Lied sei wie das Fragment einer nie geschriebenen, kaum auch denkbaren Webernoper. Das Gedicht wäre am ehesten die ästhetische Stilisierung eines Swedenborgisch-mystischen Lehrgedichts zu nennen. Dessen sollte die Interpretation sich bewußt sein. Das Didaktische findet sich zusammen mit einem Moment des archaisch Ländlichen – schon das erste Lied kannte es –, Bäuerlichen; dies Element hat Webern wohl zu etwas wie einem ländlerartigen Typus veranlaßt, der die selbst schon gebrochenen Ländler Mahlers nochmals verfremdet. Die instrumentale Einleitung ist wie eine ferne Reminiszenz ans Mahlersche Rheinlegendchen. Dies tanzhafte Moment, dem dann übrigens merkwürdig der Walzer aus Schönbergs op. 23 ähnelt, müßte den gesamten Verlauf insgeheim tönen.

Die Form des Strindbergliedes ist zweiteilig. Der erste, kurze Teil erzählt die Vision. Er verhält sich zu dem Folgenden etwa so wie die Strophe zum Couplet in der Volksmusik.

Der zweite, umfangreichere Teil steht in unsichtbaren Anführungszeichen, gibt die Lehre des »Verborgenen« wieder. Damit bereitet er Schwierigkeiten. Einmal ist jener Lehrteil vom erzählenden in der äußerst dicht gewobenen Komposition nicht so drastisch geschieden, wie etwa Berg in seinen Opern solche Elemente auseinanderhält. Hier muß die Interpretation der Komposition beispringen, das heißt, das Zwischenspiel so auffällig und intensiv herausarbeiten, daß das darauf Folgende zwingend als ein ganz Neues empfunden wird. Es sollte jäh ausbrechen, grell, wie ein aus dem Dunkel zuckender Kopf, im Gedächtnis an Munch, auch an Schönbergs Bilder.

Der erste, erzählende Teil, der dem vorangeht, ist zweiteilig in sich selbst. Sein Anfang ist, treu noch der Ländleridee, mit einer gewissen lyrischen Naivetät, zumal bei dem Melisma auf »Sonne« zu singen. Der Rest des ersten Teils jedoch muß bereits zur Vision sich wenden, indem die Stimme bei den Worten »den Verborgenen« erstickt, mit einem Klang des Unwirklichen, der dann jenes Ausbrechen des Klaviers motiviert. Das Ritardando am Ende des Zwischenspiels ist sehr energisch anzupacken, so, daß die Phrase wirklich mit einem Doppelpunkt endet: nur dann artikuliert sich die Form. Die Lehre des »Verborgenen« ist, nach der Konzeption des Dichters wie des Komponisten, nicht die eines Menschen. Weil aber der Musik, wie aller Kunst, die Stimme der Transzendenz als unmittelbare verwehrt ist, hat Webern dieser übermenschlichen Stimme den Klang des unmenschlich Objektiven verliehen, durch den des Berichts, quasi-episch. So redet ein alter Bauer, wie diese Botschaft komponiert ist. Wer den Tonfall Brechts, etwa sein Laotsegedicht im Ohr hat, dem wird am ehesten evident, was gemeint ist, so wenig auch Brecht mit Strindberg hätte zu tun haben mögen. Webern wäre aber nicht der große Komponist gewesen, der er war, wenn er dies Moment epischer, absichtsvoll-unbeseelter Transzendenz als bloß literarisches Stilmittel verwandt hätte. Es ist in die Komposition hineingezogen, und zwar durch deren Verhalten zum Text; durch und durch anti-expressiv, schon bei der Behandlung kurzer Phrasen wie »das Gute übet« und »Zornestat«; hier besonders drastisch, weil durch die animalisch-unmenschliche, quasi-instrumentale Deklamation alle affektiven Assoziationen abgeschnitten werden; vor allem jedoch durch die nüchterne Komposition des

Satzes: »und es wird dir frommen«. Verlangt es schon ein Äußerstes von der Vorstellungskraft der Sängerin, diesen Aspekt herzustellen, ohne die Grenze zum Lächerlichen zu überschreiten, so ist eine zweite Schwierigkeit fast prohibitiv: nämlich die Form zu schließen. Bis zum Ende dauert der Bericht über die Worte des Verborgenen. Aber die Komposition bleibt der primitiven Liedform, von der sie ausgeht, treu, indem allmählich, nach jener Sentenz »und es wird dir frommen«, die Stimme des Verborgenen sich vermenschlicht; das Ausdruckslose kehrt zum Ausdruck zurück. Diesen inneren Umschlag im zweiten Teil bewirkt ein kurzes Accelerando des Klaviers.

Die unmittelbar anschließende, homophon begleitete Fortemelodie der Singstimme, »der nur fürchtet, der sich hat vergangen«, wäre schon poco espressivo zu bringen, der Nachsatz »gut ist schuldlos leben«, über gehaltenen Harmonien und Trillern, ganz beseelt und lyrisch. Die beiden Schlußtakte des Klaviers aber enden in unverkennbarem Ländlerrhythmus und müssen demgemäß vorgetragen werden. Übergegangen wird vom Lehrstück über den Augenblick, da das Subjekt dessen Fazit zieht, bis zur rudimentären Reprise.

Bei der Interpretation des Liedes gebührt der Primat unbedingt der Singstimme und der Deklamation; von dorther ist die Form zu gestalten. Das Klavier bleibt, auch an den heftigsten Stellen, quasi Rezitativ, Begleitung, colla parte. Wo es hervortritt, macht es Einwürfe, formuliert keine selbständigen Stimmen. Eine Ausnahme davon wären einzig die ländlerhaften Partien, der Anfang etwa bis zum visionären Ausbruch und der allerletzte Schluß.

Das *vierte* Lied korrespondiert dem ersten durch seine kunstvolle Simplizität: war dieses das Destillat eines Volkslieds, so ist das vierte das eines Walzers. Mit diesem enthüllt sich der gesamte Zyklus als Form und damit die Disposition seiner Darstellung: das erste und letzte Stück presque rien, mit einem Minimum an äußerem stimmlichen Aufwand, dafür die beiden Mittelstücke weit ausgreifender, entfalteter. Diese beiden etwas längeren Lieder wären die Äquivalente von Andante und Scherzo. Das letzte aber erfüllt, freilich ganz verkürzt, die Funktion des alten Rondo-Kehraus. Webern hat hier den Typus der Bagatelle, den er von Beethoven ererbte und in den Quartettstücken op. 9 vollendete, auf die Vokalmusik übertragen. Die Komposition des Goethegedichts »Gleich und Gleich« ist eine Bagatelle für Singstimme und Klavier; so muß sie auch angefaßt werden, mit leichtesten Fingerspitzen. Vor dem unüberbrückbaren Kontrast zwischen dem Strindberg- und dem Goethelied braucht die Interpretation nicht zurückzuschrecken, sollte keineswegs um einen Ausgleich sich bemühen; die Architektur ist im suitenhaften Aufbau des ganzen Zyklus, im extremen Kontrast der Charaktere, nicht in irgendeiner Verwandtschaft der unmittelbar aufeinanderfolgenden Lieder zu suchen. Wie im ersten Lied wird im letzten ein einfaches dichterisches Gebilde von der differenziertesten musikalischen Sprache aufgesaugt. Die Parallele geht so weit, daß auch hier die erste Strophe als regulärer Achttakter komponiert ist, daß danach die Geschlossenheit solcher regulären Form gesprengt, erst am Ende nochmals an sie erinnert wird. Demgemäß ist »Gleich und Gleich« als aus der Bahn geworfenes, sich dissoziierendes Volkslied vorzutragen. Noch dort, wo die Musik die Verse in ihre Prosa überträgt, muß durch diese die Metrik von einst durchschimmern. In solchen Zügen berührt gerade dieser Zyklus sich mit einem Autor, an den man sonst bei Webern am wenigsten dächte, Strawinsky. Etwas wie eine Beschädigung des Volkslieds ereignet sich: Weberns Expressionismus streift dies eine Mal die surrealistische Dimension. Auch die Interpretation muß sie streifen, indem sie die volksliedhaften Momente ebenso unmißverständlich herausarbeitet wie die, wo jenen etwas angetan wird. Moment ist dabei wörtlich, im zeitlichen Sinn zu nehmen: die Beschädigung erfolgt bei der Zäsur der Lieder. Dort lenkt ein latenter Impuls sie ab. Je unverbindlicher, schwereloser, selbstverständlicher aber das Lied musiziert wird; je weniger die Wiedergabe es ins seiner selbst bewußte Hintergründige übertreibt, desto mehr gibt es her; jede Spur des Zelebrierens wäre von Übel. Die ersten instrumentalen Takte müßten, wenn Sie mir den anstößigen Vergleich gestatten, klingen wie die sublimierte Einleitung eines Kabarettchansons der Jahrhundertwende, etwa von Oscar Straus: eine verfremdete Rubato-Improvisation über einer Dominante.

Bei dem Achttakter dann ist das Sechzehntel der Singstimme

nicht zu vernachlässigen, das ihr vom Klavier vorgegeben ist: es muß zwar äußerst kurz sein – ja kein Achtel –, aber keineswegs schwächer als der Rest. Wagners berühmte Ermahnung, das Orchester solle die kurzen Noten nicht vergessen, ist geradezu der Imperativ der Wiedergabe neuer Musik, und mit Grund hat man in der Schönbergschule leidenschaftlich darüber gewacht, daß er befolgt werde. Das ritardierende Zwischenspiel nach der ersten Strophe ist wiederum quasi-polyphon zu spielen: nämlich die Mittelstimme, also der obere Part der linken Hand, hervorzuheben. Dieser Part ist eine Variation des »Rests« der Gesangsmelodie. Damit das Lied an dieser Wendestelle nicht auseinanderklafft, ist es unbedingt geboten, den thematischen Zusammenhang zwischen dem f - e - c der Singstimme und dem verkleinerten f - e - b und f - e - gis des Klaviers prägnant klarzustellen. Das Ritardando muß hier immerhin so weit gehen, daß die beiden von Webern als »frei« bezeichneten Takte, die sich anschließen, hinlänglich vorbereitet sind; die tanzhafte Geschlossenheit darf nicht willkürlich, abrupt verlassen werden, sondern ihre Suspension muß aus dem Ende des metrisch regulären Teils resultieren. Am Improvisatorisch-Exterritorialen wirkt der Klang mit, durch die Pedalisierung, welche die beiden Klavierakkorde ineinander hallen läßt: das muß trotz des dreifachen Pianissimo vernehmbar sein.

Auf das Gesangssolo folgt eines des Klaviers, in zufahrender Weberngeste. Diesmal muß das rasche Tempo sich ganz unvermittelt wieder herstellen; früher hätte man »attacca« geschrieben. Der Griff der linken Hand muß schockhaft genau kommen und viel Körper haben; Eduard Steuermann spricht die Sprache solcher Klavierwendungen wie kein anderer. Die Stelle wird um so überzeugender geraten, je besser es der Singstimme vorher gelingt, ganz ungebunden ihr Solo vorzutragen, ohne das Haupttempo gänzlich zu opfern. In den vier kritischen Takten wäre der Zusammenhang zwischen der Gesangskadenz und der attacca-Geste des Klaviers als eine Balance des Kontrastierenden in der Interpretation zu fühlen.

Danach ist dann, damit das äußerst kurze Lied nicht zerbröckelt, bei »Tempo« sofort, ohne Umstände und höchst genau das Hauptzeitmaß wieder zu erwischen. Das ist deshalb von beson-

derer Relevanz, weil Weberns Formgefühl verlangt, daß der Augenblick des Durchbruchs in die Wiederaufnahme der Tanzform hinein nachwirkt; schon nach zwei Takten wird diese – in pointiertem Gegensatz zum gleichmäßigen Achttakter des Anfangs – ritardiert, so, als ob sie, nach der vorausgehenden Störung, nicht mehr unbeirrt zum Ende gelangen dürfte. Das Ritardando jedoch kann nur dann seinen Zweck erfüllen, wenn die beiden Takte vorher so genau im Tempo erscheinen, daß das Ritardando sich von ihnen wirklich unterscheidet. Durch das exakte a tempo ist zugleich etwas wie eine Reprise anzudeuten. Aus demselben Grund, um des Gleichgewichts der Form willen, muß dann das Nachspiel des Klaviers ohne Zögern und genau des Haupttempos sich versichern, weder also im Ritardando verharren, noch durch gar zu große Hast ins Belanglose abfallen.
Absichtlich habe ich Kompositionsanalyse und Interpretationsanalyse nicht schematisch voneinander abgegrenzt, obwohl in den Interpretationsanweisungen der Komposition durchweg der Vorrang zukam. Daß ich dennoch beides nicht strikt trennte, hat aber seinen Grund nicht allein darin, daß ich Monotonie vermeiden wollte. Sondern das Verhältnis von Komposition und Interpretation ist nicht einfach das von Schichten, die aufeinander sich aufbauen, sondern eines von dialektischer Wechselwirkung. Interpretationsfragen des Typus, wie eine schwierige oder gar rätselhafte Stelle durch ihre sinnliche Erscheinung sinnvoll werden kann, führen ebenso in Kompositionsfragen hinein, wie umgekehrt die Erörterung eigentlicher Kompositionsprobleme, solche der Formstruktur oder des thematischen Zusammenhangs, Interpretationsanweisungen liefern, indem sie dazu anhalten, das, was unter der klanglichen Fassade geschieht, in der Interpretation ans Licht zu rücken. Manche von Ihnen haben sich vielleicht daran gestoßen, daß ich häufig in minutiöse Einzelheiten ging. Sie mögen mich der Kleinlichkeit verdächtigen. Ich weigere mich, viel Wesens aus der Trivialität zu machen, daß all solche Detailarbeit die Anschauung des Ganzen voraussetzt, damit sie künstlerisch produktiv werde, so wie freilich auch umgekehrt das künstlerische Ganze nur in seinen einzelnen Momenten, nicht abstrakt, jenseits von ihnen lebt. Ohnehin nötigt die Kürze der Webernschen Gebilde dazu, mit Kleinstem sich zu befassen. Aber

nicht Webern allein veranlaßt dazu. Anweisungen zur Interpretation neuer Musik wären unfruchtbar, solange sie bei allgemeinen Reflexionen darauf sich beschieden, wie ein Kunstwerk als erscheinendes beschaffen sein soll, obwohl auch solche Reflexionen nicht ganz sich ausscheiden lassen. Jedenfalls aber müssen sie ergänzt werden durch Bestimmungen dessen, wie das für recht Erkannte sich realisiert. Solche Konkretion ereignet sich immer nur im Kleinsten, und darin wären weit ausgesponnene Sätze von den Webernschen Miniaturen gar nicht verschieden. Was nicht, zumindest an Modellen, zur einzelnen Note und zur einzelnen Pause hinabsteigt, ist als Interpretationsanweisung unverbindlich. Die außerordentliche, nach dem gegenwärtigen Usus kaum begreifliche Freiheit, mit der Webern seine eigene Musik interpretierte, war die Frucht selbstvergessener Versenkung ins Detail. Verglichen mit seiner Praxis, bin ich darin nicht zu weit, sondern längst nicht weit genug gegangen.

Das mikrologische Verfahren darf nicht als ein dem künstlerisch produktiven Entgegengesetztes verstanden werden. Walter Benjamin hat »das Vermögen der Phantasie« als »die Gabe, im unendlich Kleinen zu interpolieren«[1] definiert. Das beleuchtet blitzhaft die wahre Interpretation. Der Forderung, Phantasie, als Medium des Lebens der Werke, und Genauigkeit, als das ihrer Dauer, zu vereinen, der Grundfrage, welcher der verantwortliche Interpret sich gegenüber sieht, wird genügt nur durch den gebannten und bannenden Blick auf den Notentext der Werke. In seinem dicht gewobenen Zusammenhang sind die minimalen Hohlräume zu entdecken, in denen sinnverleihende Interpretation ihre Zuflucht findet. Phantasie widerfährt dem Kunstwerk nicht von außen; sonst ist sie diesem so fremd wie die sture Tatbestandsaufnahme dessen, was geschrieben steht. Das Medium künstlerischer Phantasie ist nicht ein Weniger an Genauigkeit sondern das noch Genauere. Sie tritt nicht zu den Werken hinzu, sondern entspringt – wofern sie als spontane Kraft einmal da ist – in deren Mikroanalyse, sprengt die Werke von innen her auf. Hinter diesem Ideal müssen alle Interpretationsmodelle notwendig zurückbleiben. Sie wollen aber die Aufführenden dazu ermutigen, darüber hinaus und bis zum Äußersten zu gehen.

1 Walter Benjamin, Schriften, Frankfurt a. M. 1955, Bd. 1, S. 549.

Anton Webern: Sechs Bagatellen für Streichquartett op. 9

Instrumentalmusik scheint auf den ersten Blick der Hilfe bei der Interpretation bedürftiger als Vokalwerke wie die beiden Liederzyklen aus verschiedenen Perioden Anton Weberns. Es fehlt die Stütze des dichterischen Wortes, das, samt seinem musikalischen Ausdruck, über Schwierigkeiten der Komposition hinwegträgt. Andererseits freilich sind Instrumentalwerke insofern einfacher, als sie ohne Rücksicht auf ein zur Musik Hinzutretendes geformt sind. Adäquate Interpretation kann also in rein musikalischen Kategorien sich bewegen. Die Bagatellen von Webern habe ich mit einem aus fortgeschrittenen Schülern der Frankfurter Hochschule für Musik gebildeten Quartett studiert. Erfahrung hat mich darüber belehrt, daß zur Interpretation neuer Musik überhaupt junge, nicht arrivierte Musiker besonders geeignet sind. Sie gehen häufig mit mehr Elan und weniger Blasiertheit an die Sache als erfolgreiche, die es sich erlauben können, ihre Aufgaben sich auszusuchen, und dabei leicht das Bequemere bevorzugen. Sie glauben noch nicht, über den Sachen zu stehen, sind unverdorben von jener Souveränität, die gar zu gern umschlägt in verfügende Beziehungslosigkeit. Virtuosität, die bereits im herkömmlichen Repertoire gern verzerrt, gefährdet bei exponierten neuen Stücken sogleich den Sinn. Vor allem aber kann man mit jungen Musikern intensiver, unverdrossener, mit weniger Rücksicht auf narzißtische Empfindlichkeit arbeiten; auch so oft wiederholen, bis Widerspenstiges ganz zugeeignet ist, während die Zelebritäten allemal in Zeitnot sein wollen. Solche Vorzüge dürften den ohnehin fragwürdigen der anderen, die Routine, ausgleichen; zu hoffen ist auf den Ehrgeiz einer jungen Interpretengeneration, welche die Indifferenz so vieler vermeintlich Reifer sich zunutze macht und, ohne sich zu schonen, in die Werke sich versenkt, die jene vernachlässigen.

Das interpretative Bewußtsein möchte ich über das hinausführen, was an den Liedern gezeigt werden konnte. Weberns Bagatellen stellen, obwohl die Sparsamkeit mit Noten relative Einfachheit der Faktur verspricht, gegenüber den Liedern vor Aufgaben höherer Ordnung. Das liegt nicht einmal in erster Linie an der Kürze. Auf diese ist man heute vorbereitet. Überdies mag es der Auffassung zugute kommen, daß man wenigstens nicht über lange Zeitstrecken sich zu konzentrieren braucht, sondern jeweils nur ein paar Augenblicke lang. Vielmehr hängen die Probleme damit zusammen, daß auf keine traditionellen Formen offen Bezug genommen ist, ja daß das Mittel, das sonst vorab organisiert, die thematische Arbeit, mehr oder minder ausgeschaltet wird. Rückhaltlose Vergeistigung zwingt alle sinnlichen Dimensionen der Musik in den Dienst von Ausdruck und latentem Zusammenhang. Wahre Interpretation müßte jenes Geistige, das den Primat über das Sinnliche beansprucht wie kaum je in traditioneller Musik, versinnlichen. Aufgabe der Analyse wäre, den geistigen Gehalt in technische Anweisungen umzusetzen.

Bei der außerordentlichen Kürze der Stücke – keines ist länger als eine kleine Partiturseite, das umfangreichste zählt dreizehn Takte – heißt jene Forderung nach Realisierung des Geistigen, zu entbagatellisieren, was nicht ohne kokette Bescheidenheit Bagatellen sich nennt. Eine jede muß die Relevanz erlangen, welche die flüchtige Leichtigkeit negiert und doch meint. Rühmt Schönberg, in seinem 1924 geschriebenen Vorwort, die Stücke vermöchten »einen Roman durch eine einzige Geste, ein Glück durch ein einziges Aufatmen auszudrücken«, so bezeichnet das tatsächlich, was diese Musik vollzieht, und dem muß die Interpretation nachkommen. Weberns Moments musicaux sind, so wenig wie einst die Schubertschen, Stimmungs- oder Genremusik, nicht das, wofür eine Fachsprache, in der der Rausch des Kolossalen widerhallt, das Wort »kleine Form« bereit hält, sondern symphonischen Wesens. Sie gehen aufs Ganze, Essenzen von Formtotalitäten. Jedes birgt in sich, was den Geist der Sonatenform ausmacht, Innenspannung, Konflikt. In jedem wird, mit einem Gleichnis aus der Dramaturgie, der Knoten geschürzt. In jedem muß darum die Interpretation das Konfliktmoment so deutlich und intensiv herausarbeiten wie nur möglich. Das aber ist wirklich ein Problem, nicht einfach dadurch zu erledigen, daß man der Kurve des Notentextes folgt. Denn verkürzt sind auch die Spannungsmomente selbst: man muß sie entdecken, sie entwikkeln von dem Punkt aus, wo das Gewebe sich zusammenzieht. Die meisten der Stücke – alle wohl außer dem vierten – sind Abkömmlinge der Sonate, weil sie von einem Durchführungsähnlichen her sich organisieren. Aber die Durchführungen sind selber meist nicht länger als ein oder zwei Takte. Diese Takte bereiten die Hauptschwierigkeit. Man darf sich nicht durch die Kürze dazu verleiten lassen, die Stücke wie Liedformen vorzutragen, in denen ein paar Teile wie auf gleicher Ebene aufeinander folgen. Sondern ein Teil bedingt dynamisch den anderen, ihre Intensität variiert, und ihr Verhältnis verschränkt sich in den durchführungsähnlichen Takten. So knapp sind diese, so pointiert, daß sie zuweilen kaum mehr auch nur wie Knoten erscheinen sondern einzig noch als Abweichung, als Ausbruch aus der Immanenz der Liedform. Beides muß von den Spielern realisiert werden, die Vehemenz dahinter und die Kraft des Verschweigens. Vielleicht erinnern Sie sich daran, wie ich Ihnen beim ersten und beim letzten der Lieder op. 12, vor allem beim letzten, zeigte, wie ein ganz einfaches Lied an einer bestimmten Stelle dadurch dynamisiert wird, daß es zerbricht, sich auflöst und dann wieder sammelt, und daß, was ihm angetan ward, im Schluß nachzittert. Übertragen die Spieler das auf die instrumentalen Bagatellen, so gewinnen sie einen ersten Anhalt dafür, wie sie zu spielen sind: ein jedes als Geschichte seiner eigenen Störung, nach der es fragmentarisch wieder zu sich zurückfindet.

Zu Anfang sagte ich Ihnen, zur gröbsten Orientierung, in den Stücken kämen keine traditionellen Formen mehr vor. Nun habe ich Begriffe wie Sonate, Durchführung, Lied gebraucht. Mit Recht werden Sie erwarten, daß ich den Widerspruch erkläre. Beim Versuch dazu nenne ich Ihnen vielleicht ein wesentliches Prinzip neuer Musik insgesamt. Indem sie nämlich die traditionellen Formen vermeidet, bewahrt sie diese auf. Noch die freiesten und unschematischsten Gebilde enthalten die Spur geschichtlicher Tektonik. Analyse kann das aufdecken, und Interpretation muß daran anschließen. Sie muß jene Formrudimente herausholen, um dann eindringlich das zu ergreifen, was ich Abweichung nannte, die Augenblicke, in denen den latent tradierten

Formen etwas widerfährt; wo sie, sei's sich verwandeln, sei's unkenntlich werden. Jedes der Stücke trägt solche Formerinnerungen in sich.

Das erste ist dreiteilig, das dritte und vierte zweiteilig, die beiden letzten wiederum dreiteilig; beim zweiten, dem Aufbau nach kompliziertesten, könnte man an zwei strophische Ansätze, eine Knotenstelle und einen Abgesang denken, also entfernt an die altertümliche Barform. In den dreiteiligen Formen indessen ist der dritte Teil nicht etwa eine Wiederholung dessen, was die Formenlehre als Teil a verzeichnet, sondern ganz neu. Und doch nicht durchaus neu; denn stets fast wird im letzten Teil der dreiteiligen Formen Charakter, Setzweise, Klangbild des ersten, oder wenigstens einer dieser Aspekte, wiederhergestellt. Vermieden ist nur, außer im vierten Stück, greifbare Motivik. Die Schlußteile sind reprisenlose Wiederholungen und als solche zu gestalten. Wie in den Liedern op. 12 hat die Konfliktsituation ihre Konsequenz für den Formverlauf. Nach dem kritischen Augenblick, der Zäsur, wird abschwächend, doch dynamisch weiterkomponiert: es bilden sich Rückleitungen. Dort aber, wo dann die Reprisenwirkung unverkennbar ist, drängt die Kürze bereits auf das Schlußgefühl hin. Nach der Rückleitung kommt eigentlich schon die Coda. Wie das von den Spielern zu treffen sei, läßt sich natürlich nur an den konkreten Stücken zeigen.

Nicht bloß in den einzelnen Bagatellen sind die traditionellen Formen zugleich negiert und festgehalten, sondern in der Anlage des Zyklus. Viel zu wenig nimmt im allgemeinen die Interpretation neuer Musik auf die Großarchitektur, also das Verhältnis der Sätze zueinander, Rücksicht, das oft ein wesentliches Interpretationsprinzip abgibt. In vier von den sechs Bagatellen lassen die vier üblichen Sätze des Streichquartetts ungekünstelt sich wiederfinden. Die erste entspricht deutlich einem ersten Satz, die zweite einem Scherzo, die fünfte einem Adagio; die letzte, abgelenktes Lied wie »Gleich und Gleich« aus op. 12, hat die Affinität des Rundgesangs zur Rondoform. In der Mitte zwischen den vier Quartett-Typen stehen zwei zweiteilige und deshalb ganz reprisenlose Miniaturen, Intermezzi gleichsam. Scharf kontrastieren sie wiederum untereinander; das eine die Entfaltung eines heftigen Augenblicks, das andere unendlich zart. Beide wirken ein wenig wie Invasionen des Expressionismus, der das sichere Streichquartett verstört.

Interpretation muß sich bemühen, die sechs Charaktere plastisch voneinander abzuheben. Nur dann ist die atemlose Kürze zu artikulieren, das Aufgelöste vorm Chaotischen zu schützen. Die Spieler müßten also, ehe sie an eines der Stücke sich getrauen, dessen kompositorische – nicht etwa poetische – Idee sich klarmachen. Ihr sind alle Details unterzuordnen. Vor allem auch der Klang. In den fast fünfzig Jahre alten Bagatellen ist er Medium zur Herstellung und Verdeutlichung des musikalischen Zusammenhangs wie erst wieder in der jüngsten Musik. Bei der Probenarbeit habe ich mich temporär eines etwas primitiven Mittels zu solcher Charakterisierung bedient, in Erinnerung daran, daß Schönberg seinen urbildlichen Orchesterstücken op. 16 Überschriften gab, die er dann freilich wieder wegließ. Die Namen lauten: 1: Das klassische Streichquartett, oder auch: Die wechselnde Hauptstimme; 2: Scherzo, Walzer; 3: Rascheln und Ausbruch; 4: Wiederholungen; 5: Die kleine Sekund; 6: Volkslied mit Trillern. Doch sind diese Namen nur erste Hilfe für bestürzte Interpreten; sind diese einmal in der Musik drin, so werden sie gut daran tun, sie zu vergessen. Beim Studium hält man sich am besten nicht an die Reihenfolge sondern an den Grad der Schwierigkeit. Mein Vorschlag ist, mit dem fünften zu beginnen, dann das erste, das vierte, das dritte vorzunehmen, danach erst das zweite und schließlich das sechste. Nur verschwenderische Probenzeit ermöglicht die voll angemessene Wiedergabe. Steht sie nicht zur Verfügung, so sollte man dem zweiten und dem sechsten Stück soviel Zeit reservieren wie den vier anderen zusammen.

Die zentrale Aufgabe der Interpretation ist jedoch nicht in der der Formorganisation des Ganzen und der einzelnen Stücke zu suchen sondern im Gewebe, der Mikrostruktur der Stücke. Erinnern Sie sich daran, daß trotz der latenten Bezüge auf die überlieferten Formen handgreifliche Wiederholungen von Formteilen vermieden sind. Die Mikrostruktur richtet sich danach. Die Stücke sind, wie man das heute mit einem mehr als dreißig Jahre alten Ausdruck von Alois Haba nennt, athematisch: es wird nicht mit wiederkehrenden und variierten Motiven gearbeitet. Das

Verfahren folgt unmittelbar aus jener Empfindlichkeit gegen die Wiederholung von Formteilen. Dieser Empfindlichkeit im großen widerspräche es, wenn im kleinen wiederholt würde. Zugleich ist thematische Arbeit, die ja wesentlich längere Zeitstrekken organisieren soll, indem diese auf einen identischen Kern bezogen werden, überflüssig in einer Musik, die in der Zeit sich kontrahiert, anstatt sich zu expandieren. Der Ausschluß der thematischen Arbeit – und untrennbar davon die viel weitergehende Auflösung des Idioms – unterscheidet die Bagatellen von den mittlerweile viel bekannter gewordenen Fünf Sätzen für Streichquartett op. 5 von Webern. Die Interpreten des op. 9 sollten deshalb jene fünf Sätze genau sich ansehen; so avanciert sie, isoliert genommen, auch heute noch klingen, so sehr sind sie doch gegenüber den Bagatellen traditionelle Musik. Die Differenz beider opera, also das, was die Bagatellen von dem in den Quartettsätzen noch Geduldeten sich verbieten, liefert Anweisungen für ihre Interpretation; diese muß gleichsam die Verbote nachzeichnen, also auf alle Versuche eines im herkömmlichen Sinne thematischen Musizierens verzichten.

Nun könnte man meinen, dadurch werde die Interpretation erleichtert; man brauchte nur den Impulsen der Musik von Augenblick zu Augenblick sich zu überlassen, unbesorgt um Zusammenhänge alten Stils, und hätte sie schon. Aber das wäre ein Trugschluß der Interpreten. Wie nämlich hinter den Formen der Stücke traditionelle Typen sich verstecken, die von jenen gewissermaßen kritisiert werden, so versteckt sich hinter dem athematischen Stil der drei oder vier Werke Weberns, die hierher zählen, die thematische Arbeit. Ich denke dabei nicht einmal so sehr an zwölftönige Bildungen, wie sie nach Weberns eigener Angabe in den sonst frei atonalen Bagatellen bereits sich ankündigten. Aber die Leistung, die sonst von thematischer Arbeit erfüllt wurde: den musikalischen Zusammenhang herzustellen, entfällt nicht, sondern wird von anderen Formmitteln übernommen. So kann etwa die bloße Tatsache der Synkopierung in benachbarten Takten, bei völlig freiem Motivinhalt, den Zusammenhang bilden und die motivischen Beziehungen ersetzen. Oder es kann, im letzten Stück, ein in ungezählten Gestalten auftretender Triller Erbe des Themas werden. Vor allem aber: kompositorische

Dimensionen, die vordem einigermaßen unabhängig neben der Konstitution des Zusammenhangs herspielten, allenfalls ihm unwillkürlich zugute kamen, werden nun in ihn hineingerissen: Setzweise, Klangfarbe, sogar Akzentuierung. An den Interpreten ist es, nach der Destruktion der obenaufliegenden thematischen Arbeit aufzuspüren, was aus ihr wurde, also was immer durch Ähnlichkeit wie Kontrast Einheit und Mannigfaltigkeit stiftet. So reich sind diese Mittel, daß ich nur exemplarisch auf einige hinweisen kann, im Vertrauen darauf, daß die Interpreten dann die Spur viel weiter verfolgen. So kraß das Mißverhältnis zwischen der Ausführlichkeit meiner Analysen und der Kürze der Bagatellen, sie sind immer noch viel zu summarisch: buchstäblich wäre von jedem Ton zu reden.

Die Mittel in der Mikrostruktur besorgen aber in ihrer Totalität auch die Artikulation der Form als ganzer. Es ist, wenn ich so nüchtern reden darf, einer der Vorteile von Verfahrungsweisen wie der Webernschen, daß scheinbar polare Begriffe wie Großarchitektur und inneres Gewebe nicht länger, wie in fast aller traditionellen Musik, divergieren, sondern ohne Rest durcheinander vermittelt sind. Dynamik, Agogik, Farbe verbinden ebenso die Einzelereignisse, heben sie voneinander ab, stufen ihre Valeurs, wie sie die Form markieren. Die dynamischen Vorschriften laufen durchweg auf den als solchen nicht bezeichneten, Schönbergischen Unterschied von Haupt-, Neben- und Begleitstimmen hinaus und sind darum aufs strengste zu respektieren. Jene mittlere Dynamik, die dem vermeintlichen Wohllaut zuliebe die Extreme verschleift, wäre nicht bloß der Expression sondern dem kompositorischen Sinn entgegen. Die agogischen Vorschriften, insbesondere die Ritardandi, modellieren im allgemeinen die verschiedenen Formteile. Größte Aufmerksamkeit ist dabei darauf zu richten, ob es sich um Übergänge handelt oder deren Gegenteil: ein Verklingen und dann neu Ansetzen. Von der Erkenntnis solcher Unterschiede hängt in der Disposition der Stücke vielfach die Verständlichkeit ab.

Bei den Einzelanalysen verzichte ich darauf, nach den Kategorien zu trennen, die ich Ihnen aufgeführt habe. Sie treten vielmehr so in ihr Recht ein, wie die Details es verlangen. Manchmal möchte ich Sie darauf aufmerksam machen, wie die Idee oder

der bestimmende Charakter eines Stückes herauszuholen ist; manchmal auf Fragen des Zusammenhangs und der Artikulation; manchmal auf besondere, gelegentlich selbst ensemble-technische Schwierigkeiten.

Die Beziehung des *ersten* Stücks zum ersten Quartettsatz des klassischen Wiener Typs ist doppelt: einmal in der Gliederung, nach Exposition, Komplikation und Zurückgehen, dann in der Setzweise, dem Wechsel der Hauptstimme von Instrument zu Instrument. Die Gliederung nach Formteilen ist äußerst sinnfällig durch Tempomodifikationen. Der Exposition entsprechen die vier ersten Takte, mit einem überleitenden Ritardando am Ende.

Der durchführungsähnliche Teil ist davon durch eine kurze Generalpause getrennt. Der sonatenhaften, dynamischen Kompositionsweise gemäß ist die Verbindung herzustellen. Anknüpfen läßt sich daran, daß zwischen den höchsten Ecknoten der beiden vorhergehenden Hauptstimmen, d im Cello und c in der Bratsche, der chromatische Zwischenton cis fehlt. Diesen bringt der synkopierte flageolett-Einsatz des Cellos am Durchführungsanfang, der zwei Oktaven höher klingt als der feste Ton. Außerdem ist aus den beiden vorhergehenden Phrasen ein Moment des Synkopischen übernommen, das nun, gedrängt, die Durchführungstakte bestreitet. Das kritische cis muß wirklich in seinem melodischen Zusammenhang mit dem d und dem c gehört werden. Aber das cis als flageolett-Note unterscheidet sich sehr in der Farbe von den beiden anderen kritischen Tönen. Man sollte also schon zuvor im Cello und dann in der Bratsche auf jene Ecknote hin musizieren. Das legen auch die dynamischen Beziehungen nahe. Doch ist nach einem minimalen Crescendo und Diminuendo das d des Cellos gegenüber dem synkopisch betonten c der Bratsche eine Nuance schwächer. Folgerecht muß man dann das flageolett-cis des Cellos ebenfalls ein wenig betonen. Das genügt, den Zusammenhang zu klären, vorausgesetzt, daß die Begleitstimmen wirklich ganz zurücktreten. Als Modell der Synkopierung in der Durchführung ist wohl die Bratschenstimme im vierten Takt zu verstehen. Mit ähnlich ausgespartem guten Taktteil folgen die Einsätze des Cellos, der Bratsche, abermals des Cellos und der zweiten Geige. Diese Einsätze bilden zusam-

men eine Melodie. Zu der aus den Synkopenphrasen sich addierenden Melodie tritt auf dem Höhepunkt, quasi als rhythmische Auflösung, die nichtsynkopierte Hauptstimme der ersten Geige, forte und crescendo, hinzu. Der rhythmische Unterschied dieser Phrase von den synkopierten muß höchst prägnant werden.
Die einer Reprise entsprechende, nachsatzähnliche Phrase, dreitaktig wie die Durchführung, beginnt mit einem Auftakt der ersten Geige am Ende von Takt 7. Er ist forte bezeichnet; man darf das Forte jedoch nicht übertreiben, es muß merklich schwächer sein als das vorausgehende Fortissimo im selben Takt. Das Ritardando beginnt noch vor jenem Auftakt; der pizzicato-Akkord des Cellos fällt darunter, das h der ersten Geige wäre sinngemäß wohl bereits wieder a tempo. In der gesamten quasi-Reprise zittert der Mittelsatz nach. Zunächst in einem aufgeregten Tremolo, dessen Äquivalent am Durchführungsanfang erklang: die Ähnlichkeit sollte man spüren. Vor allem aber setzt die Synkopenidee, ebenso wie der flageolett-Klang, in der quasi-Reprise sich fest; die Tonwiederholungen des Cellos entsprechen der synkopierten Wiederholung des cis am Anfang der Durchführung. Dies d des Cellos muß mit größter Vehemenz, gleichsam ohne Rücksicht auf die Dynamik des übrigen Nachsatzes, dazwischenfahren. Der letzte Durchführungstakt und der Anfang der quasi-Reprise ist das Scharnier des Stückes. Selbstverständlich darf die Explosion des Cellos nur den Bruchteil eines Augenblicks in Anspruch nehmen, damit sogleich die Aufmerksamkeit wieder den thematischen Hauptstimmen sich zuwenden kann.
Das zweite, vom Wiener Klassizismus bewahrte Verfahren, der Wechsel der Hauptstimme von einem Instrument zum anderen, bedarf besonderer Sorgfalt der Wiedergabe. Weberns Musik ist so durchgebildet in jedem Ton, jeder ist so notwendig, daß dieser Wechsel nicht ebenso selbstverständlich als einer des Wesentlichen sich realisiert wie bei Beethoven, wo die Musiksprache a priori dafür sorgt, daß man weiß, wo das Thema liegt. Durchweg ist darauf zu achten, daß die Melodiestimmen sich ergänzen, daß durch die richtige Proportion der Teilmotive eine einzige, sei's auch gebrochene Linie sich herstellt. Keine Löcher dürfen in der melodischen Kontinuität entstehen; die neue Stimme nimmt wirklich, wie man früher sagte, die alte ab.

Zu kontrollieren ist beim Studium des dritten Takts, daß die hohe Cellostimme unmittelbar nach dem Ende des es der ersten Geige einsetzt. Das cis der Bratsche im vierten Takt kommt, noch ehe das d des Cellos ganz verklungen ist; diese Verdichtung der Beziehung zwischen den Stimmen muß herausgebracht werden.

Weiter aber ist zu wachen über das innere Leben der dergestalt unter den Instrumenten aufgeteilten Melodie. Sie ist so gebaut, daß die Teilphrasen sich zunächst verlängern, dann wieder verjüngen. Durch solche Proportionen gliedert sich die Exposition in Vorder- und Nachsatz; die Gliederung ist nachzumodellieren. Betrachtet man die Exposition als Thema, wäre es eines, das sich allmählich aus Ansätzen entwickelt. Der erste ist ein aus den Begleittönen von Cello und Bratsche herauswachsender einzelner Ton, das cis der ersten Geige. Eine dreitönige Phrase der zweiten Geige setzt das fort (Takt 2): dann verlängert sich die Melodie in der ersten Geige zu fünf Noten. Simultan mit dieser Expansion formiert sich ein kleines Begleitsystem aus Sechzehnteln in der Bratsche, und endlich ein melodischer Kontrapunkt im Cello.

Die Gestaltungsweise wäre nun, bei derart differenzierten melodischen und harmonischen Verhältnissen, zu primitiv, wenn immer nur eine Hauptstimme die andere abnähme. Der Cellokontrapunkt fis-e, der sich zu der Endung der längsten Hauptphrase, der der ersten Geige, hinzufügt, ist bereits relativ selbständig, besitzt melodisches Leben. Dadurch bereitet er die folgende Cellohauptstimme vor, die übrigens vom Kontrapunkt natürlich, durch behutsame Phrasierung, getrennt werden muß.

Die dynamische Bezeichnung, die dem Cellokontrapunkt Leben einhaucht, bezeugt die Intention des Übergangs zum Vordergrund. Die Interpretation muß der formbildenden Stimmüberschneidung, einem der wichtigsten Mittel der Verkettung, Rechnung tragen, indem die Hauptstimme, hier die der ersten Geige, gegen ihr Ende hin, fallen gelassen wird, während das als Nebenstimme einsetzende Cello gleichzeitig durch ein Crescendo andeutungsweise durchdringt, um sich sogleich wieder zurückzuziehen. Singgemäß ist diese Interpretationsweise auf analoge Überkreuzungsstellen zu übertragen, freilich je nach der Situation zu modifizieren. Hat man derlei Momente einmal herausgearbeitet, so wirken sie übrigens meist übertrieben; man muß sie dann, auf der nächsten Stufe des Studiums, wieder abdämpfen. – Analog präsentieren sich die beiden letzten Takte des Stücks, wo die Hauptmelodie der zweiten Geige diminuiert, während etwas stärker die Bratsche hinzutritt, um dann, unter melodischer Einbeziehung eines Celloflageolett-cis, ganz zu verklingen. Die kritischen Töne sind denen ähnlich, die von der Exposition zur Durchführung geleiten; nicht zuletzt darauf beruht die Reprisenwirkung, und jene Töne wären so weit, bei aller Zartheit, zu markieren, daß die Ähnlichkeit auffällt.

Bei einer so subtilen Kompositionsweise wie der der Bagatellen genügen unter Umständen minimale Kompositionsmittel, wie die Identität von drei Tönen, oder die bloße Stimmüberschneidung an zwei einander entsprechenden Stellen, ohne jede motivische Beziehung, um Korrespondenzen zu schaffen. Noch auf *eine* solche Korrespondenz möchte ich die Interpreten verweisen. Zweimal finden sich in dem Stück, addiert aus Doppelgriffen von zwei Instrumenten, vierstimmige homophone Akkorde: am Ende der Exposition (Takt 4) und in der Reprise (Takt 8). Nicht nur müssen diese Akkorde so deutlich gespielt werden, daß ihre Korrespondenz einleuchtet. Sondern es muß sich, wie Webern in solchen Fällen unbedenklich forderte, ein schöner Klang bilden. Ausnahmesituationen wie diese quasi-homophonen Akkordklänge wollen auch als solche hörbar werden; sie sind gleichsam auszukosten. Man muß dann all das Sinnliche fühlen, das hinter Weberns Musik steht; das in der Passacaglia noch sich auslebte, und das, als negiertes, weiterhin seinen Refus innewohnt. Erzählt wird, er hätte einmal einen berühmten Dirigenten bei einem Orchesterstück um einen recht schönen, von den Zählzeiten unabhängigen Klang gebeten, und dieser hätte ihn mit den Worten: »Ich bin kein Rubatodirigent« abgefertigt. Ich meine, man sollte nicht päpstlicher sein als der Papst, nicht asketischer als Webern. Richtig interpretiert man seine Stücke, wenn man bei aller Strenge sinnlicher Freiheit mächtig wird, ohne den Sinnzusammenhang zu sprengen. Webern selbst ging darin als Interpret recht weit; doch ist solche Freiheit einzig als Resultat äußerster Präzision legitim.

Das *zweite*, ungemein schwierige Stück habe ich einen Walzer genannt. Ich hätte das nicht gewagt, wenn nicht Webern gern bei anderen Stücken derlei Ausdrücke verwandt hätte. Gewiß könnte man mir entgegenhalten, es fehle dem Stück das Charakteristischeste des Walzers, der Dreiviertel-Rhythmus. Es ist von Anfang bis zu Ende im Fünfviertel-Takt geschrieben. Trotzdem erinnert es an den Walzer, einen verfremdeten gleichsam, auch einen, der steckenbleibt; eine Idee übrigens, die bereits dem Impressionismus nicht fremd war: von Debussy gibt es eine Sérénade interrompue. Mein Rat wäre, das Stück wenigstens in seiner ersten Kurzstrophe, bis zum Ritardando gegen Ende von Takt 2, so zu spielen, daß walzer- oder reigenhafte Züge, wie der auftaktige Schwung des Anfangs, der markierte Pizzicatobaß auf 1, die Phrasenwiederholungen zunächst einmal auffallen.

Die Beschädigung widerfährt dem Ablauf potentiell bereits in diesen – erschrecken Sie nicht – von der Salonmusik her vertrauten Motivwiederholungen; Webern komponiert gewissermaßen das Unglück aus, das solche konventionelle Floskeln in jener Musik bereiten, ohne daß sie es wüßte. Das Störungsmoment wird verstärkt durch synkopierte Einsätze von Bratsche und Cello.

In einer zweiten Strophe (Auftakt vor Takt 3), wenn man diese kurzen Ansätze so nennen darf, spaltet sich zunächst der Zusammenhang weiter auf. Sie benutzt dann jedoch abermals Wiederholungen einer zweitönigen Gruppe in der Bratsche. Mit derart offenen motivischen Ähnlichkeiten verfährt Webern so sparsam, daß diese diskret zu unterstreichen, also die Bratschenstimme in Takt 3 mit dem Crescendo deutlich zu machen wäre. Sie dürften bemerkt haben, daß gegen Ende die Phrase sich verjüngt. Auf Cello und Bratsche verteilt sich eine Triole; sie muß sich plastisch zusammenfügen. Diese rhythmische Intensivierung ist gewissermaßen ein Doppelpunkt vor den kritischen Takten 4 und 5. In diesen lebt, mit ein paar längeren Noten, das Stück kurz melodisch sich aus. Dadurch, daß Takt 4 in zwei und drei Viertel und Takt 5 in drei und zwei Viertel geteilt ist, folgen zwei Dreiviertelgruppen aufeinander. Damit ist eine rudimentär walzerhafte Dreiviertel-Wirkung erzielt; auch der auf schlechtem Taktteil einsetzende Rhythmus des Cellokontrapunkts ist dreiviertelähnlich. Nach dem ersten der restlichen zwei Viertel unterbricht eine Generalpause, so daß sie das Gefühl des ungeraden Taktes nicht ernsthaft behelligen. Die Verbreiterung zur Dreiviertel-Melodie spiegelt sich in einem Ritardando.

Die Mittelpartie dankt ihre festere Gestalt der rhythmischen Homogenität dreier sich überschneidender Instrumentalstimmen: der zweiten Geige, noch höher der ersten und des Cellos. Alle drei beginnen mit einem gedehnten Viertel, auf das zwei gewöhnliche folgen; die beiden letzten Phrasen enden, quasi auf 1, mit einem weiteren Viertel. Hauptsache für die Wiedergabe ist die genaue rhythmische Proportion dieser drei Stimmen. Wie im ersten Stück stellt sich danach zum Ausgleich das Anfangstempo wieder her, nur diesmal nicht ein langsameres sondern ein rascheres als das im Mittelteil. Aber der Ausgleich hat unmißverständlichen Codacharakter, den einer Stretta: es soll gewissermaßen durch eine Beschleunigung wiedergutgemacht werden, was im Ritardando an Zeit vergeudet ward. Wiederum wird Korrespondenz durch Fragmente suggeriert. An den Anfang des Stücks erinnert ein zweitöniges Motiv des Cellos; Wiederholungen eines ebenfalls zweitönigen Motivs in erster Geige und Bratsche sind vag analog den Motivwiederholungen in den beiden ersten Strophen. All das aber ist ins Unwägbare geschrumpft, die Stretta eilt nach einer letzten ritardando-Störung darüber hinweg zum hastigen Schluß.

Aufgabe der Interpretation ist vor allem die Gliederung nach Formteilen: erst also die quasi-Walzereinsätze, der zweite dem ersten gegenüber schon verkürzt, dann das sich Dehnen in Takt 4 und 5 und dann die Coda. Besonders darauf ist zu achten, daß die agogischen Modifikationen in dem Tanzstück nicht übertrieben werden, sondern daß es nur, wie man so sagt, natürlich ausgespielt oder zusammengedrängt wird, wie Walzer durch Rubati. Die Übertreibung solcher Modifikationen zerrisse das sehr kurze, nur andeutend geformte Stück so sehr, daß es erst recht chaotisch würde. Die Kunst ist es, derlei Musik in einem Atem vorzutragen und dennoch in sich gegliedert.

Das *dritte* Stück beginnt mit einem von einem Akkord der Geigen begleiteten Rezitativ der Bratsche, oder vielleicht richtiger: einem breit auskomponierten Auftakt. Den Auftaktcharakter wohl meint das Ritardando, das Webern über den ersten Takt schreibt: das Haupttempo stellt erst im zweiten sich her. Die Bratsche soll ihre Quintole frei, improvisierend ausspielen. Das folgende flageolett-fis des Cellos ist der Endton der Bratschenphrase und zugleich der erste eines neuen Komplexes. Es muß die Bratsche unbedingt bruchlos fortsetzen; wiederum problematisch wegen der Farbdifferenz von natürlichem und flageolett-Klang. Nicht nur sollte das Cello ohne die geringste Zäsur an das d der Bratsche sich heften, sondern auch genau ihr Diminuendo zu Ende führen; also um eben dieselbe Nuance leiser sein als das d der Bratsche, wie dieses leiser war als das vorhergehende as. Der gesamte zweite Takt ist kaum mehr als ein raschelndes Begleitsystem, und darum die bezeichnete Dynamik crescendo und diminuendo äußerst diskret zu bringen, so daß keine der Stimmen als thematisch mißdeutet werden kann. Im dritten Takt löst sich von diesem Hintergrund die melodische Hauptstimme der zweiten Geige. Ihr c und e variiert ihre vorhergehenden Begleittöne h und f. Demgemäß muß die Stimme, während das Begleitsystem fortdauert, sich gleichsam dem Klangdessin entringen, wohl erst auf dem e wirklich durchdringen; von da ab jedoch bis zum Takt 5 in wirklichem Ausbruch sehr schnell sich steigern. Selbstverständlich setzt die Quintole der ersten Geige am Schluß des vierten Taktes die zweite Geige melodisch unmittelbar fort, darf also, trotz deren Crescendo, bei ihrem ersten Ton nicht von dem hohen es gedeckt werden.

Ausschlaggebend, und nach meiner Erfahrung schwer darzustellen, ist der fünfte Takt. Er exponiert das rhythmische Modell für den ganzen Rest des Stücks. Alles Spätere hängt davon ab, daß sein Rhythmus, die vier aufeinander folgenden Sechzehntel-Einsätze und dann die beiden in Achteln, unbedingt klar werden. Bei den Proben empfiehlt es sich, diesen an sich einfachen, aber aus den Einsätzen aller Instrumente in kürzesten Abständen sich zusammensetzenden Rhythmus zunächst einmal so zu klopfen, daß jeder der vier Spieler seine Rolle genau kennt:

Beispiel 38

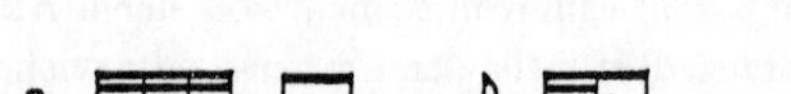

Erst wenn dies rhythmische Schema ganz fest steht, kann das mit dem vorhergehenden Takt schon beginnende Accelerando getroffen werden. Alles, was folgt, ist Wiederholung und Liquidation jenes Rhythmus und der Akkorde, die ihm sich zuordnen, und sollte daraus von selbst resultieren. Die Kurve des Stücks wäre also: eintaktiges Rezitativ, Begleitsystem, ausbrechender Aufschwung der Hauptstimme im vierten und fünften Takt, rhythmischer Zentralkomplex bis zum Höhepunkt in Takt 6, und dann ein Abklingen, ins Rascheln zurück. Hat man einmal den Gestus des Stücks mitvollzogen, so ist es nicht allzu schwierig.

Wie es ist auch das *vierte*, in dem Wiederholungen einzelner Töne oder Tongruppen die Hauptrolle spielen, kaum zu verfehlen; nur darf diesmal der entwirklichte Klang nirgends verlassen werden. Die erste Geige im ersten und zweiten Takt ist nicht, wie man mißverstehen könnte, Begleitung sondern Hauptstimme, die Motivwiederholung selbst thematisch, also sehr plastisch, mit deutlichem Crescendo und Diminuendo zu spielen. Ebenso ist der Rhythmus des Cellos im zweiten Takt, der im zweiten Abschnitt des Stücks getreu wiederkehrt, als thematisch hervorzuheben: durch Präzision der Notenwerte, keineswegs freilich durch übertriebene Betonung oder durch zuviel Dynamik. Schließlich ist auch das Motiv der zweiten Geige im dritten Takt thematisch zu spielen, weil aus seinen Intervallen die der späteren, schließenden Melodie abgeleitet sind. Der erste Teil des Stücks endet mit der nackten Tonwiederholung e der ersten Geige, begleitet von einem Akkordeinwurf, gänzlich verklingend auf dem ersten Taktteil von 5. Wegen der Unterscheidung vom folgenden Abschnitt ist der Rhythmus der Sechzehntel-Triolen hinlänglich zu pointieren, trotzdem aber – sinngemäß, obwohl keine Vorschrift es erheischt – ein wenig zurückzuhalten, und dann a tempo fortzufahren.

Der zweite Teil des unverkennbar zweiteilig disponierten Stücks beginnt mit Tonwiederholungen, wie der erste aufhörte, mit der Schönbergischen Idee eines thematischen »Rests«, nur ohne Thema. Das wiederholte flageolett-fis des Cellos, real nur einen Ton höher klingend als das vorhergehende e der ersten Geige, muß den Kontakt mit dieser halten. Zugleich aber muß der Zweiunddreißigstel-Rhythmus von dem der Sechzehntel-Triolen sich abheben. Bis zum Schluß des Stücks bilden die Flageoletts des Cellos, die Pizzicati der Bratsche als eine Art Schlagzeug-Baß und die auf die Motivwiederholung des Anfangs zurückgehenden Sechzehntel-Triolen am Steg der zweiten Geige ein Begleitsystem. Der aus den drei verschiedenen Farben kombinierte Klang ist in sich trotz seiner Gebrochenheit homogen, äußerst ausgewogen und – der altmodische Ausdruck läßt kaum sich vermeiden – von unendlichem Reiz. Bei den Proben wird man so lange mit diesem Klang, vor allem den Stärkeverhältnissen der Instrumente, experimentieren, bis sich einstellt, was man, hat man es einmal, nicht verkennen kann, auch wenn man es nie zuvor vernahm: nach der Sprache des Psychologen Karl Bühler ein Aha-Erlebnis. Die flageolett-Melodie der ersten Geige über diesem Begleitsystem nähert sich wie aus unendlich weiter Ferne, fast einer zeitlichen Erinnerung an ein längst Gewesenes. Die Flageoletts der ersten Geige müssen absolut ungetrübt, ohne jede Beimischung von Geräusch kommen, wenn sie zur Melodie werden sollen, sonst wird alles verdorben. Besonders ist im sechsten Takt auf den rhythmischen Kontrapunkt zu achten. Diesen Rhythmus dürfte man am genauesten fixieren, wenn man zunächst nur erste Geige und Cello zusammenspielen läßt, wobei den punktierten Sechzehnteln der Geige jeweils drei der Zweiunddreißigstel des Cellos zugeordnet sind, ein Viererrhythmus gegen den Dreiachtel-Takt. Die letzten beiden Takte verschwinden gänzlich.

Das *fünfte* Stück, das Adagio, ist kompositorisch wie spieltechnisch das einfachste. Die keineswegs geringen Aufgaben, vor die es stellt, sind denen der anderen recht entgegengesetzt. Nicht darum geht es, ein Aufgelöstes und sehr Komplexes durch Artikulation sinnvoll zu machen, sondern darum, wie bei äußerster, gewissermaßen polemischer Sparsamkeit mit Noten, einer rücksichtslosen Technik des Weglassens, so zu verfahren sei, daß die Fülle dahinter spürbar wird, daß das Angedeutete der Monotonie entrinnt. Deren Gefahr liegt darin, daß markierte Gegensätze, ja beinahe distinkte Gliederungen fehlen. Das Ganze ist aus einem Urintervall heraus entwickelt, der für das Idiom der neuen Musik überhaupt maßgebenden kleinen Sekund, und zwar in der Vertikale: durchweg stoßen kleine Sekunden, manchmal

mehrere gleichzeitig zusammen. Die notwendige Vorarbeit zum Stück ist eine der Intonation, wie übrigens bei dem Charakter des gesamten opus häufige Intonationsproben – also piano, ohne Rücksicht auf Rhythmus, Tempo, Gestaltung, nur zur Kontrolle der Reinheit sämtlicher Töne – dringend anzuraten sind. Die Intonationskontrolle der kleinen Sekund, so schon im ersten Takt die des cis der zweiten Geige und des c der Bratsche, und dann des dis der zweiten Geige und des e des Cellos, sollte nicht abstrakt, einzig unter dem Gesichtspunkt der temperierten Stimmung, erfolgen. Wichtiger ist die Deutlichkeit des kritischen Intervalls. Auf der einen Seite muß es so eng sein, daß das Charakteristische, die Reibung, sich einprägt; andererseits so weit, daß die simultanen Töne sich voneinander abheben, nicht wie eine unreine Prim klingen. Die sinngemäße Intonation wird wohl wiederum nur experimentell zu gewinnen sein. Das kritische Intervall darf weder, durch zu großen Abstand, die Schärfe einbüßen, noch, durch zu große Nähe, verschwimmen.
Der nächste Schritt, nach der Intonation, wäre der zur Gliederung. Takt 1 bis 5 bilden den Vordersatz. Er besteht aus Unterphrasen: der erste Takt enthält die erste, der zweite und dritte die zweite, der vierte und fünfte, nachsatzähnlich, die dritte. Im vierten Takt wird der dem ersten entsprechende melodische Zusammenhang, der Sekundschritt, durch die Folge des f im Cello und des ges in der ersten Geige gebildet. Beide Töne müssen, unbeschadet des Pianissimo, hervortreten; das f des Cellos immerhin so entschieden crescendieren, daß im fünften Takt eine halbschlußähnliche, gedehnte Wirkung sich einstellt. Es darf jedoch nicht so sehr anschwellen, daß es das ges der ersten Geige zudeckt. Für den Zusammenhang dieser Endungsphrase des Vordersatzes und der mittleren sorgt die Wiederholung der Note f. Im dritten Takt wird sie von der ersten Geige pizzicato gespielt, im vierten vom Cello arco. Das Gefühl des Zusammenhangs ist eine Funktion der strikten Identität beider Noten trotz der sehr verschiedenen Klangfarbe. Sie ist herzustellen einmal durch gewissenhafteste Intonation: also so, daß die Tonhöhe des Cellos haargenau mit der des f der ersten Geige übereinstimmt; dann aber dadurch, daß dies pizzicato-f – wie es das vorhergehende Crescendo motiviert – einen kleinen Akzent erhält, der ausreicht,

das folgende f des Cellos wie einen Nachhall klingen zu lassen. Ein kleiner Mittelsatz entsteht von Takt 6 an. Das c der Bratsche im fünften Takt dürfte seinen Auftakt bilden; die mit ihm beginnende Phrase der Bratsche ist motivisch eine Achsendrehung der Pizzicati der ersten Geige im zweiten und dritten Takt. Dieser Auftaktcharakter des c kommt heraus, wenn man streng nach Weberns Bezeichnung spielt, also auf dem c crescendiert, so daß es gleichsam zum as hinstrebt, während gleichzeitig die drei andern Instrumente, als Phrasenende in Takt 5, diminuieren; auch hier muß die Überschneidung des Endes des einen mit dem Anfang des nächsten Formteils herausmodelliert werden, damit der Formverlauf verstanden werden kann.

Nach den dynamischen Bezeichnungen ist die Bratschenphrase Hauptstimme, die andern Instrumente haben dagegen zurückzutreten. Das Durchführungsähnliche des Mittelteils, oder vielmehr die minimale Spur eines erregenden Moments ist durch rhythmische Verjüngung gestaltet. Vorher gab es keine Werte von Achteltriolen und Sechzehnteln. Im siebenten Takt tritt erstmals die zweite Geige als dritte Achteltriole ein, und der letzte Ton des Takts ist ein Sechzehntel des Cellos. Diese Rhythmen müssen aufs strengste ausgezählt, so genau gebracht werden, daß man sie, ohne jede andere Emphase, als den eigentlichen Vorgang des Stücks vernimmt. Sonst wird das Ganze versäumt. Die anschließenden drei Takte, von 8 an, von dem quasi-Höhepunkt durch eine Generalpause getrennt, sind das Paradoxon einer statischen, dabei schon zur Coda geöffneten Rückleitung. Takt 8, mit dem Nachhall des Triolenrhythmus in der ersten Geige und dem doppelten Sekundzusammenstoß, ist eine Art Doppelpunkt, äquivalent etwa dem Crescendo auf dem Bratschen-c des Takts 5. Man hört den Takt 8 manchmal tremolo in zweiter Geige und Bratsche; in meiner Partitur von 1924 fehlt die Bezeichnung. Möglich, daß Webern sie später einfügte; recht überzeugen will sie mich nicht. Der neunte Takt löst noch einmal, wie zuvor der sechste, die Spannung ein, indem die auffällige Cellophrase, glissando zwischen pizzicato und arco, auf den guten Taktteil fällt. Im Takt 10 findet die dreiteilige Rückleitung, nachsatzhaft, etwas wie ein Ziel; zugleich öffnet er sich schon zur Coda. Diese ist Liquidation, noch einmal mit dem Rhythmus einer Achteltriole, deren Ecknoten ausgespart sind, und dann einem Sechzehntelrhythmus. Der letzte Takt, der einzige ungerade des Stücks, befriedet endgültig das erregende Moment dadurch, daß er die Achteltriole in drei volle Achtel der Grundzählzeit verwandelt. Auch in dieser Coda müssen, trotz des äußersten Pianissimo, die rhythmischen Ereignisse realisiert werden, vor allem also, daß der Rhythmus im Schlußtakt 13 gegenüber dem elften Takt keine Triole ist.

Die außerordentliche Subtilität in der Kargheit des Notentextes, die gespiegelt werden muß, hat ihr Modell, das letzte der berühmten sechs kleinen Klavierstücke von Schönberg, op. 19. Um in das Webernstück sich hineinzuleben, sollte das Quartett erst mit dem doch einfacheren Schönbergstück sich vertraut machen. Zu studieren daran ist das verschiedene Gewicht, das identische harmonische Ereignisse – bei Schönberg: Leitakkorde – annehmen, wenn sie einmal auf schlechtem, das andere Mal auf gutem Taktteil eintreten. Auf demselben Gefühl eines Fortgangs durch bloßen Wechsel von gutem und schlechtem Taktteil basiert das Webernstück. Ebenso ist an dem Gebilde Schönbergs die Genauigkeit rhythmisch charakteristischer Phrasen in Wendungen zu lernen, die nicht alle Töne des betreffenden Rhythmus real bringen. Beide Stücke gehören übrigens in dieselbe Zeit. Das von Schönberg ist 1911, das von Webern 1913 geschrieben; beide erreichen eine Grenzlage expressiver Musik zum Verstummen hin. Die Periode endet mit Weberns Cellostücken op. 11.

In jeder Beziehung das schwierigste Stück aus den Bagatellen, fürs Verständnis wie für die Wiedergabe, ist das *sechste* und letzte. Seine Schwierigkeit wird potenziert durch die Simplizität, die es gewissermaßen vom vorhergehenden erbt. Es ist ein aufgeschrecktes Volkslied, aber eines, das sich zunächst hinter den dissoziierten Tönen versteckt; Urbild dessen, was man später punktuelles Komponieren nannte. Zuvor ist die verborgene Einfachheit durchsichtig zu machen. Ihr technisches Korrelat ist, wie im ersten und letzten der Lieder op. 12, Viertaktigkeit des Anfangs, einer geraden Halbperiode. Wieder ist anzuraten, eine rhythmische Skizze des Hauptverlaufs dieser Halbperiode zu entwerfen und etwa zu klopfen; vielleicht sogar sie auf das ganze Stück auszudehnen.

Beispiel 39

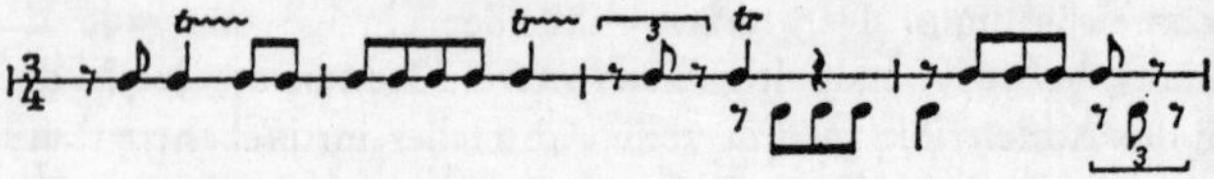

Dieser Hauptrhythmus im durchgängigen Dreivierteltakt nun, im Grunde der eines Liebeslieds im Dialekt, erscheint nicht als fortlaufende Melodie, sondern, nach dem Prinzip des Hauptstimmenwechsels aus dem korrespondierenden ersten Stück, springend von Instrument zu Instrument. Disparate Töne ergänzen sich zu diesem Rhythmus; so im ersten Takt die erste und zweite Geige, im zweiten das Cello, das Pizzicato der ersten Geige, die zweite Geige, wiederum das Cello und – den Zweitakter beendend – ein Triller der Bratsche.

Nach diesem Prinzip ist dann das Stück weiter organisiert. Die rhythmische Skizze erlaubt es, überall die Hauptrhythmen bildenden Noten festzustellen und beim Spielen so zusammenzubringen, daß der Hauptrhythmus, und damit gleichsam die Volksliedmelodie vernehmbar wird. Diese Aufgabe ist nochmals dadurch kompliziert, daß die kritischen, also den Hauptrhythmus bildenden Noten in verschiedenen Spielweisen, arco, am Steg – also entmaterialisiert – flageolett, pizzicato gebracht werden. Bei den entlegenen Spielweisen handelt es sich, wie stets bei Webern, nicht um das, was man in der Neuromantik Klangeffekt nannte, sondern um ein Ausinstrumentieren, Ausfärben kompositorischer Vorgänge. Die in quasi-denaturierten Farben erscheinenden Noten können genauso melodiebildend, ebenso Hauptsache sein wie die normalen, während das Ohr gewöhnt ist, Melodien als nur aus diesen bestehend sich vorzustellen und die entlegenen Farben als Zutat in den Hintergrund zu relegieren. Dem Mißverständnis, das viel leichter in Worten abzuwehren ist als in der tatsächlichen akustischen Wahrnehmung von Musik, kann man dadurch begegnen, daß die entlegenen Spielweisen dort, wo sie Hauptereignisse betreffen, auch wirklich in den akustischen Vordergrund gelangen; weiter dadurch, daß sie so unmißverständlich als melodiebildende Töne erklingen, bis sie aus der Melodie nicht mehr herausstechen. Noch wo sie, wie es zuweilen intendiert ist, ins Geräusch übergehen, müssen sie ihre melodischen Valeurs – mit anderen Worten, die distinkte Tonhöhe – bewahren.

Die Auffassung des dritten und vierten Taktes, die die Eigentümlichkeiten der beiden ersten teilen, aber im Nebenrhythmus komplizierter sind, wird dadurch erleichtert, daß sie zusammen eine Halbphrase bilden, deren Länge der der beiden ersten entspricht; als hätte Webern, in einer humanen Anwandlung, durch die metrische Disposition den Spielern und Hörern erleichtern wollen, was alle anderen Dimensionen in diesen Takten so sehr erschweren. Die Phrase der Bratsche im vierten Takt wirkt in ihrem Zusammenhang besonders kantabel, weil solche melodischen Ansätze, die Folge von vier Tönen in einem einzigen Instrument, vorher – wie Jahrzehnte danach in Weberns Spätphase – vermieden sind. Der fünfte Takt, mit Auftakt, entspricht formal der Durchführung im ersten Stück. Nur ist sie hier vollends zur Aberration zusammengeschrumpft, bloß noch Knoten, der zerhauen wird. Weberns Formgefühl trägt dabei untrüglich dem Desiderat Rechnung, die Komplexität und Aufgelöstheit des Stücks durch besonders deutliche Artikulation zu balancieren. Der kritische Punkt bringt eine eintaktige Steigerung, welche für die ganze Katastrophe eines Symphoniesatzes einsteht.

Die zentrale Frage des Stücks und damit seiner Interpretation besteht darin, wie es zur Durchführung sich spannt; wie aus den undialektischen ersten vier Takten, die dem einfachen Teil a einer Liedform entsprechen, die Komplikation einer Miniatursonate sich entwickelt. Zur Antwort ist an die Aufteilung der Anfangstakte in punktuelle Einzelnoten zu erinnern. Aus ihnen setzt sich nicht nur der Hauptrhythmus zusammen sondern auch das Begleitsystem; der Unterschied beider ist einzig durch die Dynamik, nur im letzten Takt (4) durch ungleiche Längen der Gestalten unterstrichen. Diese Einzelnoten nun, die »Punkte«, die integriert werden, belebt Webern, indem er sie durchweg crescendieren, zuweilen diminuieren, manchmal beides läßt. Die Schwellwirkung überwiegt; die punktuellen Noten nehmen zu, vielleicht unter Assoziation an den Klang österreichischer Volksmusik, die Ziehharmonika; die Extreme des Primitiven und des Differenzierten berühren sich darin bei Webern gar nicht so selten. Jene Schwellwirkung der Einzelnoten, die das punktuelle System der vier ersten Takte insgesamt definiert, wird wie ein Durchführungsmodell herausgegriffen und zum Mittelpunkt. Die beiden letzten Noten des vierten Takts, die in den fünften, den Durchführungstakt, geleiten, gehören jenem System noch an. Aber sie bescheiden sich nicht mehr bei einem geringen Crescendo, sondern die Schwellwirkung dringt in ihnen zum Vordergrund. Sie führen zum realen Forte. Die nächsten beiden isolierten Töne, ein flageolett-d der Bratsche und das höchste flageolett-a der ersten Geige, setzen diese Dynamik der Einzeltöne fort, die Bratsche forte, die erste Geige sogar schon fortissimo einsetzend und beide nochmals crescendierend. Darauf folgt, im Cello, forte am Steg in hoher Lage, der thematische Triller, quasi synkopisch auf schlechtem Taktteil und wiederum gesteigert. Er wird beantwortet von einem Doppelgriff-Tremolo, sforzato der beiden Mittelstimmen, das die Cello-Attacke noch überbietet. So wird der melodische Drei-Noten-Ausbruch der ersten Geige vorbereitet, nach der Bratschenmelodie in Takt 4 die längste melodische Phrase, die in dem Stück überhaupt einem einzelnen Instrument anvertraut ist. Zugleich greift der Durchführungscharakter des Takts 5 auf die Rhythmik über: die vorher nur fragmentarisch angedeutete Achteltriole wird explizit, ebenso der Sechzehntelwert, den in der Exposition einzig eine diskret nachschlagende Begleitnote der zweiten Geige (Takt 4) vorweggenommen hatte.

Um den Sinn der Stelle in die Erscheinung zu setzen, müssen all diese Momente hervortreten. Zunächst also die Crescendi auf den Einzelnoten, und zwar so, daß der Unterschied zwischen dem realen Crescendo, auf forte und fortissimo hin, von den bloßen Schwelltönen offenbar wird. Herbeigerufen durch diese Crescendi muß dann, wie Schlagzeug, der Cellotriller (5) explodieren und von dem sforzato-Tremolo der zweiten Geige und der Bratsche beantwortet werden. Die Spannung löst die Sechzehntel-Phrase der ersten Geige ein; deren sämtliche Noten müssen dynamisch den Triller und das Tremolo noch überbieten. Bis zur Geigenkatastrophe im fünften Takt wird, unter Ausnutzung der Gegebenheiten der Exposition, die Musik in ihre Verdichtung hineinmusiziert.

Nach dem Formprinzip, das den gesamten Zyklus durchherrscht

und seine Mannigfaltigkeit vereinheitlicht, schließt an die Fermate, das zweigestrichene c der Geige, eine Rückleitung an. Der explizite Triolenrhythmus zwischen Bratsche und zweiter Geige reicht als Resultat der Durchführung in die Überleitung hinein und ist darum distinkt auszuspielen; ebenso die Sechzehntelverschiebung im Einsatz der ersten Geige auf fis, der Liquidation ihres Ausbruchsrhythmus, der erst ganz am Schluß, wie ein Vorschlag, noch einmal zitiert wird. Die beiden Schlußtakte dann, mit der Wiederaufnahme des Trillers, der ja in dem gesamten Stück die Rolle eines zu einem Einzelton reduzierten Hauptthemas erfüllt, sind wieder, dem Charakter nach, Coda, nicht eigentlich Reprise. Sie so wenig wie die Rückleitungstakte stellen vor Aufgaben wie Exposition und Mittelstück. Ist die Musik einmal entschieden und gar in Fragmente zerschlagen, so spielt sie sich oftmals gleichsam von selbst zu Ende, eine Erfahrung, die keineswegs auf Webern sich beschränkt.

Anstatt daß für jene letzten vier Takte detaillierte Spielanweisungen gegeben würden, sei an ihnen ein Interpretationsproblem höherer Stufe diskutiert. Es betrifft nicht primär die Realisierung sondern das Verständnis einer doppeldeutigen Wendung, von dem die Realisierung erst abhinge. Derlei Probleme sind, wie in traditioneller so in neuer Musik, die eigentlichen: die nicht bereits vorentschiedenen. In ihnen wird der reproduktive Blick produktiv. Meist gelangen sie erst zum Bewußtsein, nachdem die Vorarbeit der strukturellen Verdeutlichung geleistet ist.

Es geht um einen einzelnen Ton, das as der Bratsche im siebenten Takt.

Zu fragen ist, ob mit diesem as die Rückleitung schließt oder ob es als Auftakt die Coda eröffnet. Analytisch spricht zunächst das meiste für die Annahme, daß Webern das as als End-, nicht als Anfangsglied gespielt haben möchte. Aus dem Rhythmus des Akkords von Cello und Bratsche, dann dem g der zweiten Geige und schließlich jenem as der Bratsche bildet sich ein einheitlicher Rhythmus, wie eine entfernte Variation der Bratschenmelodie des vierten Takts. Vor allem aber, im achten Takt setzt das Cello mit einem Triller auf seinem hohen d ein, dem charakteristischesten Motiv, erstmals nun auf 1, also dem besten Taktteil. Schon in Schönbergs op. 19, in mehr als einer Hinsicht dem Vorbild der

Webernbagatellen, deklariert einmal der Schlußabschnitt eines Stücks sich als solcher durch den hier freilich noch akkordisch unterstrichenen Einsatz auf dem guten Taktteil: zu Beginn des fünftletzten Takts des ersten. Frische und Gewicht dieses Einsatzes verbürgen die Schlußwirkung der Coda; sie unterscheidet sich dadurch von allem Vorhergehenden, jeder Takt bisher war mehr oder minder auftaktig. Wäre nun auch Takt 8 der Webernbagatelle auftaktig gedacht, rechnete jenes as sicher zu ihm, so büßte er das Unterscheidende ein, wodurch er, analog, den Schluß bereitet. Er würde nivelliert, die Formartikulation würde schwächer. Dem jedoch ist entgegenzuhalten, daß die Webernbagatellen insgesamt atomisierter sind als Schönbergs ältere Miniaturen; daß in ihrer peinture eine Wirkung wie die einer emphatischen 1 – gewissermaßen des rhythmischen Äquivalents einer Tonika – zu grob wäre. Die totale Faktur widerstreitet festen Umrissen; diese werden immer durchgefühlt, zugleich aber verschleift. Dies Argument nun findet seine Stütze am Wortlaut der Noten. Die kritische Note as tritt nämlich *nach* den Fermaten der übrigen Stimmen ein, so als ob sie bereits am andern Ufer wäre. Und vor allem, das Ritardando, das auf das as fällt, setzt sich bis zur allerletzten Note fort, wo das Tempo genau doppelt so langsam geworden ist wie das Hauptzeitmaß. Durch die Kontinuität dieses Ritardandos bildet das as mit dem Rest des Stücks ein in sich einheitliches Feld verebbender Bewegung. Die von Webern unzweideutig notierte Intention würde zerstört, wenn man das as zum vorhergehenden Phrasenende zöge.

Ich will nicht leugnen, daß mir selber eben diese Möglichkeit nach wie vor näher liegt. Ausgeschlossen wird sie durch den Text. Dieser hat, durchweg in der Wiener Schule, vor dem, was der Interpret als Sinn sich zurecht gelegt hat, im Konfliktfall den Vorrang; Schönberg selbst hat beim Probieren zuweilen das einmal Geschriebene gegen den eigenen Impuls verfochten. Schwerlich aus Alexandrinismus. Der Begriff des musikalischen Sinns ist nicht so fraglos, daß er stets den Text eindeutig durchwaltete. Während jede Musik der Tradition, zu der auch Schönberg und Webern noch zählen, als notwendig erscheint, ist diese Notwendigkeit nicht die der Kausalität der Dingwelt und nicht die der diskursiven Logik, sondern hat einen Aspekt des ästhetischen

Scheins. Ihn meinte Nietzsche mit dem Satz, im Kunstwerk könne alles auch anders sein – während es doch so klingen muß, als ob es nicht anders sein könnte. Bei vielen Werken des Wiener Klassizismus lassen, neben den einmal gefundenen, andere Lösungen sich vorstellen, von denen es schwer fiele zu sagen, ob sie minder richtig sind. Noch Berg, der doch bereits die Farbdimension als eine der Konstruktion konsequent einsetzte, vertrat gleichwohl die Ansicht, jegliche Musik dürfe auf verschiedene Art instrumentiert werden. Wohl gibt es ungezählte Momente von unproblematischem Sinn; von diesen jedoch reicht eine große Breite der Variation bis zu mehrdeutigen Komplexionen. Bei diesen entscheidet die kompositorische Idee so, wie sie in der Bezeichnung fixiert ist. In ihnen rührt Musik selber an die Grenze der Musikalität. Diese verleiht in kritischen Zonen dem Geschriebenen seinen Vorrang. Die Krise des Sinnes, die Verschränkung von Zufall und Determination, wie sie heute offenbar und von der Praxis ergriffen worden ist, bereitete unter der Hülle der Tradition sich vor. Gegenwärtiges Bewußtsein, das den traditionellen Werken gewachsen sein will, muß jene Krise dort spüren. Der Idee des Musikalischen ist implizit, daß sie sich selbst übersteigt.

Anton Webern: Vier Stücke für Geige und Klavier op. 7

Mit den Duostücken hebt Weberns Periode radikaler Reduktion an. Die Tendenz meldet sich schon in den Orchesterstücken op. 6, wird aber dort durch das große Orchester konterkariert, das unwiderstehlich fast eine gewisse Expansion befiehlt. Im op. 7 ist die Technik erstmals die rücksichtsloser Beschränkung aufs Essentielle. Dadurch gewinnt alles Einzelne, jeder Ton, jeder Rhythmus eine Relevanz wie nie zuvor, und will deshalb so angefaßt werden, als hinge vom kleinsten Akzent die ganze Welt ab. Die Interpretation wird mit äußerster Verantwortung belastet; worüber die Aufführung sonst hinwegeilen, was sie im Verlauf wiedergutmachen könnte, wandelt sich ins einmalig Unwiederbringliche. Etwas davon muß vorweg zu spüren sein: als faßten Geiger und Pianist jede Note mit Handschuhen an, fürchtend, durch die leiseste Beschädigung des Leisen das Ganze zu zertrümmern. Die Unwiederbringlichkeit des Details ist aber zugleich das kompositorische Formgesetz des Ganzen. Webern hat in den Violinstücken das Verfahren der Schönbergischen ›Erwartung‹ absorbiert, erstmals es an Instrumentalmusik erprobt. Es gibt keine motivisch-thematische Arbeit im herkömmlichen handfesten Sinn. Ohne manifeste Identität, Variation, Wiederholung außer der unmittelbaren an Ort und Stelle wird Neues von Neuem, noch nicht Gewesenem herbeigezogen. Nichts wird ausgesponnen, nichts kehrt wieder nach anderem, das dazwischen stünde. Die sonatenhafte Technik des Fortspinnens ist in Urzellen geschrumpft, unmittelbare Insistenz auf dem Gleichen und dynamisches Weitertreiben aus minimalen Impulsen. So ist auch zu spielen, im bunten, gleichsam erinnerungslosen Wechsel der Gestalten also oder, wo es beim wirklich Gleichen bleibt, unter vollkommenem Verzicht auf Crescendi und andere Schattierungen.

In der Adaptation jenes Prinzips der ›Erwartung‹ hat aber die Empfindlichkeit Weberns sogleich die Frage aufgeworfen, wie das ganz Verschiedene und Kontrastierende zu verbinden, zur Einheit zu bringen wäre. Schönberg hat dabei blind aufs Formgefühl sich verlassen. Bei Webern wird, wie in seiner Rezeption Schönbergs insgesamt, die Verknüpfung des Heterogenen sogleich zum expliziten technischen Problem. Wollen die Instrumentalisten die spezifische Differenz Weberns, und gar die der Violinstücke, in die Erscheinung zwingen, so müssen sie ihre ganze Aufmerksamkeit der Kunst der Verknüpfung widmen; selber so verknüpfen wie die Komposition. Diese benutzt als Mittel des Kontrasts wie der Verbindung die Klangfarbe zur Bildung der Form. Sie kompensiert die Ausmerzung des Restes formbildender Mittel aus dem Fundus. Oberste Regel der Darstellung ist, die Koloristik aus der strukturellen Funktion zu entwickeln. Erschwerend tritt hinzu, daß Webern einem offen Unbefriedigenden der gesamten Tradition von Kammermusik mit Klavier sich stellt, der Divergenz zwischen dem Pianoforteklang und dem der Streicher. Webern sucht das zu korrigieren, indem er die herkömmlichen Kombinationstypen von Violine und Klavier zur Ausnahme macht. Selten benutzen beide Instrumente simultan Spielweisen, die als ihre normale Klangfarbe eingebürgert sind; meist resultiert ihre simultane Verwendung in einer neuen, in sich ausgehörten Farbe. Spärliche Reminiszenzen an den üblichen Violin-Klaviersatz, im zweiten Stück, verändern jenen selber: er wird zum Grenzwert. Darüber hat die Interpretation sich Rechenschaft zu geben; die vorgestellte Farbe der Kombination jeweils zu erschließen und dann zu verwirklichen. Sie muß gegen Normalklänge so spröd sich zeigen wie der Notentext, in den extremen Spielweisen zumal der Geige tatsächlich ins Extrem gehen, ohne Angst vorm Geräusch, ohne Rücksicht auf mittleren Wohllaut, ja zuweilen selbst aufs akustische Ansprechen und die Vernehmbarkeit; an den Stellen, wo man schon fast nichts mehr hören soll, ist das Gar nichts immer noch genug. Das Klavier wird noch nicht ebenso verfremdet, muß jedoch wenigstens über eine ungemäßigte dynamische Skala vom dreifachen Forte bis zum dreifachen Pianissimo verfügen, darf ebenfalls vorm Leisesten nicht zurückschrecken.

Das *erste* Stück entspricht einer Intrada. Die Interpreten tun gut daran, sich vorm Studium das Lied ›Eingang‹ aus op. 4: »Welt der gestalten lang lebe wohl« anzusehen. Nicht nur in einer charakteristischen Harmonie, dem Quartsextakkord über einem dissonierenden Grundton, erinnert es an das Violinstück sondern auch im Ton von Weltferne. Das Stück ist zweiteilig; die beiden Teile aber sind, bei feinster Differenzierung, eng ineinander gearbeitet: beides muß von der Interpretation bedacht werden. Der erste Teil gliedert sich in Vordersatz und Nachsatz. Jener besteht aus nichts als einem lang ausgehaltenen flageolett-es der Geige und einem Begleitakkord des Klaviers. Der Geigenton, allein für sich, repräsentiert ein Motiv kraft innerer Belebtheit; durch crescendo und diminuendo. Beides ist so intensiv auszuführen, daß der eine Ton eine ganze Melodie vertritt. Mit dem Nachsatz ist dadurch zu verknüpfen, daß das tiefe es des Klaviers, die vierfache Oktav des hohen Violintons, unbedingt eintritt, bevor dieser verhallt ist; eine Leerstelle in der Zeit zerbräche den überaus dichten Klangspiegel. Als Nachsatz deutet sich ein Duett aus der linken Hand des Klaviers und der Geige an (Takt 3); die beiden ersten Töne des Klaviers werden sogleich wiederholt, die Fortsetzung bleibt gleichsam auf der Stelle und muß hinter der Geigenmelodie zurücktreten, trotz eines nochmaligen kleinen Crescendos. Die Geige fällt unregelmäßig, auf das zweite Achtel einer Triole, zur Akkordbegleitung der rechten Hand ein; die rhythmische Irregularität setzt sich im vierten Takt im Klavier fort. Gemeint ist nicht ein prägnant, thematisch aufgestellter Rhythmus, sondern ein Negatives, das Verwischen abgezirkelter Konturen. Die Kritik der Schönbergschule an der Symmetrie in Formstruktur wie in Harmonik erstreckt sich hinab bis in den Puls der einzelnen Zählzeit. Ist schon das gesamte Gefüge paradigmatisch für musikalische Prosa, so darf auch kein Ton je mehr Verse skandieren, sondern muß die sinnvolle Zufälligkeit des gesprochenen Worts nachahmen. Demgemäß ist zu spielen; wie exakt auch die Geige ihren Trioleneinsatz auszählen mag, er darf nicht so wirken; vielmehr wie unwillkürliches und ungebundenes Sprechen. Ähnlich hat dann im nächsten Takt das Klavier sein Triolenviertel zu improvisieren. Das Espressivo der Geige setzt das auf dem flageolett-Ton es fort und darf dahinter um keinen Preis zurückfallen; vor allem die beiden Achtel d und ges dürfen, trotz des natürlichsten Vortrags, nicht um ihre Länge betrogen werden, genau gleich der Achtelbewegung des Klaviers im dritten Takt. Dessen rechte Hand ist sekundär, tatsächlich nur Begleitung der Geige und der linken Hand; doch ist die Oberstimme immerhin so weit hervorzuheben, daß aus ihr eine rudimentäre Melodie sich andeutet. Die Akkorde müssen im äußersten Pianissimo Körper behalten; dazu bedarf es keiner geringen Anschlagskunst.

Die geheime Oberstimmenmelodie des Klaviers ist wichtig für den Zusammenhang der Form. Denn diese ist zeugmatisch behandelt; der zweite Teil fängt mit einem Violinostinato in Sechzehnteln an (Auftakt vor 6), während die Klavierbegleitung ohne Zäsur, ohne Veränderung der Setzweise weitergeht. Die Intention wird nur dann erreicht, wenn die Einheit in der rechten Hand des Klaviers streng gewahrt wird. Das geschieht am besten eben durch die herausgearbeitete Oberstimmenlinie des Klaviers, die erst mit dem a im sechsten Takt endet. Um den Klangkontrast dazu als einen strukturellen unmißverständlich zu machen, schreibt Webern der Geige, von Beginn des zweiten Teils an, col legno vor. Der Verfremdungseffekt darf keiner Vorsicht, keinem Gedanken an Euphonie geopfert werden. Für die Sicherheit hat sich der Versuch von Christa Ruppert bewährt, einen zweiten Bogen zu präparieren, dessen Stange man mit Kolophonium einreibt. Ein prepared bow hat so gut sein Recht wie ein prepared piano; nur wird dadurch der col legno-Klang selbst wiederum so geglättet, daß die farbliche Differenz leicht allzusehr sich mindert. Bei dem wiederholten Motiv cis-es ist der Geiger, nach der immer noch üblichen Schulung, versucht, das Intervall zu übertreiben und die verminderte Terz akustisch zu realisieren. Musik jedoch, in der die zwölf Töne des Chromas volle Gleichberechtigung haben, duldet das nicht, jedenfalls wo das Verhältnis zu den fixierten Tonhöhen des Klaviers getrübt würde; zu spielen ist absolut rein die große Sekunde. Das Violinmotiv ist zunächst, trotz des dreifachen Pianissimos, Hauptstimme und fällt als solche durch die col legno-Farbe von selbst auf; mit seinem letzten Triolenachtel aber gelangt das auch um einen Grad stärker bezeichnete Klavier in den Vordergrund. Es braucht kaum zu crescendieren; verläßt die Geige ihr dreifaches Pianissimo nicht, so genügt das bereits. Die Staccati des Klaviers fallen in einen legato-Bogen und sind bis zum Ende der Phrase durch Pedal zu verbinden; Webern behandelt das Pedal viel liberaler als Schönberg. Beim Ritardando, das im siebenten Takt einsetzt, ist darauf zu achten, daß es kontinuierlich bis zum Schlußakkord weiter führt; dieser darf ja nicht zu früh den Punkt setzen.

Die vierundzwanzig Takte des *zweiten*, raschen Stücks haben das Gewicht eines vollen Allegrosatzes. Aber mit der Sonatenform teilt es nichts. Die Struktur ist höchst originell; nicht auf einen Höhe- sondern auf einen Tiefpunkt hin komponiert, die Stelle, wo es ganz hinab sich neigt bis zum verstummenden Stillstand. Alles ist auf den Nadir hinzuordnen. Die Metronomisierung ist gemäßigt; man sollte zu keinem rascheren Tempo sich hinreißen lassen als dem vorgeschriebenen; in ihm selber ist schon jene Neigung zum Zurückhalten angelegt, die eine Form konstituiert, in der zwei Tempi, Viertel = 112 und Viertel = 72, ständig miteinander abwechseln. Das Stück hat zwei Höhepunkte, kurz nach dem Beginn und am Ende. Sie sind aber nicht so zu verstehen, wie man etwa Schulpassacaglien disponiert, mit einer vorläufigen Klimax und dann der eigentlichen. Obwohl beim zweiten Höhepunkt (Takt 20) – offenbar der diffizilen Setzweise wegen – in beiden Instrumenten fff geschrieben ist, beim ersten jedoch nur für die Geige; und obwohl das zweite ff-Feld länger währt als das erste, sind beide doch etwa von derselben Relevanz. Die äußerste Intensivierung liegt in der Negation, dem ppp-Auflösungsfeld in der Mitte. Daß das nicht zu weit hergeholt ist, bezeugt der Notentext: die höchste Note der beiden fff-Stellen ist das dreigestrichene g; das a der Geige, das darüber hinausgreift, liegt *vor* dem dynamischen Höhepunkt. Jene beiden Stellen sind also dem Formsinn nach parallel und auch entsprechend vorzutragen. Sie vertreten, bei weit abweichendem, wenn auch verwandtem motivischen Inhalt, rein durch die Dynamik, das Verhältnis von Exposition und Reprise; die alten Formkategorien, die Kritik vertrieb, kehren subkutan, in Verhältnissen des bloßen Tempos oder Klanges wieder. Die Instrumentalisten werden den Reprisensinn des Teils von Takt 13 an am besten treffen, wenn sie peinlich die Tempovorschriften befolgen und ebenso die dynamischen, ohne zu versuchen, im zweiten Teil den ersten zu überbieten.

Das Stück beginnt mit vier in sich reich gegliederten Allegrotakten. Ihr erster Teil ist ein Feld aus homogenen Klängen, crescendo bis zum Forte; in sich nur rhythmisch differenziert; darum Duolen- und Triolenachtel sorgsam auseinander halten. Das Crescendo gewinnt einzig dann die volle Gewalt, wenn man überaus leise ansetzt, im Klavier ppp. Das Feld führt im zweiten Takt zu einem sff-Akzent des Klaviers auf c, dem Stichwort für den arco-Einsatz der Geige. Der Zusammenhang an der fürs Ensemble schwierigen Stelle ist Funktion davon, daß die Geige mit ihrem fortissimo-g sogleich das c des Klaviers beantwortet, so daß das g unmittelbar als melodische Fortsetzung auf das c bezogen wird, das, ohne Pedal, sofort verschwinden soll; die nächste Hauptnote springt in den Baß: das große e des Klaviers. Ihr zuliebe die heftige Figur der rechten Hand, ohne Zögern, deutlich diminuieren. Im dritten Takt muß die Geige schwer genug werden, genug Zeit lassen, damit das Klavier ohne Hast seine Akkordakzente dazwischen werfen kann; dagegen muß nach der Zweiunddreißigstel-Figur des Klaviers das hohe d der Geige wiederum unverweilt einsetzen: als Zielton des Arpeggios. Das folgende Ritardando ergibt sich fast von selbst aus den Klavierakkorden, bei denen man, wenn man orchestrale Assoziationen liebt, an gedämpfte Trompeten und Posaunen, mit kleiner Trommel, denken mag; der achtstimmige Klavierakkord auf dem dritten Taktteil des Takts 4 muß sehr viel Volumen haben; dem kommt das Ritardando zugute, das dem Pianisten erlaubt, zum Fortissimo auszuholen. Takt 5 ist der erste Höhepunkt und als solcher auszuspielen, die Mittelstimme des Klaviers sehr stark. Das e der Geige, das schon zum nächsten Teil überleitet, gehört noch zum alten Tempo und ist zwar zu diminuieren, aber nicht zu verkürzen; die Stelle ist daraufhin zu probieren, daß beim Tempo I auf Takt 6 Geige und Klavier präzis zusammenfallen. Der hier beginnende Abschnitt ist fortsetzenden, nicht überleitenden oder entwickelnden Wesens. Hauptstimme ist zunächst das Klavier, leicht und legato, aber doch sehr melodisch und prägnant vorzutragen, ganz ohne Pedal wegen der Staccati der linken Hand. Das Ritardando wird, improvisierend, durch die Pizzicati der Geige hergestellt. Der Akkord auf dem dritten Taktteil des Takts 7 ist, der Pedalisierung entsprechend, als laisser vibrer zu verstehen, ausklingend, fermatenhaft; der Nachsatz der Geige darf eintreten, noch während der Akkord ausklingt, merklich langsamer, aber nicht zu verschleppt. Die Septolen im achten Takt sind zwar, wie Webern es verlangt, sehr gleichmäßig, aber doch weiter improvisierend, nicht pedantisch zu spielen; den Bruchteil einer Sekunde darf der crescendierende und diminuierende Baß hervortreten. Das tiefe a soll im Takt 9 ruhig verklingen; die Dreiviertel müssen sehr verständlich werden um der Differenz zu den gedrängten Zweivierteln des folgenden Teils willen. Die Sechzehntel-Triolen des Klaviers sind, um des dreifachen Pianissimos willen, wohl am besten aus dem Handgelenk zu spielen. Im Takt 10 muß das Klavier raschestens, ohne die geringste Unterbrechung auf das c der Geige folgen; das Crescendo dann ist so maßlos und wild, wie es dem vorhergehenden Fortissimo der Geige entspricht. Bei dem folgenden Tiefenpunkt ist die Aufgabe, daß er nicht als vorzeitiges Ende erscheint; eher erinnert er an eine Kadenz. Man arbeitet das vielleicht heraus, indem man die kurzen Noten – die Zweiunddreißigstel der Geige und dann das h des Klaviers – gegenüber dem schon erreichten langsamen Tempo drängt, dafür aber die langen dehnt; die Fermate auf dem Subkontra-h ist nicht zu übertreiben. Die folgende Partie, sogleich im vollen Tempo 1, hat etwas Körperloses und ist nur anzutupfen, einzig das Klaviermotiv von Takt 15 mit dem Auftakt will momentan ein wenig lyrisch in den Vordergrund. Das Accelerando der Geige in Takt 16 darf nicht zu schnell beginnen; das Klavier bleibt ohne Substanz bis zum Crescendo. Beim zweiten Höhepunkt von Takt 19 an ist der Rhythmus der Oberstimme der rechten Hand so sehr zu markieren wie nur möglich, und so wenig Pedal zu verwenden, wie es mit der Dynamik und dem Legato sich vereinbaren läßt. Jener Klavierrhythmus ist deshalb so wichtig, weil der der Hauptstimme in Takt 20 daraus abgeleitet ist. Er wirft seinen Schatten noch in der expressiven Nebenstimme von Takt 22 an. Damit all das verstanden wird, ist er klar zu exponieren:

Beispiel 40

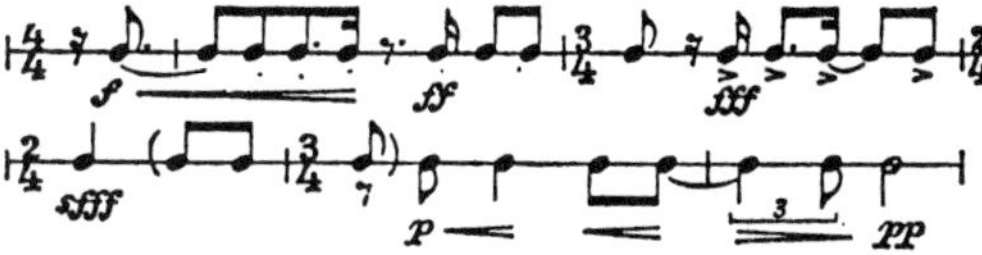

Am Schluß müssen die Akzente der Geige und des Klaviers so dicht aneinander rücken wie nur möglich, also die Arpeggien des Klaviers ganz kurz, das erste gerissen.

Das *dritte* Stück ist das Adagio des Zyklus, durchweg im äußersten Pianissimo, dabei das Nachbild einer fernen Katastrophe. Man soll es, nach dem Metronom, wirklich so langsam spielen, wie es notiert ist, aber nicht mechanisch die Pausen zählen, sondern nach dem inneren Puls. Das erste a der Geige ist nicht nur ohne Crescendo sondern auch ohne Vibrato, bar jeden Lebens, statisch wie ein Bläserton; im dritten Takt muß es noch da sein, aber das as des Klaviers, ebenfalls ppp, soll doch davon sich abheben. Die Geigenfigur am Steg, im vierten Takt, ist ein hastiges Rascheln, nicht zu langsam, mit einer gewissen flüsternden Intensität. Es setzt sich fort in den Staccati der linken Hand des Klaviers; ihre Kürze darf outriert werden. Hauptstimme aber ist die Rechte, crescendo, diminuendo, nochmals crescendo; ihr zuliebe muß die Linke sogleich ganz zurücktreten; die dynamischen Modifikationen gehen weit. Ein Mittelsatz beginnt mit dem Auftakt zu Takt 6; nach der Atempause ist das Crescendo, um des Gefühls des neuen Formteils willen, recht intensiv vorzustellen, es mündet aber sofort, wie zuweilen Crescendi bei Beethoven, ins äußerste Pianissimo. Der gesamte Mittelsatz wäre wohl, gegenüber dem Beginn, etwas bewegter zu denken. Die Geige, legato col legno, entwirft ein Begleitsystem; wird sie dem Idol der Vernehmbarkeit zuliebe zur Hauptsache, so ist der Sinn verloren. Die Motivwiederholungen wären als Melodie töricht; diese liegt beim Klavier, mit dem Höhepunkt auf es; das Kontra-f muß, so leise es auch angeschlagen wird, durchklingen; das Pedal wird helfen. Den Anschluß zum dritten Teil, der Coda schon, erreicht man dadurch, daß man den aus drei nebeneinander liegenden Sekunden addierten Akkord des Klaviers nach dem as der Geige anschlägt, solange es noch klingt; dann genau durchzählen. Vor Probleme stellt der über alle Worte eindrucksvolle Schluß. Ein Widerspruch herrscht zwischen dem Betonungszeichen und dem extremen Pianissimo. Zu verantworten ist, wenn der Einsatz tatsächlich sf, also stärker als die Vorschrift, erfolgt; nur muß er sofort mit dem zweiten Pedal abgedämpft werden. Wegen der linken Hand gibt es eine alte Kontroverse in der Schönbergschule, ob die Zweiunddreißigstel auszuspielen sind – wie es einen minimalen motivischen Zusammenhang mit der Geigenfigur herstellte –, oder ob man tremolieren soll. Ich ziehe, trotz des Geschriebenen und jenes Zusammenhangs, das Tremolo vor; die ausmelodisierten Zweiunddreißigstel in der tiefen Lage wären steif und pedantisch, paralysierten den Ausdruck der Stelle; und wenn je der Ausdruck in Musik den Primat erlangte, wenn sie je Expressionismus kannte, dann in diesem Stück.

Wie das letzte der Lieder op. 3 ist das *letzte*, wenigstens im Satz, etwa in den Klaviersynkopen des achten Takts, dem Herkommen kommensurabler, als was vorausging. Im Gegensatz zum ausbrechenden zweiten ist die Idee die des Fließenden. Aber der Fluß wird zweimal aufgehalten; ein ruhiger Nachsatz antwortet. Zum ersten Male dürfte die Idee des Störungseffekts sich abzeichnen, der in den Bagatellen op. 9, und im übrigen keineswegs nur bei Webern, so vielfach Formen ablenkt. Er ist eine Reaktionsbildung der neuen Musik auf die unvermeidlichen Rudimente der traditionellen, die sie umgeben und durchwachsen. Wo jene nicht verflüssigt, im wörtlichen Verstande liquidiert werden, stören sie, als dem neuen Idiom ungemäß, als dinghafter Rest. Dessen erwehrt sich das neue Idiom, indem es sie wiederum stört, ihrem Gefälle sich entgegenstemmt. Dadurch wird der traditionelle Rest gebrochen, negiert.

Die Violinfigur des Beginns muß sehr zufahren, trotz des raschen Tempos aber ist jedes einzelne Sechzehntel zu akzentuieren; das zweigestrichene e, der Zielton, dürfte etwas länger gehalten werden als sein Notenwert, um jene Idee unterbrochener Bewegung vorzubereiten. Der Klaviereinsatz im zweiten Takt ist forte, aber nicht ff; im dritten Takt ist der Klang schon so gemäßigt, daß das Geigenmotiv darüber sich ganz lyrisch aussingen kann. Der zweite Akkord des vierten Takts ist wohl nur mit Hilfe eines dritten Pedals richtig, ohne Beimischung des vorhergehenden tieferen h, zu halten; selbstverständlich mit Dämpfer, in der Vorstellung eines vielschichtigen orchestralen Mischklangs. Im Takt 5, nach der Fermate, muß das Klavier sogleich a tempo einsetzen und seinen Rhythmus hinlänglich markieren, um die Beziehung zur Figur der Geige im ersten Takt zu enthüllen; energisch crescendieren, im sechsten Takt jedoch auf ppp zurückgehen. Von diesem Takt an ist wieder sehr fließend zu musizieren, damit das Bewegt des Anfangs als Haupttempo sich behauptet, mit faßlicher Oberstimmenmelodie. Im Takt 8 überkreuzt sich die Phrasierung der linken Hand, die weiterläuft, mit der der rechten, die aufs Ritardando frisch einsetzt; die Differenz ist nicht zu vernachlässigen. Der kritische Ton des ganzen Stücks ist das Quinten-flageolett-f der Geige. Hier wendet sich die Komposition und erzwingt jenen Doppelpunkt, nach dem das Ganze dann im Nachsatz sich löst. Diese Note ist von Webern so sorgfältig bezeichnet, daß man das Intendierte nicht verfehlen kann, wenn man sich nur streng genug an den Text hält. Sie setzt sf ein, wird dann sogleich, wie man es sonst von Bläsern kennt, piano, steigert sich zum Forte im nächsten Takt und dann noch darüber hinaus. Der zugleich denaturierte und höchst intensive, zeichenhafte Effekt, wiederum am ehesten noch einer geträumten Harmonika vergleichbar, entzieht sich der Deskription; dem Interpreten wird er aufblitzen, sobald er da ist. Die Oberstimmen der folgenden Klavierakkorde müssen, durch ebenfalls ziehharmonikahaften, steigenden Nachdruck, jenes f spiegeln. Zu hüten hat man sich vor der Versuchung, schneller zu werden anstatt zu ritardieren. Das Ritardando aber ist unentbehrlich, weil es in das Zeitmaß Viertel = 48 führt; nur wenn es so langsam geworden ist, wirkt der Abgesang von Takt 10 an, Viertel = 60, als ein a tempo, als Lösungsfeld der Spannung; andernfalls verwirrt sich der Formplan. Der letzte Akkord des Takts 9 ist sf zu markieren, aber unverzüglich abzudämpfen, dem Geigenflageolett 8-9 so ähnlich wie nur möglich; die Fermate nicht gar zu lang.

Das flageolett-cis im zehnten Takt soll der Geiger sehr hoch greifen; sonst klingt es wie c, die Oktav des darauf folgenden ersten Melodietons der rechten Hand des Klaviers, und nichts wäre falscher als die unfreiwillige Konsonanz. Das gis der linken Hand ist, im Pianissimo, doch so bestimmt zu intonieren, daß man es als schließenden Fundamentton, eine erste Stufe inmitten von Atonalität empfindet; die Klaviermelodie ja nicht schleppen. Die Sechzehntel der Geige, die sehr geübt sein wollen, sind Begleitung und müssen ausdruckslos ganz hinter der Klaviermelodie zurücktreten; daher am Steg. Wieder ist das Ritardando kontinuierlich bis zum Schluß. In der gesamten Coda kein Pedal mehr.

Arnold Schönberg: Phantasie für Geige mit Klavierbegleitung op. 47

Der Titel des Werkes, den Schönberg fraglos mit großem Bedacht wählte, lautet im englischen Original: Phantasy for Violin with Piano Accompaniment, also auf deutsch: Phantasie für Violine mit Klavierbegleitung. In dem von Erwin Stein übersetzten Buch ›Die formbildenden Tendenzen der Harmonie‹ spottet Schönberg über diejenigen, welche sogenannte freie Formen, wie das Präludium, die Phantasie, die Rhapsodie, dadurch definieren, daß ›keine besondere Form befolgt‹[1] werde. Träfe das zu, so wären freie Formen gestaltlos und unorganisiert. Die Schönbergische ist, gleich den Phantasien von Bach, Mozart und Beethoven, die er in seinem Traktat erörtert, das Gegenteil. Man geht kaum fehl in der Annahme, daß Schönberg, hinter dessen Innovationen unvergleichlich viel mehr an Überliefertem bewahrt ward, als die klangliche Erscheinung zunächst verrät, sich im op. 47 auch strukturell an jenen Mustern orientierte. Wie diese ist seine Phantasie aus Abschnitten, unter strikter Vermeidung sonatenmäßig durchgehender Entwicklung, komponiert. Sachgerechte Darstellung muß daher von diesen Abschnitten ausgehen, ihrer Charakteristik, ihrer Stellung im Ganzen, den Proportionen zu anderen Abschnitten. Sie darf keinem einheitlichen Entwicklungszug wie im Wiener Klassizismus nachhängen. Soweit das Stück sich entwickelt, geschieht es hintergründig, durch die Behandlung der Teile in sich und ihr Verhältnis zueinander. Dem entspricht die Absenz durchgängiger Themen, die nach dem sonst bei Schönberg vorwaltenden Prinzip entwickelnder Variation durchgeführt würden. Wie zum Kommentar seiner eigenen Phantasie sagt Schönberg von der Bachischen Chromatischen ausdrücklich, kein Thema sei darin formuliert. Die Gegensätze Thema und Entwicklung sind aufeinander verwiesen, nur ein irgend Gesetztes ist

1 Arnold Schoenberg, Die formbildenden Tendenzen der Harmonie, Mainz 1957, S. 162.

zu entwickeln. Die Forderung, die daraus für die Wiedergabe vorweg abzuleiten wäre, ist leichter zu erheben als zu konkretisieren: es darf nicht thematisch musiziert werden. Die spezifische Anlage des Stückes indessen wird ins Licht gerückt durch Sätze, die Schönberg über die Beethovensche Phantasie op. 77 schrieb. Diese schließt, wie bekannt, mit einer Reihe von Variationen über ein Thema, nachdem bereits eine längere Partie des Phantasieteils in der späteren Variationstonart h steht, doch in moll. Schönberg diskutiert die Möglichkeit, das Werk ›Introduktion und Thema mit Variationen‹ zu nennen, verwirft sie jedoch wegen des Reichtums dessen, was in der scheinbaren Introduktion vorherging, und ihres selbständigen Duktus: ihre Dignität übersteige die bloße Vorbereitung. Analog münden auch in Schönbergs Phantasie eigentlich phantasierende Abschnitte, von jeweils verschiedener Geschlossenheit oder Lockerheit, in einen längeren Scherzandoteil, der ihrer Gesamtheit die Waage hält; die erste Hälfte aber ist trotzdem zu gewichtig, um bloß im Hinblick auf das Scherzando empfunden zu werden. Das tangiert dann auch jenes. Es schnurrt nicht undurchbrochen ab, sondern setzt die Tendenz aus den ersten vierundachtzig Takten fort, sich durch improvisatorische Ablenkungen stillstellen zu lassen. Kaum angestimmt, muß es schon von der Interpretation gebremst werden. Der entwicklungsfremde, wenn man will, statische Phantasiestil teilt auch dem relativ großzügigen Scherzandoteil sich mit, ohne daß doch die Proportion zwischen ihm und der nach kürzeren Unterabschnitten gegliederten Phantasie verletzt wäre. Diese Disposition verlangt äußerste Sorgfalt vom Geiger und vom Pianisten.

Einheitsmoment der Phantasie als ganzer ist, außer der Reihe, die Wiederkehr eines dreimal im identischen Tempo erscheinenden Graveteils. Bei seinem ersten Auftreten ist er sprechendes, lang ausgesponnenes Rezitativ; bei der ersten Repetition, kurz vorm Scherzando, wird nur das grave-Tempo und der pathetische Charakter innegehalten, der diesmal melodisch und harmonisch viel geschlossenere thematische Inhalt aber unterscheidet sich sehr vom ursprünglichen; schon nach acht Takten fährt ein heftiger Impuls dazwischen und steigt an zu einer Art Hochebene. Als Coda schließlich wird nochmals das Grave zitiert, gegen das erste

Mal sehr verkürzt, doch mit deutlichem thematischen Bezug auf den Anfang, und dann eine furioso-Stelle, mit der das Anfangsgrave damals zum nächsten Hauptabschnitt leitete. Unerläßlich ist es demnach zur formalen Artikulation, daß die drei grave-Abschnitte, bei aller Freiheit der Abwandlung, so streng im identischen Tempo, Viertel = 52, gespielt werden, daß ihre Beziehung, und dadurch die Gliederung des Ganzen, einleuchtet. Außer dem dreimaligen Grave und dem Scherzando formuliert die Phantasie eigentlich nur zwei weitere relativ autonome Abschnitte. Der eine ist ein liedähnliches Lento, aus melodischen Ansätzen, in sich dreifach gegliedert; der zweite ein intermezzohafter Graziosoteil vor der ersten Wiederkehr des Grave. Vielfach verlieren die Hauptabschnitte ihren festen Umriß durch Übergangs- oder Auflösungsfelder im Verlauf; daher das vielgestaltige Bild trotz der wenigen Grundeinheiten der Disposition. Den Charakter des Phantasierenden produziert mehr die Binnenstruktur der Komposition als ihre wie stets bei Schönberg höchst plastische Gesamtgliederung. Zu ihrer Verdeutlichung wird besonders helfen, wenn man den grazioso-Teil von vornherein so bescheiden musiziert, daß er mit dem Scherzando, dem Abgesang des Ganzen, nicht verwechselt werden kann.

Nicht minder erwogen als der Titel Phantasie ist der Untertitel: mit Klavierbegleitung. Das Stück ist, wohl im Gedanken an den Solisten, dessen Andenken Schönberg es widmete, tatsächlich ein Solostück für die Geige, deren Stimme zunächst unbegleitet soll niedergeschrieben worden sein. Ihr ordnet der Klavierpart, viel leichter auszuführen, gänzlich sich unter. Er beschränkt sich auf sekundäre Funktionen. Der Pianist muß sie jeweils genau bedenken, wenn er sie angemessen erfüllen will. Eine ist die des Einwurfs, wie im älteren Rezitativ; so gleich am Beginn (Takt 1). Derlei Einwürfe sind als solche, also colla parte zu spielen; das Klavier folgt den Impulsen der Geige, wartet ihre Stichnoten ab und fährt dann antithetisch, gewissermaßen unverbunden dazwischen. Ein zweiter Typus von Einwürfen des Klaviers wird in den geschlossener gearbeiteten Partien verwandt: der der rhythmischen Ergänzung. Es werden Zählzeiten ausgefüllt, auf die in der Geige kein neuer Ton fällt. Über weite Strecken ist die Phantasie rhythmisch derart ineinander gearbeitet, daß das Klavier, diskret im Hintergrund, die fehlenden rhythmischen Schläge hinzufügt (Takt 85 bis 92).

Man könnte, bei den zahlreichen Synkopierungen beider Instrumente, an Strawinsky sich erinnert fühlen. Aber der aus den komplementären Tönen addierte Rhythmus ist fast durchweg einer von durchlaufenden Achteln, ohne Verschiebungen, und so muß auch interpretiert werden, also derart, daß zwischen den Einsätzen der beiden Instrumente nicht die geringste Lücke bleibt; daß sie sich mit vollkommener Präzision ergänzen. Gleichwohl darf das piano bezeichnete Klavier den Hauptstimmencharakter der forte-Geige nicht herabmindern. Die rhythmische Präzision des ineinander Spielens ist überhaupt eine erhebliche Aufgabe des Stücks, freilich für Instrumentalisten, die an Bartók geschult sind, keine ungewohnte. – Gelegentlich auch übernimmt das Klavier die sonst von Schönberg vermiedene Funktion des Klangdessins, des bloßen Hintergrunds; etwa bei der zweiten Strophe der Einleitung (Takt 7 ff.).

Derartige Stellen sind zu pedalisieren; sonst ist mit dem Pedal so sparsam wie nur möglich umzugehen, über weite Strecken ist es überhaupt zu vermeiden; die spärlichen Pedalisierungsvorschriften bezeugen eine Aversion Schönbergs. – Fast gänzlich fehlen auskomponierte Gegenstimmen des Klaviers. Der Kontrapunktiker hat die Kontrapunkte, in schroffem Unterschied zu seinem Verfahren sonst, absichtlich beschnitten, nur eben angedeutet. Insgesamt neigt sein Spätstil zum Andeutenden, vergleichbar der pastellhaft tupfenden Technik des letzten Debussy, zumal der Sonate für Violine und Klavier. Wo einmal so etwas wie eine Gegenstimme des Klaviers sich bildet, soll nur eben flüchtig ihr Beginn aufscheinen; keinesfalls ist sie als Sekundärstimme auszukosten. Diskretion ist auch dynamisch vom gesamten Klavierpart gefordert. Nirgends erhebt er sich übers Forte. Die Versuchung zum Fortissimo, die vom Pathos des Stücks ausgeht, muß der Pianist niederkämpfen. Im Gegensatz zu Schönbergs sonst minutiösen Bezeichnungen sind freilich die dynamischen Angaben fürs Klavier skizzenhaft und bedürfen vorsichtiger Ergänzung; vom più mosso Takt 72 an wird das Klavier seine rudimentären Imitationen wenigstens mezzoforte anmelden dürfen, bis die Sforzati von Takt 74 ab wieder zum vollen Forte führen, das von

Takt 77 ab diminuiert wird. Rätseln läßt sich über die Klavierdynamik am Schluß. Ohne viel Gefahr wird man sich an das Geschriebene halten, also die beiden ersten Begleitakkorde in Takt 165 in jenem Piano angeben, das nach dem forte-Akzent in 164 wieder erreicht war, und erst auf dem letzten Viertel zum Sforzato des Schlußakkords vom Piano her crescendieren; die Dynamik wird in der Hauptstimme, der Geige, so offensichtlich, daß das Klavier sie nicht mehr unterstützen muß als durch den endenden Gestus.
Man könnte die Frage aufwerfen, warum Dinge erörtert werden, auf die ein bewußt arbeitender Musiker von selbst verfiele; wo nun eigentlich das Hintergründige und Interpretation Erheischende stecke, das allein die Hilfeleistung durch Interpretationsanalyse rechtfertigt. Ich habe jedoch die Grundstrukturen und Klangverhältnisse des Stücks nur besprochen, um an jene Schwierigkeiten heranzuführen. Rufen Sie sich zunächst bitte ins Gedächtnis zurück, was ich Ihnen an den Webernbagatellen über Ablenkung und Störung erklärte, und über die kompositionstechnischen Mittel dazu. Denn in solchen Störungen ist das Hintergründige auch der Phantasie zu suchen. Sie entspringen in der statischen Phantasieform, nicht im dynamischen Sonatengeist. Wie bei Webern steht auch in der Schönbergphantasie hinter dem in manchen Teilen atomisierten Idiom eine latente Formstruktur, die geschichtete Folge sei's abgegrenzter, sei's ineinander übergehender Abschnitte. Bartók, der im ersten Satz seiner zweiten Violinsonate einigermaßen analog verfuhr, hat dafür den musikhistorisch nicht ganz korrekten Ausdruck einer Gliederung nach Intonationen eingeführt. Aber mit der Schichtung von Abschnitten hat es nicht sein Bewenden. Wer der Schönbergphantasie aufmerksam folgt, wird kaum beim Eindruck rhapsodischer Lockerheit beharren, sondern ein trotz allem dichtes Gefüge fühlen: Schönberg wäre sonst nicht Schönberg. Ich hatte Ihnen gesagt, daß Themen soweit vermieden sind, wie sie zur Entwicklung verpflichteten. Alle Gestalten sind kunstvoll unplastisch exponiert; die Gegenstimmen gehen darin nur am weitesten. Oder richtiger vielleicht: die Gestalten sind plastisch und unplastisch zugleich. Angestrebt wird verbindliche Unverbindlichkeit: diese Paradoxie umschließt das Schwierige. Wären die Abschnitte und die

Gedanken, die jeweils deren Kern ausmachen, wirklich bloß gereiht, so desintegrierte sich die Phantasie; ein ungebrochener Entwicklungszug aber verbietet sich um ihres improvisatorischen Wesens willen, das gleichsam nicht sicher weiß, wohin es will. Das ist die Quadratur des Zirkels. In dem Stück lebt, wie in Weberns Miniaturen, die liquidierte Sonate nach. Die verbindliche Unverbindlichkeit wird erreicht, indem jedem Abschnitt etwas widerfährt. Die Technik ist eine der permanenten Beschädigung. Die unmißverständlich eingeführten Gedanken werden in ihrem Fortgang so gehemmt, daß die einzelnen Abschnitte, die auf ihnen basieren, weder liedhaft sich selbst genügen noch, nach Sonatenart, ins Nächste, Andere treiben. Sie verlangen balancierenden Ausgleich, nicht Fortsetzung. Durch dies Aufgehaltenwerden in den verschiedensten Dimensionen empfängt die Komposition ihr Doppelbödiges. Es herauszubringen ist die exzeptionelle Aufgabe. Der musikalische Gedanke wird bis in die Erfindung hinab sistiert. Einerseits weicht diese durch ihr phantasierendes Wesen der festen melodischen Prägung aus, andererseits aber wollen die Einfälle auch nicht fließend von sich loskommen. Sie gehorchen einer Art Schwerkraft, treten auf der Stelle. Diesem Doppelcharakter genügt die Folge von Abschnitten, die so wenig bloß potpourrihaft wechseln, wie nach dem Modus der großen Wiener Überlieferung funktionell sich entfalten.

Haben Sie aber einmal am doppelbödigen Wesen des Stücks, das mit seinen ersten Takten gegeben ist, sich geärgert, so werden Sie nun von sich aus fragen, wie auf Erden man dem Geist solcher Musik, die noch der Unmittelbarkeit der zeitlichen Entfaltung sich entäußert hat, interpretierend beikommen könne. Die Antwort darauf ist im Titel verschlüsselt: phantasierend; deshalb habe ich auf ihn so großen Wert gelegt. Verbindlichkeit des Unverbindlichen, das heißt für den Geiger: zugleich emphatisch, nachdrücklich spielen und doch frei, als wäre es rubato. Diese Forderung wiederum legitimiert, was ich Ihnen als ein scheinbar Harmloses anmeldete: daß das Klavier colla parte zu spielen, der Hauptstimme sich anzuschmiegen habe. Das phantasierende Moment, das die Formstruktur von der Wiedergabe erheischt, ist auf solche Rücksicht der Begleitung verwiesen. Ein Epitheton zur Bezeichnung des Ausdrucks, das Schönberg für den Beginn wählt, enthält in sich getreu jenen Doppelsinn. Es lautet: passionato, leidenschaftlich. Das bedeutet aber musikalisch: frei, ungebunden und doch zugleich: mit großer Intensität; man muß nur, wie bei Beethoven, die Bezeichnungen mikrologisch lesen, damit die Musik aufgeht. Der erste Einwurf des Klaviers benutzt Zweiunddreißigstel; die fortsetzende passionato-Figur der Violine Sechzehntel. Dem Sinn trägt am ehesten Rechnung, wer die Sechzehntel nicht ganz streng als solche ausspielt, sondern etwas gedrängt, als wirkten in ihnen die Zweiunddreißigstel nach, auf welche das Ohr sie ja doch bezieht; dafür mag man die langen Noten eher dehnen. Ähnlich wird man die Tonwiederholungen, die einmal im Abstand eines Viertels erfolgen und einmal in Achteln, gar nicht so scharf, der vollen Dauer nach voneinander abheben, sondern so weit einander annähern, als wären beide nur verschiedene Erscheinungswesen der nicht metronomisch umrissenen Idee der Tonwiederholung. Technisch gesprochen: bei der Tonwiederholung der Geige in Vierteln wird man den Viertelwert des Auftakts eher verkürzen, bei den wiederholten Achtelakkorden des Klaviers den ersten eher verlängern.

Vielleicht kann ich Ihnen, worauf es mir ankommt, durch eine Erinnerung erläutern, die sich mir in der Kindheit tief einprägte. In einem Gespräch über ein anderes Streichquartett, bei dem ich zugegen war, sagte Arnold Rosé meiner Mutter: die können ja nicht einmal ein Thema spielen. Gemeint war, daß jenes Quartett nicht des Charakters unzweideutiger Setzung von Modellen mächtig sei, der die Voraussetzung thematischer Arbeit bildet, weil die Modifikationen, in denen diese bestehen, nur an der einmal geprägten Form als sinnvoll sich ablesen lassen. Die Aufgabe, ein Thema zu spielen oder, wie es vielleicht allgemeiner heißen dürfte, thematisch zu spielen, umschrieb das Interpretationsprinzip der großen Musik von Haydn bis Schönberg. Bewußtsein, das die adäquate Stellung zu jener Musik finden will, muß das Thema als Thesis festhalten, um aus dieser selbst heraus zur Antithesis fortschreiten zu können. Kraft dieses Prinzips war Schönberg Glied der großen Tradition. In seinen letzten Instrumentalwerken, dem Streichtrio und der Phantasie, wird sie aufgekündigt und damit nicht weniger als die Forderung integralen Komponierens. Insofern sind die letzten Werke, in denen der

Griff der glücklichen Hand nachzulassen scheint, die avanciertesten, die er schrieb. Solchen Wechsel, die Selbstaufhebung thematischen Musizierens, muß die Interpretation sich zueignen. Sie muß das thematische Musizieren sublimieren, noch es spüren, aber nicht mehr nach außen kehren, sondern ihm entgegen sich stemmen und die Störungsfaktoren herausholen, die in jedem Abschnitt der Phantasie wirken. Selbst sie haben eine Tradition hinter sich, die des umspielenden, nicht weitergehenden stentato-Wesens von Kadenzen. Man mag die großen Kadenzen von Schönbergs Violinkonzert als Vorform seines Spätstils ansehen, und das kadenzhafte Wesen dürfte auch die virtuosen Ansprüche erklären, die Schönberg in dem sonst so eingekochten Spätwerk an den Geiger stellt. Dieser müßte sich wohl zuvor Rechenschaft davon geben, wo und auf welche Weise seine Stimme in jedem Abschnitt ins kadenzhaft Improvisatorische übergeht; der Übergang von der Gestalt zur Kadenz liefert das Interpretationsgesetz jeder Periode. Die Indirektheit des Werkes, sein Distanziertes, Ferngerücktes ist wohl von der obstinaten Stauung der einzelnen Abschnitte verursacht. Das ist nachzukonstruieren. Bei der meisten Musik sonst ist das Ganze eins mit dem unmittelbaren oder, lax gesagt, natürlichen Fluß, hier wird er auf stets wechselnde Weise negiert. Erst muß man wohl der Signatur der Abschnitte ganz sich vergewissern, dann durch den Bruch eines jeglichen zur sekundären, höheren Einheit gelangen. Denn jeder Abschnitt hat sein spezifisches Wesen; manche, wie der erste Hauptabschnitt, sind nochmals in verschiedene Charaktere unterteilt; die unermüdlich variierten Störungsideen selbst werden von diesen Charakteren hervorgerufen. Weil aber nicht thematisch komponiert ist, sind die Charaktere nicht solche der einzelnen Gestalten, dessen was man gemeinhin Einfall nennt, sondern werden jeweils definiert durch die gesamte Komplexion der einzelnen Felder.

Der erste Hauptabsatz, samt der Überleitung zum nächsten, dürfte bis Takt 34 reichen. Er wiederum besteht aus vier Intonationen. Die erste, bis Takt 7, das melodisch gerundete Rezitativ, gliedert sich, durch die Dynamik, in einen fortissimo-Vorder- und einen piano-Nachsatz; der letztere durchlaufend ritardiert. Gestört wird hier durch ein auskomponiertes Stentato. Indem, zumal in der Begleitung, die Quadern der Improvisation sogleich vollständig oder zum Teil und abgewandelt wiederholt werden, wird die Musik auf dem Fleck festgehalten. Die Interpretation muß den Kontrast zwischen der ausbrechenden Violinstimme und der lastend unbewegten des Klaviers belichten. Die Identität ihrer Elemente ist zu unterstreichen, zumal die der in jeder Gruppe tiefsten Note, so daß das Fundament auch wirklich unverrückbar klingt. Motivisches Bindemittel ist die sofortige Repetition eines Tons, oder der daraus abgeleitete Rhythmus. Dieser motivische Rhythmus ist, schon im Gedanken ans Folgende, zu markieren, vor allem aber nicht so langsam zu bringen, daß der Zusammenhang der wiederholten Noten verloren wird. Hebt im vierten Takt das Ritardando an, muß das Tempo immerhin noch so fließend sein, daß man den Hauptrhythmus am Ende des Ritardandos (Takt 6) auf das allererste Motiv bezieht. Die Klaviertriolen in den Takten 3 und 4, mit dem Kontra-as, bilden jeweils eine Gruppe. Der Pianist muß auf ihre Einheit achten trotz der staccato-Punkte; besser die Gruppe, wäre es auch mit minimaler rhythmischer Unpräzision, zu ritardieren, indem sie auf den Zielton hingespielt wird, als die Werte genau auszuzählen, aber die Zusammengehörigkeit der aufeinander folgenden Griffe zu versäumen. Beziehungslosigkeit in der Sukzession ist eines der ärgsten Hindernisse der Interpretation neuer Musik. Sobald Interpreten nicht genau wissen, was eine Stelle durch ihre Funktion bedeutet, pflegen sie indifferent zu spielen, als wollten sie keine Gefahr laufen. Sie vermeiden die Entscheidung über den musikalischen Sinn, schieben sie dem Hörer zu. Aber die Vorsicht ist gefährlicher noch als die Fehlinterpretation; sie resigniert bei jener chaotisch desorganisierten Folge von Tönen, die der feindselige Hörer wahrzunehmen vorweg entschlossen ist. Um keinen Preis sollte je indifferent gespielt werden. Mit Stellen, mit denen der Interpret nichts anzufangen weiß, sollte er sich befassen, bis er merkt, was sie sollen; bis sie, ganz einfach gesagt, musikalisch klingen. Daß eben das in neuer Musik nicht verlangt sei, ist der konventionelle Grundirrtum des Hörers, dem die Interpretation entgegenarbeiten sollte, anstatt, durch achselzuckende Gleichgültigkeit des Vortrags, durch eine Art Komplizität mit dem Hörer, dessen Vorurteil noch zu verstärken. Ausnahmen sind einzig

Stellen, deren eigener musikalischer Sinn der des Matten, Indifferenten ist. Aber kunstvoll realisierte Indifferenz, anti-expressive impassibilité, ist ganz anderen Schlages als die von Konfigurationen, die man vag wiedergibt, weil man sie selber nicht begreift. Nichts kann je vom Hörer verstanden werden, was nicht im erklingenden Phänomen verstanden ist. – Auch etwas wie legitime Indifferenz wird einmal in der Schönbergphantasie erwartet, bei dem Begleitsystem des adagio-Einsatzes Takt 34. Der Interpret wird es piano legato, absolut gleichmäßig und, bis zum Ende des Takts 36, ohne jede Dynamik spielen, zugleich aber so deutlich phrasieren, also jede der ungleich langen Phrasen in sich so klar zusammennehmen und von der folgenden so deutlich sondern, daß trotzdem Artikulation gelingt: durch Zerlegung in drei Systemgruppen.

Die zweite Intonation des ersten Hauptabsatzes kontrastiert zur ersten aufs schärfste durch Aufgelöstheit und imaginären Klang. In Stücken, die mit so wenig Grundfarben haushalten, muß die Struktur durch den Klang mit aller Konsequenz modelliert werden. An der vollkommen veränderten Klangfarbe muß man merken, daß im Takt 7 etwas Neues anfängt. Im Geigenpart ist dafür durch Glissandi und melodiebildende Flageoletts gesorgt; im Klavier durch gedämpfte Tremoli. Den Zusammenhang mit der ersten Intonation stellt nur die erste Note der Geige her, welche die letzte des sechsten Takts, das endende b aufnimmt; diese Identität ist zu betonen. Sonst aber wäre über das Geschriebene hinaus, der Form zuliebe, die Farbe eher zu übertreiben. Der Geigenklang muß vom siebenten Takt an völlig umschlagen, etwas Unwirkliches gewinnen; den richtigen Klang wird der Geiger nur finden, wenn er jeder Rücksicht auf die Norm konventionellen Wohllauts sich entschlägt. Das Tremolo des Klaviers sollte außerordentlich dicht sein und dabei doch dreifach pianissimo. Die ersten drei Takte sind von vornherein in kleinste Klangflächen aufgespalten. Demgemäß sind die drei Ansätze sehr deutlich gegeneinander zu phrasieren, und im letzten zu ritardieren. Die erste lapidare Intonation verklingt, die zweite dann gliedert sich vielfältig, wie es der aphoristischen Setzweise gemäß ist.

Die dritte Intonation kann man beim Takt 10 anfangen lassen, wenn man sie nicht gar mit den vorhergehenden drei Takten zusammennimmt, mit denen sie, fortsetzend, eng verwachsen ist. Ihr Umfang, fünfzehn Takte, übertrifft sehr den der ersten Intonation. Darum wohl ist sie in sich besonders gestaltenreich, unverkennbar in ihr ein neuer Ansatz bei Takt 14, mit Auftakt, und dann bei Takt 17. Gegenüber der wesentlich koloristischen, rhythmisch verwischten zweiten beginnt sie deutlich a tempo, erbt aber von den vorhergehenden Takten die Aufgelöstheit, treibt sie mit pizzicato-Glissandi noch weiter, wirklich jetzt ganz rezitativisch. Das Klavier bescheidet sich mit kurzen Einwürfen, die gar nicht unaufdringlich genug gespielt werden können. In der Geige herrscht eine Konfiguration vor, die auf den Anfang – Auftakt und darauf folgender längerer Notenwert – zurückdatiert, aber dies rhythmische Modell sehr weit auflöst. Und zwar besonders durch die Klangfarben der Violine. Zu Beginn der dritten Intonation setzen die Einzelmotive sich aus Folgen von – melodiebildend glissando behandelten – Pizzicati und längeren arco-Noten, womöglich flageolett, zusammen. Die Aufgabe, trotzdem jedes solche Motiv als eine Melodieeinheit zusammenzuhalten, ist fast prohibitiv. Bei der ersten, modellhaften Stelle dieser Art, dem letzten Viertel des Taktes 10 und dem ersten halben von 11, dürfte man dem Gemeinten am nächsten kommen, wenn man das pizzicato-Glissando mit der linken Hand ausführt – wobei das erste as wirklich ganz kurz, nur als Glissandobeginn zu denken ist; und dann nach kürzestem forte-Akzent auf dem flageolett-es sofort wieder ins Piano übergeht. Denn das pizzicato-Forte ist nur relativ; der reale Klang wird kaum mehr als piano ergeben. Bleibt dann aber die arco-Note forte, ohne wieder zum Piano sich zu mäßigen, so wird das einzige einheitsbildende Moment gefährdet, das dynamische. Von Takt 14 an wird es weniger diffizil: in ihm muß man darauf achten, daß der arpeggierte Sechzehntelakkord des Klaviers, unmittelbar vor dem cis der Geige, ja nicht zu spät ertönt. Schließlich ist zu verhindern, daß der ausgesponnene Rezitativteil, der beharrlich jenen Modellrhythmus wiederholt, monoton gerät. Man wird deshalb vor allem den rhythmischen Hauptkontrast, den forte-Einsatz der Geige in Takt 16, sehr sinnfällig zu machen haben und im Rest der ganzen Intonation den Wechsel starker und leiser Klänge lieber etwas übertreiben. Selbstverständlich muß das Klavier sich dicht an die Geige anschmiegen. Allmählich wird, bei stets rezitativischer Struktur, mit kurzen Klaviereinwürfen, der Rhythmus des wiederholten Tons aus den ersten sieben Takten immer kenntlicher. Als eines der wenigen Bindemittel zwischen den Intonationen ist dieser Rhythmus unmißverständlich zu handhaben; vor allem auch wo sein erstes Glied, wie auf das letzte Viertel im vierzehnten und dann im fünfzehnten Takt, durch flageolett entmaterialisiert klingt. Der auftaktige Hauptrhythmus bleibt auch im Rest der dritten Intonation in Kraft; die Geige markiert ihn stets wieder auf ihrem letzten Taktteil, erst vor dem Ritardando in Takt 24 wird er in einer Triole liquidiert. Dies Ritardando muß so groß sein, daß man das darauf folgende überleitende Più mosso, die vierte Intonation, wirklich ganz frisch empfindet.

Die furioso-Überleitung ist mit Viertel = 80 bezeichnet. Das ist, für die Zweiunddreißigstel der Geige, so schnell, daß man sich fürs erste nicht wörtlich daran halten sollte; Schönberg pflegte in solchen Fällen recht liberal zu entscheiden. Um so schroffer muß dafür die Spielweise der Geige den neuen, kontrastierenden Charakter treffen. Die Takte 26 und 27 sind einigermaßen senza tempo zu denken. Doch müssen die vier Viertel, also die rhythmische Grundstruktur, wenigstens zu erkennen sein; dazu kann vor allem die Begleitung helfen, indem sie genau den Rhythmus der Geige ergänzt. Die Sechzehntel des Klaviers auf den dritten Taktteil des Taktes 27 dürfen unter keinen Umständen schleppen. Ebenso muß im Takt 28 das Klavier nach der dritten Zählzeit ohne Lücke die Geige fortsetzen und so energisch crescendieren, daß der forte-Auftakt der Geige vor 29 vorbereitet ist; sonst wird der Zusammenhang durchlöchert. Dies Forte sehr energisch, ja nicht matt und nachlassend. – Zur Frage des senza tempo wäre grundsätzlich zu sagen, daß sehr differenzierte Musik auch rhythmisch so frei darzustellen ist, wie es ihrem Geäder entspricht. Solche Freiheit muß aber Tugend sein ohne Not. Mit anderen Worten: man muß zunächst einmal ganz stur die Zählzeiten sich klarmachen, gewissermaßen metronomisch spielen können, um dann, dem Sinn folgend, abzuweichen. Bei sehr schwierigen Kadenzbildungen freilich, wie den Violinfiguren der Takte 26 bis

28, wird man mit dieser Regel wenig Glück haben. Wenn man sie schon nicht ganz präzis spielen kann, muß man sich wenigstens ganz genau das rhythmische Schema vorstellen. Takt 26 und die erste Hälfte von 27 gehören zu denen, die man so lange zusammen üben muß, bis sie stimmen. Im Idealfall wäre schließlich die Metronomangabe voll zu realisieren. Der Wiedereinsatz der Geige in Takt 28 schließt abermals ohne Zögern an den Klaviergriff c-des an. Selbstverständlich müssen in Takt 29 die Rhythmen der beiden Instrumente sich minutiös ergänzen. Der Klavierakkord g-f-es fällt auf drei, also einen relativ starken Taktteil, und ist entsprechend zu akzentuieren. – Kolisch macht darauf aufmerksam, daß man beim Beginn der undurchbrochenen Sechzehntelbewegung in Takt 29, vollends beim Ritardandozeichen in Takt 30 sich durch den stentato-Charakter nicht dazu verleiten lassen darf, zu früh zurückzuhalten. Schönberg hat als Interpret seiner Werke streng darauf gehalten, daß der Bülowsche Satz »Crescendo ist piano, Decrescendo ist forte« sinngemäß auf die Agogik übertragen werde. Man mag darin einen jener Aspekte seines Musizierens erkennen, in denen die Idee der seriellen Vereinheitlichung der Dimensionen inmitten der heute klassisch genannten Zwölftontechnik ihren Schatten vorauswirft. Der von Schönberg initiierten Tradition wohnt, wie gesagt, eine gewisse Neigung inne, dem Buchstaben Recht zu geben vor dem musikalischen Sinn; in kritischen Fällen die vermeintlich natürliche Reaktionsweise des Interpreten einzudämmen durch das, was geschrieben steht, weil vermeintlicher Natur mißtraut wird als einer sich selbst verborgenen Konvention. Darin meldet die Krise des musikalischen Sinns sich an. Dieser selbst verlangt seine Einschränkung. – Das Meno mosso von Takt 34 an ist in Relation zu dem letzten Haupttempo, dem des furioso-Abschnitts, zu lesen, nicht absolut; a tempo nach dem starken Ritardando-Ende; sonst gerät die Form durcheinander. Vor übertrieben langsamem Vortrag ist zu warnen[2]. Erst bei dem mit Viertel = 46 metronomisier-

2 Nach der Angabe von Joseph Rufer enthält das Manuskript als Ossia, bei Takt 34 zu Meno mosso die Metronombezeichnung Viertel = 46 (Joseph Rufer, Das Werk Arnold Schönbergs, Kassel 1959, S. 57); sie fehlt in der gedruckten Ausgabe. Da in dieser das Lento bei Takt 40 ebenfalls Viertel = 46 metronomisiert ist, so wäre hier die neue Tempo-Angabe überflüssig, da

ten Lento ist der adagio-Tiefpunkt erreicht. Wie seit Schumann die Musik die heute zu unerwarteten Ehren gelangte Vortragsbezeichnung »so schnell als möglich« kennt, gibt es auch ein So langsam als möglich. Es hinge freilich von der Imagination, nicht von der Ausführung ab. In traditioneller so wenig wie in neuer Musik darf man je so langsam spielen, daß die Gestalten, welche die Noten umgreifen, zerbröckeln; daß kein Bogen mehr gerät. Bei übertrieben langsamen Tempi, wie sie immer noch die gesamte Reproduktionspraxis durchsetzen, muß Irrelevantes, wie in Schönbergs meno-mosso-Abschnitt das skeletthafte Begleitsystem, Nachbild einer Konfiguration aus dem Fundus, wesentlicher, bedeutsamer erscheinen, als es ist. Die Diskrepanz zwischen dem Zeitlupenvortrag und dem absichtsvoll rudimentären Hintergrundsfeld verwirrt die Sache. Zu gewärtigen ist der Einwand, das Kriterium des allzu Langsamen sei subjektiv, die Grenze des Zusammenhörens von Gestalten variiere bei verschiedenen Personen. Abstrakt leuchtet das ein, dürfte aber im konkreten Phänomen so wenig Durchschlagskraft bewähren wie der behende Hinweis auf Subjektivismus, Medium der Musik insgesamt, deren Objektivität selbst subjektiv vermittelt ist. Zumindest innerhalb gefügter Idiome springen vielfach Tempi evident hervor, schnappen bei Musikern, die in den Proben experimentieren, ein, von der Struktur des Phänomens weit stringenter vorgezeichnet, als der ästhetische Allerweltsrelativismus sich einbildet. Der seit dem neunzehnten Jahrhundert verbreitete Ausdruck tempo giusto, der vielleicht von Tanztypen ausging, um dann mehr und mehr strukturell-immanente Tempi zu beschwören, wäre sonst schwerlich erfunden worden. Freilich variiert auch das tempo giusto historisch; bis heute hat es sich mehr stets verjüngt. Seine Objektivität ist gebunden an den Stand des musikalischen Idioms in einem Augenblick. – Die zwei überleitenden Takte poco meno mosso, von 32 an, sind besonders deutlich zu

sie mit der des vorhergehenden kleinen Abschnitts übereinstimmte. Man darf darum annehmen, daß Schönberg sie im Druck absichtlich wegließ. Stehen blieben die beiden Überschriften meno mosso und lento. Das verweist auf zwei voneinander abweichende Tempi. Nach dem Zusammenhang – das Meno mosso folgt auf das Auflösungsfeld des Furioso – ebenso wie nach der motivischen Komplexion ist plausibel, daß das Lento eine weitere Verlangsamung der Zählzeit indiziert.

phrasieren, und zwar jeweils nach den rhythmischen Schwerpunkten. Also im Takt 32 nach dem punktierten Viertel es, vor dem fis, deutlich absetzen. Der a tempo-Charakter von 34 kann dann, selbst wenn das erreichte Tempo real langsamer ist als die Überleitung, sehr einfach dadurch realisiert werden, daß man jede einzelne der jeweils in sich kurzen Phrasen in sich unabgesetzt, also ohne Binnenphrasierung spielt. Von Takt 28 an gebührt besondere Aufmerksamkeit den Anschlüssen der duettierenden Instrumente, der Disposition des Ritardandos und dem Tempo der meno mosso-Takte.

Mit dem Auftakt zu Takt 34, meno mosso, beginnt der zweite Hauptteil des Stücks, ein Adagio. Es zerfällt in drei Intonationen, doch wesentlich kürzere als die des ersten Hauptteils. Die erste umfaßt sechs Takte, die einen Triolen-Achtelrhythmus der Begleitung gemeinsam haben. Er ist durch ein großes Ritardando von der zweiten, mittleren Intonation, lento, getrennt, die von Takt 40 an fünf Takte über ein ostinates Begleitsystem sich erstreckt. Die dritte Intonation hält den Hauptrhythmus der Geigenstimme fest, doch in der Begleitung mit einem leise erregenden Moment, ehe der Adagioteil sich bis zum Stillstand beruhigt und mit einem dominantähnlichen Doppelpunkt Takt 51 schließt. In jeder dieser drei Intonationen wirkt die Idee der Störung, oder des Sistierens, auf andere Weise. In der ersten steckt sie in der Melodiebildung, die nicht weitergeht, sondern wenige Töne umkreist und Motive aus ihnen wiederholt. Der Geiger muß eine Weise des Vortrags finden, die schon der Pause im zweiten Takt etwas Stockendes verleiht; wichtig dafür ist, daß bereits das Modell Takt 34 nicht so aufgestellt wird, als ob es sich entwickelte, sondern ohne viel Betonung vor sich hinsingt, nur mit einem minimalen Crescendo und Diminuendo auf der vorletzten Note. In Takt 35 hält sich die Geigenstimme an das Schlußglied von 34; die frischen Noten von 36 sind auch frischer, nachdrücklicher vorzutragen. Der Auftakt zu 37 muß die Ähnlichkeit mit dem Schlußglied b-c der vorhergehenden Phrase, deren Rest es ist, so klarstellen, daß dann das auskomponierte Stentato bis Takt 38b aus der die ganze Periode hindurch wirksamen Neigung zum Stehenbleiben die offenbare Konsequenz zieht. Wichtig ist es, nach der Tradition der Schönbergschule, daß in den Takten 37 und 38 das ungünstig liegende f der Geige, gegenüber dem Doppelgriff ges-as, nicht fallengelassen wird – nur wenn es gegen den hohen Griff sich behauptet, resultiert die statische Wirkung. Die Begleitung ist als betonungsloser Klangspiegel sehr im Hintergrund zu halten, molto legato. Vor den guten Taktteilen hat man sich ebenso zu hüten wie vorm Pedal, bis zu der eigens bezeichneten Stelle von Takt 38 an; forte, aber nicht fortissimo. Überhaupt ist es beim Klavierstil des reifen Schönberg vorzuziehen, um der Luzidität des Komponierten willen so sparsam wie nur möglich zu pedalisieren. Gebunden werden soll lieber durchs Liegenlassen der Finger; Pedalstellen haben nicht die übliche Legatofunktion sondern stets eine formbildende. Nach dieser – hier also: wie ein Auflösungsfeld von diffusem Klang, nach einer Anspannung – sind sie zu behandeln. Das Crescendo des Klaviers in Takt 36 unterstützt die stentato-Wirkung der Geige; keinesfalls schneller werden. Die zwei Geigennoten h-g in Takt 38b leiten zwar erst zur mittleren Intonation über, exponieren aber bereits deren Hauptrhythmus und müssen ihn trotz des Ritardandos stichworthaft angeben; es empfiehlt sich, das h zu betonen.

Die mittlere Intonation des Adagios ist merklich langsamer als die vorhergehende, aber der melodische Zusammenhang darf doch nicht zerfallen; man muß die Viertel als Zählzeit weiterspüren. Indessen sollte die Geige vor der Versuchung sich hüten, dem Klavier wegzulaufen. Die stentato-Idee liegt diesmal schlicht darin, daß das Klavier – bei Schönberg höchst seltene Ausnahme – vier Takte lang, mit kleinen Modifikationen, dasselbe System repetiert. Dem entsprechend ist zu spielen: im dreifachen Pianissimo, ohne jede dynamische Nuance, fast mechanisch präzis, unter Vermeidung von Akzenten; wieder ganz ohne Pedal. Die Geige soll darüber frei, beseelt ausschwingen: durch Phrasierungen. Schon nach dem g des Takts 42 ist wohl eine fast unmerkliche Phrasierungspause am Ort, welche die länger werdenden späteren Pausen, Achtel und Viertel, vorbereitet. Auch die Geige darf das Grundpianissimo niemals verlassen.

Die dritte, letzte Intonation des Adagioteils ist, abermals statisch, über wiederholten, nur verschobenen harmonischen Flächen in den Takten 45 und 46, weiter 46 bis 48 disponiert; dann erst wechseln, gleichwie in nicht-tonaler Kadenz, die Akkorde. Irritiert wird durch ein Klaviertremolo. Schönberg hat das im Klaviersatz feiner Leute seit Menschengedenken verpönte Tremolo schon seit den kleinen Stücken op. 19 justament wieder benutzt: ein abgewertetes und verbrauchtes Mittel sollte von Phantasie ergriffen und abermals produktiv werden. Auch dies letzte Tremolo ist nicht das konventionelle, den Streichern schlecht nachgeahmte, sondern spezifisch pianistisch: ein Triller mit der Terz anstatt mit der Sekund. Das Erregungsmoment spiegelt man wohl, indem man die Takte 45 und 46 nach der Episode über dem ostinato-System unmerklich beschleunigt; erst vom Auftakt zu 47 an bleibt die Musik wieder stehen, um in den letzten rezitativischen Takten auf feste rhythmische Umrisse ganz zu verzichten. In Takt 48 ist darauf zu merken, daß die Viertelpause der Geige auf 1 wirklich voll im Tempo ausgehalten wird. Sonst beruhigt die Musik sich nicht so, wie es in den vier letzten Takten des Adagioteils gedacht ist.

Der in Takt 52 beginnende dritte Hauptteil des Werkes ist in der Gesamtarchitektur eine kapriziöse Interpolation; wer Intermezzi aus anderen Werken Schönbergs, wie das aus dem Dritten Streichquartett, kennt, wird an diese gemahnt. Hier muß die Interpretation, als Kontrast zum meisten Vorhergehenden, das rhythmische Muster einmal thematisch aufstellen; ohne jedes Rubato; dabei aber in beiden Instrumenten unbedingt piano bleiben, um nicht Erwartungen einer Entwicklung zu erwecken, die dann enttäuscht würden: nirgends sonst kommt es so sehr auf die Synthesis des Präzisen mit dem Unverbindlichen an. Der Klavierpart ist während der gesamten grazioso-Episode äußerst leicht, möglichst ganz ohne Pedal vorzustellen. Im nächsten Takt schon sinnt die phantasierende Geige gleichsam ihrem eigenen Gedanken nach, umkreist ihn anstatt fortzuschreiten; das muß durch jähes Innehalten, darauf durch Rückkehr zum Haupttempo, dann durch nochmaliges Ritardando ausgedrückt werden, ohne daß die leichten Nuancen das Gesamttempo des kurzen Teils zu sehr unterbrächen. Durchweg, nicht nur bei Schönberg, ist zu unterscheiden zwischen Ritardandi als Tempovorschriften und solchen als bloßen agogischen Modifikationen. Wenn, von Takt 60 an, das rhythmische Muster des Anfangs der grazioso-Gruppe getreu wiedererscheint, muß man auch den Eindruck der Wiederaufnahme nach der Unterbrechung gewinnen; die letzten Takte, die ebenfalls nicht weiter wollen, müssen kindlich-spielerisch, fast neckend ausweichen. Falsch wäre es, ihnen durch forte Nachdruck zu verleihen. Von Takt 62 an bleiben Harmonie wie Motivkern identisch; man könnte leicht auch hier, analog zu anderen Augenblicken von Störung, eine verstärkende stentato-Wirkung folgern. Aber Schönberg hat nichts dergleichen notiert, und kaum aus Flüchtigkeit. Das immer wiederkehrende Moment der Störung, das allein es erlaubt, ohne Entwicklung zu anderem überzugehen, darf nicht selbst wieder mechanisiert werden und dadurch abstumpfen. Nur wenn man darauf achtet, wird man die eigentümlich leichte und gebrochene Wirkung der Stelle erzielen, die man beim Lesen gar nicht ohne weiteres errät; in dem großen Introduktionssatz des zweiten Teils von Bergs Violinkonzert gibt es verwandte, mit Worten recht schwer zu treffende Charaktere, vergleichbar einer Naivetät, die fortwährt, während bereits schwerer Schatten über sie fällt. Schon das Ritardando nach dem ersten grazioso-Einsatz übrigens blieb hängen ohne dynamische Verstärkung.

Der nächste Hauptabschnitt ist die sehr entfernte Reminiszenz an den Anfang, verklammert mit der Überleitung zum Scherzando, also zweiteilig. Die Beziehung zum Anfang stellt, außer dem tempo primo, der passionato-Ton her; trotz des Mangels einer Bezeichnung nähme ich die Begleitung von Takt 64 an forte. Das Klavier leitet aus der Reihe dreistimmige Akkorde ab, die wie in einem Choral sich fortbewegen; die ganze tempo primo-Periode ist choralhaft achttaktig, darum wohl auch in gleichmäßigem Stufengang, ohne jedes Rubato zu musizieren. Erstmals wird hier, gegen Mitte des Stücks, eine Gegentendenz zur permanenten Hemmung fühlbar, das Bedürfnis nach Einlösung des immer wieder Vertagten.

Die anschließende più mosso-Partie hält dem pathetischen Charakter die Treue. In ihrem prägnanten Geigenmodell, das imitiert wird, darf das auftaktige Sechzehntel, wiederum, nicht fallen gelassen werden. Die absichtlich die Geige blaß kopierenden und dadurch unplastischeren Imitationen des Klaviers sollten, ihrem Sinn gemäß, nicht mehr forte, sondern höchstens mezzoforte sein. Forte erreicht das Klavier erst wieder mit seinem Sforzato in Takt 74. Mit ihm beginnt die Komposition sich zu intensivieren und verdichten; dem dürfen die Instrumente ohne Scheu sich überlassen. Ich stelle mir vor, daß in Takt 76 etwas gedrängt wird und erst von 77 an, wie Schönberg es ziemlich genau bezeichnet, die Gruppe abklingt.

Die Idee der nächsten drei Takte, 82 bis 84, ist ein überraschendes und sogleich gehemmtes Phantasieren, das dann mit accelerando und Schlußritardando ins Scherzando mündet; unmittelbar vor dieser fester gefügten Sektion wagt Schönberg, als fächerte die Form nach ihren Extremen sich auf, das meiste an Unerwartetem. Nach dem Abklingen und sich Beruhigen der kurzen più mosso-Episode schieben sich diese Takte in subito-Bewegung vor den nächsten, selber bewegten Formteil, ohne doch in diesem einfach zu resultieren. Zu fragen ist, wie in diese interpolierte Bewegung hineinzugelangen sei. Ihrem Formsinn nach sind die drei Takte das Äquivalent dessen, was im neunzehnten Jahrhundert die Vortragsbezeichnung a capriccio trug. Sie sind auf die Laune, das Belieben des Interpreten hin komponiert, so als ob diesem unmotiviert etwas einfalle; solche Vorstellungen gesellen sich leicht dem Begriff einer Phantasie. A capriccio-Stellen sind beim letzten Schönberg, der die kompositorischen Klammern lokkerte, nicht ganz selten; in ihnen hat sich das Erbe seiner expressionistischen Periode zusammengezogen und wird von der Konstruktion absorbiert. Sie sind vom Schlag der Kadenz; daher sind denn auch jene drei Takte unmittelbar vor der großen Formzäsur eingelassen. Sie können aber nicht ebenso unbekümmert eingeführt werden wie in der traditionellen Musik. Der Reihe entstammend und insofern vorweg integriert, dürfen sie auch nicht sich gebärden, als wären sie gänzlich exterritorial. In der Phantasie ist für den Oberflächenzusammenhang viel weniger gesorgt als in der traditionellen Musik; deshalb bedarf ein solches a capriccio viel weitergehender Sicherungen als im neunzehnten Jahrhundert, wo es den festen Grund im Ernst niemals verließ. Danach formuliert sich das Interpretationsproblem: wie der a capriccio-Charakter zugleich zu profilieren und dem Zusammenhang einzuverleiben ist. Nachzeichnen läßt er sich verhältnismäßig leicht. Die erste der Sechzehnteltriolen in Takt 82 ist mit einem Sforzato versehen; sie muß so unerwartet kommen, als fiele hier wirklich der Geige etwas Neues ein, und die daran anschließende Figur muß heftig zufahren, mit crescendo und diminuendo und wohl einem Akzent auf dem h. Nach diesen Modellen wäre der Rest einzurichten. Prekärer ist es um die Einheit bestellt. Diese wird man zunächst dadurch bewahren, daß man während des Takts 82, in dem von keiner Tempo-Änderung die Rede ist, die Grundzählzeit festhält, also die Viertel etwa wie die Hauptzählzeit der langsamen Periode in Takt 80, jedoch gegenüber deren eigenem Schlußritardando in Takt 81 quasi a tempo. Darüber hinaus jedoch ist in der Komposition selbst, trotz des jähen Einfalls, für den Zusammenhang mit dem Vorhergehenden gesorgt. Die kritischen Ecknoten der ersten Sechzehnteltriole der Geige, e und f, sind ein motivischer »Rest«; identisch mit den letzten Tönen der calando-Periode. Dies Zusammenhangsmoment ist herauszuholen, einmal, indem man in Takt 81 schon, trotz des Diminuendos, diese beiden Noten durch einen knappen Akzent so weit unterstreicht, daß sie dann wiedererkannt werden; weiter, indem man die gleichen Töne in der Sechzehnteltriole ebenfalls markiert – insbesondere das in ungünstiger Lage placierte f, und an der Tonhöhe aus dem vorhergehenden Takt so exakt festhält, daß die Identität der kritischen Töne über allem Zweifel ist. Das h in der nächsten Triolengruppe sollte als melodische Fortsetzung des e wirken. Während des ganzen Rests der Episode sind die höchsten Noten immer so weit zu akzentuieren, daß aus ihnen eine Art von Linie sich fügt. Der Takt 84 spielt, gegenüber den a capriccio-Takten, die Rolle einer Liquidation. Er ist in diesem Sinn, also mit accelerando auf den drei ersten Taktteilen und starkem ritardando auf dem letzten, sonst aber kontinuierlich, ohne den Zusatz des Abrupten, vorzutragen. Das Accelerando in Takt 84 sollte, damit es auch tatsächlich zum Scherzo überleitet, auf dessen Tempo abgestimmt sein: die Sechzehnteltriolen der Geige auf dem raschesten Punkt des dritten Taktteils müßten drei Achteln aus dem folgenden Sechsachteltakt genau gleichen; dagegen endet das letzte Viertel des Takts 84 wieder wesentlich langsamer. Damit diese drei jäh umschlagenden Takte nicht den Kontext sprengen, ist besonders darüber zu wachen, daß ihr Grundtempo, wie es in Takt 82 gesetzt wird, dem Ende der calando-Entwicklung, den langsamen Vierteln, trotz der zufahrenden Gestalt, strikt entspricht; wo die Gestalten schroff divergieren, wird vereinheitlicht durch die gleichen Zählzeiten. Als Hauptzäsur der gesamten Form ist die letzte Pause in Takt 84, Resultat des molto ritardando, lang auszuhalten.

Der folgende, relativ umfangreiche Scherzandoteil – er umfaßt 68 Takte – ist in sich vierteilig gebaut. Von den Interpreten will er ein Doppeltes: einmal, daß es nun wirklich wie in den Schlußteilen der von Schönberg angezogenen Phantasien des Wiener Klassizismus ein wenig in Fluß kommt, dann aber, daß die Störungsaktionen, deren unermüdlich abgewandelte Idee die vorhergehenden Teile miteinander vereint, nicht vergessen werden, sondern nachbeben; wenn Sie an das denken, was ich Ihnen über die Schlußteile der Webernschen Kurzformen nach dem »Knoten« sagte, so werden Sie der tiefen Verwandtschaft von Werken inne, die sonst so wenig gemein haben. Zunächst wird man den ganzen Scherzandoteil recht fließend nehmen dürfen; sicherlich nicht langsamer als die punktierten Viertel = 112, die Schönberg vorschreibt, vielleicht sogar 120. Besonders ist auf rhythmische Genauigkeit dort zu merken, wo einmal ein Taktteil leer, ohne Note bleibt; das darf die nächstfolgende keinesfalls verzögern. Der erste Scherzando-Abschnitt ist eine reguläre achttaktige Periode; die rhythmische Symmetrie dient dem Tanzcharakter. Doch ist selbst sie metrisch abwechslungsreich: auf zwei Dreitakter folgt ein Zweitakter, und so ist auch klar zu phrasieren. Der Zweitakter darf, dem folgenden Poco tranquillo zuliebe, unmerklich innehalten, aber wirklich unmerklich, bloß als absichtslose Entspannung, nicht als Ritardando; nur so läßt das Widersprechende, Fluß und Stockung, auf einen gemeinsamen Nenner sich bringen. Der zweite ist poco tranquillo überschrieben. Aber nicht: poco più tranquillo. Modifiziert wird mehr der Charakter als eigentlich das Tempo. Gehorcht man solchen Vorschriften übertreibend, so verliert man den Zusammenhang; hier vollends ist die endlich entbundene Bewegung nur minimal zu verzögern, nicht sogleich wieder abzubrechen. Allein schon das Piano der Geige, der Verzicht aufs vorhergehende Marcato dürfte genügen, die diskrete Tempomodifikation der ersten Strophe gegenüber zu bewirken. In der poco tranquillo-Episode überschneiden sich verschiedentlich zeugmatisch die Phrasenanfänge der Geige und des Klaviers; so beginnt 95 die neue Phrase der Geige mit dem zweiten Taktteil, die des Klaviers mit dem vierten, ähnlich die der Geige vor 97 mit einem Auftakt, während die des Klaviers – dessen linke Hand hier hervorzuheben ist – erst auf 1 in 97 eintritt. Diese metrische Konstruktion kommt nur dann heraus, wenn das Tempo natürlich fortgesetzt, nicht verschleppt ist; sobald das Klavier auf die Einsätze der zu sehr verlangsamten Geige warten muß, bleibt die metrische Wirkung aus. – Daß in dem Poco tranquillo kein wirklich neues Tempo gemeint ist, läßt aus der kompositorischen Struktur sich erschließen. In dieser nämlich erobern nach Brahmsischer Weise die Viertel den Vorrang über die Achtel; wenigstens in der Violinstimme werden aus den Sechsachteln Dreivierteltakte. In diesem Wechsel ist die Verlangsamung, nämlich die der Zeiteinheiten, schon auskomponiert. Fügte dem die Interpretation noch viel hinzu, so würde sie tautologisch. Auch später, beim immerhin entschiedeneren Meno mosso von Takt 135 an, sollte man Maß halten, nie langsamer spielen als das Zieltempo, das der Überleitungstakt der Geige 134 mit seinem Diminuendo natürlich erreicht. Der Dreivierteltrhythmus ist aus einer winzigen Begleitidee, der Wiederholung von zwei Vierteln in Takt 100, herausgesponnen, die schon durch einen Gegenakzent auf der gleichen Note b im Takt 98 vorbereitet wird. Diese beiden kritischen Viertel b in der Oberstimme des Klaviers sind nicht zu vernachlässigen. Zwei Takte danach nimmt dann die Geige das b im Dreivierteltakt auf und bestreitet den Rest des Abschnitts, indem sie zwischen den zwei Metren bis zur nächsten Gestalt changiert. Das d im letzten Akkord des Takts 110 ist wohl in des zu verbessern. Die neue Gestalt der Geige in Takt 111, forte bezeichnet, müßte frisch und sehr energisch auftreten, das überleitende Ritardando zur variierten Reprise des ersten Scherzandos so geringfügig bleiben, wie die Differenz zwischen Tempo primo und secondo es war.

Die Scherzandoreprise (117 ff.) ist flott vorzustellen, eher rascher als beim ersten Mal. Nicht nur dem formalen Gleichgewicht zuliebe will, nach der abermaligen Verzögerung, der Abgesang endlich ins Rollen kommen. Die Scherzoreprise ist in sich so variiert, daß sie einen Aspekt des rasch Vorübergleitenden annimmt; sie beruhigt sich gleichsam von selbst, weil ihr der Widerstand fehlt. Das von Takt 125 an vorgeschriebene Calando ist nur dann nicht gewaltsam, wenn es von Takt 117 an vorwärtsgeht, und dann die schattenhaft leise Hast sich ausläuft. Von der Analogie der Takte 123 und 124 zu den an ihrer Stelle abklingenden Takten 91 und 92 sollte man sich nicht dazu verleiten lassen, hier schon zu ritardieren; zu früh eintretende Ritardandi, Unfug durchweg, zerstören in neuer Musik, wo Dilettanten wähnen, durch dergleichen ihre Musikalität zu beweisen, den Sinn. Bei den viel längeren Proportionen der Scherzandoreprise ist das folgende Calando über eine weitere Strecke zu verteilen, und die Interpreten sollen froh sein, wenn sie nicht sogleich wieder bremsen müssen. Mit Takt 124 beginnt, für sechs Takte, ein Feld, das einzige der Phantasie, in dem man von etwas wie einem Duett zwischen Geige und Klavier, einem rudimentären freilich, reden kann. Hauptstimme ist auch hier immer die Geige. Die linke Hand des Klaviers stellt ein bei Schönberg, dem Meister verbindlichen Kontrapunkts, exzeptionelles Zwischengebilde zwischen imitatorischem Kontrapunkt und bloß vag nachfahrender Begleitung dar. Das realisiert auch der Satz, der aus einer reinen Stimme und einem Klaviergriff sich addiert. Dieser Zwischentypus muß zu einem der Spielweise werden: die linke Hand des Klaviers muß jeweils den stimmenähnlichen Beginn ihrer Phrasen, in Takt 124, 126 und 128, eben nur aufblitzen lassen und raschestens in den Hintergrund flüchten. Sehr zu probieren ist Takt 128 f., wo der charakteristische Rhythmus, Viertel und darauf folgendes Achtel, um eins verschoben, also auf 2 eintritt. Diese Zwei ist vom Klavier als quasi-guter Taktteil zu nehmen, das Achtel fallen zu lassen, sowohl wenn es in 128 auf 4 wie auch gar, wenn es in 129 auf 1 fällt. In früheren Werken der Zwölftonzeit pflegte Schönberg solche quasi-guten Taktteile auf schlechten Zählzeiten eigens zu bezeichnen. Hier ist die Betonung einfach aus dem musikalischen Zusammenhang zu entnehmen. Zu akzentuieren wäre, wie durchweg bei Schönberg, einzig nach der Struktur der Motive. In der ganzen Stelle muß die rechte Hand, wie eine pizzicato-Begleitung, im Hintergrund sich bescheiden; bis zu Takt 133 behauptet die Linke ihren Primat.

Auch das Calando, wiederum nur klein gedruckt, meint lediglich ein Nachgeben gegenüber dem angespannten Scherzando, keine gar zu große Verlangsamung. Der Scherzandocharakter wird gewahrt bis zum Meno mosso. Ins Meno mosso leitet der Violinrhythmus. Erst in dieser Gruppe ist, unwillkürlich, zu verzögern. Das Meno mosso dann ist erheblich langsamer als das Scherzo, besonders deutlich dort, wo das Motiv von Takt 111 aufgenommen wird, in Takt 143. Das ruhigere Tempo wird nicht wieder verlassen; der spielerische Charakter dieses vierten Scherzandohauptteils wird nur im gemäßigten Zeitmaß recht fühlbar. Der meist vierstimmige Klaviersatz ist etwas kompakt; der Pianist darf dadurch sich nicht dazu verleiten lassen, über das Grundpiano im geringsten hinauszugehen. Das Crescendo jedoch in den Schlußtakten des Scherzos, 152 und 153, in beiden Instrumenten, vor allem in der Geige, sehr intensiv, im Klavier trocken, ohne Pedal, das Ganze unbedingt ohne jedes Ritardando, im Gegensatz zum Übergang ins Scherzo.
Die Darstellung des Codabeginns, das letzte Grave, ergibt sich aus dem Anfang der Phantasie von selbst; die Geigentriolen dürfen nicht schleppen, sondern müssen melodisch zusammenschießen. Das Klavier bleibt zwar forte, darf sich aber nicht zum Fortissimo hinreißen lassen und nicht zum Pedalgebrauch, sondern muß trotz des heftigen Zweiunddreißigstelrhythmus und aller rhythmischen Prägnanz möglichst sich mäßigen. In den Takten 158 und 159 ist streng durchzuzählen, nicht zu beschleunigen. Takt 160 ist die Oberstimme der Geige, das h und dann das b, gegenüber der liegenden Note g, etwas hervorzuheben; ähnlich sollte schon ganz zu Anfang der Phantasie in Takt 6, beim Ende der ersten Intonation, das hohe cis, als höchste Note der gesamten Violinphrase, stärker sein als das a. Allgemein sind diejenigen Stimmen Hauptstimmen, müssen also in den Vordergrund gelangen, in denen melodisch etwas geschieht. Doch sind das keineswegs stets kürzere Notenwerte gegenüber längeren; wann immer etwas Cantus firmus-Ähnliches komponiert ist, kehrt das Verhältnis sich um, die Entscheidung hängt ab von der Analyse jeder Stelle. Nachzugrübeln ist über die Dynamik des Klaviers von Takt 161 an. Sie war in Takt 160 mit pianissimo bezeichnet. Trotz des Fortes der Geige in 161 – die Gestalt ent-

spricht dem Furioso von Takt 25 – ist im Klavier keine Veränderung von Stärke oder gar Zeitmaß vorgeschrieben. Möglich, daß es sich um ein optisches Versehen des bereits schwer kranken Komponisten handelt; vielleicht aber wollte er auch das Klavier im Hintergrund halten, der intensiven solistischen Wirkung der Geige zuliebe, und die episodenhafte Reminiszenz nicht zu sehr hervorheben. Immerhin darf man wohl von 161 bis zum Pesante ein wenig vorwärts gehen. In Takt 164 muß die Geige noch ein volles Viertel nach dem letzten Klaviergriff ihr d halten; ebenso ist in Takt 165 auf den Unterschied zwischen der Achtel- und der Viertelpause, trotz allen Phantasierens, zu achten.

In dem einsätzigen Werk als ganzem sind vor allem die Proportionen zu bedenken, durch die es trotz aller intentionierten Zerklüftung zur Einheit gerät. Nach der langen rezitativischen Introduktion bedeutet der Adagioteil bereits einige Verfestigung, ohne doch die Spannung zu schlichten; sie wird weitergetragen über die thematischere grazioso-Episode, die Andeutung des Grave als Choral und die durchführungshafte Überleitung zum Scherzando, dem Abgesang. Sind einmal die Details und die Teilproportionen ganz plastisch geworden, so beginnt erst das eigentliche Musizieren: die freie, des Materials mächtige Interpretation kann die dynamische Großarchitektur aus den einzelnen Spannungen und Entspannungen unwillkürlich entstehen lassen.

Alban Berg: Violinkonzert

Von den Stücken der zweiten Wiener Schule ist Alban Bergs Violinkonzert sicherlich eines der meist aufgeführten und, wenn man so sagen darf, populärsten. Das hat es seiner Leichtverständlichkeit oder zumindest deren Ruf zu verdanken. Er kann sich auf kompositorische Tatbestände stützen. Die gewählte Reihe hat Berg ausgiebig jene tonalen Einschläge gestattet, an denen es nirgends bei ihm fehlt, und zugleich dafür gesorgt, daß sie mit der Konstruktion verschmolzen. Reiche Formerfahrung bewog den späten Berg, Kongruenz von Verfahrungsweise und Material anzustreben. Der Doppelsinn des Materials, als eines zwölftönigen und zugleich quasi-tonalen – in der Reihe wie im ganzen Werk ist die Gravitation nach B-Dur und g-moll unverkennbar – teilt der Gesamtstruktur sich mit. Die Polyphonie ist vielfach in vertikale Terzenbildungen eingelassen, akkordisch integriert. Dem ist die kompositorische peinture verwandt. Musiksprachlich, der Syntax nach benutzt das Gewebe alle Kategorien der Tradition, wie rückschauend darüber verfügend. Durch eine von der Großarchitektur bis in die kleinsten Einheiten getriebene Artikulation der Form wird der musikalische Sinn jegliches Erscheinenden so unmißverständlich wie nur möglich. Planvolle Deutlichkeit scheint, zusammen mit dem expressiv-programmatischen Charakter des Ganzen, den Zugang auch solchen zu garantieren, die sonst vor der Schönbergschule zurückscheuen. Anstelle der üblichen Vorwürfe produziert das Violinkonzert den einer konservativen Rückwendung.

Keineswegs jedoch sind die Wiedergaben des Werks so unproblematisch, wie die Partitur zunächst erwarten läßt. Die verfügbaren Schallplatten zeigen durchweg, bei keineswegs exzessiven virtuosen Ansprüchen, Unzulänglichkeiten im Detail, die sich bis zur Schwelle des Nonsens summieren. Objektiv unverständlich ist freilich auch die vorherrschende Interpretation der meisten traditionellen Musik. Nur wird sie dort weniger kraß bemerkbar; zeitigt sogar als Allvertrautes häufig den Schein von Verständlichkeit, so wie in der Sprache den Zeitungslesern die Phrase verständlicher dünkt als der streng geprägte Ausdruck. Aber Berg stellt der Wiedergabe Fallen besonderer Art. Um die diffusen Kräfte des neuen Materials und seiner eigenen musikalischen Anschauungsweise zu bändigen, zielt er auf eine kompositorische Überartikulation, hinter der die Interpreten leicht zurückbleiben, wofern sie sie nicht durch Übertreibung ins Absurde verkehren. Die Bergische Spannung zwischen den Polen des Chaotischen und des durchsichtig Gegliederten erschwert es ungemein, das eine zu treffen, ohne das andere zu verraten. Auf dem trüben Mittelweg ist vom Kraftfeld der Komposition wenig mehr zu fühlen.

Man mag das mit Rücksicht auf das Violinkonzert genauer formulieren, indem man seiner Paradoxie sich versichert. Durchweg sollte die wahre Interpretation ausgehen von den antagonistischen Forderungen der Werke; als Problem eines jeden visieren, was die sachgerechte Wiedergabe eigentlich verbietet. Nur in der Erkenntnis ihrer eigenen Unmöglichkeit wird authentische Interpretation überhaupt möglich. An wenig Stücken aber läßt die Aporie so genau sich nennen wie an dem Bergkonzert, das so gemäßigt sich geriert. Auf der einen Seite verfolgt es bis ins Extrem den im ganzen œuvre Bergs regen Impuls, es solle die Musik gänzlich ineinandergewachsen, gänzlich in sich vermittelt sein. Ihr Prinzip ist kontrastfeindlich bis zur Empfindlichkeit gegen alles – Noten, Akzente, Motivgestalten, Farben oder was immer es sein mag –, was heraussticht, eine musikalische Allergie gegen Nägel und Nadeln. Die Wagnerische Konzeption vom Komponieren als Kunst des Übergangs ist bei Berg universal entwickelt. Sie hat sämtliche Dimensionen, vor allem auch die motivisch-thematische Arbeit und die Disposition der Klangfarben ergriffen. Dazu führt der tiefe Bergische Hang zum Amorphen; fast möchte man sagen: der musikalische Todestrieb, dem jene Konzeption schon im Tristan verschwistert war. Zugleich jedoch ist sie selber wiederum zum Formprinzip geworden durch die Konsequenz, mit der Berg auf alle vom kompositorischen Ichprinzip diktierte Härte verzichtet, widerstandslos sich dem kompositorischen Gefälle ausliefert. Der geschlossene Klangspiegel etwa, der nichts Zerklüftetes duldet, nicht den jähen Wechsel der Gestalten wie in vielen Stücken von Schönberg und Webern, stellt das Komponierte mit einer Glätte oder Politur dar – das Wort handwerklich und ohne den leisesten abwertenden Nebensinn verstanden –, welche die Auffassung erleichtert. Nicht zuletzt das wird dazu beigetragen haben, Berg bei Freund und Feind das Renommee größerer musikalischer Umgänglichkeit zu verschaffen. Das Violinkonzert ist dieser Tendenz besonders günstig, weil die Anlage der Reihe vorweg die widerborstigen Bestandteile eliminiert, an denen früher bei ihm jene Intention erst sich zu messen hatte. Nicht, als ob Berg den Ansprüchen des Musiklebens sich gefügt hätte. Aber das Konzert, eine Auftragskomposition, mußte in Eile zu Papier gebracht werden. Der sonst außerordentlich mühsam und langsam Schreibende hat vermutlich, in genauer Kenntnis seiner selbst, von vornherein einen rascheren Produktionsprozeß geplant und das Ganze so viel einfacher angelegt, daß es weniger langwieriger Veranstaltungen bedurfte wie dort, wo er unersättlich war in komplexen Überlagerungen und wuchernden Verschlingungen, ohne daß er doch unters Niveau hätte gehen müssen. Eben deswegen jedoch genügte ihm, zur Organisation, nicht die glättende Fügung des sprunglosen Ineinander. Schwerlich ist es bloß psychologisch, sondern nennt einen objektiv in der Komposition angelegten Gehalt und seine Desiderate, daß der Sehnsucht zu verfließen ebenbürtig die Angst des Subjekts sich gesellt, sich zu verlieren. Das Kunstwerk Bergs will beides, das schlechthin Widersprechende, vereinen: sich auflösen und doch ganz seiner selbst mächtig bleiben. Nur mit der äußersten Anstrengung des formenden Vermögens kann er die Idee des Formfeindlichen, wahrhaft Informellen realisieren, ohne daß seine Musik ohnmächtig von jener Idee verschluckt würde; ohne daß das Kunstwerk, welches das Chaos objektiviert, selber ins Chaos versänke. Nicht minder stark als sein Drang hinab war der zur Artikulation; überall will er das Gestaltlose als Gestaltloses gestalten. Vollends in einem Stück, das von sich aus dem differentialen Kontinuum so wenig Widerstände entgegensetzt wie das Violinkonzert, war solche Kontinuität vor Monotonie zu erretten nur, indem Berg sie zugleich in sich so modellierte, daß die höchste Plastizität des in jedem Augenblick Komponierten mit dem lückenlosen Ineinander der Augenblicke sich verband. Alles ist Übergang, und doch muß alles für sich unverzüglich einbekennen, was es ist. Die gesamte Tradition des Gestaltenreichtums, vom Wiener Klassizismus bis Schönberg, findet sich zusammen mit einem kompositorischen Geist, der nicht bloß keine Gestalt als selbstmächtige und vereinzelte stehen läßt, sondern zutiefst gegen jede sich sträubt, jede dem Zero anähnelt. Diese Paradoxie ist identisch mit dem Problem der Aufführung, unmittelbar übersetzbar in Spielanweisungen. Interpretation muß die undurchbrochene Einheit, und zwar in jedem Betracht, stiften, dabei aber doch jedes Detail so treffen, daß es sein eigenes Wesen hat, ohne im mindesten die Totale zu verletzen. Dirigent und Geiger müssen sich in dem Konzert allerorten Rechenschaft davon geben, wie beides zu erreichen ist, und dabei den Bergischen Lösungen des paradoxalen Problems soweit wie nur möglich sich anschmiegen; dazu bedarf es der unermüdlichen Reflexion ebenso auf den Formsinn des je Erscheinenden wie auf seine Vermittlung zu dem, was vorherging und was folgt. Insoweit die Interpretation sich nicht bei der adäquaten Wiedergabe der Gestalten bescheiden kann, sondern diese stets zugleich zu relativieren ist, bereitet das anscheinend einfache Stück mehr Not als vieles von Schönberg und Webern. Nicht nur geht es um die Darstellung melodischer Einzelgestalten oder klanglicher Flächen, sondern vor allem auch um Proportionen wie die besonders diffizile zwischen dem Soloinstrument und dem Orchester. Die Relevanzen schwanken dauernd nach dem kompositorischen Zusammenhang und sind aus ihm abzuleiten. Falsch wäre ebenso das Verfahren – das des Toningenieurs[1] –, das dem Soloinstrument schlechterdings den Primat zuerkennt, wie eines, das vom Orchester ausgeht, ohne die wechselnde Wichtigkeit von Orchester und konzertierender Geige zu realisieren.

Die Paradoxie, die Dirigent und Solist in die erscheinende Musik umzusetzen haben, steckt bereits in den motivischen Einheiten selbst. Ehe die Interpreten sich an das Ganze begeben, tun sie gut daran, jene Einheiten wie durchs Mikroskop zu betrachten, um von Anbeginn derart sie zu exponieren, daß sie dann so entwikkelt werden können, wie sie es verlangen. Dabei handelt es sich

1 Vgl. Über die musikalische Verwendung des Radios, S. 394 f.

um außerordentlich subtile, nur notdürftig mit Worten zu umschreibende Momente; sind sie aber nicht erkannt, mißrät das Ganze. Exemplifiziert sei das an einem der einprägsamsten Charaktere des Werks, dem zweitaktigen Anfangsmotiv des Allegrettos aus dem ersten Teil. Es ist, durch die Begleitung, tanzhaft und wird sogleich nach alter Weise sequenziert, erst getreu, dann zum Eintakter verkürzt (Takt 104 bis 106, erstes Achtel).

Aber dies Motiv ist von den Sequenzmodellen des Wiener Klassizismus in seiner Mikrostruktur grundverschieden. Wohl besteht das Thema aus der im übrigen in der Folge der Töne durch Vorwegnehmen und Nachschlagen frei behandelten Reihe. Der erste Takt enthält ihre zwölf Noten als Grundgestalt, der zweite als Umkehrung. Die innere Motivkonstruktion jedoch verleiht dem Modell eine eigentümliche Statik: obstinat werden die Noten f und g wiederholt, umkreisen das nur akzidentell erscheinende fis als unausdrückliches Zentrum. Daß tatsächlich dies fis oder ges der Zentralton sei, läßt aus dem Zusammenhang sich folgern. In der vorhergehenden Partie, die zugleich Coda des Andantes und Einleitung des Allegrettos ist, bringt von Takt 94 an die Sologeige, die das Sekundmotiv des allegretto-Themas vorbereitet, stets wieder dies fis als kritischen Ton. Es ergänzt sich mit dem d und a des Begleitsystems zum Dominantdreiklang von g-moll, der Tonart, nach der am Ende das Scherzando kadenziert. – Das Motiv, oder richtiger vielleicht: thematische Modell wirkt, als bewegte es sich, trotz des Tanzrhythmus, eigentlich nicht fort; als wäre es eine kurze Melodie und doch wiederum keine, sondern nur ein Ton – wohl das latente ges –, der ausgespart wird, ohne daß das Thema seiner Vormacht gegenüber ganz auf die Welt käme. Obwohl die Zwölftontechnik das Leittonprinzip der Chromatik und damit das harmonisch-melodische Äquivalent des »kleinsten Übergangs« beseitigt hat, nähert sich das Thema dem Nichts, dem nicht Vorhandenen, dem Differential des Einzeltons, den es meint, indem es ihn verschweigt. Während es rhythmisch so sinnfällig definiert ist, daß es das ganze Allegretto trägt, nimmt es in sich sein thematisches Wesen zurück, weigert sich, als Thema sich zu setzen. Der Charakter des hängen Bleibenden, Gehemmten, virtuell sich Negierenden haftet nicht bloß an der Tonfolge der Oberstimmenmelodie. Er wird unterstützt von der

Rhythmisierung. Zweimal fallen Schwerpunkte auf f, dann auf a und g; dem eigentlichen Zentralton ges wird nur ein Nebenakzent zugeteilt, als wäre er Nebennote zum f. Bereits die Motivzellen des Wiener Klassizismus hatten etwas Zufälliges und im bedeutenden Sinn Nichtiges: insofern sie die einfachsten, gegenüber der Komposition indifferentesten Grundverhältnisse der Tonalität spiegelten. Bei Berg wird dies Beliebige und dadurch sich selbst Aufhebende des Materials von der freien kompositorischen Struktur hergestellt, von der Konstruktion des Themas an sich. Als geltendes Muster für alles Folgende ist es, und ist doch, indem es sich auf den Ton revoziert, um den es sich ordnet, zugleich nicht. Diese Qualität wird dem imaginativen Lesen kaum zweifelhaft sein. Ihrer Verwirklichung in der Interpretation jedoch widersteht sie zäh eben um ihrer Paradoxie willen. Man sollte denken, es wäre entweder das Thema als Thema zu spielen, also mit einigem Nachdruck für sich aufzustellen, oder aufs Differential hin zu musizieren, also es so unverbindlich zu bringen wie nur möglich. Beides indessen ist falsch: als Thema traditionellen Vortragsstils würde es zu positiv, ragte aus dem Kontinuum heraus; als Differential könnte es seine Modellfunktion in dem recht ausgedehnten Satz nicht erfüllen. Resigniert werden viele Interpreten, wofern sie überhaupt das Problem gewahren, sich damit trösten, so etwas müsse man eben fühlen und nach dem Gefühl wiedergeben, und die Reflexion darüber gehöre in dieselbe Hölle, in welche sie aus Unsicherheit alle Intellektuellen wünschen. Aber auf das sogenannte Gefühl ist in solchen Situationen kein Verlaß; meist zehrt es von der wiederholenden Reproduktion vergangener musikalischer Reaktionsweisen und versäumt dadurch die spezifisch neuen Charaktere, hier den Bergischen Ton, den zu fühlen es gälte. Keine Interpretation dürfte weniger reflektiert sein als die Komposition in sich selbst, der eigenen Beschaffenheit nach und unabhängig vom Bewußtsein des Komponisten, reflektiert ist, wofern sie nicht objektiv hinter der Sache zurückbleiben will. Diese zu erschließen, nicht mechanisch Musik auseinanderzunehmen ist der Zweck von Analyse, und ihrer bedarf die wahre Interpretation. So viel ist wahr an dem Mißtrauen der Musiker gegen die Theorie, daß sie nutzlos wird für ihn und schließlich auch untriftig an sich, wenn sie keine

Spielanweisungen gewährt. Sie dürfen nicht von oben her aus der Deutung abgeleitet werden, sondern müssen sich erhärten an technischen Tatbeständen und von ihnen wiederum sich inspirieren lassen. Um also zu finden, wie jene zwei Takte der beiden von Streicher-Pizzicati begleiteten Klarinetten richtig zu spielen sind, darf man nicht von Bergs Komposition weiter zurücktreten, sondern muß ihr dichter noch sich nähern. Nun aber dem Satz als ganzem. Der Rhythmus jener ersten Takte umreißt, was durch spätere thematische Gestalten bekräftigt wird: das Allegretto ist ein Ländlerscherzo, vielleicht der Mahlerischste Satz des tief an Mahler gebundenen Berg. Ländlerhaft ist vorab das Zeitbewußtsein, das den Satz durchatmet; Mahler hoffte gelegentlich, durch die Vorschrift »ja nicht eilen« negativ sich vor motorischem Schwachsinn zu sichern. Tatsächlich ist für ein Allegretto die Metronombezeichnung Achtel = 112 auffallend langsam. Das Thema, und das Grundzeitmaß des gesamten Scherzandos, pulsiert in Achteln, nicht in punktierten Vierteln. Dirigenten, die nicht genau hinschauen, werden unweigerlich fast von der Nervosität tüchtiger Zielstrebigkeit gepackt. Ihnen gegenüber impliziert Bergs Tempovorschrift die Lösung der Frage nach dem Ausgangstempo jener ersten Takte. Latent hat das österreichische Ländlerbewußtsein etwas gegen den ungebrochenen Ablauf der Tanzbewegung. Sie wird gebremst und dadurch die Intensität gesteigert. In der Stauung sublimiert sich Trotz; vielleicht auch lebt darin das Zögern, jenem Leben ganz sich zu überlassen, das der Tanz zelebriert – so als würde skeptisch auf jenes »San mer lustig« des Walzers geantwortet, das in der Welt zu Unrecht fürs Wienerische gilt. Vom bedächtig Zaudernden des Ländlers ist gar nicht so weit zum Gestus jenes Valentin, der tief genug des Weltlaufs inne ist, um in jedem Augenblick bereit zu sein, den Hobel hinzulegen. Solche Bereitschaft muß aus der Interpretation sprechen, durchs gemäßigte Tempo ebenso wie durch eine Geduld des Ausspielens, die lieber verweilt, als zum Nächsten kommt. Das pure Tempo müßte die Negation oder Zurücknahme des Themas vorbereiten. Auch das ist paradox. Gerade dadurch, daß das Thema nicht durchaus als solches fungiert, nicht zum Nächsten treibt, sondern auf sich zurückschaut und sich sinken läßt, nimmt es sich auch zurück. Es erscheint gar nicht mehr so sehr, als hinge das Weitere davon ab; möchte nicht unerbittlich die Musik determinieren. Sobald es so vorgetragen wird, daß es nicht entschlossen weiter will, schränkt es den eigenen Impuls ein und läuft zurück zu jenem einzelnen Ton, der eigentlich, als ein an sich ganz Unbestimmtes, seine Idee bildet. Zugleich ermöglicht dies Zögern, das revozierte Thema wiederum so getreu zu profilieren, vor allem die melancholische Endung so auszuspielen, daß es die Prägnanz gewinnt, die es zur Organisation der Form braucht. Beides aber ist zu verwirklichen nur durch äußerste Diskretion; weder das eine noch das andere Moment darf überwiegen, dem Thema ist eine gewisse Unentschiedenheit zu gönnen, an die dann seine Geschichte anknüpft. Vorzutragen wäre es wie die Stelle der Wienerischen Marschallin Hofmannsthals: »mit einem undefinierbaren Ausdruck: Ich weiß auch nix« und dann: »ganz tonlos: gar nix«. Nichts könnte bestimmter sein als dieser vage Gestus, und er ist der von Bergs Musik. Ein Rest mag daran bleiben, der nicht rein technologisch zu formulieren ist – das idiomatische Residuum. Aber wer jenen Bergischen Ton nicht wahrnimmt, wer ihn nicht bis in die subliminalen Flexionen des Vortrags hinein nachahmt, der sollte wohl ebensowenig ans Bergkonzert sich wagen wie einer, dem der thematische Teppich nicht lebendig wird. Enttäuscht würde, wer die retrospektiven Aspekte Bergs als Erleichterungen begrüßt; in ihnen hat Berg teil an einer historischen Dimension, die über die kompositorischen Tatbestände hinausweist oder nur mit äußerster Anstrengung in diesen zu identifizieren ist. Hört man diese Dimension nicht mit, so wird man vor Berg genau so hilflos sein wie ein traditionalistischer Interpret im Angesicht der Innovationen Schönbergs und Weberns.

Um nicht die eingehenden kompositorischen Analysen aus Willi Reichs Bergbuch von 1937 und dem von H. F. Redlich zu duplizieren, seien die Probleme so erörtert, wie sie an den typischen Fehlern und Versäumnissen der üblichen Interpretationen, insbesondere der auf Schallplatten festgelegten abzulesen sind; diese werden dann nach dem Maß des Komponierten zu korrigieren versucht. Nirgends werden individuelle Unzulänglichkeiten von Interpreten, erst recht nicht die freilich meist grob entstellenden der Platten moniert; die Mängel entspringen in Schwierigkeiten der Sache, und Bewußtsein von ihnen ist zur richtigen Darstellung gefordert. – Die zehn Einleitungstakte, deren Metronomisierung fast genau der des Schlußadagios entspricht, die aber, wie der ganze erste Satz, Andante überschrieben sind[2], stimmen, wie man weiß, das Stück ein. Wer Berg kannte, mag sie als ironisch-makabre Anspielung darauf verstehen, daß er, bei der Auftragskomposition, sich selbst erst in Stimmung bringen mußte. Der Doppelsinn jenes Wortes ist auskomponiert: vom unbeseelten Ausprobieren der leeren Saiten, noch diesseits der eigentlichen Komposition, wird gleitend die volle expressive Intensität erreicht. Berg hat, in der vorsichtigen Introduktion, eine Tendenz verwirklicht, die fünfzehn Jahre nach seinem Tod zur Parole radikalen Fortschritts wurde: die Ausdehnung des Reihenprinzips über die Anordnung der Intervalle hinaus. Die Einleitung bildet eine Reihe vom Ausdruckslosen zum Beseelten – ein Einfall, auf dem, in der Dimension der Klangfarbe, bereits der Anfang des Präludiums der drei Orchesterstücke basiert. Die Introduktion wird verständlich nur, wenn die Wiedergabe davon nicht sich ablenken läßt. Als wären die leeren Saiten der Geige schon zu subjektiv, beginnen die Stimmquinten mit den womöglich noch orgelhafteren Registern von Klarinette und Baßklarinette, die – unhörbar – von der Harfe angefärbt werden. Das Tempo ist aus der Idee des über vier Saiten Streichens zu entwikkeln, so gleichsam, wie der Bogen, wenn man ihn ohne viel Absicht aufsetzt, jene berührt. Die erste Phrase der Geige, im Gegensatz zur gängigen Übung, wirklich pianissimo; die vorgeschriebene Steigerung der Stärkegrade ganz allmählich; unter keinen Umständen darf etwa schon in Takt 6 forte erreicht sein. Im Sinn der Stimmidee ist glockenrein zu intonieren, auch die zunehmende Expression darf die Tonqualität nicht im mindesten beeinträchtigen. Portamento wäre unerträglich. Unbedingt muß die Geige ihre halben Takte legato spielen. Berg hat – als Kontrast zum Griffinstrument Klavier – den Streicher-Satz immer

2 Der Widerspruch erklärt sich dadurch, daß die abschließenden Choralvariationen in Halben empfunden sind, der erste Satz aber in Vierteln. Jene Halben wären äußerst langsames Adagio, die Viertel aber sind Andante, keinesfalls zu verschleppen.

als einen über vier Saiten hin konzipiert; man beschädigte die dichte Geschlossenheit der Linien, sobald man durch vernehmbaren Saitenwechsel das Legato irgend unterbräche. Das vor Takt 9 einsetzende un poco ritardando nicht abrupt, sondern kontinuierlich disponiert bis zum Takt 10; dieser erst ist, als Kadenztakt, stark zurückzuhalten. Um nicht, wider Bergs Intention, eine Zäsur zwischen dem ritardando und dem a tempo des Hauptthemas in Takt 11 aufkommen zu lassen, ist es wichtig, daß, nach dem letzten Crescendo auf dem e der Sologeige, deren Abschlußton d sehr diminuiert wird, dieser fugenlos in den Takt 11 gelangt. Von der Sologeige wird in der Introduktion das tour de force verlangt, ihre Emphase nachhaltig zu steigern und doch nicht aus der Stimmidee herauszufallen. Während des ganzen Feldes muß die Harfe unterhalb der Klangoberfläche verbleiben.

Für die Anlage des Andante-Hauptsatzes ist wesentlich etwas, worauf in den Analysen nicht eigens hingewiesen wurde: er ist, Nachhall der Bruckner-Mahler-Tradition, strophisch. Da die strophische Struktur auch im durchführungsähnlichen Mittelteil sich fortsetzt, den sie gliedert, müssen die Stropheneinsätze schon in der Exposition sinnfällig werden; der erste im Solokontrabaß Takt 11, der zweite in den chorischen Celli Takt 21; beide Male, ohne das Grundpiano zu verlassen, mit einem leichten Akzent in der Hauptstimme, der sie als solche einführt, ohne sie doch aufdringlich zu unterstreichen. Notwendig fürs Formverständnis, daß die Einsätze der Sologeige, in der ersten Strophe vier, in der zweiten drei Takte nach dem Strophenanfang, nicht wirken, als wären erst sie die Melodie, sondern als das, als was sie komponiert sind, Nachsätze zu Vordersätzen. Das beste Mittel, ihren Nachsatzcharakter diskret herauszuarbeiten, ist größte rhythmische Strenge. Improvisatorische Freiheit, die entfernteste Erinnerung an die ersten Takte der Sologeige im Beethovenkonzert erweckte den falschen Anschein, hier erst finge es an. Dazu verlockt der melodische Auftritt der Sologeige; setzt sie aber unverrückt den bereits durch die Begleitsynkopen der ersten vier Takte vorbereiteten Achtelrhythmus fort, so glückt die Formimmanenz. Berg hat dafür gesorgt, indem er die Sologeige beide Male um einen Stärkegrad schwächer bezeichnet als die Strophenanfänge der tiefen Streicher; dem ist zu gehorchen. Weiter hilft es dem Fortsetzungscharakter der Soloeinsätze, daß sie melodisch lückenlos an das Vorhergehende anschließen, anstatt daß der Geiger frisch anhebt. Besonderer Aufmerksamkeit bedarf der ein Achtel vor der Sologeige beginnende Kontrapunkt des ersten Horns, von Takt 15 an. Obwohl er als piano, mit der Alternativvorschrift pianissimo, bezeichnet ist, soll er nicht sogleich nach dem Einsatz wieder verschwinden; sonst entsteht in der Nebenstimmenregion durch die Lücke ein gefährliches Gefühl der Ungewißheit über die Linientendenz. Allerdings verwandelt dieser Kontrapunkt in der Komposition sich in eine bloße harmonische Begleitstimme. Diese Verwandlung muß aber selbst von der Interpretation realisiert werden, indem in Takt 18, wo das abschließende gis des Horns nach einer Luftpause sich wiederholt, es noch so weit betont wird, daß man es als den festgehaltenen Zielton empfindet, dann aber graduell so diminuiert, bis es keine melodischen Ansprüche mehr anmeldet. – Im kritischen Restmotiv der Sologeige Takt 18 müssen die beiden weit voneinander entfernt liegenden, aber melodisch zusammengehörenden Töne f und e aufeinander bezogen werden: hier wird das Legato zur Bedingung für die Faßlichkeit des Kontextes. Zugleich ist gerade dies Schlußglied nun so bestimmt als Modell hinzusetzen, daß es haftet, wann immer der Rhythmus wiederkehrt. Zu wachen ist darüber, daß sein Echo in der etwas blassen Baßklarinette in Takt 20 – die Berg weise durch die zwei Klarinetten unterstützt – durchdringt.

Nach der absichtsvoll einfachen Formdisposition beginnt in Takt 38 der Mittelteil. Der ist aber höchst unauffällig im Verlauf der zweiten Strophe vorbereitet. In einem so überaus ökonomisch komponierten Satz wie dem Andante nehmen die geringsten Abweichungen, die unauffälligsten neuen Bildungen sogleich eine Relevanz für die Form an, die ihnen bei gehäuften Mitteln nie zukäme. Dort, wo das Restmotiv und der Anfang der Geigenmelodie ein wenig ausgesponnen werden – die Modelle der zweiten Strophe sind kürzer als die der ersten, und dadurch wird für Verarbeitungen en miniature Raum geschaffen –, intoniert ein Klarinettenkontrapunkt (Takt 30 f.) erstmals, durch übergebundene Noten verdeckt, den Rhythmus von Triolen als Keim der

Bewegung. Dieser Rhythmus muß, trotz des dolcissimo, unmißverständlich werden. Mit anderen Worten: die Triolenachtel der Klarinette dürfen weder mit den Duolen-Pizzicati der Celli zusammenfallen noch sich verwischen. Zu widerstehen ist auch der Neigung, den Bewegungsimpuls der kleineren rhythmischen Werte zu früh dem Zeitmaß als solchem mitzuteilen, es zu beschleunigen. Die gesamte Partie gehört noch in das ruhige Expositionsfeld, in ihr regt sich etwas, nicht aber das Feld selber. Daß das zwar im Hintergrund gehaltene, jedoch dann folgenreiche Ereignis trotz allem bemerkt werden soll, darauf verweist die Vortragsbezeichnung delicato der Sologeige. Ihr Restmotiv ist so unaufdringlich zu bringen, daß die rhythmische Nuance der Klarinetten nicht dahinter verschwindet. Von Takt 35 an, wo die Sologeige die Triolen übernimmt, sind diese erst recht so exakt von den Duolen zu unterscheiden, daß der Bewegungsimpuls in den Vordergrund gelangt, ohne daß plumpe Beschleunigung die geschlossene Expositionsfläche aufstörte. So einfach die Stelle in der Partitur aussieht, so leicht wird sie in der Aufführung verworren. Sologeige, Kontrafagott und Fagott probieren von Takt 34 an am besten allein miteinander, bis die rhythmischen Proportionen transparent sind.

Der Anfang des Mittelteils Takt 38 knüpft an den einmal statuierten Triolenrhythmus als Rest an. Die Stelle ist gefährdet wie alle Formzäsuren des Werks; der Interpret hat unmittelbar zu wählen zwischen einer agogischen Artikulation, welche das Prinzip des kleinsten Übergangs verletzt, und einem bloßen Ineinander, das die Architektur verschleiert. Das Rallentando in Takt 37 nicht übertreiben; lediglich die thematische Hauptgestalt der Sologeige aus der eigenen Gravitation heraus verebbend. Die Zäsur ist eine minimale Luftpause. Ihre Übertreibung machte das Bindemittel der Motivwiederholung in der Hauptstimme sinnlos. Der flautando-Einsatz der Sologeige Takt 38 markiert kein neues Zeitmaß, sondern läßt nur das alte nach dem Verebben aufleben. Das Gebilde zerbricht, sobald ein Dirigent durch die Tempodisposition für die verschiedenen Hauptgruppen die Architektur überbelichtet.

Die Bezeichnung poco grazioso von Takt 38 an umreißt mehr den Charakter, in dem nun die Triolen vorherrschen, als das

Tempo; häufig packt hier bereits die Dirigenten ihre Ungeduld. Unwillkürlich wird der etwas leichtere Fluß der Struktur auch das Tempo affizieren, und dagegen brauchen weder Solist noch Dirigent sich zu sträuben; falsch dagegen wäre es, wenn sie sich gegen Ende der ersten Strophe des Mittelsatzes, vom zweiten Taktteil von 45 an, zu einem Accelerando hinreißen ließen. Das leichte Crescendo in Takt 46 und der fp-Akzent der Bässe und der zweiten Posaune, zusammen mit dem Schlag der großen Trommel (47), reicht aus, um den Einsatz der zweiten Mittelteilstrophe zu pointieren. Auch das poco ritardando von Takt 41 ist kaum mehr als eine flüchtige Flexion; alle Vorbehalte gegen agogische Großaufnahmen gelten doppelt fürs Bergische Kontinuum.

Die zweite Strophe des Mittelsatzes (47 f.), rhythmisch nun im Zeichen von Sechzehnteln, verlangt einiges von der Klangdisposition. Die Hauptstimme der Geige, poco forte, wird »schattenhaft« von einem kanonisch einsetzenden, dann in freien Intervallen den Rhythmus nachahmenden Kontrapunkt der ersten Flöte und der pizzikierten zweiten Geige begleitet. Die Nomenklatur will hier wohl etwas anderes als bei Mahler sagen: daß die Stimme als Schatten der Geigenmelodie wirken soll. Sie ist, mit dem N der Schönbergschule, als Sekundärstimme bezeichnet, während die Hörner und Posaunen bloß begleiten; obwohl bei diesen die dynamische Vorschrift piano lautet, bei dem Flötenkontrapunkt aber pp, ist der letztere wichtiger und nicht zu dekken. Das droht ihm weniger von den Blechbläsern als von der Sologeige; diese sollte sich mäßigen. Überhaupt ist sie nicht in der üblichen Weise selbstverständliche Prinzipalstimme, sondern selbst dort, wo sie vom H autorisiert wird, auf den thematischen Funktionszusammenhang einzurichten. Weitere dynamische Sorgen bereitet der forte-Einsatz der ersten Orchestergeigen am Ende des Takts 50. Gar zu gern platzt er herein, während er, nach Bergs Anweisung, die Sologeige fortsetzen soll. Die müßte wohl in Takt 50, wo ja jener Kontrapunkt aufhört, in reales Forte übergehen, und das endende h müßte, wie der Bogen es will, in den Takt 51 hinüberklingen; das a der Orchestergeigen aber, »den Solisten fortsetzend«, trägt keinen Akzent, sondern ist unbetonter Auftakt; die Intensivierung wäre durch die kleine

Trommel zu bewirken. Selbst ihr erster Schlag in Takt 50 ist bloß mf; in Takt 51 crescendiert sie energisch und nimmt sogleich wieder ab. Die Sologeige und ihre Fortsetzung in den Orchestergeigen wären so miteinander allein zu studieren, daß der Knall vermieden wird. Am Ende der zweiten Strophe bedeutet die Luftpause dort, wo übergebundene Noten stehen, in den Fagotten und dem zweiten Horn, eine leichte Dehnung, kein Loch. Sehr dichter Anschluß ist erheischt: die Triolen des Hauptthemas in den tiefen Streichern zu Beginn der dritten Strophe bei Takt 54 entsprechen, kompositorisch und darum auch im Vortrag, genau den etwas ritardierten Sechzehnteln von Takt 53.

Die dritte Strophe des Mittelteils hat thematisch dieselbe Substanz wie die erste. Das kann verstanden und dadurch der Bau des Mittelteils hörbar werden nur, wenn die Celli tatsächlich, wie Berg notiert, Hauptstimme sind und die Sologeige Nebenstimme, und zwar die ganze Strophe hindurch. Das ist essentiell: der Mittelteil gliedert sich je nach der wechselnden Rolle der Sologeige. Reklamiert diese unterschiedslos die Rechte des Protagonisten, so entfällt eine der Möglichkeiten, zu artikulieren ohne Brutalität gegen das Kontinuum. Die Beziehung der dritten Strophe auf die erste unterstützt man am besten wohl dadurch, daß man auf das Tempo der letzteren bei Takt 38, »un poco grazioso«, zurückgreift, also etwas langsamer wird, als die zweite Strophe war; zu dieser kleinen Modifikation leitet ganz natürlich das poco allargando über. Auch der forte-Einsatz der tiefen Streicher in Takt 54 nicht unvermittelt. Ihn bereiten die Sechzehntel der Bratsche, von denen Berg fortissimo verlangt, vor: ein Crescendo in der Hauptstimme kreuzt sich mit einem Diminuendo des Begleitsystems. Kein Ruck in Takt 54; signalisiert wird das neue Formabschnittchen durch den pianissimo-Beckenschlag und nichts anderes. Die Sologeige von Takt 54 an, mp, beschattet ähnlich die Hauptstimme wie Flöten und Pizzicati zu Beginn der zweiten Strophe; die dynamische Proportion der Stimmen ist zu kontrollieren. Drängt die Sologeige zu sehr sich auf, so kann das Unwahrscheinliche geschehen, daß Takt 57 die freilich gedämpfte, aber mf angeblasene und crescendierte Trompete sich nicht behauptet und der motivische Faden, die Imitation des Triolenmotivs abreißt. Das kleine Ritardando von Takt 57/58 ist diffizil.

Zu fühlen ist es als unwillkürliches Auspendeln. Schlägt der Dirigent nur der Vorschrift zuliebe langsamer, so kompromittiert der Unsinn den ganzen weiteren Ablauf. Bei Ritardandi und Accelerandi ist zwischen Übergängen zu neuen Tempofeldern und Nuancen innerhalb eines gegebenen zu differenzieren wie, bei traditioneller Musik, zwischen Modulationen und bloßen Ausweichungen innerhalb einer Tonart. Die unabdingbare, aber tatsächlich überaus selten erfüllte Voraussetzung dafür ist, daß der Dirigent die Temporelationen sich klar und distinkt vorstellt. Sie fließen aus der Vergegenwärtigung der Gesamtstruktur, während im Engpaß des Probierens die Dirigenten schon froh sind, dem sich anzubequemen, was über und in der Partitur steht, ohne daß es von Imagination durchleuchtet wäre. Objektiv sinnvoll wird in musikalischer Interpretation nur, was durch die subjektive Intention des Interpreten hindurchging. Kein Moment, das er nicht in allen Implikationen versteht, sondern bloß auf die Vorschriften hin überwacht, kann von anderen verstanden werden; so bleibt auch Sprachliches, das einer vorliest, ohne es ganz mitzuvollziehen, den Hörern dunkel. Wilhelm Furtwänglers unvergleichliche Eigenschaft war, daß er, was immer seine Mängel gewesen sein mochten, niemals in der Imagination gegenüber dem real Erklingenden erschlaffte. – Dynamisch unangenehm ist der zweite Teil der Strophe, vom Auftakt zu 59 an. Die hohen, von den zweiten Geigen und Bratschen unterstützten Celli sind weiter Hauptstimme, während die Nebenstimme des Solisten, in der günstigsten Lage weit über dem Orchester, ebenfalls als molto forte bezeichnet ist. In solchen Situationen muß die Interpretation dem Satz ein wenig beispringen; es empfiehlt sich, ohne Begleitsystem die Hauptstimmenmelodie und die der Sologeige so lange allein miteinander zu üben, bis die richtige Proportion gerät. Allenfalls kann die Sologeige dazu etwas beitragen, indem sie jeweils nur die Phrasenanfänge: das g in Takt 58, das e in Takt 60, das dis in Takt 61 hervorhebt, sonst aber dynamisch nachgibt, freilich nicht auf den Viertelnoten f und h diminuiert. Das Accelerando in Takt 61 hat etwas Rezitativisches; der identische Akkord veranlaßt hier von selbst die Drängung, während ihn Berg an der analogen Stelle des zweiten Teils (Takt 60) agogisch im Gegensinn auslegt.

Die letzte Strophe des Mittelteils, beginnend Takt 63, hat in der Hauptstimme dieselben Töne wie die zweite. Plausibel darum, daß deren Tempo, fließende Viertel, wieder erreicht wird. Der Solopart hier ist, trotz der Grundstärke f und schließlich sogar ff, nicht einmal mehr Nebenstimme sondern Begleitung, während das Horn, mf, die Hauptmelodie spielt. In den Aufführungen passiert meist Unheil: einerseits wird das an sich keineswegs besonders starke Horn so übertönt, daß die Melodie verschwindet, die Kardinalsünde schlechthin; andererseits werden Figurationen der Geige, die funktionell verwandten aus den allbekannten Violinkonzerten nachgebildet sind, aber diese durch ihren umkreisenden Duktus in die Bergische Sprache einschmelzen, viel zu relevant; belastet die Interpretation ein der Struktur nach Subsidiäres, so überfordert sie es und verurteilt es zum musikalisch Dummen konventioneller Kadenzen; dagegen gerade wehrte sich Berg, indem er zwar die traditionellen Kategorien der konzertanten Setzweise konservierte, aber strukturell zum Sprechen brachte. Wollten die Interpreten in dieser Strophe sich auf die dynamischen Vorschriften herausreden, so wären sie daran zu erinnern, daß diese sich hier wohl auf die Spielweise, nicht aber auf die objektiven Klangverhältnisse beziehen. Der übervorsichtige Berg mochte fürchten, ein mf geblasenes Horn sei immer noch stärker als eine forte-Geige auf der g-Saite. Vom Einsatz der Trompete in Takt 70 an kann die Dynamik nicht mehr viel anrichten, vorausgesetzt, daß diese forte-Stimme nicht grell von der Hornmelodie absticht, die darum von Takt 67 an nicht diminuieren darf. Um so empfindlicher dafür die zweite Strophenhälfte. Die vier Takte von 77 an, mit denen zur Reprise zurückgeleitet wird, »molto più tranquillo«, sind das Scharnier des ganzen Satzes, höchst solistisch und aufgelöst, frei im Charakter, dennoch aber so weit dem Tempo immanent, daß sie ihrer Aufgabe, ins Anfangszeitmaß überzugehen, gerecht werden können. Zunächst müssen sie ihr eigenes, viel langsameres Zeitmaß überzeugend erreichen; der Einsatz des Restmotivs in der Posaune Takt 77 muß deren Hauptstimme aus den beiden vorhergehenden Takten unmittelbar fortsetzen. Um den Übergang zu gestalten, ist wohl das Calmando über dem letzten Achtel von Takt 74 etwas zu spät geschrieben; wer hier sklavisch der Vorschrift gehorcht, handelt dem Formsinn entgegen. Der Schlüssel ist die hohe Trompetenstimme von Takt 73 an. Während sie im schwungvollen Tempo anfängt, hat sie in sich selber den Charakter des Verströmenden, Ausatmenden. Ihn muß der Dirigent nachzeichnen, indem er das Instrument bis auf das fis hin, das ihm die Soloposaune abnimmt, sich ausspielen läßt. Horcht hier die Trompete ihrer eigenen Melodie nach, so bereitet sie zugleich das Ritardando vor, das sich dann nicht zu überhasten braucht, sondern unmerklich vollziehen kann. Der delicato-Einsatz in Takt 77 ist die Mündung des Ritardandos, kein jäh verändertes Tempo. Die Achtel verlangsamen sich stetig bis zu diesem Restmotiv hin: dann erscheint es als deren rhythmische Fortsetzung. Die Streichersoli der Episode können kaum zart und leise genug gespielt werden; die Synkopen äußerst exakt, damit nicht Auflösung in Konfusion ausarte; die Streichervierundsechzigstel, bei aller Ruhe der Ausführung, genau mit den Synkopen, erst der Solobratsche, dann der zweiten Hälfte der ersten Geigen zusammenfallend, in Takt 80 in der zweiten Hälfte der ersten Geigen deutlich nach der dritten Zählzeit der Sologeige nachschlagend. Fraglos sind die vier kritischen Takte von 77 bis 80, sowohl wegen der Rhythmik wie wegen der Klangverhältnisse, herauszugreifen und vorzuprobieren; ebenso notwendig jedoch, sie dann dem verrinnenden Ganzen sprunglos zu integrieren. Bei den verbleibenden drei Takten bis zur Reprise bereitet den Solisten die allmähliche Augmentation von Vorschlägen in ausgespielte Noten viel Mühe; sie verläuft parallel zum Calando. Auf ihr ist zu bestehen, weil sonst der Weg zu den sehr langsamen Sechzehnteln hin unübersichtlich wird, die ihrerseits für die Form unentbehrlich sind, weil ihr Endwert derselbe ist wie der der Achtel der verkürzten Reprise von Takt 84 an. Die Verlangsamung führt hier zum Verhältnis 2:1; und damit, im real Erklingenden, zur Identität der Zählzeiten. Wird das genau berücksichtigt, so ist die rhythmische Kontinuität gewahrt; unbeirrbar hat der Dirigent darauf zu bestehen, daß tatsächlich am Schluß des sehr langen stufenweisen Ritardandos die Achtel = 56 sind. Sonst erfolgt die Reprise mit einem Ruck, der den Überleitungscharakter des Komponierten Lügen straft.

Die verkürzte und das Allegretto präludierende Reprise selbst ist einfach und wirft wenig Interpretationsfragen auf. Die begleitenden mezzoforte-Akkorde der Streicher und der Harfe in Takt 91 und 92 klingen, wenn man so sagen darf, zu gut. Die Setzweise und der nonige Charakter der liegenden Harmonie verleihen ihnen eine Sonorität, die schwerlich gewollt war. Sie sind zu dämpfen, wofern sie nicht aus dem Gesamtklang des Feldes herausfallen sollen. Entgegenzuwirken ist einer Versuchung, die das epilogische Wesen der zweiten, auf die Einleitung rekurrierenden Strophe unwillkürlich zeitigt: die Achtelbewegung zu hemmen. Da sie ohne Riß, in vollkommener Identität der Einheiten, in das Allegretto übergeht, ist, falls die gesamte Reprise verlangsamt sein sollte, unmerklich zu drängen, zumal in den beiden letzten Takten. Eine der Pointen der Form als ganzer ist die unmerkliche Verwandlung des Hauptrhythmus des Andantes in den begleitenden des Scherzandos. Sie darf nicht verloren gehen.

In der Exposition des Allegrettos ist der dynamische Wechsel der Sequenzen: mp, p und zweimaliges mf zu realisieren, nicht dagegen das Schlußglied von Takt 105 zurückzuhalten; die Tendenz zum Bremsen muß in dem ganzen Thema sich durchsetzen; beschränkte sie sich bloß auf ein Motivglied, so würde vergröbert. In Takt 107 heißt die zweite Note der Unterstimme der Sologeige dis, nicht wie im Klavierauszug und der mir vorliegenden alten Partiturabschrift d. – Alle Analytiker heben hervor, daß das Allegretto aus drei Hauptgestalten gefügt sei, dem motivisch knappen Ländlerthema des Anfangs, dem »wienerisch« überschriebenen in Takt 110 und dem »rustico«-Charakter in Takt 114. Die Vortragsbezeichnung »wienerisch« heißt technisch: zufahren, immer die Auftakte, nicht die guten Taktteile betonen, und: die Terzen auskosten, also in Takt 110 die zweiten Geigen nicht schwächer als die ersten; tatsächlich steht bei Berg das H über beiden. Aufmerksam jedoch ist darauf zu machen, daß die drei Gestalten nicht mechanisch eine nach der anderen sich folgen. Die Takte 112 und 113, die zwischen der zweiten und der dritten stehen, werden, als wären sie eine Interpolation, den Interpreten vielfach zum Stein des Anstoßes. Man wird mit ihnen fertig, indem man die Nebenstimme der Bratschen und der Celli und dann die der Fagotte schon so plastisch bringt, daß der Motivzusammenhang, wenn sie in Takt 111 zur Hauptstimme wird, über allem Zweifel steht. Weiter muß in der zweiten Hälfte von Takt 112 die Sologeige ihre in Doppelgriffen gesetzte Stimme so spielen, daß sie ebenfalls als Imitation jenes Motivs erkennbar wird, ganz auf die höheren Noten hin musiziert. Im folgenden Takt soll zwar die Sologeige phrasieren; ein Ritardando aber würde die formbildende Konsequenz jenes Motivs aufhalten und damit Konfusion stiften. Die Sologeige macht ihre Luftpause, während die Hauptstimme der Klarinette im Tempo fortfährt. Verstanden werden müssen die beiden Zwischentakte als rudimentäre Verarbeitung des Kontrapunkts zum wienerischen Motiv. Das Ritardando in dem korrespondierenden Reprisentakt 119 legitimiert keine Analogieschlüsse; in der Reprise sind die Formverhältnisse darum mit der Exposition nicht vergleichbar, weil nun, aus gutem Grund, das wienerische Thema ausgespart wird.

Takt 117 beginnt ein zweistrophiges, ruhiges Feld; die Ruhe ist bereits von der Komposition gestiftet, durch liegende Akkorde und längere Notenwerte. Die Bezeichnung a tempo (ma tranquillo) ist genau zu nehmen; im Tempo spielen und die neue Gestalt lediglich charakterisieren, nicht das Feld verschleppen. Vorsicht mit dem, was der Geiger für eine schöne Stelle hält und wovon er sich nicht trennen will.

Der Formsinn der folgenden Partie von Takt 126 an konfrontiert die Interpreten mit einer Aufgabe, die nur mit hellstem Bewußtsein zu bewältigen ist. In dem Feld wird bis zum tempo primo des Takts 132 die wienerische Gestalt liquidiert. Diese Liquidation muß sinnfällig werden, weil um ihretwillen jene Gestalt im weiteren Verlauf des Satzes und auch in der Reprise verschwindet. Bergs Formgefühl sagt ihm, daß man nicht einen musikalischen Stoff in nichts auflösen und dann wiederbringen kann, als wäre nichts geschehen. Bei der Liquidation verwendet Berg sein altes Lieblingsmittel, jeweils die letzte Note des Motivs wegzulassen. Zugleich jedoch greift er auf die Sequenzidee zurück, die den ganzen Satz dem Tanz annähert; jede Stufe der Motivverkürzung im Orchester wird von der Sologeige imitiert. Durch die Überschneidung der Einsätze wird der Verlust je eines Tons leicht verdeckt; ist er aber nicht evident, so wird auch die spätere Absenz des sehr einprägsamen Motivs grundlos. Am besten wird man sich aus der Affäre ziehen, indem man, auch wo Diminuendi geschrieben sind, wie in dem an sich schon etwas matt instrumentierten Modell der Flöten und Oboen in Takt 126, verhindert, daß die Phrasenendung, die beiden letzten Achtel des Takts, fallengelassen werden; nur relativ auf dies Modell wird die Subtraktion einsichtig. Die Imitation der Geige in Takt 127, piano bezeichnet, darf gegenüber dem Bläsereinsatz nicht zu stark sein. Wenn dann in Takt 128 die Hauptstimme wieder in die Holzbläser wandert, muß die Geige so rasch diminuieren, daß jene hervortreten; ebenso in den folgenden Takten. Erst beim Ende der Liquidation und der Anspielung auf den rustico-Charakter in Takt 130 hat die Sologeige den unbestrittenen Primat. Das Rubato dieser Takte darf nicht die Rückkunft des Hauptthemas in Takt 132 zum Schleppen verurteilen; da dies Thema den äußerst vielgliedrigen Satz nach Art eines Rondorefrains bindet, muß es überall sein ursprüngliches Tempo behalten.

Das erste Trio von Takt 137 an ist wohl nicht nur più energico, sondern auch chronometrisch etwas flotter, schon um der Proportion zu dem dann wesentlich langsameren zweiten Trio willen: das viel ausführlichere Vorbild der Tempodisposition ist das Scherzo der Neunten Symphonie von Mahler. In Takt 140 prophezeit zum ersten Mal der schneidende Einsatz der Blechbläser die Katastrophe des zweiten Teils; es ist, als verdrängte diese Gestalt die wienerische. Selbstverständlich absorbiert sie sogleich alle Aufmerksamkeit. Das mit dem Auftakt a zu 141 beginnende Schlußglied der ersten Geigen jedoch ist überaus thematisch: es ertönt auf dem Höhepunkt des ersten Trios in der Sologeige Takt 147/8. Darum muß es, trotz des Blechmotivs, schon beim ersten Mal unüberhörbar sein. Im weiteren Verlauf bietet das erste Trio insbesondere Probleme des metrischen Aufbaus und zwar in der Gliederung des Blechthemas. Von der zweiten Hälfte des Takts 150 an bis vorm fünften Taktteil von 151 schießt eine metrische Einheit zusammen. Wird einfach durchdirigiert, ohne daß die wechselnden Metren der Phrasen herausmodelliert wären, die jeweils nach den übergebundenen Akkorden beginnen, so wird der Verlauf der sehr voll gesetzten und von einer äußerst expressiven Geigenstimme überwölbten Partie, vollends in Takt 150/1, obskur. Auch das Calando vollzieht sich stufenweise, nach dem Maß jener Gruppen[3]. Das Schlußglied der Sologeige, ihre Unterstimme in Takt 154, antizipiert das Thema des zweiten Trios und muß die Brücke zum Meno mosso schlagen, unmißverständlich, doch nicht mit vulgärem Nachdruck.

Im zweiten Trio ist die Blässe der Flöte in der Mittellage vorgestellt und sollte nicht überschminkt werden; die Farbe ist ausinstrumentiert in den Triangelschlägen und den Harfenflageoletts. Dagegen sind die begleitenden Streicher, auch ihre kurzen Crescendi, so im Zaum zu halten, daß sie von der Flötenmelodie nicht ablenken; keine Überakzentuierung des fis der Bratschen und der Harfe. Ebenso ist in Takt 158 darauf zu merken, daß weder die melodieführende Trompete noch das Begleitsystem das Grundpiano überschreite. Der liberamente überschriebene Takt 161 darf nicht Opfer der unfreiwilligen Komik der Goetheschen Brautnacht werden: »Denn deine Kühnheit wird zur Pflicht.« Glaubt der Interpret sich verpflichtet, mit einem Mal durchzugehen; forciert er die Freiheit, so verspottet er das Gemeinte. Das Bergische Idiom legt nahe, von dem zuvor statuierten Rhythmus auszugehen, natürlich zu drängen, nach dem hohen ais eine minimale Zäsur zu machen, auf dem Schlußglied stehen zu bleiben und dann ins Haupttempo des zweiten Trios zurückzukehren; indessen ist das vielleicht zu rationalistisch; nur experimentierende Selbstkritik wird das Richtige finden. Besser auf jeden Fall, gar nicht rubato zu spielen, als einen Dialekt zu affektieren, dessen man nicht mächtig ist. Übrigens ist der achttönige Begleitakkord der Streicher, dem instrumentalen Partiturbild nach das Einfach-

3 Bei weiträumiger und metrisch mannigfaltiger Musik höchsten Formniveaus sind metrische Analysen für den Dirigenten conditio sine qua non. Solange er bloß schlägt, anstatt die Phrasen und ihre Längen auseinanderzuhalten, kann nichts Sinnvolles sich realisieren. Webern nahm es damit überaus streng; so hatte er Mahlers Kindertotenlieder nach ihren metrischen Irregularitäten aufs genaueste schematisiert und scheute sich nicht, die Ergebnisse bei den Proben auch dem Orchester zu kommunizieren; seine Aufführung im Frankfurter Rundfunk dürfte nie überboten worden sein. Es kann Dirigenten gar nicht dringend genug empfohlen werden, metrische Aufrisse herzustellen. Beethoven registriert schon in der Bezeichnung des Scherzos der Neunten Symphonie die Notwendigkeit, indem er Zwei- und Dreitakter benennt; unterdessen hat sie sich eminent gesteigert.

ste des gesamten Werks, gleichwohl nicht primitiv hingeschrieben wie im älteren Recitativo accompagnato. Eine bestimmte metallene Klangqualität ist aufs genaueste ausgehört; der Dirigent wird sie erkennen, sobald sie sich bildet.

Im wiederkehrenden ersten Trio[4] ist darauf zu achten, daß das aus Takt 40 bekannte Schlußmotiv, das dem Verlauf der letzten drei Takte der kleinen Reprise zugrunde liegt, plastisch genug wird; von Takt 171 an in der Baßklarinette und den beiden Fagotten klingt es leicht zu schwach. Die Entwicklung der Hauptreprise vom Dreiachteltakt an, nach dem Rondorefrain von Takt 172 ff., ist zu schützen vor Indifferenz. Der Einförmigkeit der Walzerbegleitung arbeitet man entgegen durchs Espressivo im Pianissimo. Die Partitur verrät Bergs Furcht, die erste Flöte allein wirke zu ausdruckslos; unbedenklich ist sie durch die zweite zu verdoppeln. Trotz der Geradtaktigkeit hat der Dirigent die Chance rhythmischer Modifikation. Sie steckt in den Überbindungen; schon in Takt 179 müßte das fis der Flöten, innerhalb des Phrasierungsbogens, frisch kommen, dann in Takt 180 die abermals mit fis einsetzende Figur, Erbin jenes Einsatzes, so intensiv gebracht werden, daß sie der Sologeige in Takt 182 als Modell dient. Diese darf dynamisch nicht so weit darüber hinausgehen, daß der Zusammenhang mit jenem Modell überhört wird. Erreicht Takt 187 die Sologeige ihr Forte, crescendiert zwar das Orchester, ist aber selbst forte erst im folgenden Takt.

Die weitere, stark variierte Reprise[5] führt die Motive der

4 Ernst Krenek spricht in seiner Analyse der Altenberglieder aus Reichs Buch von einer »kleinen rührenden Zeichnung« im Manuskriptentwurf, durch die Berg versuchte, seine Musik vor der Tücke des Objekts und der Subjekte zu sichern. Nicht minder rührend ist eine Notiz in der Partitur der Reprise des ersten Trios, die die Erinnerung an Bergs Person so lange bewahren könnte, wie seine Musik dauert. Er vermerkt im Part der Sologeige, der als N bezeichnet ist, »Tuba durchlassen«. So sagte das Kind im Zoo: »Mutti, wir wollen gehen, ich glaube, der große Elefant fürchtet sich vor mir.«

5 Die rustico-Gestalt von Takt 192 an nötigt zu textkritischen Überlegungen. Sie ist, über vier Takte, als flageolett bezeichnet, ohne daß über die Ausführung des Flageoletts entschieden wäre. Die Notenköpfe sind normal, nicht die eckigen. Man wird daraus ebenso wie aus dem musikalischen Zusammenhang folgern dürfen, daß Berg den realen Klang notierte. Das Pfeifen aberwitziger Höhen, das sonst sich vernehmen läßt, erlaubt nicht einmal mehr das Urteil darüber, ob sich harmonisch ein Sinn ergibt oder nicht. Klingt die Violinstelle,

Scherzo-Exposition durch, die dort noch keine Konsequenz hatten. Sie ist sehr reich an Tempomodifikationen, so als würde mit dem einmal Gesetzten nun improvisatorisch gespielt. Durchweg aber bleiben sie dem Hauptzeitmaß immanent; zumal das un poco allargando vor Takt 200. Wird gar in Takt 203 ritardiert, während es eher unmerklich vorwärts geht, so stockt der Satz: die reichere agogische Gliederung will ihn verdichten, wie ein abwechslungsreicher Weg kürzer dünkt. Die letzte Reprise des Hauptthemas in Takt 208 verwendet andere Melodietöne als seine charakteristischen; um so prägnanter will darum der Rhythmus, um so treuer das Haupttempo angeschlagen werden. Die vorhergehende Steigerung mündet nicht in jene Reprise. Die Luftpause ist formkonstruktiv: wirklich ein Neubeginn, die Dynamik um wenigstens einen Grad abgeschwächt. Das Kärntnerlied im Horn dringt, nach Bergs ausdrücklichem Willen, allmählich durch. Im allgemeinen jedoch hört man den Auftakt des Horns und dann seinen Takt 214 gar nicht; unvorbereitet beherrscht es den Takt 125. Dem ist dadurch zu begegnen, daß das piano einsetzende Horn in Takt 214 zu crescendieren beginnt, während gleichzeitig das Orchester diminuiert; die Hauptstimme der Sologeige forte nur auf ihrem höchsten Ton f, Takt 124; dann schwächt sie sich sofort ab und schafft dem Horn Klangraum. Den Übergang zur Pastorale hat Webern als erhebliche Verlangsamung gelesen. Nur dann wohl ist das über zwölf Takte sich erstreckende Animando vernünftig auszuführen, da ja die Coda, in der es terminiert, nur als quasi Stretta bezeichnet ist: beschleunigtes Haupttempo zwar, aber doch Haupttempo. Intrikat ist in der Stretta die Klangdisposition der Blechbläser, deren dreistimmige Einsätze sich kreuzen. Gegen die schneidenden Trompeten und die Schwere von Posaunen und Tuba fallen die Hörner ab, wofern man nicht die Stärken sofort ausgleicht: die Hörner fortissimo anblasen, die anderen Blechinstrumente nötigenfalls mäßigen. Beim Schluß, etwa von Takt 250 an, das Tempo in der Hand behalten, so daß das Ende ohne Gewaltsamkeit stentato wirkt. Ist die ganze Stretta nach Takt 245 sehr in

wie sie geschrieben ist, so entspricht das übrigens der analogen Stelle von Takt 114 an. Wie der Geiger die geschriebenen Töne erzielt, ist ihm überlassen.

Schwung gekommen, so mag man getrost bei der Kadenz Takt 252 etwas ritardieren, dem Nachdruck des Definitiven zuliebe.

Der zweite Teil steigert die virtuosen Anforderungen; die interpretativen sind geringer als im ersten. Darum mag Grundsätzliches genügen und dann die Erröterung von ein paar kritischen Einzelheiten. Der erste Satz des Teils, die auskomponierte Kadenz, ist in weitem Maß aus den Spielweisen des Soloinstruments entwickelt; darum ebenso wie wegen des offenbaren programmatischen Vorwurfs schwer zu verfehlen. Berg hat die Riesenkadenz in eine dreiteilige Architektur gebannt, weit sinnfälliger sie durchkonstruiert als die wilde des Kammerkonzerts. Zu realisieren ist die Einheit des Improvisatorischen und des Konstruktiven. Dafür enthält das Komponierte die Faustregel: improvisatorisch ist die Solostimme, fest gefügt meist der Orchesterpart. Prinzipiell spielt das Orchester einigermaßen streng, symphonisch, die Geige frei; etwa so, wie zeitgenössische Berichte es von Chopin melden, dessen linke Hand im Tempo geblieben sei, während die rechte rubato darüber sich erging; auch die Reminiszenz an die Praxis des Jazz braucht man nicht zu scheuen. Daß dabei Solist und Orchester nicht aneinander vorbei oder gegeneinander musizieren, läßt sich bewerkstelligen, indem der Solist, der minutiös bezeichneten Phrasierung folgend, auf rhythmische Zielpunkte hinspielt, wo man jeweils genau zusammensein muß, dazwischen aber seinem Impuls so weit sich überläßt, wie es nur möglich ist, also wo nicht etwa die Gestalt der Orchesterkontrapunkte auch von ihm buchstäbliche Beachtung der Zählzeiten verlangt. Die Einwürfe des Orchesters in Takt 7 sind thematisch und wiederholen sich dreimal, bis sie von Takt 13 an sich auflösen; also nicht zufällige Schläge einer Rezitativbegleitung sondern so präzis, daß die ganze Gruppe bis zum Stropheneinsatz vor Takt 15 als in sich symmetrische Form sich konstituiert. Insbesondere die Hörnerakkorde in Takt 13 unter der Solostimme nicht vag. Ebenso ist die Stimme des Saxophons und der Klarinetten von Takt 15 an thematisch. Der Solist soll, nach Bergs Vorschrift, die Bläser durchlassen; leicht verwischt sich die Phrasenendung Takt 16/7.

Die Hauptschwierigkeiten fürs Zusammenspielen bietet der mit

Takt 23 beginnende Abschnitt molto ritmico. Ihn hat Berg – seltene Ausnahme in seinem œuvre – über einem eintaktigen rhythmischen Modell errichtet, das nach der Idee unverrückbar starrer Drohung obstinat sich wiederholt. Formal wird dies Überdeutliche vom anderen Extrem, der monologisch phantasierenden Geige, balanciert. Auf dem Papier sieht der Rhythmus simpel genug aus. In der Aufführungspraxis schwankt immer wieder der letzte, um ein Sechzehntel nachschlagende Akkord. In den Fortsetzungen klappt er vielfach schon auf 3 vor oder verspätet sich um ein Sechzehntel und kommt aufs letzte Achtel. Der Rhythmus ist dem Orchester zunächst zu demonstrieren, dann peinlich darauf zu merken, daß er sich nicht allmählich aufweicht, zumal wenn ihn von Takt 35 an die Sologeige intoniert. Die Verpflichtung der Geige, auf Eckpunkte hin nach dem Maß der Phrasierungszeichen – Berg schreibt häufig Luftpausen – zu musizieren, bezieht sich auf den Anfang des Feldes; den ersten Taktteil der Geige, im Gegensatz zum Orchester, bis zu Takt 35, mit Ausnahme von Takt 32, niemals akzentuieren. Die Betonungen fallen vielmehr auf die kritischen Noten jeder Phrase, unabhängig von der Takteinteilung. Von Takt 35 an der Solist so exakt wie das Orchester zuvor; improvisatorisch ist nun eher die Begleitstimme der Baßklarinette, der Fagotte und gegebenenfalls der Verstärkung von Saxophon und Klarinette[6]. Aber eine Orchesterstimme kann und soll nicht ebenso rubato gespielt werden wie die eines Violino principale. Immerhin läßt sich das Improvisierende wenigstens andeuten, indem man die längeren Noten aushält, die Sechzehntel acceleriert. Die Antizipation des Choralanfangs Takt 43 trotz des col legno verständlich; ebenso das anschließende Zitat des zweiten Trios aus dem ersten Teil, von Takt 44 an. Das ist nicht ganz leicht, denn die Geige spielt weiter poco marcato den thematischen Hauptrhythmus, und die Triomelodie der ersten Flöte hat mit der zweiten Stimme der Oboe zu kämpfen; diese und die Geige sind dennoch der Flötenstimme unterzuordnen. Das poco Scherzando der drei Takte von 54 an so wenig outrieren, wie das Liberamente im ersten Teil; die orgelähnliche Episode calmando tranquillo nicht schon am An-

6 In der alten Partitur Takt 42 hat Webern das e der ersten Posaune auf dem dritten Viertel mit Recht in g korrigiert.

fang von Takt 61 adagio, sondern so weit das Haupttempo nachfühlend, daß man in das folgende Accelerando ohne viel Umstände wieder hineinkommt.

Die Sektion von Takt 64 bis 95 ist eine Kadenz in der Kadenz, deren innerste Zelle. Die Pizzicati, mit denen die Sologeige ihre eigene arco-Melodie von Takt 68 an begleitet, sehr rhythmisch, so mühsam es auch ist; die ganze Stelle hat etwas Tickendes, als zählte eine Uhr mit, das darf nicht versäumt werden. Ebenso die Pizzicati in Takt 71 nachschlagend als klare Synkopen.

Über den vierstimmigen Kanon von Takt 78 an, das zentrale Stück der Kadenz, könnte man stundenlang brüten. Voll befriedigend, will sagen, so, daß man die Imitationen wirklich wahrnimmt, kann ihn die Sologeige kaum vortragen. Aber es wäre Berg nicht fremd, wenn er gerade das Gequälte, die Grenze des eben noch Ausführbaren Streifende gewünscht hätte, so wie eine Notiz in der Partitur einmal von einer absichtlich exponierten Orchesterstimme spricht; in anderen Zusammenhängen äußerte sich Berg in solchem Geist. In der Komposition konzedierte er allerdings die Alternative einer Aufteilung des Kanons zwischen dem Solisten und einer Solobratsche. Offenbar schwankte er selber, im Namen von Hoffnung wider die Hoffnung, zwischen der Idee, an der Wendestelle des Konzertante ins Absurde zu steigern, und dem Mahlerischen Primat der kompositorischen Deutlichkeit. Heute gebührt doch vielleicht dem letzteren der Vorzug und darum der duettierenden Notlösung. Der Schluß der Sektion ist von höchst seltsamem, inspiriertem Ton: Koketterie am Rande des Abgrunds, wie wenn der Tanz den Tod beschwichtigen wollte, den er zugleich fühlt; bei diesen Takten bedarf es aller Phantasie. Takt 90 wieder sehr rhythmisch, damit nicht der Anschein entsteht, der Solist stimme buchstäblich sein Instrument; Takt 91 das Arpeggio der Klarinetten so leicht wie überhaupt nur möglich; der Solist wartet, bis die Klarinettenterz klar sich gebildet hat, ehe er weitergeht; auch dann ja nicht zu hastig. Vom Ende des Takts 93 an die Rhythmen der Klarinette und der Sologeige genau ineinanderpassen; diese wartet auf jene und umgekehrt, beide aber zögern nicht.

In der drastischen Schlußpartie des Allegros ist allenfalls vor Mißverständnissen zu warnen, wie der Ungeduld des Geigers, wenn er Takt 104 den Hauptrhythmus übernimmt; dann nicht drängen, sondern pesante, also eher innehalten. Wird das letzte Achtel jenes Rhythmus, das einen staccato-Punkt trägt, seinem vollen Wert nach ausgehalten, hilft das bereits gegen Schwankungen. In den allerletzten Takten des Allegros von 134 an darauf achten, daß trotz der tiefen Lage und des tenebroso-Charakters die thematischen Vorgänge distinkt sich mitteilen. Die Bratschenstimme, die mit dem Auftakt zu 135 anhebt, ist auch rhythmisch bereits das getreue Abbild der folgenden Choralmelodie. Danach das Tempo disponieren; beim Ende des großen Ritardandos gleichen die Viertel hier genau den folgenden Halben.

Die Choralvariationen sind abermals relativ einfach; der Klang ist vorm Dickflüssigen zu bewahren. Der Satz reizt in seiner Entwicklung ein wenig dazu, daß man ihn rascher spielt, als er gedacht ist, nämlich trotz der adagio-Viertel eigentlich in Halben; aber Berg mahnt immer wieder zum langsamen Zeitmaß. Ergiebig für die Interpretation, daß Bergs Formgefühl den Dualismus der allegro-Kadenz in gewisser Weise auch in die gänzlich veränderte Situation der archaisch strengen Choralvariationen transponiert. Das Cantus firmus-Prinzip ist dem der entwickelnden Variation der zweiten Wiener Schule einigermaßen entgegen. Bergs Nervosität hat darauf angesprochen, und er hat nach seiner Weise das Unvereinbare vereint. Darin muß die Interpretation ihm folgen. Der Gegensatz der festgefügten Orchesterparts zur improvisierenden Solostimme in der Kadenz setzt sich fort in dem zwischen dem »Hauptrhythmus« des Cantus firmus und den Kontrapunkten, die freilich nun aus der gebundenen Form nicht mehr ausbrechen. Der wichtigste ist der Trauergesang der Sologeige, der Takt 164 beginnt, bis zur Episode des Kärntnerlieds. Das Interpretationsproblem ist von Bach her vertraut. Das Choralthema, oder wenigstens sein Rhythmus, ist überdeutlich, zumal, faute de mieux, mehrfach die Posaune es vorträgt. Wie bei einem Fugenthema darf darum die Aufführung nicht unterstreichen, was von selbst sich Aufmerksamkeit verschafft, sondern muß sich auf die Kontraste konzentrieren. Kontrast ist die Formfunktion jenes Klagegesangs der Sologeige; stets nähern bei Berg dramatisch-expressive und konstruktive Ideen bis zur Schwelle des Ununterscheidbaren sich einander. Die Bezeichnung H⌐ meint also nicht: hervortretend, sondern erinnert bloß ans Gerüst; die Interpretation gilt dem, was dagegengesetzt ist. Im Bachchoral selbst alterniert das Adagio in den von Berg harmonisierten oder vielmehr sogleich kontrapunktierten Abschnitten mit dem rascheren Tempo der jeweils in der Bachischen Originalfassung übernommenen Fermaten, als ob die Komposition dieser Dreiklänge ein wenig sich schämte und unauffällig über sie hinweg möchte. So ist das auch wiederzugeben, nicht aus den tonalen Zwischenspielen ein peinlicher Effekt zu ziehen. Schwierig der Anfang der ersten Variation Takt 158. Hier müssen die Choralstimmen tatsächlich etwas markiert werden, wegen des Kanons zwischen den Celli und der Harfe; die gedämpften Hörner so leise bleiben, daß die Harfenstimme durchdringt. Das schließende Achtel a der Sologeige in Takt 158 genau mit dem des ersten Horns koinzidierend. Die Stimme erlischt in ihm; der kleine Notenwert meint kein punkthaftes Hervortreten sondern das Gegenteil.

Von Takt 170 an nicht accelerando; die Sologeige verstärkt die Spannung, wenn sie im gemessenen Tempo verharrt. Etwas vorwärtsgehen darf man vielleicht beim appassionato bezeichneten Takt 184, um rückwirkend ein Gefühl von Beschleunigung zu bewirken; schon vom Höhepunkt Takt 186 an gewiß nicht weiter drängen. Allenfalls fließt unmerklich hier das Tempo etwas mehr; von dort aus ins Haupttempo zurückmusizieren. Es allzusehr anzutasten, sehen Dirigent und Solist wohl darum sich genötigt, weil der Trauergesang der Sologeige bis 194 ohne jede Pause verläuft. Aber zur Gliederung bedarf es weniger grober Mittel: der aufmerksamsten Phrasierung. Atmen, ohne zu trennen, die Linie jedoch in sich so distinkt, als spräche die Violine. Mit jeder Endung sinkend und dann gleichsam neu anhebend; so schon das zweite Achtel von 166. Die Zäsuren differenzieren nach ihrer formalen Relevanz, nach Versen und Strophen; eine neue beginnt in 170, besonders groß ist der Einschnitt in 176; dann mag der Solist allmählich die Melodie, je mehr sie in Schwung kommt, in Einem vortragen. Sicherlich jenes Appassionato 184 nicht unverbunden. Den Schluß der Kärntnerweise hat Webern, ohne alle Bedenken, äußerst langsam genommen, mit unbeschreiblicher

Wirkung. Die Authentizität der Aufführung entscheidet sich danach, ob sie die Probe dieser Stelle besteht, ganz mit ihr überzeugt und den wohlweisen Einwand des Sentimentalen gar nicht erst aufkommen läßt: gerade der asketische Webern setzte in solchen Augenblicken, auch bei Mahler, das schrankenlose Gefühl ein. Die Coda hat dann nochmals ihre Tücken in den einander abnehmenden Einsätzen von Takt 221 an. Die Aufgabe ist doppelt: nicht nur müssen die Instrumente sich Zeit lassen und, wie Berg darüber schreibt, warten, sondern wiederum auch keinen Hiatus erlauben. Deshalb vom Auftakt zu 223 an die Sologeige zusammen mit den Solostreichern bis Takt 227 allein probieren, dann erst mit den Choralstimmen der Bläser. Die sehr exponierten Harmonien von Hörnern, Posaunen und Tuba zum höchsten g der Geige aufs sorgfältigste intonieren; die geringste Trübung würde alles beflecken. Aufmerksam gemacht sei auf die Folge der drei Schläge von Tamtam, freihängendem Becken und Gong, eine unike Klangfarbenmelodie. Sie färben den B-Dur-Dreiklang mit der sixte ajoutée derart um, daß den Zuhörern das Behagen an der Verklärung nach dem Tod vergeht. Überhaupt ist in dem Konzert das Schlagzeug, das als Medium eigenen Wesens in der Schönbergschule im allgemeinen zurücktritt, außerordentlich bewußt und erfahren behandelt und verdient liebende Pflege.

Das gibt Anlaß zu ein paar Worten über das Orchester des Werks. Die Besetzung geht kaum über die im Wiener Klassizismus übliche hinaus. Trotzdem ist das Tutti, dank der Bergischen Setzweise, im Allegro zur mächtigsten Expansion fähig: sie sollte die Aufführung nirgends, auch nicht zugunsten des Solisten, eindämmen. Nicht minder erstaunlich jedoch die orchestrale Zartheit im gesamten Andante des Beginns, auch in vielen Episoden des zweiten Teils. Bei solchen Phänomenen wird gern von kammermusikalischer Orchesterbehandlung geplappert. Wie jede abgebrauchte Phrase ist auch diese zugleich falsch. Die Klänge sind viel homogener als die solistischer Ensembles; auffallend, wie sparsam Berg im letzten Stück, das er vollendete, mit entlegeneren Mischungen operiert. Nur ganz wenige Kammerstellen finden sich, wo die Klangtotale nicht vorgeordnet ist, sondern der Klang aus der Simultaneität selbständig geführter Einzelinstrumente und aus der Kombination ihrer timbres aufsteigt. Der Klang ist durchweg, keineswegs bloß im Tutti, ungebrochen, rund, so integriert wie nur die Struktur durch die kleinsten Übergänge. Sein Spezifisches aber hat er daran, daß er trotzdem keinen Augenblick an den neudeutsch-romantischen erinnert. Die klassische Orchesterbesetzung sagt etwas. Als Anton Webern die 1931 wieder entdeckten deutschen Tänze von Schubert instrumentierte, kommentierte er mündlich seine Arbeit: ihm habe etwas wie die Apotheose des klassischen Orchesters vorgeschwebt, an dessen Umfang er sich hielt. Er ergriff dessen typische, schon zu Schuberts Zeit eingeschliffene Möglichkeiten, aber vom Standpunkt des emanzipierten Klangs seiner Epoche her; er machte die überkommene Palette dem feinsten kompositorischen Geäder zunutze. Berg ließ, ein paar Jahre später, ebenfalls vom klassischen Orchester sich leiten, aber nicht mikrologisch, sondern in der Koloristik geräumiger Partien. Gleich dem alten Orchester der zweifachen Bläser – nur die Hörner sind vierfach, und zu den zwei Posaunen fügt er die Tuba hinzu – will die Partitur unmittelbar den geschlossenen Klangspiegel, nur ausnahmsweise die Klangfarbenmelodie. Aber auch Füllungen, vor allem liegende Akkorde in den Mittelstimmen, werden vermieden. Wie die Symphonien des Wiener Klassizismus ist das Konzert real ausinstrumentiert, nirgends erklingt mehr, als erklingt, nichts mahnt mehr an die Klavierpedale, nicht einmal die Hörner. Bei aller Zartheit der piano-Felder, dessen des ersten Andantes und des zweiten Trios, bleibt es ein durchaus chorisches, wenn man will vertikales Orchester; es irisiert mehr in aquarellhaft gepinselten Klangflächen, als daß es sich konturierte mit einander ablösenden Stimmen; die Rücksicht auf den Solisten mag das veranlaßt haben. Dabei wechseln aber doch, in der Sukzession, die Valeurs häufig, wie es bereits die Motivarbeit im Klassizismus vorbereitete, nur viel lockerer. Die Klangeinheiten werden kürzer, dafür aber nie so schroff einander gegenübergestellt wie ehedem Streicher und Bläser und deren Familien. Auch die Verwendung des Streichertuttis ist ökonomisch. Der klassizistische Orchesterklang wird beschworen aus allen späteren Erfahrungen, die Wagnerische inbegriffen, ohne daß die Desintegrationstendenz hervorträte, die parallel ging mit der zunehmenden Integration des Klangs. Die Klangtotale gewinnt dadurch etwas ruhevoll Schimmerndes, nirgends jedoch Impressionistisches. Sie komponiert sich nicht aus Farbreizen sondern allein aus den Sonoritäten der strukturellen Flächen, unmerklich vibrierend durch Harfe und Saxophon, belichtet durchs Schlagzeug, transparent und gleichwohl in sich zusammengefaßt. Unter den Aufgaben einer Interpretation, die den Text verwirklicht, indem sie ihn versteht, ist gewiß nicht die letzte, daß der Dirigent diesen Klang inwendig hört und die Aufführung nach seiner Idee einrichtet, anstatt dem Zusammenspiel zu vertrauen, wie es sich fügt. Ohne solche Imagination wäre jener Klang dem Zufall anheimgegeben.

Über die musikalische Verwendung des Radios

In den frühen zwanziger Jahren, als das Radio allgemein sich einbürgerte, war viel von rundfunkeigener Musik die Rede. Diese sollte besonders leicht und transparent gesetzt sein; nicht nur das Massive sondern alles Komplexe galt für schlecht übertragbar. Einzelne Klangfarben wie die der Flöte stächen derart heraus, daß man sie besser vermiede. Solche Regeln erinnerten oberflächlich an die gleichzeitigen materialgerechten Bauens und materialgerechter Zweckformen, liefen in Wahrheit jedoch parallel den Parolen gemeinschaftsfreudiger Simplifizierung, die um die gleiche Zeit, als Reaktion aufs Befremdende der neuen Musik, lanciert wurden. Die technologische Begründung lieh sich jener sozialen Ideologie, die auf den Kunden – also die Menge der Hörer und das Hörbild, das sie empfangen – sich beruft, um sie dem verfügenden Willen um so geneigter zu machen und der Konformität, die jener meint. Längst sind die damaligen Beschränkungen, die übrigens nur in bescheidenstem Umfang Versuche einer rundfunkeigenen Musik veranlaßten, gefallen. Die Technik hat, über die Etappen der frequency modulation und der stereophonischen Verfahren, Fortschritte gemacht, welche prinzipiell die täuschend ähnliche Sendung jeglicher Musik erlauben. Mit den besten zeitgenössischen Empfangsgeräten und in einem großen und akustisch einigermaßen geeigneten Raum kann man gute Aufnahmen von Opern oder symphonischer Musik so hören, daß selbst das Vorurteil des hartgesottenen Fachmanns wenig zu beanstanden findet. Anstatt daß er über den akustischen Konservengeschmack klagen muß, darf er sich freuen, der Hemmungen und Ablenkungen ledig zu sein, von denen er in Konzerten und verwandten öffentlichen Veranstaltungen geplagt wird. Das technisch Vermittelte gewinnt eine Leibnähe, welche die Unmittelbarkeit der lebendigen Aufführung oft dem gerade versagt, der auf konzentrierte Wahrnehmung aus ist. Über rundfunkeigene Musik wird nirgends mehr gestritten; ebensowenig gefragt, ob nicht etwa die Schallplatte, die durch die Langspieltechnik mittlerweile fast der gesamten Literatur offen ist, eigene musikalische Formen verlangt. Die Reflexion aufs Verhältnis von Technik und Musik hat dorthin sich verzogen, wo Gewohnheit und Zwang des approbierten Kulturbedarfs noch nicht hinreichen, in die Elektronik. Die musikalischen Massenmedien aber verhalten sich, mag der triviale Vergleich noch so sehr hinken, zu ihrem Material wie der Film zum Theater, sobald jener, wie Reinhardt und Olivier es versuchten, einfach Theatervorstellungen photographiert. Das Unbehagen am gefilmten Hamlet hat vor der aus dem Radio tönenden Neunten Symphonie niemand noch geäußert.

Anlaß dazu wäre genug. Radioübertragungen traditioneller, in Kategorien der lebendigen Aufführung konzipierter Musik sind grundiert vom Gefühl des Als ob, des Uneigentlichen. Ihnen prägt das Radio einen Bildcharakter auf, der in Mitleidenschaft zieht, wodurch Musik von den herkömmlicherweise nachahmenden optischen Künsten und denen des Wortes sich unterschied. Noch vor zwanzig Jahren gab es dafür ein handgreifliches Indiz. Radiomusik erschien wie auf einem Hörstreifen, begleitet von einem kontinuierlich gleitenden Geräusch. Es wirkte wie akustisches Zelluloid, auf das die Musik aufgedruckt war. Das suggerierte sinnlich, man vernehme nicht sie selbst sondern ihre Photographie, vermittelt durch ein Drittes. Mehr noch als die Veränderungen von Tonstärke und Klangfarbe mochte der Hörstreifen den Neutralisierungseffekt bedingen, den die Rede vom Konservengeschmack meint. Die Zweidimensionalität älterer Radiosendungen, ihr Mangel an Raumtiefe, ist vermutlich nicht bloß physikalisch durch den Verlust entfernter mitschwingender Obertöne verursacht sondern auch durch die Assoziationen, die der Hörstreifen mit sich führt, die Gestaltqualitäten, die mit ihm einschnappen; vorweg scheint er die dritte akustische Dimension auszuschließen. Phantasievolle Experimente vermöchten wohl, derlei Zusammenhänge aufzuklären. Tonphysiologisch ist der Hörstreifeneffekt durch die verbesserten Apparaturen sehr gemildert, wenn nicht abgeschafft worden, obwohl er zuweilen, etwa bei der Übertragung lebendiger Konzerte, überraschend wiederkehrt; unter den Motiven technischen Fortschritts in der Kunst ist nicht das letzte das dialektische: durch Technik gutzumachen, was Technik frevelte. Psychologisch aber dürfte jener Effekt überleben. Bei einer Rundfunkaufnahme sagte ich einmal, nach dem Ende eines Liedes, ein paar Worte, die noch aufs Band gerieten. Der Aufnahmeleiter bat spontan, und sicherlich mit Recht, um Wiederholung der Aufnahme; hätte man meine Worte weggeschnitten, so wäre der Schluß des Liedes zu abrupt gewesen. Eine Differenz herrscht zwischen dem leer auslaufenden Band und der bandlosen Zeit; sonst könnte ein solcher Schnitt nicht als gewaltsam empfunden werden. Das Bedürfnis, die Aufnahme im Leergang noch eine Sekunde weiterlaufen zu lassen, verweist auf ein ihr spezifisches Medium, verwandt dem Hörstreifen und jenem schabenden Geräusch, das heute an alten Schallplatten stört und rührt.

Authentizität, Selbstheit des Phänomens im wörtlichsten Verstand, wird im Radio von einem Sachverhalt in Frage gerückt, der dem technischen Fortschritt gegenüber indifferent ist und mit musikalischer Massenproduktion ex definitione zusammenfällt. In einem Aufsatz im ›Anbruch‹ von 1930 hat Günther Anders den Schock der Ubiquität beschrieben, den einer erlebt, der auf der Straße gehend aus einer Lautsprecherquelle Musik vernimmt und aus der nächsten die Fortsetzung[1]. Gewohnheit mag gegen den Schock abgestumpft haben; was ihn auslöste, befremdet heute kaum minder. Alle vorphonographische Tradition der Musik, und ihr Niederschlag in der Verhaltensweise des Hörers, heftet sich unausdrücklich, und darum nur um so stärker, ans hic et nunc, die Gegenwart eines Unverwechselbaren und Unaustauschbaren. Die Erhebung der Musik über das alltägliche Dasein, ihr Pathos, ist dem verschwistert. Daß die musikalische Erfahrung ihren emphatischen Charakter verlor und einzig im Extrem ihn wiedererwirbt, ratifiziert geschichtlich, was die Ubiquität, die beliebig herstellbare Allgegenwart ein und derselben Musik an zahllosen Raumstellen deren Sinn selber antut. Aufs Gleiche zielt allgemein-ästhetisch Benjamins Distinktion zwischen dem Kultwert des Kunstwerks und seinem Ausstellungswert in ›L'œuvre

1 Vgl. Günther Anders, Spuk und Radio, in: Anbruch XII, Februar 1930, S. 65.

d'art à l'époque de sa reproduction mécanisée‹[2]. Jener werde durch die Emanzipation des Kunstwerks von seinem Ort und seiner Stunde liquidiert. Es verliere seine Aura. Musik war, bis in die jüngste Phase hinein, die auratische Kunst schlechthin; offen ist, ob sie, Gegenwart eines sogleich Entschwindenden, dieses Moments überhaupt ganz sich entäußern kann. Von den optischen Künsten unterschied sie sich wesentlich auch darin, daß sie des lebendigen Vollzugs bedurfte; nicht ebenso hatte sie teil an der Vergegenständlichung wie die Plastik, die schon in der Antike sich nachbilden, wie das literarische Gebilde, das von je sich abschreiben ließ; sie verharrte im Bann des emphatischen Augenblicks. Selbst die fixierten musikalischen Notentexte blieben in der gesellschaftlichen Praxis Anweisungen auf die Ausführung an spezifischem Ort und zu spezifischer Stunde. Einzig den wenigen handwerklich Zuständigen wurden sie von der Aktualisierung unabhängig. Nicht umsonst haben noch die Meister der spätmittelalterlichen Polyphonie der Nachwelt keine Partituren anvertraut; sie hätten das wohl der Profanierung gleichgeachtet. Selbst um 1920, als es schon längst Platten gab, hörte das Kind das Symphoniekonzert, in das man es mitnahm, als ein feierlich Einmaliges, nicht als Duplikat eines Gedruckten.

Benjamins groß einfacher und fruchtbarer Einsicht dürfte gerecht werden nur, wer sie weitertreibt. Daß die traditionelle Kunst, vor ihrer technischen Reproduzierbarkeit, jenes reine hic et nunc ebenso bereits erschüttert hatte, wie umgekehrt – als Hauch von Verwesung – die Aura von der Massenreproduktion beschlagnahmt und synthetisch hergestellt wird, besagt allein nicht viel. Der deplacierte Kuß in der Großaufnahme bestätigt eher Benjamins Theorie, als daß er sie widerlegte, und aus den früheren Ansätzen zur mechanischen Reproduktion könnte durch deren Quantität die neue, bestürzende Qualität ruckhaft erst herausgesprungen sein. Aber der Gegensatz als solcher ist nicht undialektisch zu denken. Das mechanisch reproduzierte Kunstwerk ist nicht einfach die Negation des auratischen als eines kultischen. Das Kunstwerk verneint, seit es autonom ward, den Kultwert, von dem es zehrt und den es säkularisiert. Protest des von fort-

2 Vgl. Walter Benjamin, Das Kunstwerk im Zeitalter seiner technischen Reproduzierbarkeit, in: Schriften, a. a. O., Bd. 1, S. 375 ff.

schreitender ratio zugerichteten Naturwesens gegen dessen Unterdrückung, ist es doch nur vermöge seiner Teilhabe am geschichtlichen Gesamtprozeß der Rationalisierung solchen Protests mächtig. Daher verschwindet das magische Element nicht einfach in der Phase der manifesten ästhetischen Rationalität, sondern wird als negiertes in dieser aufbewahrt. Die Distanz des Ästhetischen zur empirischen Realität, ohne die der Begriff des Kunstwerks selbst hinfällig wäre, ist Verwandlung jener Transzendenz, wie sie das auratische Kunstwerk – nach Benjamins Wort die Erscheinung eines Fernen als Nähe[3] – einmal verkörperte. Die Geschichtsphilosophie der Kunst hat die Stufen solcher Dialektik, die Perspektiven ihrer Tendenz zu entwerfen. Sie kann sich nicht bei dem abstrakten Unterschied des Sakralen und Weltlichen bescheiden; der rein zu Ende gedachte Gedanke des versachlichten Kunstwerks höbe dessen Möglichkeit selbst auf in eine als real zwecklose, sogleich absurde Wissenschaftlichkeit.

Der offizielle Fortschrittsglaube des Geschäfts ergeht sich in triumphalen Pronunciamentos, durchs Radio werde große Musik solchen gebracht, die zuvor, sei's ökonomisch, sei's auch bloß geographisch, von ihr ausgeschlossen waren. ›Music goes into mass production‹ nannte sich ein Aufsatz, der in Harper's Magazine 1939 erschien. Er setzte die quantitative Expansion ernster Musik umstandslos dem kulturellen Aufschwung gleich. »Die Farmersfrauen in den Präriestaaten«, hieß es darin, »hören große Musik in Aufführungen großer Künstler, während sie ihre morgendliche Hausarbeit besorgen.« Wer von der Aussicht darauf nicht sich begeistern läßt, setzt auch heute dem Verdacht elitär kulturkonservativer Gesinnung sich aus. Ein Tabu verhindert zu fragen, ob nicht der partikulare Fortschritt in der Verteilung von Kulturgütern, bei sonst unveränderten Verhältnissen der gesellschaftlichen Produktion, Kultur verschachere und weniger zur aufklärenden Befreiung des Bewußtseins beitrage als zur Verhärtung der Ideologie. Demgegenüber ist das objektive Verhältnis zwischen der Massenproduktion und dem zu durchdenken, was reproduziert wird. Bereits im Äußerlichsten weicht die Darbietung vom Sinn des Dargebotenen ab. Quantitativ gehäufte

3 Vgl. a. a. O., S. 372.

Musik tendiert wie die Überproduktion von Konsumgütern überhaupt zu dem, was man in der Sprache der zeitgenössischen Jugendpsychologie Reizüberflutung zu nennen sich gewöhnt hat. Unter gesellschaftlichen Gesamtbedingungen, denen Wert und Seltenheit von Luxusgütern Synonyma sind, mißachten die naiv Wahrnehmenden vorweg, was ihnen unbeschränkt und fast gratis ins Haus geliefert wird. Die Programme, zwischen denen der achtlose Druck ihres Fingers entscheidet, gleichen der zugleich unverbindlichen und starr regulierten Auswahl von Standardgütern auf dem Supermarket sich an. Die Menge des auf sie Einströmenden duldet schwerlich die Spontaneität und Konzentration, die einzig ihnen öffnete, was die Sache selbst, jenseits von Marktkategorien, ihnen allenfalls noch zu sagen hätte. Die Bedingungen des gewohnten Privatlebens, unter denen sie das Radio andrehen, machen die Unterscheidung des Gehörten von anderen nichtigen Informationen fast unmöglich; die Koordination der Hörgewohnheiten jener wie immer auch mythischen Farmersfrauen mit ihren häuslichen Pflichten wird ihnen vollends verwehren, derart dem Gehörten sich zu widmen, wie ihre gepriesene Integration in die Kultur es erheischte. Die Unabgehobenheit der Musik vom Milieu hindert die Farmersfrau daran, jene ihr ungewohnte Distanz zu gewinnen, jenen Nachdruck zu erfahren, an dem der Sinngehalt der kompositorischen Tradition haftete. Von der Anstrengung dispensiert sie der technische Komfort; das Gehörte wird ihrer Willkür untergeordnet, ist zu ihrer Verfügung, ein Für anderes, nicht länger ein An sich. Dadurch wird sie um das gebracht, was man ihr mit der Noblesse der Reklame spendet. Während sie glaubt, das Beste sei gerade gut genug für sie, hat sie es schon versäumt.

Die Analyse dessen, was aus der losgelassenen offiziellen Musikkultur wird, setzt beim musikalisch Erscheinenden ein, der Radiosituation, in der Technologisches mit Sozialem, Ökonomischem, Psychologischem sich vermischt. Technik selber läßt, als gesellschaftlich produziertes Medium geistiger Erfahrung, von ihrem gesellschaftlichen Standort nur dogmatisch sich isolieren. An ihren Effekten, welche die Arglosen und ihrem Bewußtseinsstand nach hinter ihr Zurückgebliebenen allerorten zu beobachten glauben, trägt Technik nicht als solche Schuld, sondern nur kraft ihres sozialen Stellenwertes. Standardisierung etwa hat ihre technische Ursache im Ausgang des massenverteilten Produkts von einer Stelle, welche alle mit Identischem beliefert; was aber daraus wird, die virtuelle Standardisierung des Bewußtseins, hängt ebenso ab von dem System, innerhalb dessen die standardisierten Reize ausgestrahlt werden: von der Herrschaftsgewalt hinter den Kommunikationsmedien, den Hörbedingungen und sedimentierten Verhaltensweisen derer, die darauf ansprechen. All das wandert gleichsam in die primäre Erfahrung, die Radiosituation ein, ist nicht deren Akzidens. Ob Standardisierung den Menschen das antäte, was man heute von ihr argwöhnt, sobald sie nicht länger ideologisch gelenkt wäre und an ein falsches Bewußtsein anknüpfte, ist unabsehbar. In Bereichen wie der Verkehrsregelung ist sie höchst unschuldig. Der Glaube, es läge an der Technik selbst, den allemal der mittlerweile selbst automatisierte Aberglaube an den Menschen kontrapunktiert, gehört demselben Fetischismus an wie der verdinglichte Zustand, über den die Feinde der Technik sich entrüsten. Ideologische Phänomene sind einzig noch im Gesamtprozeß zu dechiffrieren. Zirkulation und Konsum wirken im dichtgefügten System allgemein nicht nur auf die Menschen, aus denen die Gesellschaft besteht, sondern selbst auf die ökonomischen Determinanten zurück.

Modell eines Knotenpunkts wäre, was Symphonien vom Beethovenschen Typus im Lautsprecher widerfährt[4]. Eine Symphonie, die nicht ganz so gut sei, wie man es zu Unrecht den offiziell lebendigen Aufführungen der großen Konzertinstitute abkauft, gilt der communis opinio für besser als gar keine. Aber die Einheit des Kunstwerks, und gerade des traditionellen als eines strukturierten Sinnzusammenhangs, bedarf eines jeglichen Moments gleichermaßen. Der Rest an Richtigem, nach Abzug von Entstellungen, ist durch diese selber entstellt und umfunktioniert. Nur einer plump realistischen Ansicht vom Kunstwerk, die es nach Analogie des gängigen Unterschieds zwischen dem beharrenden Ding und seinen bloßen sinnlichen Abschattungen sich ausmalt, kann die Zwischenschaltung der Radiostimme bei einer

4 Vgl. Th. W. Adorno, The Radio Symphony, in: Radio Research 1941, New York 1941, S. 117 ff.

Beethovensymphonie gleichgültig sein. Deren Form war, wie Paul Bekker zuerst hervorhob, nicht jene Sonate für Orchester, die als abstraktes Schema so bequem sich herausklauben läßt[5]. Spezifisch war ihr Intensität und Konzentration. Sie wurde erreicht durch dichte, konzise, faßliche Eindringlichkeit: die Technik motivisch-thematischer Arbeit. Kompositorische Ökonomie gönnte nichts dem Zufall, sondern deduzierte das Ganze virtuell derart aus kleinsten Einheiten, wie es dann die Reihentechnik buchstäblich möchte. Nicht aber wurde Gleiches statisch wiederholt sondern, mit dem Ausdruck, den Schönberg als Erbe des Verfahrens erfand, entwickelnd variiert. Die Symphonie spinnt in der Zeit ebenso das Nichtidentische aus dem Grundmaterial heraus, wie sie Identität in dem in sich selbst Unterschiedenen, sich Auseinanderwickelnden bestätigend enthüllt. Strukturell hört man – auch Georgiades hat das betont – den ersten Takt eines klassizistischen Symphoniesatzes erst, wenn man den letzten Takt hört, der ihn einlöst. Die Illusion der gestauten Zeit: daß also Sätze wie die ersten der Fünften und Siebenten Symphonie oder selbst der sehr ausgedehnte der Eroica bei richtiger Wiedergabe nicht sieben oder fünfzehn Minuten währen sondern nur einen Augenblick, ist ebenso von jener Struktur produziert wie das Gefühl des Zwangs, der den Hörer nicht ausläßt; der symphonischen Autorität als einer immanenten des Sinnes, schließlich des Umfangenseins durch die Symphonie, der ritualen Rezeption des Einzelnen in einem werdenden Ganzen. Die ästhetische Integration des symphonischen Gebildes ist zugleich Schema einer gesellschaftlichen. Bekker hat seit der Abhandlung über die Symphonie von Beethoven bis Mahler deren Wesen geradezu in ihrer »gesellschaftsbildenden Kraft« gesucht. Die Theorie greift sicherlich insofern fehl, als Musik, seit sie irgend rationalisiert und geplant ward, kein unmittelbarer Laut mehr ist, sondern in gesellschaftliche Zustände eingepaßt sich findet und in ihnen fungiert. Überhaupt vermag Kunst von sich aus keine realen gesellschaftlichen Formen zu setzen. Nicht sowohl gemeinschaftsbildend war Musik, als daß sie aus den Individuen die Ideologie, sie seien verbunden, hervorlockte, ihre Identifikation

5 Vgl. Paul Bekker, Die Symphonie von Beethoven bis Mahler, Berlin 1918, S. 8.

mit ihr und dadurch miteinander bestärkte. Das war, rationalisiert, der disziplinäre Segen, den schon Platon und Augustin empfanden. Die Symphonie feierte die arbeitende und antagonistische bürgerliche Gesellschaft als Einheit der Monaden für diese. Die Schule des Wiener Klassizismus, gleichzeitig fast mit der industriellen Revolution, integrierte im Geist der Epoche die zerstreuten Individuen, aus deren total vergesellschafteten Beziehungen ein harmonisches Ganzes hervorspringen sollte. Der ästhetische Schein selber, die Autonomie des Werkes, war zugleich Mittel im Reich der praktischen Zwecke. Tatsächlich reproduziert sich die Totalität des Lebens durchs Getrennte und einander Widersprechende hindurch. Dies Wahre verbürgte das ästhetische Gelingen; Trug war das Umfangensein. Es spornte an zu Hochgefühlen. Indem die symphonische Form so emsig das musikalische Detail wie den einzelnen Hörer umklammerte, übertäubte sie die Ahnung des unversöhnten Zustands. Jene Illusion zerfällt im Radio; es exekutiert die immanente Rache an großer Musik als Ideologie. Keiner, der in der bürgerlich-individuellen Situation der Privatwohnung die Symphonie hört, kann als leibhaft in der Gemeinschaft Geborgener sich verkennen; insofern ist die Zerstörung der Symphonie im Radio auch eine Entfaltung der Wahrheit. Die Symphonie wird zersetzt: was aus dem Lautsprecher tönt, widerspricht dem, was es selber war. Anstelle des Gedächtnisses ans wie immer leidvoll im Antagonismus sich erhaltende Leben tritt ein Abguß, in dem der Einzelne weder den eigenen Impuls mehr wiedererkennt, noch sich als Befreiten empfindet. Allenfalls imponiert er ihm heteronom und dient, mit seinem Bedürfnis nach Macht und Herrlichkeit, seiner Konsumentenpsychologie. Was einmal gesellschaftlich notwendiger Schein war, geht über ins gesellschaftlich gesteuerte falsche Bewußtsein der Einzelnen von sich und vom Ganzen, die Ideologie in die pure Lüge.

Am simpelsten zeigt sich das an der absoluten Dynamik der Symphonie, der Tonstärke. Das Modell einer Kathedrale im Format eines Tisches ist nicht bloß quantitativ sondern dem Sinn nach verschieden vom Original: wird die Proportion zum Leib des Betrachters modifiziert, so fällt all das fort, was noch dem Wort Kathedrale seine Leuchtkraft verleiht. Analog hängt die synthetische Kraft einer Beethovensymphonie zumindest teilweise vom Volumen des Klanges ab. Nur wenn dieser gleichsam größer ist als das Individuum, vermag es durchs Tor des Klanges ins Innere der Musik zu gelangen. Zur Plastizität des symphonischen Klangs, die dessen Sinn erst konstituiert, trägt aber nicht bloß die Klangstärke als solche bei sondern der Umfang der Skala vom Fortissimo bis zum Pianissimo; je schmaler dieser Umfang, je geringer die Möglichkeit dynamischer Kontraste, desto prekärer die Plastizität, tragende Erfahrung des symphonischen Raums. Kein technischer Fortschritt vertuscht den Verlust alles dessen im Radio. Einen Klang, der, wie im Konzertsaal, größer wäre als das Individuum, dulden die Hörbedingungen im privaten Zimmer nicht; wem es darum zu tun ist, etwa bei Werken, deren Qualität Kategorien eines Riesenorchesters voraussetzt wie Schönbergs Gurrelieder, muß in einem mit Lautsprecher versehenen Auto weit weg von bewohnten Gegenden fahren, um etwas irgend Ähnliches zu erlangen, und auch dann wird es wahrscheinlich verzerrt. Paßt freilich der Radioempfänger den akustischen und sozialen Hörbedingungen nicht sich an, beharrt er im Privatraum auf der originalen Dynamik, so durchbricht er bis heute noch die Neutralisierung. Dann aber verwandelt sogleich das Phänomen sich in wilden Protest, barbarisches Toben. Nicht nur widerspricht es kraß der Situation und ermutigt eifernde Nachbarn zum Telefonat, sondern ist dem Original so fremd wie andererseits dessen Gestalt der Zimmerpflanze. Kein Ausweg aus der Neutralisierung. Selbst durch das stereophonische Hören ist die raumhaft umfangende Funktion schwerlich zu restituieren. Von der Symphonie bleibt eine Kammersymphonie zurück, wie wenn der Weltgeist eigens dafür gesorgt hätte, daß gerade im Zeitalter der mechanischen Reproduktion die Kammersymphonie, und das Kammerorchester überhaupt, sich entwickelten. Die sinnlichen Modifikationen der Radiosymphonie trachten der Struktur nach dem Leben.

Die imago einer Schöpfung aus dem Nichts beim klassizistischen Typus der Symphonie aus Beethovens mittlerer Periode stellt sich her nur, wofern das Ausgangsmotiv, als Derivat des Dreiklangs weithin entqualifiziert, zugleich so nachdrücklich gespielt wird, daß es, ein an sich Nichtiges, den Aspekt höchster Relevanz für das annimmt, was darauf und daraus folgt. Die ersten Takte der Fünften Symphonie, richtig aufgeführt, müssen im Charakter einer Setzung, gleichsam eines freien Aktes ohne jede diesem vorgeordnete Materie vorgetragen werden. Technisch bedarf es dazu der äußersten dynamischen Intensität: Lautheit ist dabei kein bloß sinnliches Attribut; sie wird zur Bedingung eines Geistigen, des strukturellen Sinnes. Realisiert sich das Nichts der ersten Takte nicht sogleich als das Alles des ganzen Satzes, so wird an der Idee des Werkes vorbeimusiziert, ehe es nur recht anfängt; die Setzung mindert sich zum Belanglosen, die Spannung lädt sich nicht. Je weniger aber die Hörer – zumal die, welche hochtrabend vom Radio zur musikalischen Kultur eingeladen werden – vom unverstümmelten Werk etwas wissen; je ausschließlicher sie der Radiostimme ausgeliefert sind, desto bewußtloser und ohnmächtiger erliegen sie dem Neutralisierungseffekt. Aus der freundlichen Stütze der Erinnerung wird deren Feind, erinnerungslose Wahrnehmung. Die Struktur der Radiosymphonie polarisiert sich in einander Widersprechendes, das Banale und das Romantische: in jene Elemente, die dann in der leichten Musik ineinander übergehen, zu der die Radiosymphonie tendiert. Das kunstvoll Irrelevante der Urzellen, die bei Beethoven nichts an sich selbst, gleichsam nur Konzentrate des tonalen Idioms sind, das erst die Symphonie zum Sprechen bringt, wird, aus dem Zusammenhang herausgebrochen, zu jenem Gemeinplatz, als welcher das Anfangsmotiv der Fünften international-patriotisch auszuschlachten war; erregende Steigerungen aber oder melodisch profilierte Seitengedanken werden zu emotionalen Schablonen oder zu ominös schönen Stellen. Die intensive Totalität der Symphonie erschlafft zur chronologischen Folge von Episoden. Wohl ist die symphonische Intensität nicht ganz auszurotten, aus dem Einzelnen die Transzendenz zum Ganzen nicht vollends zu tilgen. Aber sie wird vergiftet. Die Trümmer erscheinen wie solche eines verwischten oder abwesenden Kontexts. Mit anderen Worten: wie Zitate. Deshalb bleibt es beim Bildcharakter der Musik. Nicht Beethovens Fünfte ist gehört sondern ein Potpourri aus ihren angeblichen Melodien, bestenfalls musikalische Information über die Musik, nicht unähnlich dem, worüber jener Besucher der Tell-Aufführung sich beschwerte, der das ganze Schauspiel nur aus Kernsprüchen zusammenaddiert fand. Die Romantisierung so wesentlich unromantischer Musik wie Beethoven jedoch, die Übersetzung in eine Art musikalischer Populärbiographik[6], treibt Schindluder mit eben jener Aura, welche die übliche Radioübertragung traditioneller Musik zu konservieren sich anmaßt. Der Ausnahmezustand, der Musik bis zur Schwelle des technischen Zeitalters war, wird durch überstrapazierten glamor nivelliert auf die Prosa des öden alltäglichen Zustands. Gestürzt ist jene Idee des Festlichen, die Georgiades in seiner Arbeit über Mozarts Jupitersymphonie als dem Wiener Klassizismus essentiell beschrieb; vielleicht war sie bereits zu ihrer Stunde subjektive Veranstaltung, die ein objektiv Entschwindendes retten sollte.

Der Idealtypus der Radiosymphonie ist Index des Gesamtzustandes. Wäre sie selbst nicht vorweg durch den Stil des offiziellen Musiklebens deformiert, sie würde es durch die Situation des Einzelnen, der dem Lautsprecher gegenüber sitzt; sie ist schon der Musik so inadäquat wie längst der befrackte Oratoriensänger der Matthäuspassion. Keinem Hörer ist es vorzuwerfen, wenn er, mit einem ihm Fremden in schiefer Situation konfrontiert, auf den Spuk gar nicht erst sich einläßt, sondern ihn in den Hintergrund der Wahrnehmung und des eigenen Bewußtseins relegiert. Die einzigen, die etwa Vernünftiges damit anfangen könnten, wären die Fachleute, denen eine solche Symphonie, gereinigt von der betulichen Weihe des Konzertsaals, nahe rückt wie ein Text durchs Vergrößerungsglas. Mit Partitur und Metronom bewehrt, könnten sie die Aufführung verfolgen, um unweigerlich ihrer Falschheit innezuwerden, aber das war schließlich nicht der Zweck des Ganzen. Fatale Notwendigkeit waltet noch in der Fütterung der Maschinerie mit symphonischer Musik, die deren neutralisierenden Verschleiß befördert. Die Programmchefs haben gegen die trübe Flut der leichten Musik, die grinsend selbstzufriedene Barbarei sich zu stemmen; bei neuer Musik drohen die Protestbriefe der verbissen sich Entspannenden. Der

6 Vgl. Th. W. Adorno, Über den Fetischcharakter in der Musik und die Regression des Hörens, in: Dissonanzen, Göttingen 1958, S. 9 ff. [jetzt auch: Gesammelte Schriften, Bd. 14: Dissonanzen, Einleitung in die Musiksoziologie, Frankfurt a. M. 1973, S. 14 ff.].

Grund für den unaufhaltsamen Unfug, der dabei gegenüber der U-Musik immer noch etwas Tröstliches hat, ist die Ausnutzung von Kapazitäten. Nach einem ideologischen Schema, das auszuforschen wäre, wird sie von der industriellen Produktion, wo sie von der Rentabilität der Anlagen erheischt ist, auf die Massenmedien übertragen, ohne eine andere raison d'être als die sozialpsychologische. Schwerlich würden die Sendeanlagen durch längere Sendepausen entwertet; wohl aber dürften die Kettenraucher der Musik gegen ein Schweigen rebellieren, das, durch den bloßen Kontrast zu dem Getön, das immerzu über sie wogt und ihrer Zugehörigkeit zur Welt sie versichert, zur verhaßten Selbstbesinnung sie nötigte. Leidenschaftlich wollen sie bei der Stange gehalten werden. Ihnen zu Ehren wird das Auftrumpfende, Ostentative und Einschmeichelnde unterstrichen, das selbst die authentischen Werke immer schon ausstrahlten. Es überwuchert den Wahrheitsgehalt, den hörend zu erkennen etwas von dem Glück wäre, um das die auf die Hörer zugeschnittene Opulenz diese betrügt. Denn keine Beethovensymphonie ist immun gegen ihre Depravation. Das sagt aber nicht weniger, als daß die Werke selbst kein An sich, daß sie nicht indifferent sind gegen die Zeit. Nur weil sie geschichtlich sich in sich verändern, in der Zeit sich entfalten und absterben; weil ihr eigener Wahrheitsgehalt geschichtlich ist und kein reines Sein, sind sie so anfällig für das, was vermeintlich ihnen von außen angetan wird. Es verifiziert, was in ihrem Innern sich ereignet, den Fortschritt des Verstummens. Die Radiophänomene sind Index der Gesamttendenz, des Niedergangs der traditionellen Werke selbst und der approbierten musikalischen Kultur. Nur als nachlebende können die dissoziierten Werke ihn überdauern.

Die musikalische Verwendung des Radios umorientieren, kann aber nicht heißen, es aus dem gesellschaftlichen Wirkungszusammenhang herauszulösen und naiv-rigoros nach ästhetischen Kriterien zu steuern. Die praktische Vergeblichkeit solcher Ambitionen ist Ausdruck einer Antinomie. Während das Radio immanent genötigt ist umzudenken, wenn es nicht destruieren soll, was es als Positivität ausschreit, bedarf es zugleich, der eigenen technologischen Struktur nach, objektiv der Hörermassen, deren eingefrorenen und institutionell geförderten Hörgewohnheiten musikalisch sachgerechtes Verhalten entgegen wäre. Planendes Bewußtsein, wie es der musikalischen Politik des Radios unabdingbar ist, kann nicht des antagonistischen Zustands Herr werden, indem es ihn ignoriert. Nicht nur die soziale Kontrolle verhindert die Radiomusik daran, vom Publikum abzusehen, sondern ohne es wäre sie an sich absurd; fachmännisch bornierte Torheit, in die Welt einzig das hinauszustrahlen, wovon sie nichts wissen will. Selbst die Sonderprogramme, mit denen das Radio der Forderung der Sache zu genügen trachtet, indem es sich seligierten Hörergruppen zuwendet, haben ihren Pferdefuß. Sie sind unschätzbar als Schlupfwinkel für all das, was dem Markt oder Pseudomarkt der Kulturindustrie nicht pariert, und derer im Publikum, die gegen den Strom hören. Durch die Ausgliederung aus dem normalen Programmbetrieb jedoch, durch den Stempel Nur für highbrows werden die dritten Programme selbst zu einer institutionellen Sparte von Fachleuten für Fachleute. Das schleift ebenso ab, was sie meinen, weil sie dann von vornherein den Geretteten predigen, wie sie als Sparte in die allumfassende Organisation des kalkulierten suum cuique neben Sport- und Kirchenfunk sich einfügen. Sie tragen, unvermeidlich und beim besten Willen, zu jener Abkapselung der neuen Musik bei, die deren Feinde ihr dann vorhalten und die sie durchschlagen müßte. Bei der Divergenz zwischen dem, was an sich an der Zeit ist, und dem Geschmack des Publikums dürfte das Radio nicht resigniert innehalten. Soll Musik, als gesellschaftliche Produktivkraft, dem Willen des Publikums nicht sich beugen, so gibt es doch keine, die nicht dem eigenen Sinn nach, als das Wir, das jeder mehrstimmige Klang sagt, auch wiederum das Publikum meinte. Ihre radikalen strukturellen Veränderungen seit mehr als fünfzig Jahren wären recht wohl darzustellen unterm Gesichtspunkt eines gegen sich selbst abgeblendeten Versuchs, die vom Kulturbetrieb zur Indifferenz integrierten Hörermassen zu erreichen, sie zu mobilisieren durch das, was zur Abwehr aufreizt. Umgekehrt lebt in der Abwehr der Hörermassen selbst das Potential des Bewußtseins, daß gerade das sie etwas angehe, was sie nicht Wort haben wollen, so wie noch im trübseligsten Hörkonsum des Halbbildungsphilisters das genuine Bedürfnis, entstellt zwar und manipuliert, überwintert. Die immanenten Fortschritte der Musik drängen zugleich auf eine Veränderung der Hörgewohnheiten; diese aber, ambivalent unter dünner Eisfläche, sind keine Konstanten, sondern wären einem Verhalten der Massenmedien offen, das sie mitdenkt und Angriffsstellen entdeckt; das sie respektiert, indem es sich weigert, sie zu respektieren. Haben die Veränderungen der musikalischen Produktion, des Komponierens, ihre Wahrheit, so ist sie auch die über die Hörer selbst, über das, was als ihr wesenhaftes objektives Interesse ihnen zugleich verborgen ist. An dies Potential hätte die musikalische Praxis der Massenmedien anzuknüpfen. Übrigens wird die Umorientierung des Radios keineswegs bloß durch die Widerstände gegen die neue Musik erschwert. Der Traditionalismus gerade der Hörerschichten, auf welche seriöse Sendungen zielen, sträubt sich heftig gegen eben die Neuerungen, welche aus der technologisch-gesellschaftlichen Struktur abzuleiten wären. Legitime Radiomusik könnte nicht einfach vom Standpunkt des aktuellen Komponierens ausgehen, also einzig aus hochqualifizierten modernen Stücken bestehen; zudem ist nach den spezifischen Desideraten der Radiostimme viel avancierte Musik, Webern etwa oder Boulez, traditionell. Dem Radio wahrhaft adäquate Kompositionen heute müßten den Zuhörer durch fruchtbare Fremdheit überwältigen; man hat das in der Form ausgesprochen, daß auf Entfremdung nicht die Illusion von Nähe und Unmittelbarkeit zu antworten hätte sondern Verfremdung. Verlästerte Eigenschaften der Hörer wie Neugier, Reizsamkeit, Sensationslust wären nicht der schlechteste Ansatzpunkt. Im grauen Einerlei des nivellierten und verdinglichten Bewußtseins sind die Regungen, über die das Ethos der Eigentlichkeit am lautesten sich empört und die es der Dekadenz der Massen zur Last schreibt, das Refugium eines möglichen Besseren. Zerfällt im Radiophänomen, wie wahrscheinlich vorher schon im Bewußtsein derer, die es ereilt, das Zeitkontinuum, der temps durée, dann hätten die Radiokompositionen daraus die Folgerungen zu ziehen. Sie müßten die Forderung der Prägnanz steigern zur absoluten Präsenz. Jeder Augenblick müßte unverkennbar da, fraglos in seinem eigenen Sinn sein, dürfte nicht auf seine Entwicklung, auf die Kontinuität des musikalischen Zuges warten. Man müßte experimentieren mit Kompositionsweisen, die dem Verhalten des Hörers entsprechen, der mit den Knöpfen herumspielt und darauf lauert, was er erwischt: wie einst im Kino, als es noch nicht von der hohen Kunst erniedrigt war, müßte man in jedem Augenblick ein- oder aussteigen können ohne Schaden für die Musik. Die Parallele zu aleatorischen Kompositionen leuchtet ein. Solche Konzentration auf den Augenblick schnitte zwar die traditionelle musikalische Transzendenz, das über sich Hinausweisen des Einzelnen aufs Ganze ab. Sie entledigte sich aber des Schwimmenden und Wolkigen, zu dem jene Transzendenz geworden war, als sie zum atmosphärischen Reizwert sich entzauberte, und das dann die Allergie gegen den romantischen Musiktypus begründet. – Werden in der gegenwärtigen kompositorischen Diskussion die einst selbstverständlichen Medien Raum und Zeit unaufhaltsam in die Reflexion hineingerissen, so weist das Radiophänomen auf Verwandtes. Viel authentische Musik der jüngsten Phase will nicht mehr als zeitlicher Prozeß sondern gewissermaßen simultan vernommen werden, wie der Blick auf ein Bild dessen Partien simultan zusammenrafft, um sie dann zu sondern. Auch im Radiophänomen trägt etwas wie Verräumlichung oder richtiger: Visualisierung der Musik sich zu. Notwendige Attribute wären Kürze, der Verzicht auf die übliche Formentfaltung; zwingende, jähe Gegenwart des Erscheinenden, das nicht erst entstehen darf, sondern die schlaghafte Qualität der Sensation sich aneignet; Verzicht auf funktionale, perspektivische Harmonik zugunsten des unverwechselbar für sich einstehenden Einzelklangs; vielleicht auch Zurücktreten des Kontrapunkts im traditionellen Verstand, den aus strukturimmanenten Gründen ja auch die serielle Musik vielfach nicht mehr duldet. Daß all das mit Tonalität, auch mit erweiterter, nicht zu realisieren ist, bedarf kaum der Worte. Von musikalischen Mitteln wäre der Primat ans charakteristisch erfundene Einzelmotiv und an die Klangfarbe zu zedieren: diese hat ohnehin im zeitgenössischen Komponieren die volle konstruktive Gleichberechtigung erlangt. Insofern die Verräumlichung nicht wörtlich zu verstehen ist, also auch der Radiomusik die Dimension des Sukzessiven verbleibt, hätte die Formgestaltung weniger fortzusetzen und auszuspinnen als mit dem Kontrast zu operieren; auch er ist in der neuen Musik, seit dem Schönbergischen Expressionismus, zum Formkonstituens geworden. Er trüge die Intensität des Einzelaugenblicks weiter und durchschnitte, scharf gleich den heute möglichen Farben, die Neutralisierungsschicht, die auf der Musik sich abgelagert hat. Solche Prägnanz des Komponierens verstärkte – als Einspruch gegen die schlecht gewordene Unendlichkeit der Perspektive – das musikalisch Eindeutige: nicht erst der Verlauf stiftete den Sinn eines Phänomens sondern seine kompositorische Emphase, eingestimmt auf ein akustisches Sensorium, so rasch, wendig, gewitzigt wie das Auge des Habitués von Kriminalfilmen. Überhaupt hätte Radiomusik wohl dort ihre besten Modelle, wo die dramaturgische Funktion zuweilen adäquate Verwendung von Klängen erzwang, ohne daß die Trägheit des Hörbewußtseins viel dagegen vermochte. Erwägungen aus dem kaum bekannt gewordenen, in amerikanischer Version bereits 1947 von Hanns Eisler herausgebrachten Buch ›Komposition für den Film‹ werfen Licht auf die musikalischen Desiderate des Radios: »Rasche Auffaßbarkeit ist weithin dasselbe wie Pointieren. Gute Filmmusik muß alles, was sie leistet, gleichsam sichtbar, an der Oberfläche leisten, darf sich nicht in sich selber verlieren: alles, die gesamte Konstruktion, deren sie doch mehr als alle autonome Musik bedarf, muß zum Phänomen werden, und je mehr sie dem Bild« – dem des Films – »die fehlende Tiefendimension hinzufügt, um so weniger darf sie selbst nach der Tiefe sich entwickeln. Das ist nicht im Sinn musikalischer ›Oberflächlichkeit‹ gemeint: im Gegenteil, gerade ein solches Verfahren steht zum konventionell oberflächlichen, flüchtigen, bequemen im äußersten Gegensatz, aber es bedeutet die Tendenz zur vollkommenen Versinnlichung im Gegensatz zu allem In-sich-hineinhören der Musik. Technisch gesprochen bedeutet das den Vorrang von Bewegung und Farbe über die musikalische Tiefendimension, die Harmonik, die gerade die konventionelle Filmmusik beherrscht. Filmmusik sollte blitzen und funkeln. Sie sollte gleichsam selber so rasch ablaufen, daß sie mit dem flüchtigen, vom Bilde fortgezogenen Hören mitkommt und nicht dahinter bei sich selber zurückbleibt. Es ist dies Aufblitzende und bunt Wechselnde, das mit der Technifizierung am ehesten noch sich versöhnt. In ihrer Neigung, sogleich zu verschwinden, nimmt Musik den Anspruch zurück, in dem ihre Kardinalsünde im Film besteht: den Anspruch, ›da zu sein‹.«[7] Tatsächlich stellt die neue Musik, wie Schönberg vor mehr als fünfzig Jahren erkannte, Klänge bei, die in einen Augenblick ganze Entwicklungen zusammendrängen. Die nachdrücklichste Bestätigung der Vorschläge, die aus der Analyse der Radiosituation folgen, ist überhaupt ihre Konvergenz mit dem, wohin das Komponieren von sich aus will – obwohl jene Vorschläge auf Jahre zurückdatieren, in denen am Komponieren selbst all das noch nicht abzusehen war. Indem das dynamische Prinzip der Komposition, die Universalität der motivisch-thematischen Beziehungen, im integralen Komponieren zu sich selbst kam, hat es sich überschlagen. Die traditionelle Vorstellung sich entwickelnder Musik setzt verschiedene Stufen der Dichte, der Präsenz, der Intensität voraus; diese war in der traditionellen Musik Resultat, nicht Attribut. Durch die totale Durchorganisation sind – und das stellt die Komponisten vor die schwierigsten Aufgaben – die Differenzen liquidiert; wo alles selber gleichermaßen Entwicklung, gleich nah zum Mittelpunkt ist, hat der Begriff der Entwicklung wenig Sinn mehr. Aus jenem Prinzip der entwikkelnden Variation und Durchführung, welches das ganze Werk sich unterjochte, ist das Gegenteil geworden, musikalisches Denken in gewissermaßen koordinierten Abschnitten; der der Physik entlehnte Ausdruck Feld spielt darauf an. Die Organisation der Form gelingt nicht mehr in der quasi-kausalen und, um des Als ob ihrer Kausalität willen, nicht mehr ganz zuverlässigen zeitlichen Entwicklung des Einen aus dem Anderen, sondern in Relationen und Proportionen des aufeinander Folgenden, als wären sie gleichzeitig. Aus dem musikalischen Kairos, dem Triumph über die lange Weile im übervollen und explodierenden Augenblick, springt etwas wie die Abschaffung der musikalischen Zeit heraus oder wird wenigstens intendiert. Diese kompositorische Tendenz ist ebenso dem Radiophänomen anzumerken; sie fällt in die sozial-anthropologische Krisis des Zeitbewußtseins[8]. In

7 Hanns Eisler, Komposition für den Film, Berlin 1949, S. 150 [jetzt auch oben, S. 142 f.].

8 Vgl. Th. W. Adorno, Statik und Dynamik als soziologische Kategorien, in: Sociologica II. Reden und Vorträge, Frankfurt a. M. 1962, S. 223 ff. [jetzt

der kompositorischen Praxis sedimentiert der Formsinn eines Ganzen mehr stets sich im Detail. Das wird um so dringlicher, je platter die Integration des Ganzen die Details walzt. Das Radio aber nötigt die Musik von sich aus zu ihrer selbst bewußten, sich reflektierenden Charakterisierung. – Noch das Äußerste, das eine Kritik des Radiophänomens nennt, der Widerstand gegen den Bildcharakter von Musik, meldet in der autonomen Komposition sich an. Hinter der Elektronik, und der Attraktion, die von ihr ausgeht, steht am Ende wohl objektiv die Idee, die technischen Mittel zu befreien vom Bann der bloßen Abbildung von Musik, die an sich solcher Abbildung widerstreitet[9]. Der Makel technischer Musik: bloßer Abguß eines Anderen und damit uneigentlich zu sein, will getilgt werden. Insgeheim gelten die elektronischen Spekulationen auch dem latenten Ideal einer Radiomusik, die nicht länger eine bloß ins Radio gestopfte wäre. Noch die

auch: Gesammelte Schriften, Bd. 8: Soziologische Schriften I, Frankfurt a. M. 1972, S. 217ff.]

9 Nach Abschluß des Textes findet das der Autor durch eine Bemerkung von Stockhausen bestätigt: »Und was haben Schallplatten- und Rundfunkproduzenten bisher getan? Sie reproduzierten; reproduzierten eine Musik, die in vergangener Zeit für Konzertsaal und Opernhaus geschrieben wurde; gerade als ob der Film sich nur damit begnügt hätte, die alten Theaterstücke zu photographieren. Und der Rundfunk versucht diesen Konzert- und Opernreportagen technisch eine derartige Perfektion zu geben, daß dem Hörer die Unterscheidung von Original und Kopie immer unmöglicher gemacht werden soll: die Illusion muß komplett sein. Die bewußte Täuschung wurde immer perfektionierter, so, wie man heutzutage mit modernen Druckverfahren Rembrandt-Reproduktionen macht, die nicht einmal ein Experte mehr vom Original unterscheiden kann. All das steuert auf eine Gesellschaft zu, die auch kulturell von Konserven lebt. Obgleich nun der Rundfunk eine solche Konservenfabrik geworden war, geschah etwas Unerwartetes: Elektronische Musik kam ins Spiel; eine Musik, die ganz funktionell aus den spezifischen Gegebenheiten des Rundfunks hervorging. Sie wird nicht irgendwo auf einem Podium mit Mikrophonen aufgenommen, um dann konserviert und nachher reproduziert zu werden, sondern sie entsteht mit Hilfe der Elektronenröhre und existiert nur auf dem Tonband und kann nur mit Lautsprechern gehört werden. Was die Geburt einer legitimen, funktionellen Lautsprechermusik eigentlich bedeutet, kann nur derjenige ermessen, der einmal durch das Glasfenster eines Rundfunk- oder Schallplattenaufnahmestudios geschaut hat, wo die Musiker wie in einem Aquarium stundenlang buchstäblich für die Wände spielen.« (Karlheinz Stockhausen, Elektronische und instrumentale Musik, in: Die Reihe. Information über serielle Musik. Wien 1959, Heft 5, S. 55.)

Gefahr des technologischen Fetischismus und der sinnfremden Bastelei dabei wäre kaum als bloße Aberration zu beklagen. Sie dämmert notwendig herauf mit der Krise des musikalischen Sinns und der alles Ästhetischen. Kulturkonservative Apologetik führt irre. Die Erschütterung der traditionellen Verhältnisse von Ganzem und Detail ist auch eine der Relation von Mittel und Zweck. Jüngst noch hat ein seit Jahrzehnten mit Zwölftontechnik Komponierender wie Dallapiccola eine These vorgebracht, der auch meine Überlegungen lange sich beugten: die vom unmittelbaren Primat der ästhetischen Zwecke über die Mittel. Der Klaviersatz des späten Beethoven habe die Steinwayflügel produziert, schrieb er, nicht umgekehrt, und nicht anders sollten auch heute Komposition und Klangmaterialien zueinander sich verhalten. Ironisch genug trifft das Beispiel nicht zu; Beethovens letzte Klaviersonaten und die Diabellivariationen wurden angeregt von dem Hammerklavier, das man ihm schenkte. In den fensterlosen Monaden der Technologie vermag zu gedeihen, was der Komponist als Reich der einheimischen Freiheit seines Geistes verkennt. Nicht erst heute haben verfügbare Techniken und Materialien die Phantasie inspiriert, die Schulmeister gegen jene verteidigen. Bedingung dessen freilich ist, daß die Komponisten nicht hinter den zutage geförderten Materialien herlaufen und sich überlegen, was sie mit ihnen Ungewohntes anstellen, wie sie sie nutzbar machen, geschickt verwerten können. Vielmehr hängt die künstlerische Produktivität der Technik, ihre Fruchtbarkeit für den kompositorischen Geist ab von der Kraft der Entäußerung, mit der die Komponisten den neuen Materialien nachhorchen, ohne sie allzu behend zu subjektivieren; ohne sie als das zu handhaben, was man vor noch nicht langer Zeit so naiv wie kunstgewerblich »Ausdrucksmittel« nannte. Mit Grund trennen die fortgeschrittensten Komponisten ihre elektronische Arbeit vielfach von ihrer anderen.

Daß, unter dem gegenwärtigen set-up, das Radio auf eine seiner eigenen Beschaffenheit gemäße kompositorische Produktion in erheblichem Umfang dringe, ist billigerweise nicht zu erwarten; man wird schon dankbar sein müssen, wenn es weiter intransigenten Komponisten Aufträge erteilt und nicht, von der pseudodemokratischen Demagogie vergeudeter Steuergelder eingeschüchtert, musikalische Hotelbildmalerei ermutigt. Allein schon der Mangel adäquater Werke veranlaßt dazu, mit dem vermeintlich ewigen Vorrat hauszuhalten, der durch Raubbau vergeht. Erstaunlich, wie wenig gute Musik es in der Welt gibt, nach ganz handfesten Kriterien, über die einigermaßen zuständige Musiker ohne viel Umstände sich einigen könnten; erstaunlicher noch, wie wenig Gedanken man sich über den gegenüber der Fülle großer Malerei eklatanten Mangel gemacht hat. Eine der Ursachen dafür ist vielleicht die von Busoni gerühmte Jugend der Musik, obwohl immerhin die Erfindung der Mehrstimmigkeit um Jahrhunderte älter ist als die der in mancher Hinsicht verwandten malerischen Perspektive. Wenn roh quantitative Vergleiche überhaupt erlaubt sind, wäre weiter daran zu denken, daß ein nicht abzuschätzendes Maß musikalischer Produktivkraft in die Interpretation einging, während bei den optischen Künsten die meiste Begabung an die Werke selbst gewandt wurde. Solche ungelösten Fragen genügen, die Subsumtion der ungleichnamigen Künste unterm Oberbegriff der Kunst zu hemmen. Jedenfalls ist jener Mangel durch den Bedarf der Radiomaschinerie akut geworden; der musikalische Historismus ist ebenso Funktion ungestillter Nachfrage wie Zeugnis der Schwierigkeit, sie zu befriedigen. Denn die Suche nach unverbrauchten Werken der Vergangenheit enttäuscht. Sicherlich wird stets wieder an Bedeutendes erinnert. Aber auch in der Musik hängt das Überleben mit der Qualität der Sache zusammen, wenngleich es mit ihr nicht blank koinzidiert; der Figaro ist mehr als Cosi, obwohl man das unter besseren Leuten kaum mehr laut sagen darf; der Freischütz mehr als Oberon, Beethovens Es-Dur-Konzert mehr als das Tripelkonzert, die Missa mehr als Christus am Ölberg. Der Eifer zur Ausgrabung wird vollends kompromittiert durch Werttaubheit bei Werken der entlegeneren Vergangenheit, die sich mit wissenschaftlicher Objektivität verwechselt; das Radio ist überschwemmt mit klimpernder und zirpender Langeweile.

Die Aufgaben eines musikalischen Museums wären unverächtlich. Gegenüber der vorwaltenden Praxis der musikalischen Interpretation, die längst die Werke verriet und unter den sich zusammenschnürenden Bedingungen der lebendigen Aufführung sie verraten muß, ist die Sorge um authentische, auf Band fixierte

Aufführungen auch dann eine obersten Ranges, wenn man solcher Fixierung gleich aller musikalischen Photographie mißtraut. Die Vorteile der Radiostimme, Korrelate ihrer Nachteile: die Fixierbarkeit der Musik und ihr Näherrücken an den Hörer, begünstigen Archive. Wird Musik, bis sie in den Lautsprecher gelangt und vollends dann in der Hörsituation, verdinglicht, so ist es die verdinglichte zugleich, die eine erkennende Haltung weniger erschwert als die lebendige, auratische Wiedergabe und das Ideal von Musik als einem schlechthin Werdenden. Schon die Möglichkeit, das gleiche Stück auf einer Schallplatte beliebig oft anzuhören, auch bei einigem Geschick Teile herauszugreifen, fördert erkennendes Hören. Die Auflösung der Aura unterm erkennenden Blick ist wiederherstellend zugleich. Aus der absterbenden Aura tritt an Musik ein Geistiges hervor, getreu ihrer eigenen Spiritualisierung, der zunehmenden Reduktion des bloßen sinnlichen Erscheinens zum Träger von Unsinnlichem. Selbst die Verluste des Radiophänomens an sinnlicher Qualität mögen im Namen solcher Spiritualisierung zum Guten geraten. Anzulegen wäre eine Sammlung authentischer Aufführungen. Sie hätte nicht die technische Perfektion zum Kanon, die freilich oft genug für die Frevel der Technik entschädigen könnte, sondern die musikalische Qualität selber. Diese ist, durch den unaufhaltsamen Traditionsverlust, von allen Seiten bedroht. Immer mehr ausübende Musiker, zumal junge Dirigenten, lassen sich vernehmen, die den Sinn des ihnen Überantworteten, und wäre es zeitlich noch so nah wie Mahler, nicht mehr verstehen. Die alten Virtuosensünden sind nicht mehr das Schlimmste sondern der Mangel an Beziehung. Die Sprache der Musik wird geredet gleichwie eine fremde; anti-expressive Sachlichkeit liefert die Ideologie dafür. Dem entgegenzuwirken wäre durch Auswahl von Interpreten nach den strengsten sachlichen Kriterien; von solchen, wie unter den Dirigenten Anton von Webern einer war. Sie müßten, kompositorisch zum äußersten geschult, volles analytisches Verständnis verbinden mit der Fähigkeit, das Erkannte rein und zwingend zurückzuübersetzen in die musikalische Erscheinung. Der Probenbetrieb im offiziellen Musikleben entbehrt der wichtigsten Voraussetzung dafür, der Zeit. Wahre Interpretation bedarf wahrscheinlich ebenso der Zeit- wie große Architektur der Raumverschwendung; die Uhr, welche die Minuten zählt, ist ihr Todfeind, und die sozialen Bedingungen, die legitim Zeitökonomie verlangen, bezeugen in ihrem Gegensatz zur Sache unmittelbar einen gesellschaftlichen Antagonismus. Das Radio könnte helfen, indem es für die Anlage eines Band- oder Plattenarchivs, die nicht von der Prominenz der Namen abhinge, beliebig viele Proben, auch Teilproben gestattete. Wirklich neue Qualität der Interpretation wäre nur dann zu erreichen, wenn die Probenzahl nicht bescheiden ergänzt, sondern um ein Vielfaches des heute Üblichen und auch von den Orchestermusikern als ausreichend Empfundenen vermehrt würde. In der Praxis der Moderne beginnen derlei Einsichten sich durchzusetzen: Boulez hat für eine Schallplattenaufnahme des Wozzeck, welche jene von Mitropulos ersetzen soll, die man nie hätte veröffentlichen dürfen, siebzig Proben verlangt. Eine solche Praxis, gestützt durch Nebenumstände wie die Unsichtbarkeit von Aufführung und Kapellmeister im Radio, erlaubte endlich das Grundübel des gegenwärtigen Dirigierwesens zu beseitigen, die Fiktion, durch bloße Gestik, Schlagtechnik, geschicktes Geben von Einsätzen und was sonst dazu gehört, könne das Werk so, wie es vom Dirigenten vorgestellt ist[10], aufs Orchester und aufs sinnliche Phänomen übertragen werden. Fraglos hat dieser Usus bei vielen Dirigenten eine spezifische Begabung, die suggestive, entwickelt. Aber noch ihre Triumphe behalten gegenüber der Forderung der Sache etwas Zufälliges, zuständig in einer Zwischensphäre von Magie und Scharlatanerie, vor der gerade die bedeutenden Musiker unter den Dirigenten zu beschützen wären. Daß auf diesen Aspekt das Publikum des offiziellen Musiklebens besonders anspricht, sollte die Skepsis verstärken. Bandaufnahmen mit beliebig vielen Proben jedoch stünden nicht länger unter dem Gebot, durch riskante mimetische Künste höchst komplexe und differenzierte musikalische Vorgänge in die paar Stunden dessen zusammenzudrängen, was kaum mehr sein kann, als was man früher Verständigungsprobe nannte. Der Kapellmeister würde,

10 Zum Folgenden vgl. das Kapitel Dirigent und Orchester in: Theodor W. Adorno, Einleitung in die Musiksoziologie, Frankfurt a. M. 1962, S. 115 ff. [jetzt auch: Gesammelte Schriften, Bd. 14: Dissonanzen, Einleitung in die Musiksoziologie, Frankfurt a M. 1973, S. 292 ff.].

ohne Scheu vor dem sportlichen Namen, zum ›coach‹, aus dem hypnotischen Tierbändiger zum getreuen Korrepetitor. Nicht länger wäre Schlagbegabung, die mit der musikalischen keineswegs zusammenzugehen braucht, das wichtigste Kriterium. Er könnte so oft unterbrechen, bis eine Stelle ihn befriedigt; vor allem aber jede Note, jede Pause, jede Phrase, jeden Klang und jede Proportion redend erläutern. Die Orchestermusiker, die gewohnt sind, die Dirigenten danach zu beurteilen, was sie durchs bloße Schlagen zuwege bringen, und die den sprechenden Kapellmeister als dilettantisch hilflosen Intellektuellen beargwöhnen, würden anfangs lachen, aber nur so lange, bis das Resultat, die authentische Aufnahme, so geglückt wäre, daß sie den Unterschied von der herrschenden bravourösen Schlamperei zugestehen müßten. Minutiöse Detailarbeit fesselte auch die Orchester selbst auf die Dauer mehr als jene Art des eben nur zusammengehaltenen Durchspielens, bei der der Kapellmeister als Herrenreiter sich gebärdet, während vielfach das Orchester trottet, wie es gewohnt ist. All das setzte freilich souveräne Kenntnis, vor allem analytisch-strukturelle Einsicht voraus, wie Webern als Komponist sie mitbrachte, wie sie aber unter dem bis heute selbstverständlichen System verkümmern mußte. Wie das Radio sachgerecht zu entwickeln wäre, ließe wohl nur in dessen eigener Praxis zusammenhängend sich entfalten; einstweilen haben Beispiele etwas Willkürliches und können einzig die Richtung anzeigen. Neuerungen der musikalischen Aufnahmetechnik hätten manches vom Film zu lernen. So brauchte man sich nicht zu genieren, das endgültige Band aus Teilabschnitten zusammenzuschneiden, den besten, die aus zehn- oder fünfzehnmal wiederholten shots ausgewählt sind. Jeder Musiker kennt den Faktor des Zufalls in der Interpretation; selbst bei sorgfältigster Probenarbeit kann immer etwas mißlingen und wird es vielfach in der Nervosität des Ernstfalls. Umgekehrt gibt es interpretatorisches Glück, zuweilen weit übers Vorbereitete hinaus. Die Auswahl aus einer Mehrzahl von shots wendete das produktiv; die Dimension des Zufalls würde im rationalen Produktionsprozeß berücksichtigt, und gerade dadurch die Zufälligkeit des künstlerischen Resultats ausgeschieden. – Zu gewärtigen ist Kulturgeheul, weil dadurch der Schwung der Aufführung, der Atem des

Ganzen zerstückt würde; man führte gewissermaßen industrielle Herstellungsverfahren, »travail en miettes« anstelle jener unmittelbaren Inspiration ein, die in Wahrheit doch bereits im traditionellen Probensystem, wenn es nur einigermaßen ernsthaft zugeht, vom musikalischen Planen, der Realisierung des an der Musik Erkannten überholt ward. Solche Tabus sind verlogen, sobald sie einmal rational sich begründen müssen. Fraglich, ob umfangreiche Werke, die notwendig aus relativ selbständigen Teilganzheiten sich zusammenfügen, insgesamt so unmittelbar verlaufen, wie das Vorurteil supponiert; ob nicht nach jeder Zäsur gerade der einsichtige Interpret neu anhebt, anstatt unartikuliert weiterzumachen; das gerade schädigt heute durchweg den musikalischen Sinn. Wo aber diesem die Montagetechniken tatsächlich schadeten, wären nicht sie anzuklagen, sondern es wären technische Mittel zu suchen, die den Schaden reparieren. Schwung, die Logik der Sukzession, die Notwendigkeit der Folge von Späterem auf Früheres ist selbst keine magische Qualität sondern ein Element der Komposition, in technische Kategorien und auch solche der Interpretation zu übersetzen. Die Analyse hätte dies Element zu bestimmen, die Interpretation es nachzuzeichnen, und die Kunst des Schnitts, analog der des Cutters im Film, hätte ebenso die Übergänge zu bedenken wie die Zäsuren und Kontraste. – Orchesteraufführungen wären allerdings kaum die eigentliche Domäne eines Bandarchivs, das vor Warenmarken wie »Klassiker der Interpretation« sorglich sich zu hüten hätte. Den sozialen und akustischen Bedingungen der Radiostimme käme am nächsten die Kammermusik seit dem Wiener Klassizismus; von Älterem natürlich Bach. Daß dem Radio das plausibelste Recht so sehr verkürzt wird: solche Musik in den Privatraum zu projizieren, die prinzipiell der eigenen Struktur nach dessen Hörbedingungen will, erklärt sich soziologisch, nicht künstlerisch. Die Massenmedien selbst, die technologisch ihren passendsten Gegenstand an der Kammermusik hätten, haben jene Aktivität des Amateurs untergraben, die das Klima fürs Verständnis von Kammermusik schuf; sie ist von archaisierenden Richtungen organisierter Hausmusik aufgefangen und dem Streichquartett entfremdet worden. Überdies hat die Kulturindustrie sich der wie sehr auch abgestumpften Buntheit des Orchesters lieber bedient als dessen, was durch die Neutralisierung weniger verunstaltet würde, dafür aber dem Amusementhörer einfarbig-monoton dünkt. Diesem Trend, der auch in Europa zunehmen dürfte, könnte der Rundfunk entgegenarbeiten und zugleich, durch Musteraufführungen, die musikalischen Kulturclichés selbst korrigieren. Von den Streichquartetten, die heute kammermusikalische Monopole innehaben, reichen allerdings nur wenige an solche Aufgaben heran; die meisten huldigen selbst dem kulinarischen Klangideal auf Kosten des strukturellen Musizierens, das in der Kammermusik zu Hause wäre. Die musikalische Politik des Radios müßte Kammermusikgruppen, die dem gewachsen wären, wovon gediegene oder versierte Routine nichts sich träumen läßt, überhaupt erst heranziehen oder hätte Streichquartette, die für derlei Aufgaben objektiv ausgewiesen sind, dauernd sich zu verpflichten. Sie könnten dann gänzlich auf jene Aufgaben sich konzentrieren, entlastet vom lähmenden und kunstfremden Konzertbetrieb.

Wie bei der Herstellung des Films sind die Prozesse, welche im Radiophänomen terminieren, nach der Art der Arbeitsteilung bei der Herstellung materieller Güter, komplex und doch rational. Die bisherige Praxis vertuscht das. Dadurch verfängt sie sich nicht bloß im Widerspruch zwischen sich selbst und ihrer Ideologie, sondern versäumt ihre spezifischen Möglichkeiten. Teamwork wäre allein darum schon vonnöten, weil der musikalische Aspekt: Komposition, Dirigieren, Aufführung; und der technologische: die Aufbereitung und Kontrolle dessen, was schließlich vernehmbar wird, nicht unmittelbar zusammenfallen und Fachkenntnisse ganz verschiedener Dimension verlangen. Aber die Forderung von teamwork verstößt gegen das Tabu der Persönlichkeit. Diese beschwöre durch inkommensurable Qualitäten die des Kunstwerks. In der Arbeitsteilung verdampft der Zauber, der längst zum Humbug ward. Unter den Bedingungen mechanischer Reproduktion verunstaltet die jener Ideologie willfährige Praxis, was sie protegiert. Die Funktion dessen, der die im engeren Sinn technischen Prozeduren überwacht, gilt ihr als subaltern. Sie wird von der des künstlerisch Verantwortlichen, des Dirigenten zumal, planlos-irrational abgesondert. Die Tonmeister oder -ingenieure – in Amerika heißen sie sound mixer – waren lange

Elektriker ohne musikalische Qualifikation. Anders jedoch als die Autorität des Filmregisseurs, der die gesamte Apparatur untersteht, hat die des Dirigenten an ihnen ihre Grenze; Musiker pflegen von Elektrotechnik nichts zu wissen. Daher müssen sie es sich gefallen lassen, daß die Phänomene durch die technische Steuerung deformiert werden von Unsitten, die so sich festgesetzt haben, daß ihnen vielfach heute noch willfahrt wird, nachdem man von den Tonmeistern musikalische Ausbildung verlangt. Zu nennen wäre das aufdringliche Herausknallen dessen, was für die Melodie gehalten wird, meist der Oberstimme; das Abdämpfen der Begleitsysteme bis über die Grenze des Vernehmbaren hinaus; die dogmatische Bevorzugung der Singstimme vor den Instrumenten; der verzuckerte mittlere Wohllaut, der sich in der Unterhaltungsmusik und im Film eingebürgert hat. Das sind keine Schönheitsfehler, sondern der musikalische Sinn wird sabotiert; große Musik wird nach dem Hollywoodideal zugerichtet. Zwischen Radio und Schallplatte herrscht da wenig Unterschied. In einer Aufnahme von Mahlers Zweiter Symphonie unter einem der bedeutendsten Dirigenten der älteren Generation wird, gewiß nicht nach dessen Willen, der Klang der ersten Violinen auf Kosten alles anderen so stehgeigerhaft aufgeschwemmt, im zweiten Satz der Kontrapunkt der Celli zum Hauptthema, als eingängige Melodie, so übertrieben, daß eine Karikatur ertönt; selbst grobe Fehler wie der um einen Takt verfrühte Beckenschlag an entscheidender Stelle des Schlußchors wurden, vielleicht aus Sparsamkeit, nicht berichtigt. Mildere Spuren solchen Unwesens beflecken die gesamte Praxis. Noch jüngst haben in der an sich überaus verdienstlichen Fernsehübertragung der Wiener Uraufführung von Schönbergs Jakobsleiter die Solistenstimmen die Orchesterpolyphonie gänzlich zugedeckt. – Die musikalische Qualifikation der Tonmeister müßte in Zukunft der des Korrepetitors voll gleichkommen, der zum Kapellmeister sich vorbereitet. Vor jeder archivarisch zu fixierenden Aufnahme hätten sie das Werk, auf Grund der Analyse des Dirigenten[11], genau zu studieren. Womit schließlich die Hörer konfrontiert werden, müßte streng dem gemeinsam Erarbeiteten entsprechen; die Ent-

11 Als erster unter den Theoretikern dürfte Heinrich Schenker auf die Notwendigkeit der Analyse für die wahre Interpretation hingewiesen haben. Sei-

scheidung stünde beim Dirigenten als dem Verantwortlichen. Über die Untugenden des radioüblichen Klangs wären die technischen Helfer nachdrücklich aufzuklären. Umgekehrt dürfte der Dirigent nicht damit sich begnügen, dem Spiel des Orchesters zu lauschen, sondern müßte um das Endprodukt: das Radiophänomen sich bekümmern, das ja in Wahrheit viel mehr seine Aufführung ist als der ohnehin durch die akustischen Bedingungen der Studioräume vielfach beeinträchtigte Klang dessen, was er unmittelbar vernimmt. Ungereimt ist es, auf der einen Seite durch publicity den Dirigenten hochzuspielen, auf der anderen aber das, was die Empfangsgeräte als seine Aufführung übermitteln, seiner Jurisdiktion zu entziehen. Der Kapellmeister, der sich zu gut für die Technik ist, und der Techniker, der nach seinem Schlechtdünken darüber befindet, wie es nun tatsächlich zu klingen habe, sind in vollkommener Dissonanz aufeinander abgestimmt. Die vernünftige Koordination der am technifizierten Kunstwerk Beteiligten wäre eines der vornehmsten Mittel seiner Selbstkorrektur.

Der Film ist, bei aller vom Profitinteresse diktierten Rückständigkeit der stofflichen und ästhetischen Schicht, darum das technologisch fortgeschrittenste Verfahren, weil er am freiesten ist von der Rücksicht auf ein ihm fertig Geliefertes, von ihm nur zu Vermittelndes und Abzubildendes: Produktion und Reproduktion fallen zusammen, produziert wird, was man auf der Leinwand sieht. So hätte das Radio sich zu verhalten, anstatt den Konzertsaal zu imitieren. Daß das Radiophänomen dem Hörer auf den Leib rückt, daß die Distanz eingezogen wird, bildet das Komplement zur Verdinglichung der Musik. Es wäre von einer Praxis zu verwerten, die nicht länger mehr konstanten Abstand vom Hörer hält, sondern ihm gegenüber sich beweglich macht. Faßt er sie schon als ein Für ihn auf, so wäre mit Rücksicht auf ihn derart zu disponieren, daß ihm sachgerechtes Hören ermöglicht wird. Modell dafür wären die wechselnden Kameraeinstellungen des Films, auch Techniken wie die der Großaufnahme. Alban Berg, dessen technologisches flair zum expressiven Klima seiner Musik fruchtbar gespannt war, hat mit dem Gedanken an

ne Schriften sind eine Mixtur aus bedeutenden Einsichten und provinziell-reaktionärer Ideologie.

eine Verfilmung des Wozzeck gespielt. Es ging ihm, durchaus nach dem Prinzip von Sachlichkeit, darum, musikalische Vorgänge, die zum Verständnis des Zusammenhangs notwendig sind, aber im Opernhaus, selbst bei guten Aufführungen, fast unvermeidlich verloren gehen, so herauszuheben, daß Licht in jenem Chaos wird, das bei neuer Musik vielfach das Vorurteil der Gralshüter bestätigt. Er dachte zumal an die zum Teil sehr polyphone und komplexe Straßenszene aus dem zweiten Akt: man könne bei einer Tonfilmaufnahme durchs Mikrophon jeweils die thematischen Stimmen auswählen, die dramaturgisch den Ausschlag geben. Bekannt ist sein Entwurf, das große Zwischenspiel im zweiten Akt der Lulu mit einer Filmprojektion zu begleiten; wenn einmal der dritte Akt vollständig instrumentiert sein wird und nicht mehr durch Notlösungen trüb in einen halben Film übergeht, sollte man den Vorschlag ausprobieren. Überhaupt käme der buchstäblich vielschichtigen Lulu, vor allem der Sonatendurchführung in der Theaterszene, eine bewegliche Mikrophontechnik zugute.

Sie hülfe einem analytischen, Haupt- und Nebenstimmen scharf unterscheidenden, schließlich polyphonischen Hören. Was die traditionelle Musik allenfalls an Homogenität des Klangs verlöre, eroberte sie zurück durch die sinnfällige Artikulation der musikalischen Ereignisse. Nicht länger beanspruchte sie, die Ganzheit eines Werkes in sakraler Wiederholung zu zelebrieren; wohl aber legte sie Schnitte durchs Werk gleichwie in ästhetischer Anatomie. Das vermöchte umzuschlagen in eine neue Gestalt der Beziehung zur Sache selbst. Bei neuer Musik, wo die Aufführungspraxis selten die Aufgabe der Artikulation des Komplexen anpackt, bereitete flexibelste Ausnutzung der elektrischen Aufnahmetechniken die adäquate Wahrnehmung überhaupt erst vor. Ist das durch den Rundfunk verbreitete Werk schon einmal sein eigener Abguß, so wäre das nicht durch illusionäres Getue ohnmächtig zu widerrufen, sondern weiterzutreiben: die Radioaufführung müßte zum Kommentar des Werkes werden. Die Werke, die neuen zumal, enthalten eine Schicht, die darauf wartet: die der ungleichen Präsenz des gleichzeitig Erklingenden, von Vordergrund und Hintergrund, die viel zu tun hat mit dem Raumparameter, dem jüngst die Komposition planend sich zuwendet und der, ungeplant, jeglicher Musik eignet. Das Radiophänomen hat dieser Schicht bis heute nur Gewalt angetan, anstatt die Unterschiede der Präsenz, der Daheit von Musik, durch die Aufnahmetechnik zu realisieren. Differenzierende, auswählende, pointierende Aufnahmeverfahren, die dem zu Sendenden gegenüber in unablässiger Bewegung sich zu halten hätten, träten wohl das Erbe dessen an, was als bloße Illusion von Raumtiefe zerging und kein Recht mehr hat. Freilich demontierten sie in gewisser Weise die Werke und reizten damit zum heftigen Protest. Wenn aber einzig Herausgreifen, Wiederholen und Zerlegen das Hören von der Neutralisierung befreite und zum Verständnis zwänge, dann antwortete gleichzeitig diese Praxis auf die Krise der Werke, ihren immanenten Zerfall. Sie spränge dem Werk bei, indem sie seine Dissoziation zur eigenen Sache macht, anstatt seine Integrität vorzutäuschen, die eben durch die Täuschung sich zersetzt. Auf den dynamischen Schein der traditionellen Musik: sie sei ein rein Werdendes, während sie doch zugleich bereits im Notentext stillgestellt ist, wäre zu verzichten. Statt dessen sollte sie real in ein Werdendes sich verwandeln. Der zum Kulturkonsumenten entwürdigte Zuhörer stieße produktiv mit der Sache zusammen, indem die Interpretation ihren Sinn vor ihm stufenweise ergreift. Höhere Probenarbeit verfährt stets nach dieser Norm; selbst die, nach einer untriftigen Distinktion, rein technischen Fragen des Probierens werden, wenn die Interpretation überhaupt musikalischen Sinn will, durchsichtig auf diesen und formen ihn zugleich von sich aus. Die Geschichte der wahren Interpretation eines Werkes ist die nach außen gewandte inwendige seines eigenen Sinns. Danach wären Hörmodelle zu konstruieren; ihr Wert fürs Verständnis dürfte den aller üblichen Musikpädagogik übertreffen. Man hat Ähnliches versucht: die Proben von grand old men aufgenommen und als pikfein auf Platten verkauft. Selbst an diesen ist einiges zu lernen; doch wäre die Intention der vorgeschlagenen Hörmodelle ihnen konträr. Sie sollten nicht den Nimbus marktgängiger Prominenzen, auch nicht die knisternde Kulissenatmosphäre von Proben mit kunstgewerblicher Weihe verewigen, sondern einzig der Explikation der Sache gelten, bis selbst die akustische Erscheinung schwieriger zeitgenössischer Werke in jähem Umschlag zur lesbaren Chiffre wird; wo heterogene Bestandteile zur Musik sich formieren. Am besten wäre es, wenn dabei die Namen der Dirigenten und der Ausübenden samt allem anderen Brimborium verschwänden. Etwas dieser Art mochte Schönberg vorschweben, als er vor mehr als vierzig Jahren im Wiener Verein für musikalische Privataufführungen eine lange Reihe öffentlicher Proben seiner Ersten Kammersymphonie veranstaltete, ohne daß auf diese eine Aufführung mit der Prätention des Endgültigen folgte. Er hat, in seiner avanciertesten Periode, gespürt, daß der Begriff der Aufführung mit der neuen Musik nicht recht zusammengeht. In der gegenwärtigen Produktion weist die Neigung vieler junger Komponisten, nicht fertige Werke vorzulegen sondern solche, die prinzipiell works in progress sind, in die gleiche Richtung; bereits die Zweite Kantate von Webern hat etwas davon.

Würdigungen und unverbindliche Einleitungen würden durch solche Hörmodelle überflüssig. Eher wäre diesen die gleichzeitige Erläuterung angemessen – das, wofür in den amerikanischen Massenmedien der Ausdruck running comment sich eingebürgert hat. Auch sie tastete die ideologische Reinheit des Erscheinenden an, gestattete aber dafür, was die Trennung von Musik und Erläuterung verhindert, die konkrete Beziehung der analytischen Einsichten auf das tatsächlich Gehörte. Pädagogisch wäre der running comment das geeigneteste Hilfsmittel zum strukturellen Hören: das Publikum, auf den strukturellen Sinn des Phänomens im gleichen Augenblick aufmerksam gemacht, in dem es vorüberzieht, könnte der Struktur spontan sich versichern, anstatt ungeprüft jenen Expektorationen glauben zu müssen, die klingen, als wären sie auf Leute zugeschnitten, die lieber über Musik reden hören als diese selbst. Der running comment dürfte zuweilen sogar ausgehen von der Erklärung des Verlaufs eines Sonatensatzes oder einer Fuge nach ihren allgemeinen Kategorien, müßte aber von dort, über die Erklärung von Abweichungen und Nuancen, zur inneren Form, zur besonderen Zusammensetzung der jeweils vorgeführten Musik geleiten. Zu kombinieren wäre das mit Aufnahmetechniken wie den wechselnden Mikrophoneinstellungen, die es erlaubten, den thematischen roten Faden durch die Stimmen hindurch zu verfolgen, aber auch weit subtilere Aspekte der Struktur eröffneten, wie den Beitrag der Klangfarbe zur Organisation des kompositorischen Verlaufs. Verwandt waren die reichlich mit akustischen Beispielen ausgestatteten und dicht an diese sich haltenden Anweisungen zum Hören und zur Interpretation neuer Musik, um die ich in zahlreichen Sendungen des Norddeutschen Rundfunks mich bemüht habe und die ich hier nun literarisch vorlege. – Schließlich wäre im Radio fällig die Form der Kritik am gehörten Material. Erst ein neuartiger Typus öffentlicher Proben förderte sachgerechte Kritik; im offiziellen Musikbetrieb kann sie nicht gedeihen. Die gegenwärtige Musikkritik ist unzulänglich gar nicht so sehr wegen des Wertrelativismus und Pluralismus, über den man Krokodilstränen vergießt, als wegen der mangelnden Zuständigkeit der Kritiker dem Gehörten gegenüber, die sie dazu verleitet, die unbegründete Meinung – vielfach die der präsumtiven Leser – als bündig zu präsentieren oder wenigstens mit der Superiorität eines erfahrenen Geschmacks vorzutragen, der ans Beste, das sich erst bildet, nicht länger heranreicht. Diese Art Kritik, zumal die ephemerer Aufführungen, west fort bloß darum, weil sie in einem unkontrollierbaren Ressort geborgen ist und den Lesern und Hörern gegenüber gar nicht mehr am Objekt sich zu erhärten braucht. Die Form der musikalischen Radiokritik, die unverweilt Hören, Sache und Einsicht konfrontiert, böte ebenso den Kritikern Gelegenheit, den Unfug, der den gesamten Musikbetrieb anfüllt, den offiziellen und auch den modernistischen, beim Namen zu nennen und das wenige Exemplarische sichtbar zu machen, wie sie ihm das Behagen an seiner Position verleidete und ihn zwänge, ebenso vor der Musik sich zu verantworten, wie, nach der Idee von Kritik, Musik vor ihm sich zu verantworten hat. Diese Idee aber ist unverloren und fließt aus den Werken selbst, die nie anders als durch Kommentar und Kritik weitergelebt haben und im Zeitalter der Reflexion erst recht ihrer bedürfen. Die erkennende Haltung zur Musik ist eins mit der kritischen. Jeglicher Vollzug musikalischer Logik; was irgend dem Begriff von Musikalität genügt, impliziert im Bewußtsein des Stringenten und Richtigen auch das des Falschen. Wie keine Einsicht ins Falsche möglich ist ohne die Idee musikalischer Wahrheit, so wächst deren Bewußtsein bloß an jenem in seiner bestimmten Negation. Daß der Übergang des passiven ins aktive Hören auch der von einverstandener Hinnahme zur Kritik ist – musikalisch adäquates Hören war wohl stets kritisch –, verletzt freilich die falsche Kunstreligion der Unmittelbarkeit tödlich. Kunst wandelt sich aus dem Bild, das zu genießen wäre, ins erkennbare Objekt. Ihre Lust wird zu der, diesem unbeirrt ins Auge zu sehen. Damit entblößt Kunst sich als das Ding, über dessen Kategorien der verdinglichte Kulturbetrieb krampfhaft betrügt. Aber nur die ihrer selbst bewußte Verdinglichung läßt absehen, was anders wäre.

Notiz

Um der Verwendbarkeit des Buches zu dienen, lag es nahe, eine Diskographie beizufügen. Darauf mußte verzichtet werden. Helfen könnten nur Schallplatten, welche die Intentionen der Interpretationsanalysen eindeutig realisieren, oder wenigstens solche, die eine einigermaßen adäquate Anschauung der Phänomene ermöglichen, welche die Anweisungen erörtern. Derlei Aufnahmen der analysierten Werke oder der angezogenen Takte sind überaus selten; sei es, daß die Aufführungen diesseits des musikalischen Sinnes verharren, sei es – vor allem bei Werken mit Orchester –, daß technische Unzulänglichkeiten der Platten den musikalischen Verlauf empfindlich trüben. Während die gängigen Aufnahmen zur gröbsten Orientierung taugen mögen, dürften sie bei subtileren Fragestellungen eher verwirren, indem sie dem vom Autor Entwickelten widersprechen, anstatt es zu verdeutlichen. Als authentische Ausnahmen seien genannt: die Wiedergabe des gesamten Klavierwerks von Arnold Schönberg durch Eduard Steuermann (Col. ML-5216) und die von Schönberg selbst geleitete Aufführung des Pierrot lunaire (Col. ML-4471). Zu den Schönberg-Quartetten (Col. ML-4736 und Col. ML-4737) und den Bagatellen von Webern (RCA LM 2531-C7) wären die Platten des Juilliard-Quartetts heranzuziehen. Leider existieren die unvergleichlichen Interpretationen des Kolisch-Quartetts nur in Privatexemplaren und sind auf dem Markt nicht zugänglich.

Editorische Nachbemerkung

Über Entstehungs- und Publikationsgeschichte des 1944 gemeinsam mit Hanns Eisler geschriebenen Buches »Komposition für den Film« hat Adorno in seiner Notiz »Zum Erstdruck der Originalfassung« berichtet, welche er der 1969 im Verlag Rogner & Bernhard in München erschienenen Ausgabe beifügte. Die dort erwähnte englischsprachige Ausgabe (Hanns Eisler, Composing for the Films, New York: Oxford University Press, 1947) unterscheidet sich sowohl von der von Eisler verantworteten deutschen Ausgabe (Hanns Eisler, Komposition für den Film, Berlin: Verlag Bruno Henschel und Sohn, 1949) wie von der Erstausgabe der Originalfassung, die Adorno 1969 besorgte, durch eine Reihe von Textpassagen sowie zwei Fußnoten: sie haben in beiden deutschsprachigen Editionen keine Gegenstücke. Im vorliegenden Abdruck – der im übrigen der Ausgabe von 1969 folgt: von ihr hat Adorno die Umbruchkorrektur noch gelesen, erschienen ist das Buch erst nach seinem Tod – sind die bislang nur englisch zugänglichen Passagen an ihren respektiven Bezugstellen erstmals eingefügt worden. Es handelt sich dabei um Ergänzungen, die nach Abschluß des Hauptmanuskripts im Oktober 1944 geschrieben wurden. In dem Original des Schreibmaschinenmanuskripts aus Adornos Besitz – welches, nachdem eine Mitarbeiterin Adornos einige Zitatnachweise auf neuere Editionen umgestellt hatte, 1969 unmittelbar als Druckvorlage benutzt wurde – fehlen diese ergänzenden Passagen. Sie fanden sich dagegen in Adornos »Handexemplar«, einem maschinenschriftlichen Durchschlag, den der Autor bei der Vorbereitung der Ausgabe von 1969 übersehen hat. (Ähnlich äußerlich-zufällig dürfte zu erklären sein, warum auch Eisler eben dieselben Stellen, die er 1947 hatte drukken lassen, 1949 fortließ.) – Die Notiz »Zum Erstdruck der Originalfassung« bietet der vorliegende Abdruck gleichfalls zum erstenmal vollständig. 1969 mußte Adorno auf Veranlassung

Stephanie Eislers einen Absatz streichen, dessen spätere Wiederherstellung er wünschte: »Der Zweck des Absatzes« sei »eine Art von Verteidigung von Eisler angesichts der einseitigen Änderungen, die er« in der Ausgabe von 1949 »vorgenommen hatte. Fällt der Absatz weg, so kann eher der Eindruck entstehen, ich beklagte mich über ihn, und das möchte ich ... nicht.« – Über die Verteilung der Arbeit am Filmmusikbuch hat Adorno öffentlich sich nie geäußert, wohl aber mündlich und brieflich. So heißt es in einem Brief von 1964: »I do not exaggerate by the statement that the book is, to 95 percent, my own work. The late Hanns Eisler confirmed this at various occasion.« Und ein Jahr später gegenüber einem anderen Korrespondenten: »Ich glaube nicht unfair zu sein – die Formulierung war die von Eisler selbst –, wenn ich sage, daß neun Zehntel des Buches von mir und höchstens ein Zehntel von ihm sind, nämlich die Liste der ›Vorurteile und schlechten Gewohnheiten‹ und der Grundstock der analytischen Bemerkungen über den ›Regen‹.«

»Der getreue Korrepetitor« wird im vorliegenden Band nach der bisher einzigen Ausgabe abgedruckt, die 1963 im S. Fischer Verlag, Frankfurt a. M., erschien. Einige wenige Änderungen, welche Adorno in sein Handexemplar des Buches eingetragen hat, sind übernommen worden. – Die in der »Vorrede« zum »Getreuen Korrepetitor« erwähnten Studien über die NBC Music Appreciation Hour und »The Radio Symphony« gehören in den Zusammenhang eines geplanten Buches »Current of Music. Elements of a Radio Theory«, dessen Fragmente in einem Supplementband zu den »Gesammelten Schriften« veröffentlicht werden sollen.

März 1976